Wulf Damkowski
Claus Precht

Public Management

Neuere Steuerungskonzepte
für den öffentlichen Sektor

Verlag W. Kohlhammer
Stuttgart Berlin Köln

Die Deutsche Bibliothek – CIP-Einheitsaufnahme

Damkowski, Wulf:
Public-Management : neuere Steuerungskonzepte für den öffentlichen Sektor
/ Wulf Damkowski ; Claus Precht. -
Stuttgart ; Berlin ; Köln : Kohlhammer, 1995
ISBN 3-17-013068-4
NE: Precht, Claus:

Verlagsort: Stuttgart
Gesamtherstellung:
W. Kohlhammer Druckerei GmbH + Co. Stuttgart
Printed in Germany

Vorwort

Public Management – nur ein modischer Wissenschaftsbegriff oder ein entwicklungsfähiger Ansatz?

In den angelsächsisch geprägten Ländern hat sich die Erkenntnis zuerst durchgesetzt, daß gemeinsame Strukturprinzipien für das Management im öffentlichen Sektor sowohl in den Verwaltungen als auch in den Verbänden und öffentlichen Unternehmen neue Steuerungsmodelle erfordern. Die ungeprüfte Übernahme privatwirtschaftlicher Führungskonzeptionen stieß in Deutschland im Zuge von Aufgabenkritik und Funktionalreform auf Grenzen.

Die deutsche öffentliche Verwaltung weist im internationalen Maßstab noch einen beachtlichen Standard auf, hat aber in den letzten zwei Jahrzehnten vergleichsweise schwache innovative Kräfte freigesetzt. Elementare Reformentwicklungen von Skandinavien über die Niederlande bis Japan wurden allenfalls registriert, aber weder assimiliert noch in sinnvoller und einer landesspezifischen Weise übertragen.

Neue Probleme und Aufgabenfelder, bedingt durch z. B. angespannte Haushalte, veränderte demographische und ökologische Anforderungen und durch den Aufbau neuer Verwaltungsstrukturen in den ostdeutschen Bundesländern, sind mit den traditionellen Führungsmethoden im öffentlichen Sektor strategisch nicht zu steuern.

Inzwischen wird die Notwendigkeit eigenständiger Führungskonzepte für den öffentlichen Sektor unter Verwendung der Termini *New Public Management* bzw. *Public Management* von Forschung, Lehre und Praxis auf breiter Basis erkannt.

Wissenschaftliche Publikationen, Studienschwerpunkte und Studiengänge an mehreren deutschen Hochschulen sind genauso wie praktische Implementationen ein klares Signal.

Die Verfasser danken der Hans-Böckler-Stiftung für die Unterstützung bei der internationalen Recherche zum Public Management und Herrn Wolfgang Stamer für die Hilfe bei der graphischen Darstellung.

Hamburg, im Dezember 1994

Inhalt

9

12

1. Grundlagen, Begriff und Gegenstand von Public Management

Public Management – ist dies nur ein modischer Wissenschaftsbegriff oder ein neuer, entwicklungsfähiger Ansatz?
»PUMA ist die jüngste Raubkatze in der OECD, geboren am 1. Januar 1990«.
Mit dieser Einleitung begann Derry Ormond am 4. 3. 1993 in Kiel seinen Vortrag anläßlich eines Expertentreffens zum Thema *Der öffentliche Sektor der Zukunft*. Darin dokumentierte er die dynamische Entwicklung von Public Management (PUMA) in vielen Staaten der Erde und begründete gleichzeitig, weshalb PUMA zum neuen Forschungsbrennpunkt der OECD gewählt wurde.
PUMA wird allerdings schon seit über 15 Jahren von der OECD untersucht (OECD 1980).
Im weiteren soll Public Management hier jedoch durch PM abgekürzt werden, um weder den Berglöwen noch zoologischen Abhandlungen ins Revier zu geraten.

> Als Arbeitshypothese sollen hier – als *trial and error* – sowohl eine theoretische Entfaltung des PM als auch praxisbezogene Handlungsanleitungen vorgestellt werden.

Es wäre vermessen, den Ansatz PM hier als originäre Neuschöpfung zu präsentieren, andererseits kann er erkenntnisfördernd und entwicklungsfähig für die Praxis und in der Praxis sein. PM ist einerseits nicht völlig neu; denn es sucht, verschiedene, bisherige, auf das politisch-administrative System bezogene Forschungsrichtungen wie Verwaltungslehre, Verwaltungswissenschaft, Public Administration, Policy Science, Verwaltungssoziologie und öffentliche Betriebswirtschaftslehre für sich fruchtbar zu machen und außerdem im angelsächsischen Bereich sowie z.T. auch im benachbarten europäischen Ausland (Niederlande, Skandinavien) schon früher – unter der Bezeichnung Public Management – vorfindbare, vergleichbare Ansätze in sich aufzunehmen (vgl. z. B. Keeling 1972; Stahl/ Foster 1979; OECD 1980; Ukeles 1982; Allison 1983; Garson/Overman 1983; Perry/Kraemer 1983; Bekke 1987; Metcalfe/Richards 1987; Poister/ Larson 1987; Yeatman 1987; Painter 1988; Hoggett 1991; Hood 1991). Der Terminus für dieses neue Steuerungskonzept des öffentlichen Sektors ist außerhalb des angelsächsischen Sprachraums ebenfalls etabliert, z. B. in Frankreich als *management publique* (vgl. Gunn 1987: 33) und wird auch in Deutschland in der Lehre und in der Forschung zunehmend verwendet (vgl. z. B. Budäus 1991, 1994; Reinermann 1993; Reichard 1994).

Andererseits ist PM für Wissenschaft und Praxis in der Bundesrepublik bis auf ganz wenige Versuche aus folgenden Gründen weitgehend neu:

(1) Der Ansatz versucht, aus der Verbindung von öffentlichem Sektor und Managementwissen Erkenntnisfortschritte für Theorie und Praxis zu gewinnen; er versucht, situativ für den öffentlichen Sektor aus dem Bereich von Unternehmenstheorie und Unternehmenspraxis stammende Managementkonzepte weiterzuentwickeln und zu modifizieren;

(2) PM betrachtet das Managementproblem für den öffentlichen Sektor integrativ und geht von der Annahme aus, daß sich Managementaufgaben zwar nicht identisch, aber doch in vergleichbarer Weise sowohl für das politische System (Regierung, Parlament, Parteien) als auch für die Administration im engeren Sinne und für öffentliche Unternehmen, gemeinnützige Einrichtungen und Verbände darstellen;

(3) PM versucht, *interdisziplinär* zu sein, indem es die unterschiedlichen Sichtweisen und Erträge der einzelnen auf den öffentlichen Sektor bezogenen Disziplinen (insbesondere Rechts-, Sozial- und Wirtschaftswissenschaften) miteinander verbindet;

(4) PM ist bemüht, nicht nur Theorieentwicklung zu leisten, sondern Theorie – soweit möglich – empirisch zu fundieren und daraus praxisorientierte Handlungsanstöße abzuleiten.

Dies ist dann u. U. doch das »Neue« an PM, aber zugleich ein so hoher Anspruch, der nicht »mit einem Schlag«, sondern nur in mehreren Schritten eingelöst werden kann. Mit dem vorliegenden Band soll ein erster Schritt unternommen werden.

1.1 Die klassischen und neoklassischen Wurzeln von PM

Ebensowenig wie sich PM als völlig neuer Ansatz bezeichnen läßt, wäre es mindestens verfrüht, wohl aber auch im Hinblick auf den interdisziplinären Ansatz inadäquat, PM als neue, eigenständige Wissenschaftsdisziplin zu verstehen.

Neben praxisbezogenen Erkenntnissen wird PM im wesentlichen aus den Wirtschaftswissenschaften (Volkswirtschaftslehre und insbesondere Betriebswirtschaftslehre), der Rechtswissenschaft, der Verwaltungswissenschaft, der Organisationssoziologie und -psychologie und sowie der Politikwissenschaft theoretisch gerüstet.

Die wissenschaftliche Beschäftigung mit dem öffentlichen Sektor hat in Deutschland – abgesehen von historischen Vorläufern im 19. Jahrhundert (insbesondere Lorenz von Stein: vgl. hierzu auch Damkowski 1969: 181 ff.) – eine noch junge Tradition, die insbesondere ihre Wurzeln in früheren, angelsächsischen, vor allem US-amerikanischen Entwicklungen hat. Die zunächst in erster Linie ökonomische Befassung mit dem öffentlichen Sektor, insbesondere mit der öffentlichen Verwaltung (*Public Administration*) in den USA hat ihre Grundlagen in der sogenannten *Scientific Managementlehre* von Taylor und – ganz ähnlich – Fayol (vgl. u. a. Fayol 1916; Taylor 1919; Taylor 1970).

Diese klassisch-ökonomische Organisationstheorie stellte vor allem die förmliche Organisation sowie Prinzipien von Hierarchie und Arbeitsteiligkeit in den Mittelpunkt, wohingegen der »menschliche Faktor« eher vernachlässigt wurde. Wenig später entwickelte Anfang der zwanziger Jahre in Deutschland Max Weber unter organisationssoziologischen Vorzeichen sein durchaus vergleichbares Bürokratiemodell, das er als eine Form rationaler Herrschaft verstand und das das Hierarchieprinzip für die öffentliche Verwaltung weiter zu entwickeln suchte (vgl. Weber 1964).

In den USA kam später – als Reaktion auf die klassische, tayloristische Organisationstheorie – eine neoklassische Richtung (*human relations*) auf, die in Abkehr von der einseitig arbeitsteilig-instrumentellen Organisationsbetrachtung von Taylor und Fayol den Menschen in der Organisation in das Zentrum der Überlegungen stellte: Vor allem war ihr theoretischer Ansatz, von den Zielen der Organisation und Organisationsmitglieder auszugehen und diese möglichst in Einklang miteinander zu bringen. Wenig später entwickelte sich dann ein Verständnis von Organisation und Management, das, ausgehend von gemeinsamen Grundlagen, zwei Anwendungsbereiche und Zweige, nämlich *Business Administration* und *Public Administration*, ausdifferenzierte und auch bezüglich *Public Administration* begann, diesen Zweig um Erkenntnisse der *Political Science* zu ergänzen (vgl. insbesondere Gulick/Urwick 1937; Woodrow Wilson 1887: 197 ff.).

Diese allgemeine Verwaltungs-, Organisations- und Managementtheorie mit ihrer speziellen Ausprägung von *Public Administration* wurde in den USA in der Nachkriegszeit zunehmend interdisziplinär verbreitert, um soziologische und sozialpsychologische Erkenntnisse ergänzt und von ihren wegweisenden Vertretern z. T. auf bestimmte Ansätze (»approaches«), insbesondere den *decision making-approach* (hierzu spez. Simon 1945) und den *systems-approach* (vgl. für viele Parsons 1937), zugespitzt. Ersterer Ansatz stellt die Produktion von Entscheidungen als die zentrale Kategorie organisatorischer Analyse und Gestaltung in den Mittelpunkt, letzterer betrachtet z. B. die öffentliche Verwaltung oder die Unternehmung nur als eines von vielen relevanten sozialen Systemen und ist vor allem an der Interdependenz zwischen diesen Systemen sowie an den Einflüssen dieser Wechselwirkungen auf Strukturierung und Abläufe innerhalb des einzelnen Systems interessiert (vgl. hierzu auch unten 1.2).

Die neueren Grundlagen in der Bundesrepublik für PM, die selbst wiederum z. T. durch die Rezeption US-amerikanischer Entwicklungen gespeist wurden, lassen sich in Anlehnung an Reichard – abgesehen vom öffentlichen Recht, das für die Verwaltungstheorie und -praxis immer noch eine prägende Rolle spielt – in vier Hauptströmungen zusammenfassen:
(1) Ansätze der *Verwaltungslehre oder auch der Regierungslehre*, die teils durch eine eher noch rechtswissenschaftliche Sicht von Regierung und Verwaltung, teils eher politikwissenschaftlich und verfassungspolitisch oder auch in Weiterentwicklung der Tradition Max Webers bürokratietheoretisch orientiert sind (vgl. u. a. Reichard 1987: 4/5);
(2) *politikwissenschaftliche Ansätze*, die – z. T. verhaftet einer grundlegenden staatstheoretischen Systemkritik – zunehmend die integrativen Konzepte des Policy- bzw. des Policy-Making-Ansatzes aufzunehmen suchen und teils durch makrostrukturelle Konzepte Regierungs- und Verwaltungstätigkeiten zu effektivieren und den Prozeß von Regierungs- und Verwaltungshandeln als Einheit zu begreifen suchen; teils auch beträchtliche methodische Impulse zur Empirie von Regierungs- und Verwaltungsforschung geben (vgl. u. a. Reichard 1987: 4; Bruder 1981; Offe 1977);
(3) *soziologische und sozialpsychologische Ansätze*, die einerseits – in Fortsetzung der Bürokratietheorie Max Webers – den Schwerpunkt auf die Binnenstrukturierung von Organisationen des öffentlichen Sektors legen, andererseits ihr Interesse stärker auf Umfeldbeziehungen von Regierung und Verwaltung sowie die Systeminterdependenzen richten und dabei systemtheoretische Überlegungen maßgeblich verarbeiten (insbesondere Luhmann 1966; 1973; 1976; 1978);
(4) *ökonomische Ansätze*, die sich teils makroökonomisch mit gesamtwirtschaftlichen und insbesondere finanzwissenschaftlichen Bezügen und Rahmenbedingungen von Regierungs- und Verwaltungshandeln beschäftigen, teils ihr Interesse auf mikroökonomische und -strukturelle Fragestellungen

16

einzelner Organisationen des öffentlichen Sektors richten und auf der Grundlage einer analytisch-systematischen Herangehensweise konzeptionelle Gestaltungsvorschläge, insbesondere zur Effizienzsteigerung, zu entwickeln suchen (vgl. u. a. Eichhorn/Friedrich 1976; Budäus 1982).

1.2 Begriff, Ansätze und Gegenstandsbereich von PM

Begriff, inhaltliche Ansätze und Gegenstandsbereich von PM lassen sich aus den Inhalten der Teilelemente »Management« und »Public« erschließen. Beide stehen gleichberechtigt, aber nicht unverbunden nebeneinander und beeinflussen sich wechselseitig.

1.2.1 Der Managementbegriff

1.2.1.1 Systematisch-analytische Begriffsbildung

Neben eher unergiebigen institutionellen oder personalen Begriffserklärungen (Management als Leitungsorganisation oder als Führungspersonal) ist es üblich geworden, Management funktional zu definieren. So wird zwischen einem sachorientierten Leitungsbereich und einem personalorientierten Führungsbereich für das Management von Organisationen unterschieden (vgl. Böhret/Junkers 1976: 22 ff.; Reichard 1987: 133 ff.; Bendixen 1992). Diese Zweiteilung läßt sich wiederum auf die vier Grundfunktionen des Managements beziehen, nämlich auf
- Planung,
- Organisation,
- Personalführung und
- Kontrolle.

Während im Schwerpunkt Personalführung und z. T. auch Kontrolle dem personalorientierten Führungsbereich zuzuordnen sind, können Kontrolle im übrigen sowie Planung und Organisation eher zum sachorientierten Leitungsbereich zusammengefaßt werden. Diese grundlegenden Managementfunktionen finden sich – z. T. in etwas stärkerer Ausdifferenzierung – schon in der klassisch-amerikanischen Managementlehre wieder. So waren es insbesondere Gulick und Urwick, die Management in dem Kunstwort **POSDCORB**, in einem Akronym für

- Planning
- Organizing
- Staffing
- Directing
- Coordinating
- Reporting
- Budgeting

zusammenfaßten. POSDCORB wurde bereits speziell in einem Memorandum für das Komitee *Administrative Management* des US-Präsidenten entwickelt (vgl. Pollitt 1993: 4). Mit obigen Grundfunktionen (vgl. auch Kap. 3.1) ist bereits ein ergänzendes Verständnis von Management angedeutet, und zwar die kybernetisch-systemtheoretische Fassung des Managementbegriffs. Einerseits heißt dies, Management als ein rückgekoppeltes Regelkreismodell zu begreifen, das sich idealtypisch gliedert in die Phasen
- der Definition des Managementproblems,
- der Bestimmung des angestrebten Ziels bzw. der Entwicklung eines Zielsystems zur Problemlösung,
- der Suche nach und der Bewertung von Lösungsalternativen zur Zielerreichung,
- der Entscheidung zugunsten einer bestimmten Alternative,
- der Um- und Durchsetzung der gewählten Alternative (Implementation),
- der Erfolgskontrolle im Sinne einer auf das Zielsystem bezogenen Soll-Ist-Abweichungsanalyse (Evaluation) sowie
- der Rückkoppelung der Ergebnisse der Evaluation und Implementation an die vorlaufenden Managementphasen mit dem Ziel einer eventuellen Modifikation der Problemdefinition, des Zielsystems, des Sets von Alternativen und des Entscheidungs- bzw. Maßnahmenprogramms.

Dieses als lernendes System (vgl. hierzu auch Abb. 1) entwickelte Managementkonzept läßt sich wiederum auf die erwähnten Grundfunktionen des Managements beziehen: So entsprechen die Regelkreisphasen der Problemdefinition, Zielbestimmung, Alternativensuche und z. T. der Entscheidung der Funktion »Planung« und die der Implementation (z. T.), der Evaluation und Rückkopplung der Funktion »Kontrolle«, wohingegen der neuere Ansatz des Controllings im Sinne eines strategischen Controllings (vgl. näher unten Kap. 6) Elemente aller Prozeßphasen enthält.
Die Funktionen »Organisation bzw. organisieren« und »Personalführung« sind im Regelkreismodell nicht expliziert, aber gewissermaßen vorausgesetzt: So erfordern sämtliche Prozeßphasen eine jeweils phasenadäquate Struktur- und Ablauforganisation und in ihnen fallen jeweils auch spezifische Personalführungsaufgaben an. Die Einbeziehung der Funktionen »Organisation« und »Personal« in das Regelkreismodell erlaubt, weitere

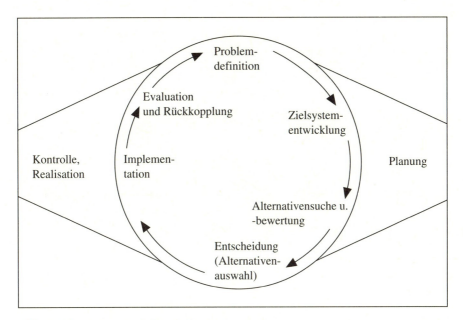

Abb. 1: Management als lernendes System

Verbindungslinien zwischen diesen beiden funktional-kybernetischen Managementansätzen und einer systemtheoretischen Betrachtung des Managementsbegriffs zu ziehen.

Die systemtheoretische Betrachtung von Organisationen sieht diese als untereinander interdependente soziale Systeme, die sich zum einen zueinander in einer System-Umwelt-Beziehung befinden, d. h. ein soziales System im Umfeld des jeweils den Erkenntnisgegenstand bildenden sozialen Systems ist zugleich eine relevante Umwelt für dieses soziale System; sie ist relevant insofern, als zwischen dem zu betrachtenden System und ihr wechselseitige Einflußbeziehungen und Einflußversuche bestehen. So wie also das im Erkenntnismittelpunkt stehende soziale System von seinen relevanten Umwelten beeinflußt wird und sich an diese Umweltanforderungen anzupassen sucht, so ist es zugleich bestrebt, seine relevanten Umwelten in Richtung auf das eigene Zielsystem zu verändern und zu gestalten.

Zum anderen enthält der systemtheoretische Ansatz auch eine Systeminnenbetrachtung: Ähnlich den relevanten Umwelten enthält das soziale System jeweils spezifische Innenwelten, die ebenfalls für Struktur, Gestaltung und Entwicklung des Systems von Bedeutung sind: Diese Innenwelten sind die Systemmitglieder und bestimmte Subsysteme, die zusammen die formale und die informale Organisation des Systems bilden (vgl. Abb. 2).

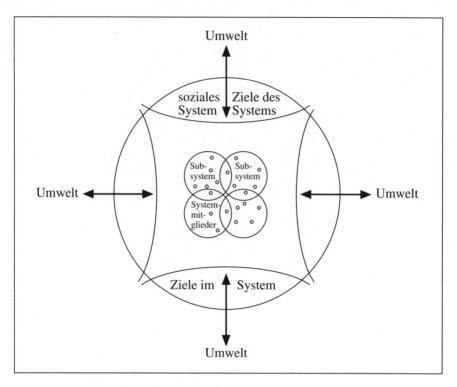

Abb. 2: Zur Systemtheorie von Organisationen

Zwischen den Systemzielen und denen der Subsysteme und Systemmit-glieder gibt es allenfalls partielle Deckungsgleichheit, zum anderen Teil auch Zielkonflikte, weshalb es analytisch fruchtbar ist, zwischen Zielen des Systems und Zielen im System zu unterscheiden. Ähnlich wie bezüglich der wechselseitigen Einflußbeziehung im äußeren System-Umwelt-Verhältnis besteht im Systeminnenverhältnis eine wichtige Aufgabe des Systemmana-gements darin,

- zu erkennen und zu analysieren, daß die Systemmitglieder und Sub-systeme z.T. andere, gegenüber den Systemzielen konfliktäre Ziele verfolgen und versuchen, das System in Richtung auf diese eigenen Ziele anzupassen;
- die Subsysteme und Systemmitglieder für die Systemziele zu gewinnen (zu motivieren), um auf diese Weise die Erreichung der nach außen gerichteten Ziele im Sinne eines höchstmöglichen Systemoutputs zu optimieren und schließlich:
- die Möglichkeit von Zielkompromissen zwischen Systemzielen und Zielen im System zu prüfen, ggf. entsprechende kompromißhafte Ziel-systeme zu entwickeln und deren Realisierung zu kontrollieren.

20

An dieser Stelle wird die fruchtbare Integration der drei skizzierten Managementbetrachtungen (funktional, kybernetisch, systemtheoretisch; vgl. auch Malik 1989: 80ff.; Wunderer/Grunwald 1980:) spätestens sichtbar. Die beschriebenen Managementfunktionen sind nämlich auf die Herstellung eines bestimmten Produkts – eines System-Outputs – gerichtet, das die notwendige Akzeptanz bei den potentiellen Kunden – in den Systemumwelten – finden soll. Das Management versucht, für die Produkterstellung bestimmte Ressourcen bzw. Ressourcenkombinationen einzusetzen. Neben wichtigen Ressourcen wie Geld, Sachmittel und auch bestimmte Marketinginstrumente sind hierbei eine zentrale Kategorie die Systemmitglieder (die Mitarbeiter einschließlich des Managementpersonals selbst), die als »Humankapital« weniger berechenbar sind als die übrigen Ressourcen. Ähnlich wie die Systemumwelten (z. B. Verwaltungskunden, Märkte, Zulieferer, konkurrierende Unternehmen) bestimmte Erwartungen gegenüber dem System und seinem Management haben, Anforderungen stellen, Unterstützungsleistungen erbringen, freundlich oder feindlich gesonnen sind, können im System angesichts z.T. differierender Systemziele und Mitarbeiterziele vergleichbare Phänomene, Probleme und Attitüden bei den Subsystemen und Systemmitgliedern im System auftreten. Auf die Bewältigung solcher Anpassungs-, Wettbewerbs- und Konfliktsituationen bzw. -probleme im System sind die Managementfunktionen Planung, Organisation, Personalführung und Kontrolle gerichtet, indem durch sie mit Anpassungs- und Konfliktbewältigungsleistungen, mit Produkt- bzw. Aufgabeninnovationen, mit Modernisierung der Struktur-, Personalführungs- und Kontrollorganisation die Adäquanz des System-Outputs erhalten oder verbessert wird. Hier wird dann auch die Verortung der kybernetischen Managementbetrachtung als rückgekoppelter Regelkreis deutlicher, die – im Vergleich zum funktionalen und systemtheoretischen Managementverständnis – allerdings stärker ihren Schwerpunkt bei Systeminnovationen und bei Innovationen des System-Outputs (der an den Kunden gerichteten Leistung oder dem Produkt) hat.

1.2.1.2 Empirisch-deskriptive Ansätze

Im Unterschied zu vorstehender, zwar integrativer, aber teils systematisch-analytisch, teils auch präskriptiv orientierter Betrachtung von Management werden neuerdings eher empirisch-deskriptive Ansätze zur Strukturierung von Management und Managerverhalten für ertragreich gehalten. Diese eher rollentheoretische und rollenanalytische Betrachtung, die vor allem auf empirische Forschungen zum Managerverhalten aus dem angelsächsischen und schwedischen Bereich zurückgeht, stellt das tatsächliche Rollenverhalten von Management und Managern in den Mittelpunkt und versucht, daraus Erkenntnisse hinsichtlich effektiven Managerverhaltens zu gewinnen (vgl. Staehle 1991). So haben die Engländerin Stewart

(1967) und der Schwede Carlsson (1951) Arbeitsinhalte und Arbeitsweisen von Managern in der Privatwirtschaft erhoben und systematisierend beschrieben. Der Amerikaner Mintzberg (1973) hat aufgrund ebenfalls empirischer Untersuchungen folgende Managerrollen beschrieben:

- **interpersonale Rollen**
  - Repräsentant (figure head)
  - Führer (leader)
  - Koordinator (liaison)
- **informationelle Rollen**
  - Informationssammler (monitor)
  - Informationsverteiler (disseminator)
  - Informant externer Gruppen (spokes person)
- **Entscheidungsrollen**
  - Unternehmer (entrepreneur)
  - Krisenmanager (disturbance handler)
  - Ressourcenzuteiler (resource allocator)
  - Verhandlungsführer (negotiator)

Ähnlich sind für die Bundesrepublik Neuberger (1990) und Staehle vorgegangen; letzterer unterscheidet – in weiterer Differenzierung von Mintzberg – folgende Managerrollen (Staehle 1991: 12ff., 21/22):

- **Institutionenorientierte Rollen**
  - Arbeitgeber
  - Intrapreneur
  - kultureller Pragmatiker oder Purist?
- **Funktionsorientierte Rollen**
  - Visionär
  - Stratege
  - Planer
  - Innovator
  - Organisator
  - Vernetzer
  - Controller
  - Krisenbewältiger
- **Personenorientierte Rollen**
  - Alleinentscheider
  - Gruppenmitglied und Moderator
  - Mikropolitiker
  - Technikkenner
  - Lernender
  - Theoretiker
- **Interaktionsorientierte Rollen**
  - Führender
  - Geführter

– Emotionsbearbeiter
– Schlichter/Konfliktlöser
– Wissensvermittler
– Klient im Beratungsprozeß
– verantwortungsvoller Bürger

Wenn auch diese empirische Erfassung von Managementrollen in einzelnen Punkten zu ausdifferenziert und gelegentlich etwas beliebig erscheint, so ist sie mit Sicherheit aus zwei Gründen eine fruchtbare Ergänzung obiger systematisch-analysierender, z. T. auch präskriptiver Ansätze: Zum einen kann sie dem groben und eher abstrakten Raster obiger Ansätze und Begriffsbildungen einen konkreteren und anschaulicheren Gehalt geben; und zum anderen ist sie geeignet, dem »heroischen«, präskriptiven Verständnis von Management einen stärkeren Realitätsbezug insofern zu verleihen, als dadurch deutlich wird, was in der Managementpraxis Manager alles an Rollen ausfüllen müssen und wo andererseits ihre Leistungsgrenzen liegen.

1.2.2 Der Gegenstandsbereich: Das *Public* an PM

Im Deutschen hat Public Management noch nicht den Stellenwert eines Kompositums (wie z. B. Windschutzscheibe oder Evolutionstheorie) und kann auch nicht als Syntagma (wie z. B. »blaues Auge«) bezeichnet werden, doch ist *Public* inzwischen auch hierzulande ein Attribut geworden, das den Inhalt des Substantivs *Management* in ganz erheblicher Weise verändert und festlegt.

Allgemein läßt sich sagen, daß der inhaltliche, aufgabenbezogene Gegenstand von PM der öffentliche Bereich, der öffentliche Sektor oder auch die öffentlichen Hände sind. Dies besagt allerdings zunächst einmal noch sehr wenig, aber immerhin doch soviel, daß hierdurch positive Eingrenzungen und negative Ausgrenzungen möglich werden:

• Im Unterschied zur neueren Verwaltungswissenschaft bezieht sich PM nicht nur auf die öffentliche Verwaltung, wobei sich schon bei ihr die Frage nach ihrer genauen Definition stellt (vgl. Püttner 1982: 26 ff.; Thieme 1984: 1 ff.; Becker 1989: 57 ff.; Bull 1986: 8 ff.; Ellwein 1981: 37 ff.; Damkowski 1969: 11 ff.); vielmehr bezieht PM absichtsvoll sämtliche Aufgabenbereiche des öffentlichen Sektors mit ein, weil – so die Hypothese – diese weitgehend denselben oder ähnlichen Zielbestimmungen, Rationalitäts-, Effizienz- und Effektivitätskriterien sowie Struktur- und Rahmenbedingungen folgen; daraus läßt sich die vermutlich fruchtbare Perspektive ableiten, für diesen Bereich – vergleichbar der wirt-

23

schaftswissenschaftlichen Unterscheidung zwischen *private* und *public sector* – eine einheitliche und zunehmend eigenständige Managementtheorie und -praxis zu entwickeln. Anders als in der Verwaltungswissenschaft gehören demnach zum Gegenstand von PM nicht nur die öffentliche Verwaltung, sondern z. B. auch Regierung, Gesetzgebung und Rechtsprechung.

- Negativ läßt sich der gesamte privatwirtschaftliche Bereich ausgrenzen, der »private sector«, wenn auch – wie sich zeigen wird – durch diese Feststellung nicht alle Abgrenzungsprobleme gelöst sind.

Zu mehr als den obigen Zwischenergebnissen führt allerdings die Aussage, daß Gegenstand von PM der öffentliche Sektor sei, auch nicht. An dieser Stelle könnte zur weiteren Konkretisierung nun eine sowohl in den Rechts- und Verwaltungswissenschaften als auch in den Wirtschaftswissenschaften geführte Diskussion zur Definition von öffentlichen Aufgaben, öffentlicher Verwaltung und öffentlicher Hand oder auch zu *public goods* und *public choice* geführt werden. Diese Diskussion ist jedoch ebenso subtil und spannend wie sie allerdings meist auch unbefriedigend, ja z. T. auch ergebnislos endet. Deshalb soll im folgenden der weiteren Definition des für PM maßgeblichen Eingrenzungskriteriums des »Public« auf zweifache Weise näher gekommen werden, und zwar bewußt an erster Stelle auf eine induktive, exemplarisch-konkretisierende und dann deduktive, systematisch-abstrahierende und an bestimmten Kriterien orientierte Weise.

1.2.2.1 Die induktive, exemplarisch-konkretisierende Beschreibung des Attributs *Public*

Dieser Herangehensweise, die durchaus eine institutionell-funktionale Betrachtung zum Hintergrund hat, nähert sich der Definition des *public* durch beispielhafte Darstellung von Institutionen, Organisationen und Funktionen, die zum einen Teil unstreitig, sozusagen evident, zum öffentlichen Sektor gehören und zum anderen von zweifelhaften Fällen, bei denen auf den ersten Blick unklar bleibt, ob hier noch eine Zugehörigkeit zum öffentlichen Sektor anzunehmen ist. Letztere Fälle müßten dann anhand zusätzlicher systematisch-abstrakter Kriterien (vgl. unten 1.2.2.2) beurteilt werden. Nach der induktiven Vorgehensweise ergibt sich dann folgendes (vgl. Abb. 3):

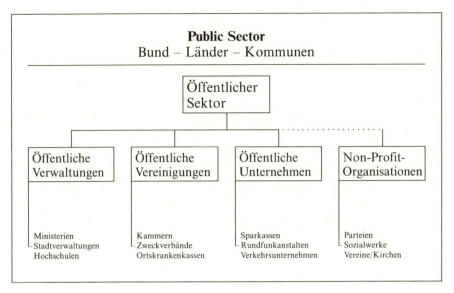

Abb. 3: Maximaldefinition des Öffentlichen Sektors

- Unstreitig zum Bereich des *Public* gehört gewissermaßen als Kernbereich alles das, was klassisch zur unmittelbaren Staats- und Kommunalverwaltung zu rechnen ist, also zunächst einmal die gesamte Ebene der unmittelbaren Kommunalverwaltung (Gemeinden, Kreise, kreisfreie Städte), des weiteren die unmittelbare Staatsverwaltung auf Landes- und Bundesebene mit ihren unterschiedlichen behördlichen Institutionen;
- des weiteren der gesamte Bereich öffentlich-rechtlich konstituierter mittelbarer Kommunal- und Staatsverwaltung, insbesondere in Gestalt von Anstalten, Körperschaften und Stiftungen des öffentlichen Rechts einschließlich der *befreiten* Regiebetriebe, der Eigenbetriebe, der Rechnungshöfe sowie der Bundesbank und der Landeszentralbanken;
- ebenso die Ebene supranationaler und internationaler Organisationen, soweit sie zurückgeht auf einen öffentlich-rechtlichen, europarechtlichen oder völkerrechtlichen Legitimationsakt;
- auch noch unstreitig dürfte die Zurechnung zum öffentlichen Sektor sein bei solchen Organisationen, die als materiell öffentliche Verwaltung in Privatrechtsform verfaßt sind, also bei solchen öffentlich beherrschten Dienstleistungs-, Förderungs- und Versorgunsunternehmen, die insbesondere in privatrechtlichen Formen von e.V., GmbH und AG geführt werden, und dies deshalb, weil diese Einrichtungen regelmäßig aus dem Sozialstaatsprinzip leitbare öffentliche Aufgaben als durch die jeweilige öffentliche Hand beherrschte Eigengesellschaften wahrnehmen;

- wohl auch noch kaum zweifelhaft wird die das Gewaltenteilungsprinzip überspringende Hinzurechnung von Regierungen, Gesetzgebung und Rechtsprechung sein, und zwar mit der Begründung, daß in diesen öffentlichen Institutionen vergleichbare Managementanforderungen wie für die zuvor bezeichneten Einrichtungen bestehen; allerdings mit der Einschränkung, daß dies für die Kernräume von Gesetzgebung und Rechtsprechung nur unter leicht veränderten rechtlichen Rahmenbedingungen gilt;
- gewissermaßen als Annex von Regierungen und Gesetzgebern dem öffentlichen Sektor zuzurechnen sind des weiteren die Parlamentsfraktionen und politischen Parteien; erstere schon deshalb, weil sie als öffentlich-rechtliche Teilkörperschaften des Parlaments zu verstehen sind und letztere, weil sie nach öffentlichem Recht als Verfassungsorgane konstituiert und kontrolliert werden;
- schwieriger wird die Frage der Öffentlichkeitsorientierung für solche Unternehmen zu beantworten sein, die – anders als die zuvor aufgeführten öffentlichen Unternehmen (Anstalten, Körperschaften, Stiftungen des öffentlichen Rechts, befreite Regiebetriebe, Eigenbetriebe, durch die öffentliche Hand beherrschte Eigengesellschaften in Privatrechtsform; vgl. hierzu auch die folgende aus Steinebach [1983: 17] bzw. auch Reichard [1987:17] entnommene Abb. 4) – teils als reine Private (Privatrechtsform und private Eigentümer) öffentliche Aufgaben wahrnehmen, teils als öffentlich beherrschte Gesellschaften reine erwerbswirtschaftliche Ziele oder als Gesellschaften mit nur öffentlicher Minderheitsbeteiligung, aber – z. B. gemäß Gesetz oder Satzung – durchsetzbarem Einfluß (z. B. 25% nach Aktienrecht) entweder öffentliche Aufgaben oder teilweise öffentliche Aufgaben verfolgen.

Betriebstyp / Merkmal		(1) Haushalt	(2) Unternehmung	(3) öffentl. Betrieb	(4) Verwaltungsbetrieb
Ziel-struktur	Deckung von Eigen-/Fremdbedarf	Eigenbedarfsdeckung	individuelle Fremdbedarfsdeckung	vorwiegend individuelle Fremdbedarfsdeckung	überwiegend kollektive Fremdbedarfsdeckung
	üblicherweise vorherrschende Betriebsziele	individuelle Wohlfahrt	Gewinnerzielung	gemeinwirtschaftliche (Versorgungs-)Zielsetzung, daneben wirtschaftspolitische Ziele	kollektive Wohlfahrtsförderung (Daseinsvorsorge, -fürsorge, -erhaltung)
	Grad der Unabhängigkeit der Zielbildung	groß	relativ groß (gesetzl. Beschränkungen)	gering bis mittel (kollektives Interesse)	gering (politische Zielvorgaben, Gesetze)
Leistungs-struktur	Art der Leistungsgabe	Eigenleistungen	marktfähige Güter, Absatz gegen Entgelt	marktfähige »Grundgüter« (vor allem Dienstleistungen und Energie), Absatz gegen Entgelt	nicht marktfähige, öffentliche Güter, überwiegend unentgeltlicher Absatz
	Leistungsverpflichtung	nein	nein	überwiegend ja (»öffentliche Zugänglichkeit«)	
	Abnahmepflicht des Leistungsempfängers	–	nein	nur im Ausnahmefall (z. B. Anschluß- und Benutzungszwang)	teilweise (z. B. Schulpflicht)
Eigentums- und Finanz-struktur	Staatsanteil am Eigentum	0%	0%	25–100%	100%
	Herkunft der Einnahmen	vorwiegend aus Arbeitsleistung	aus Umsatzerlösen	überwiegend aus Umsatzerlösen, z. T. aus Subventionen	überwiegend aus Steuern
	Bestandsrisiko	–	ja	gering	nein

Abb. 4: Merkmale öffentlicher Betriebstypen

Hier sind folgende Beispiele gemeint:

- Der private Unternehmer, der öffentliche Aufgaben wahrnimmt, als der klassische Fall des sogenannten beliehenen Unternehmers oder auch beauftragten Dritten, der in Privatrechtsform und aufgrund privaten Unternehmereigentums mit hoheitlicher Gewalt beliehen ist (z. B. TÜV oder beauftragter Dritter nach Abfallgesetz). Hier dürfte die Zurechnung zum public sector noch unstreitig sein, weil erstens hier öffentliche Aufgaben mit – allerdings – abgeleiteter hoheitlicher Gewalt erfüllt und zweitens der politisch-administrative Einfluß der öffentlichen Hand durch bestimmte Zulassungsvoraussetzungen und Aufsichtsrechte gesichert ist;
- das »öffentliche« Unternehmen, das mehrheitlich oder zu 100% im Eigentum einer öffentlichen Hand ist und allenfalls entfernt öffentliche Nebenzwecke, aber im wesentlichen erwerbswirtschaftliche Ziele verfolgt (z. B. die Landesbanken der jeweiligen Bundesländer oder eine städtische Messe- und Kongreß GmbH); hier dürfte das Kriterium des *public* außerordentlich zweifelhaft, allenfalls dann zu bejahen sein, wenn eine Kombination von starkem öffentlichen Einfluß und eine gewisse Nähe zu – durch Verfassung, Gesetz oder Parlamentsbeschluß – öffentlich legitimierten Aufgaben besteht.
  Noch fraglicher könnte der Öffentlichkeitsbezug dann sein, wenn es sich um ein Unternehmen in Privatrechtsform mit mehrheitlicher oder auch 100%iger öffentlicher Beteiligung handelt, das rein privatwirtschaftliche Ziele solcher Art verfolgt, wie sie auch jederzeit ohne öffentliche Regulierung von jedem privaten Unternehmer verfolgt werden könnten (z. B. ein in 100%igem städtischen Eigentum befindliches Touristikunternehmen). Unter Gesichtspunkten eines öffentlichen Beteiligungscontrolings (vgl. 6) und der Realisierung von Ansätzen des Management by Competition (vgl. 7) wird es aber im Ergebnis vertretbar sein, diese Fälle noch dem öffentlichen Sektor zuzuordnen.
- Ähnlich schwierig stellt sich die Frage nach dem public oder private bei bestimmten verbandlichen Organisationsformen in unserer Gesellschaft dar: Gemeint sind insbesondere die Gewerkschaften, Arbeitgeberorganisationen und Wohlfahrtsverbände. Spontan geurteilt, scheint hier der Öffentlichkeitsbezug nicht zu bejahen zu sein; bei genauerer Betrachtung ergibt sich jedoch, daß diese zwar formal privatrechtlich verfaßt sind, aber materiell wichtige »öffentliche« Aufgaben wahrnehmen. So sind den Wohlfahrtsverbänden entsprechend dem Subsidiaritätsprinzip grundlegende soziale Aufgaben gesetzlich oder tatsächlich zugewiesen bzw. sind solche von diesen Verbänden unter Beachtung des Gemeinnützigkeitskriteriums freiwillig übernommen werden. Die Arbeitnehmer- und Arbeitgeberorganisationen sind schon aufgrund der Verfassung (Art. 9 III GG) im Bereich des Tarifrechts mit quasi-gesetzgebe-

rischen Aufgaben betraut und wirken zudem vielfach in wichtigen Gremien der öffentlich-rechtlichen Selbstverwaltung (z. B. Arbeitsverwaltung, gesetzliche Krankenversicherung) entscheidend mit. Eine Zurechnung zum public sector erscheint daher gerechtfertigt.

- Noch ungleich komplizierter gestaltet sich die Beurteilung der Medien (Presse, Funk und Fernsehen). Dabei ist allerdings die Zuordnung der öffentlich-rechtlichen Rundfunk- und Fernsehanstalten zum öffentlichen Sektor angesichts ihres verfassungsmäßigen Auftrags (Art. 5 I GG) und ihrer Verfaßtheit als öffentlich-rechtliche Anstalten zweifelsfrei. Demgegenüber dürfte der Öffentlichkeitsbezug bei den privaten Presse-, Funk- und Fernsehmedien außerordentlich gering sein: Zwar ließe sich aufgrund Art. 5 I GG für sie noch eine entfernte Beziehung zu öffentlichen Aufgaben herstellen und aufgrund der Regelung dieses Aufgabenbereichs durch Presserecht und Landesmediengesetze (mit Zulassungs- und Aufsichtsregelungen) noch eine gewisse Nähe zum öffentlichen Sektor annehmen; aber im Ergebnis wird doch angesichts privater Eigentumsverhältnisse und des vorherrschenden Gewinnerzielungsmotivs das privatwirtschaftliche Gepräge überwiegen. Ihre Einbeziehung in den privaten Sektor ist daher gerechtfertigt.

1.2.2.2 Die deduktive, systematisch-abstrakte Eingrenzung des *Public*

Die zuvor vorgenommene eher induktiv-exemplarische Beschreibung des *public* am PM ist gewissermaßen Material für die Entwicklung von Maßstäben zur Eingrenzung des Gegenstandsbereichs von PM und hat bereits teils implizit, teils explizit bestimmte Beurteilungskriterien geliefert, die weiter zu systematisieren sind. Danach ergeben sich offenbar zur Beschreibung und Begrenzung des öffentlichen Sektors die folgenden Kriterienbündel:

(1) Ausstattung mit hoheitlicher Gewalt (*Merkmal der Gewalt – Exklusivität*); mit diesem Merkmal werden sämtliche Einrichtungen und Betriebe der Eingriffsverwaltung sowie der schlicht-hoheitlichen Leistungsverwaltung erfaßt.

(2) Öffentlich-rechtliche Rechtsform (*Merkmal der Rechtsform – Exklusivität*); dieses Merkmal stellt ab auf die abschließende Typologie öffentlich-rechtlicher Rechtsformen in der unmittelbaren und mittelbaren Verwaltung (Behörden, Ämter, Regiebetriebe, befreite Regiebetriebe, Eigenbetriebe, öffentlich-rechtliche Anstalten, Körperschaften und Stiftungen).

(3) Erfüllung eines öffentlichen Zweckes (Merkmal der *Zweck-Exklusivität*); dieses Merkmal umfaßt verschiedene Unterkriterien wie insbesondere:

- die exklusive Erbringung öffentlicher Leistungen, Dienste und Produkte, auch im Sinne der Abgrenzung von public und private sector nach der *public goods- bzw. public choice-Theorie* (vgl. u. a. Arrow 1963, Ostrom 1974; Roberts 1980; Aucoin 1990: 116 f.);

- die Arbeit nach den haushaltsrechtlichen Sparsamkeits- und Wirtschaftlichkeitsprinzipien unter Ausschluß des Gewinnerzielungsinteresses;
- die Bindung an das Gemeinwohlinteresse bzw. die »Gemeinnützigkeit« entgegen der »Privatnützigkeit«;

(4) Öffentlich-rechtliche Legitimation und Kompetenz für Gründung, Gründungszweck, Bestandssicherung und Auflösung (Merkmal der *Legitimations- und Kompetenz-Exklusivität*).

(5) Öffentliche (d. h. kommunale oder staatliche) Trägerschaft bzw. Eigentümer.

(6) Öffentliche (d. h. durch kommunale oder staatliche Träger gesicherte) Beherrschbarkeit; diese kann durch Mehrheitsbeteiligung oder im Falle von Minderheitsanteilen – nach Aktienrecht 25% – durch Satzungsregelung gegeben sein.

Aus diesem – noch nicht in sich gewichteten – Kriterienkatalog ergibt sich:
- die Merkmale *Gewalt-Exklusivität und Rechtsform-Exklusivität* haben, jedes für sich genommen, eindeutige, feststellbare und daher operationale Kriterien um Gegenstand; bei Vorliegen bereits eines dieser Merkmale ist die Zugehörigkeit zum öffentlichen Sektor anzunehmen.
- Das Merkmal *Zweck-Exklusivität* ist nicht von vornherein eindeutig operationalisiert, sondern gewinnt seine Konkretisierung erst durch politisch-normative Wertentscheidungen, d. h., das Verständnis für den Terminus *öffentliche Aufgabe* entfaltet sich
- entweder aus der Kombination mit dem Merkmal *Gewalt-Exklusivität* oder *Rechtsform-Exklusivität* oder aus der
- Kombination mit dem ergänzenden Merkmal der *Legitimations- und Kompetenz-Exklusivität*; letzteres bedeutet, daß immer nur dann eine öffentliche Aufgabe anzunehmen ist, wenn diese auf einen demokratischen Legitimations- und Kompetenzzuweisungsakt zurückzuführen ist, also diese Aufgabe aufgrund Verfassung, förmlichen Gesetzes, Rechtsverordnung, Satzungsrecht oder Parlamentsbeschluß erfüllt wird.
- Die Merkmale *Öffentliche Trägerschaft* und *Beherrschbarkeit* begründen für sich allein – d. h. ohne vorliegende Merkmale (1), (2) oder (3)/(4) nicht regelhaft Zugehörigkeit zum *public sector*, auch wenn eine öffentliche Hand oder mehrere öffentliche Hände alleiniger oder beherrschender Träger/Eigentümer sein sollten; denn einerseits hat in diesen Fällen nach der bestehenden Wirtschaftsordnung auch jeder private Unternehmer den freien Zugang zu diesem Aufgabenbereich (keine Zweck-Exklusivität); und andererseits kann sich auch die öffentliche Hand erwerbswirtschaftlich wie jeder Marktteilnehmer, insbesondere wie ein privater Unternehmer betätigen.

Das bedeutet: Die Merkmale (5) und (6) führen nur in Kombination mit dem Merkmal *Legitimations- und Kompetenzexklusivität* zur Zugehörigkeit zum *public sector*.

Daraus folgt nach dieser deduktiven, systematisch-abstrakten Vorgehensweise für die oben (vgl. 1.2.2.1) exemplarisch »durchgespielten« Fälle:

- **Zum öffentlichen Sektor gehören mit Sicherheit:**
  - Der gesamte Bereich der unmittelbaren und mittelbaren Staats- und Kommunalverwaltung in Bund und Ländern, ebenso die Bereiche der Intendanzverwaltungen (planende und Querschnittverwaltung), die befreiten Regiebetriebe und kommunalen Eigenbetriebe, die öffentlich-rechtlichen Körperschaften, Anstalten und Stiftungen, die sogenannten beliehenen Unternehmer, die öffentlich-rechtlichen Medien, überwiegend auch die supranationale Administration sowie die Regierungs-, gesetzgebende und rechtsprechende Gewalt auf den verschiedenen föderalen Ebenen, nicht zuletzt die Rechnungshöfe sowie die Bundesbank mit den Landeszentralbanken; dies ergibt sich daraus, daß in allen Fällen eine Ausstattung mit hoheitlicher Gewalt und/oder eine öffentliche-rechtliche Rechtsform gegeben sind.
  - Ebenso unzweifelhaft zum public sector rechnen demnach solche Betriebe und Einrichtungen, die in Privatrechtsform materiell Aufgaben der öffentlichen Verwaltung, insbesondere im Bereich der Daseinsvorsorge, durch öffentlich beherrschte Dienstleistungs-, Versorgungs- und Förderungsunternehmen (insbesondere Eigengesellschaften) wahrnehmen, da deren Aufgaben und Arbeit regelmäßig ableitbar sind aus dem verfassungsrechtlichen Sozialstaatsprinzip und auf einen Legitimations-, Zwecksetzungs- und Kompetenzzuweisungsakt einer öffentlich-rechtlichen Körperschaft zurückgehen.

- **Zum öffentlichen Sektor, mindestens aber zum sog. *grey sector*** (vgl. unten) gehören dann auch wohl noch solche öffentlich beherrschten Unternehmen in Privatrechtsform, die bei 100%iger oder mehrheitlicher öffentlicher Trägerschaft im wesentlichen erwerbswirtschaftliche Ziele in der Art verfolgen, wie sie auch jederzeit stattdessen durch einen privaten Unternehmer verfolgt werden können (z. B. städtisches Touristik-Unternehmen oder staatlicher Automobilhersteller als AG).

- **Eher zum privaten Sektor gehören:**
  - politische Parteien,
  - Gewerkschaften und Arbeitgeberverbände,
  - Wohlfahrtsverbände,

weil auf sie, wenn auch im einzelnen zweifelhaft, weder die Merkmale der Gewalt-, der Rechtsform- oder Aufgabenexklusivität noch die der öffentlichen Trägerschaft bzw. Beherrschbarkeit zutreffen. Allerdings: Bei genauerem Hinsehen werden diese Feststellungen für die genannten Organisationen doch wieder zweifelhaft. So gilt für Gewerkschaften und Arbeitgeberverbände, daß sie – gewährleistet durch Art. 9 III GG – für den Bereich der Arbeitsbedingungen einen öffentlichen, quasi gesetzgeberischen Gestaltungsauftrag haben und ihre Verbandsvertreter in zahlreichen öffentlich-rechtlichen Selbstverwaltungskörperschaften mitentscheiden.

Für die politischen Parteien ist immerhin insofern ein enger Öffentlich-keitsbezug gegeben, als ihnen gemäß Art. 21 GG bestimmte verfassungs-mäßige Aufgaben – nach der Rechtssprechung des Bundesverfassungs-gerichts als Verfassungsorgane – zugewiesen sind und sie nach dem Parteiengesetz bestimmten öffentlich-rechtlichen Willensbildungs-, Trans-parenz- und Rechenschaftspflichten unterworfen sind. Und für die Wohl-fahrtsverbände ist festzuhalten, daß ihnen vor dem Hintergrund des Subsidiaritätsprinzips wichtige soziale Aufgaben z.T. gesetzlich übertragen sind.

Die hier zur Stellung der genannten Organisationen formulierten Zweifel brauchen für die Zwecke des vorliegenden Bandes nicht abschließend ge-klärt zu werden. Sie sollen eher aufzeigen, daß es zwischen public und private sector offenbar eine Zwischen- oder Grauzone (*grey sector*), einen intermediären Sektor gibt, der nicht eindeutig dem privaten oder öffentli-chen Sektor zuzuordnen ist (vgl. Abb. 5). Manches spricht allerdings dafür, daß dieser *intermediate sector* eher den Anforderungen, Rationalitätskri-terien sowie Leistungs- und Arbeitsbedingungen des public sector ent-spricht und daher sinnvoll Regeln und Konzepte des Public Managements auch auf ihn angewandt werden können.

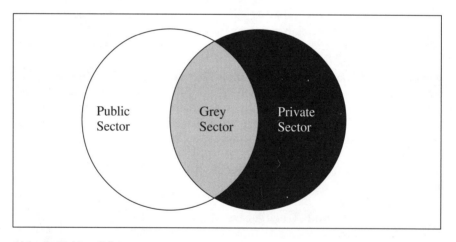

Abb. 5: Dritter Sektor

1.3 Der Ertrag von PM für die aktuelle Debatte zur Modernisierung des öffentlichen Sektors

Die seit einigen Jahren geführte Debatte zur Modernisierung des öffentlichen Sektors ist wesentlich gespeist aus der kritisch-konstruktiven Analyse bestimmter Defizite. Dabei ist – soweit es sich nicht um eine grundsätzlich-ideologische Infragestellung von öffentlichem Sektor, öffentlichem Dienst und öffentlicher Verwaltung handelt und nicht das Allheilmittel in einer materiellen Privatisierung wesentlicher Teile öffentlicher Aufgabenerfüllung gesehen wird (so beispielsweise der Bund der Steuerzahler in der Bundesrepublik) – die Prämisse diskussionsbestimmend, daß aus sozialstaatlichen Gründen ein starker öffentlicher Sektor notwendig ist, dieser sich allerdings immer wieder angesichts defizitärer Erscheinungsformen als anpassungs- und innovationsfähig erweisen muß (vgl. Wulf-Mathies 1991; 1994: 341/342; Mohn 1993: 5 f.; Damkowski/Luckey 1990; 1993: 11 ff.; 1994; Naschold/Pröhl 1994; Oppen 1994: 131 ff.; Brinckmann 1994: 182 ff.; Pröhl 1994: 358 ff.; Naschold 1994: 386 ff.; Siebenhaar/Pröhl/Pawlowsky-Flodell 1993; Beyer/Brinckmann 1990; Beyer/Freudenstein/Rößner 1993; Jädicke/Kern/Wollmann 1990). Als aktuelle Defizite öffentlicher Dienste werden gegenwärtig u. a. diagnostiziert:
- eine erhebliche Kunden- bzw. Bürgerferne der Dienstleistungserbringung;
- zu geringe Möglichkeiten wirksamer Bürgerpartizipation; zu sehr zentralisierte und bürokratisierte Formen der Leistungserstellung;
- Mängel bzgl. Motivation und Partizipation der Mitarbeiter;
- zu wenig Flexibilität, Selbständigkeit und Verantwortlichkeit in Arbeitsbereichen und für Arbeitsbereiche;
- zu wenig Kostenbewußtsein und Effizienzdenken;
- zu wenig *inneradministrativer und interadministrativer* Wettbewerb;
- zu wenig materielle und immaterielle Leistungsanreize;
- zu große Schwerfälligkeit in der Entwicklung und Durchsetzung von Innovationen und entsprechend ein eher unflexibles Repertoire an Änderungsstrategien.

Es wäre vermessen, an dieser Stelle und zu diesem Zeitpunkt zu behaupten, der neue Ansatz des PM könnte derartige Defizite mit »einem Schlag« überwinden. Der Anspruch muß mit Sicherheit bescheidener sein. Und trotzdem soll – in diesem Zusammenhang zunächst stichwortartig, im übrigen in diesem Band dann aber ausführlicher – gezeigt werden, wie bestimmte Ansätze und Konzepte auch schrittweise Lösungen für die benannten Schwachstellen bieten könnten:
- Mehr Kundenorientierung und Bürgernähe durch mehr Qualitätsbe-

wußtsein und Qualitätsmanagement: Hier geht es darum zu prüfen, wie, ggf. in welchen modifizierten Formen und Verfahren, bestimmte Ansätze zur Qualitätssicherung und des sogenannten Total Quality Managements geeignet sind, auch im öffentlichen Sektor verstärkt Qualitätsdenken zu entwickeln und Leistungs- bzw. Produktqualität weiter zu verbessern.

• Mehr Bürgerbeteiligung durch neue Formen und Verfahren der Bürgerpartizipation (vgl. hierzu Kap. 10 und auch Grunow 1988; Fürst 1993): Angesichts vielfach beklagter *Staatsverdrossenheit* von Bürgern und sich daran anschließenden Tendenzen zur rechtlichen Verankerung direkter Bürgerbeteiligung (z. B, in Verfassungen der neuen Bundesländer) ist zu erörtern, wie die Beteiligungs- und Einflußrechte von Bürgern und Bürgergruppen sowohl innerhalb der Verwaltung und weiterer Dienste des öffentlichen Sektors als auch diesen gegenüber verstärkt werden können.

• Mehr Kunden- bzw. Bürgernähe durch vermehrte Dekonzentration und Dezentralisation (vgl. u. a. Liesenfeld/Loss 1993: 455) von öffentlichen Diensten. Hier steht sowohl die vertikale als auch die horizontale Dekonzentration bzw. Dezentralisation zur Diskussion sowie des weiteren die Frage, ob und wie Kundenorientierung einerseits durch Verlagerung von Aufgaben und Kompetenzen in der Ebenenhierarchie des öffentlichen Sektors von oben nach unten (vertikal) und andererseits durch Formen der Verselbständigung und Ausgliederung von Verwaltungseinheiten (horizontal), aber auch durch Angebotsprofilierung, Sozialmarketing und unverwechselbare Identität (Corporate Identity) erreicht werden kann.

• Mehr Mitarbeitermotivation durch verstärkte Mitarbeiterpartizipation und zusätzliche Leistungsanreize: Angesichts von beträchtlichen Frustrations- und Resignationstendenzen im öffentlichen Sektor ist zu prüfen, inwieweit hier neue, auf mehr Mitarbeiterpartizipation und Leistungsmotivation basierende Führungs- und Strukturmodelle (Kontraktmanagement bzw. Management by Objectives) Abhilfe schaffen können.

• Verstärkung des Kostenbewußtseins und effizientere Arbeits- und Leistungsformen: Hier geht es darum zu erproben, ob durch neue Anreiz- und Wettbewerbsmodelle (Management by Competition), durch Aufbau von selbstverantwortlichen Kosten- und Leistungseinheiten sowie durch Entwicklung von Conrollingstrukturen und -instrumenten wirtschaftliches Handeln im öffentlichen Sektor intensiviert, insbesondere auch statt der »Input«- eine »Output«-Orientierung des öffentlichen Handelns erreicht werden können.

• Wirksamere Anpassungs- und Innovationsfähigkeit des öffentlichen Sektors durch flexible Innovationsstrategien: Hier sind bewährte Innovationsstrategien in Gestalt von Organisations- und Personalentwicklung noch weiter für den öffentlichen Sektor zu operationalisieren, und es ist durch sie die Akzeptanz von Innovationen zu verbessern.

2. Public Management als Lehr- und Forschungsdisziplin

Das Marktforschungsinstitut Forsa befragte 440 Führungskräfte aus der privaten Wirtschaft und 66 Spitzenbeamte aus Bundes- und Landesministerien zu den Managementqualitäten im öffentlichen Dienst (Deutsch et al., 1993: 47). In der Einschätzung spiegeln sich subjektive Vorurteile, mangelnde Selbstkritik und die Fehleinschätzung des Handlungsbedarfs wider: 77% aller befragten Beamten halten die Effizienz des öffentlichen Dienstes für hoch bis sehr hoch, aber nur 8% der privaten Manager teilen diese Meinung. 67% der befragten Staatsdiener sind sich gewiß, den öffentlich Dienst von Defiziten in der politisch-administrativen Führungsebene selbst befreien zu können, aber nur 30% der Privaten trauen ihnen diese *Kraft zur Katharsis* zu.

In einer Situations- und Schwachstellenanalyse von Bundesverwaltungen wurde neben der Evaluation von Effektivitäts- und Effizienzkriterien (zu hoher Komplexitätsgrad, Übersteuerung in den Hierarchiestufen etc.) vor allem auch der Mangel an modernen Managementmethoden herausgestellt (Friedrich-Ebert-Stiftung 1993a). Neben traditionellen Führungselementen der Administrative wird die Ergänzung aus dem Bereich von Steuerungskonzeptionen der Ökonomie immer dringlicher. Interne Personalentwicklung zur Erreichung des veränderten Anforderungsniveaus ist eher eine Lösung des Übergangs. Das bereits tätige Personal in den öffentlichen Verwaltungen soll nach einer Vorstellung »mit den Grundtatbeständen, Verfahren, Steuerungsinstrumenten und Problemlösungsansätzen der Öffentlichen Betriebswirtschaftslehre vertraut« (WK 1987: 4) gemacht werden. Das kann allenfalls eine partielle Handlungsempfehlung sein, die vielleicht den oben dokumentierten Empfindungsmangel innerhalb des öffentlichen Sektors für die Notwendigkeit von Ausbildungsreformen abbaut.

Gefragt sind Lehre und auch die Forschung, um möglichst zügig Ausbildungsgänge zum öffentlichen Dienstleistungsmanagement anzubieten. Der Bedarf und auch die Nachfrage sind da, können aber aus den vorhandenen Ausbildungsstrukturen nicht befriedigt werden, vor allem nicht allein durch empirisch-curriculare Kurse und Seminare in einzelnen Zweigen der Verwaltungs- und Rechtswissenschaften, der Verwaltungsbetriebslehren bzw. – weiter umspannt – durch interdisziplinäre Veranstaltungen der Öffentlichen Betriebswirtschaftslehre mit einem ad-hoc-Charakter.

Argumente für den Ausbildungsbedarf:

1. Der Anteil des öffentlichen Dienstes an den erwerbswirtschaftlich Beschäftigten ist von 1950 bis 1992 von 10% auf 17% gestiegen und wird auch bei allen Privatisierungen und Ausgliederungen, die ihrem Wesen nach auch eine Ausbildung im Public Management erfordern, durch neue Aufgaben keinesfalls rapide sinken.

2. Durch eine »dramatische Veränderung und Erhöhung der Staatsquote« auf 48% (IGUS 1994) des Sozialprodukts ist »die politisch-administrative Entscheidungsfindung zur Ressourcenbeschaffung und -verwendung für die öffentliche Güterversorgung zu dem neben marktwirtschaftlichen Tauschprozessen zentralen gesellschaftlichen Allokations- und (Re-)Distributionsverfahren geworden« (Schimanke 1987: 55).

3. Innerhalb des öffentlichen Dienstes dominiert bereits seit langem die Gruppe der Arbeiter und Angestellten, die nicht ausschließlich den Begründungen und Handlungsrestriktionen aus Art. 33 Abs. 4 und 5 GG unterliegen. Auch die Anzahl der leitenden Angestellten verändert die Ausbildungssituation.

4. Der Wissenschaftsrat (WR 1991: 9 ff.; 1993) empfiehlt, daß auch externe – nicht stringent auf die bereits eingeschlagene Laufbahn des Studenten fixierte – Hochschulen die Ausbildung des Führungsnachwuchses im öffentlichen Sektor stärker übernehmen.

Diese Empfehlung beruht nicht auf einer Kritik an den Fachhochschulen, sondern stellt ein Beispiel für den zunehmend gewollten Wettbewerb innerhalb des öffentlichen Sektors (public competition) dar. Dieser Wettbewerb wiederum wird wahrscheinlich zu einer Erhöhung der Ausbildungsqualität führen und auch zu einer Erhöhung der Nachfrage, speziell auch aus dem Dritten Sektor.

5. Der steigende Bedarf an aufgabenorientiertem Führungspersonal im öffentlichen Sektor wird von der Wissenschaftlichen Kommission »Öffentliche Unternehmen und Verwaltungen« im Verband der Hochschullehrer für Betriebswirtschaft (WK) u. a. »mit dem *grundlegenden Funktionswandel* der Verwaltung von der klassischen Eingriffsverwaltung zur Leistungsverwaltung« begründet und durch »das Wirtschaftlichkeitsprinzip als *eigenständige Rechtsnorm* öffentlichen Handelns, für deren konkrete Umsetzung es auf allen Handlungsebenen des öffentlichen Sektors einer umfassenden Nutzung *betriebswirtschaftlichen Sachverstandes* bedarf« (WK 1987: 4).

Über die umstrittene (verfassungs-)rechtliche Bedeutung des Wirtschaftlichkeitsprinzips (s. o.) läßt sich die Notwendigkeit für neue Ausbildungs-

36

wege aus der letzten These kaum begründen, da dieser Grundsatz, wenn auch mit Akzentverschiebungen, seit Jahrzehnten existiert. Natürlich ist die Suche nach Kostensenkung und Prozeßoptimierung eher mit den Haushaltsengpässen verbunden und deshalb läßt sich die Forderung nach ökonomischem Know How auch ganz pragmatisch begründen. Anders verhält es sich mit dem angeführten Funktionswandel: Die Verlagerung vom o. a. Protective State zum Productive State – in sicherlich zu weitgehenden Visionen –, also Wandel der Verwaltungen und anderer Teile des öffentlichen Sektors zu Dienstleistungskonzernen, der internationale Paradigmenwechsel von einer Verwaltungs- zu einer Servicekultur verlangen ein auch als Change-Management der Administration (Wever 1993) bezeichnetes Konzept.

Neben der Umgestaltung der bestehenden Strukturen, die vor allem auf die Freisetzung von Kreativitätspotentialen zielt (hier bieten sich auch Kontaktstudiengänge für die bereits im öffentlichen Dienst Beschäftigten als Fortbildungsmaßnahme an), sind auch innovative Ausbildungsanforderungen zu erkennen, gleich ob es sich um neue praxeologische Ziele (»learning by doing«), oder ob es sich um veränderte theoretische Konzeptionen (z. B. durch die Herausbildung der ökonomischen Theorie der Politik und auch des Rechts oder durch Public Choice, die ökonomische Theorie öffentlicher Güter; vgl. Downs 1957; Arrow 1963; Vierheller 1983) handelt.

Die Berufsfelder der im öffentlichen Sektor Beschäftigten – in Verwaltungen, Vereinigungen, Unternehmen und auch in Non-Pro-fit Organisationen (NPO) – sind heterogen und z.T. hochdifferenziert, so daß die Frage berechtigt ist, ob es als kleinsten gemeinsamen Nenner zu subsumierende Grundstrukturen und Prinzipien der Ausbildung gibt oder ob es nicht a priori sinnvoller ist, spezifische Wege der Personalbeschaffung zu beschreiten. Die Frage ist also, ob innovative Studiengänge zur Führung des öffentlichen Sektors nur Funktions- oder auch Institutionenlehre sein sollen (vgl. dazu z. B. Streitferdt 1987: 79 ff.).

Oft sind die Lehrinhalte der Ausbildungsstätten für das Führungspersonal bestimmter öffentlicher Institutionen von der Ausrichtung auf eine konkrete Aufgabenwahrnehmung, von bürokratischen und rechtsnormorientierten Steuerungssystemen, Präsenzpflicht und auch – ausgenommen Universitäten – vom relativ hohen Lehrdeputat des Personals gekennzeichnet.

Eigene Ausbildungsgänge z. B. der Finanzverwaltungen, der Polizei oder des Bibliothekswesens dienen regelmäßig zum Laufbahn-Einstieg des gehobenen Dienstes.

Die Vorbereitung auf eine Tätigkeit im höheren Dienst soll nach den Vorstellungen der WK innerhalb des Diplomprüfungsfachs Öffentliche Betriebswirtschaftlehre (ebd.: 9) durch vielfältige institutionelle Schwerpunktbildungen in den zweiten/dritten Studienabschnitten (5.–8. Semester) erfolgen. Es ist unter Kapazitäts- und Spezialitätsaspekten zweifelhaft, Studiengänge zur Befähigung innovativer Führung im öffentlichen Sektor an Universitäten/allgemeinen Hochschulen als hochdifferenzierte und tiefgestaffelte Institutionenlehre zu etablieren. Zum einen sind viele Institutionen durchaus in der Lage, diese Aufgabe selbst wahrzunehmen, so z. B. die Bundeswehr durch den Fachbereich Wirtschafts- und Organisationswissenschaften an der Bundeswehr- Universität Hamburg.

Sie bietet als Bedarfshochschule des Bundes ihren Absolventen einen Abschluß als Diplomkaufmann und zeichnet sich mit ihrem Kleingruppen- und Trimesterkonzept verbunden mit Projektstudien durch eine hohe Managementorientierung aus.

Die institutionelle Spezialisierung an den allgemeinen Hochschulen sollte also nicht in (sinnlose) Konkurrenz zu erfolgreichen anderen Ausbildungskonzeptionen geraten.

Bestimmte institutionelle Bereiche des öffentlichen Sektors, die u. a. dem Sozial-, Gesundheits- oder Kulturwesen zugeordnet werden können, verfügen nicht über ausreichende eigene Ausbildungsmöglichkeiten.

Tatsächlich ist auch die Ausbildung an allgemeinen Hochschulen/Universitäten in weiten Bereichen nicht am Bedarf des öffentlichen Sektors orientiert: Neben einer funktional-interdisziplinär angelegten Führungslehre in den ersten Semestern fehlt es weiter an einer spezifischen, schon berufsorientierten (aber nicht durch zu stark aufgefächerte institutionelle Fokussierung: der weiter bestehende Anspruch auf Forschungsaktivität verbietet eine auch deshalb unerwünschte Totalspezialisierung) Differenzierungsmöglichkeit des Studiums.

Zu denken ist hier an ein Grobraster: den großen kommunalen Bereich, an das Sozial- und Gesundheitsmanagement, an das Bildungs- und Kulturmanagement und auch an eine naturwissenschaftlich-technische Spezialisierung für das öffentliche Umweltmanagement, schließlich an kommunikationsorientierte weitergehende Studienvertiefungen (öffentliche Informatik, Marketing etc.).

In einem Schwerpunkt des Sozialökonomischen Studiengangs der Hochschule für Wirtschaft und Politik Hamburg werden derartige Überlegungen teilweise realisiert.

Über die »Entwicklungs-Agenturen« Universität und Verwaltung, zwischen denen weitere »Transferagenten« als Informationsberater oder »Innovationsanwälte« »Brückenkopffunktionen« bilden (vgl. Böhret 1993: 258 ff.) sollen prozeßbegleitende Forschungen, Workshops zwischen den beiden Agenturen, Sponsoring-Modelle etc. das aufgezeigte Defizit bei den Anforderungsprofilen des modernen öffentlichen Sektors beheben – so ein weiterer Vorschlag zur Behebung der defizitären traditionellen Ausbildung. Allerdings wird der alte und auch schon häufig verworfene Gedanke einer Ambivalenz und Ambiguität zwischen Wissenschaft und Praxis nicht allein durch ein Feuerwerk von kaum koordinierbaren Ideen wesentlich neuer. Verbindungen zwischen wissenschaftlichen Studieninhalten und praktischen Anforderungen mittels von Wissenschaft und Praxis abgestimmter Trainee-, Coaching- und Mentoring-Programme in der Anfangsphase des Berufslebens bauen derartige Defizite wohl eher ab. Nun wohnen allerdings nicht nur Forscher und Lehrer mit Vorliebe in Elfenbeintürmen, sondern auch die Mehrzahl der Stelleninhaber des öffentlichen Sektors. Ein derartiger Transfer und ein gleitender Übergang von den Hochschulen in den Beruf müßten sich auch durch einen dualen Charakter auszeichnen und sich nicht als Einbahnstraße von der Wissenschaft zur Praxis ausgestalten. Für die Lehre an den allgemeinen Hochschulen könnte sich eine derartige Ergebnis- und Praxisorientierung allerdings nur mit Abstrichen an liebgewonnenen und garantierten Freiheiten realisieren lassen.

Durch schwerpunktartige Ausgestaltung allgemeiner Studiengänge hin zum Public Management in Verbindung mit abgestimmten Coaching-Programmen vor dem Hintergrund des zunehmenden Konkurrenzdrucks unter den Hochschulen und durch die deutlich werdenden Handlungsdefizite im öffentlichen Sektor werden diese Forderungen unterstrichen. Modellhafte Ansätze auf diesem Gebiet sind auch schon durch das Motiv persönlicher Reputationsmaximierung des einen oder anderen Hochschullehrers gescheitert (vgl. dazu Locher 1993: 467 ff.). Ein weiterer Weg, den institutionellen Aspekt eingehender im Studium zu berücksichtigen, wird in Praxissemestern gesehen (vgl. unten Berlin und Konstanz).

2.1 Public Management im Hochschulunterricht: Bedarf und Entwicklungen

In Deutschland setzt sich zunehmend die Erkenntnis durch, daß auch im öffentlichen Sektor die Sach- und Führungsfunktionen des Managements in spezifischer – und den Anforderungen entsprechend unter Einbeziehung komplexerer Umwelten als im privaten Bereich – Weise genutzt und deshalb auch gelehrt werden sollten (vgl. z. B. Bickeböller/Förster 1993; Budäus 1987b; Damkowski 1975; KGSt 1993e; Reichard 1987, 1994a, 1994b; WK 1987).

In Frankreich, den USA oder auch Großbritannien ist die Managementausbildung für den Führungsnachwuchs im öffentlichen Sektor selbstverständlicher. Interessanterweise kann man im angloamerikanischen Bereich an vielen Business Schools das allgemeine Wirtschafts- und Rechtsstudium mit speziellen Studiengängen für den öffentlichen Sektor effektiv und synergetisch kombinieren. Ein Student der Aston University in Birmingham kann z. B. seine allgemeine Managementausbildung durch diverse Kurse im Bereich *Public Sector Management* (z. B.: performance management, infrastructural developments, health services management, social policy formulation and implementation) vertiefen und berufsorientiert differenzieren.

Dennoch rekrutiert sich die Spitze der Beschäftigten im Public Management Großbritanniens nach wie vor aus Absolventen der Eliteuniversitäten wie zum Beispiel Oxford. Dabei ist allerdings in den rechts-, sozial- und wirtschaftwissenschaftlichen Studiengängen der Public Sector breit vertreten.

Ähnliches läßt sich für Frankreich festhalten: Die Studenten des Pariser *Institut d'Etudes Politique* »zittern« nach ihrem Abschluß und während der Aufnahmeprüfung zum Besuch der berühmten ENA (Ecole National d'Administration) vor den rigiden Zulassungskriterien, aber nach erfolgreichem Studium sind diese Absolventen fast automatisch Anwärter auf Spitzenpositionen der ministeriellen Verwaltungshierarchie. Im Lehrplan der ENA ist das *Management Publique* auf dem Weg zum L'Etat modeste (schlanker Staat/Lean Administration) fester Bestandteil der Studien.

Auch Japan verläßt sich bei der Ausbildung des Führungsnachwuchses für den öffentlichen Sektor auf traditionelle Elite-Institutionen. Ein Studium der Rechtswissenschaften an der – ehemals – Kaiserlichen Universität Todai in Tokyo, evtl. noch an der Universität Kyodai in Kyoto ist nahezu unumgänglich für einen Spitzenjob im öffentlichen Sektor. Im Gegensatz zu den dargestellten europäischen Ausbildungsgängen spielt Public Management in der Ausbildung keine Rolle und hat kein Gewicht.

Das juristische Examen dieser Universitäten gilt als Beweis für universelle Führungsqualität im öffentlichen Sektor, eine Verdachtsdiagnose, die vor einigen Jahren in Deutschland auch noch eher gestellt wurde als heute. Die japanischen Absolventen werden allerdings in den öffentlichen Verwaltungen von Mentoren konsequent und mit hoher Eigenverantwortlichkeit im training-on-the-job auf ihre berufliche Managementarbeit vorbereitet, ohne das hierzulande noch anzutreffende sog. *Katzentisch-Phänomen* zu pflegen (Hang der Vorgesetzten, tatsächliche Entscheidungsspielräume nur gemäß Laufbahnkriterien aus der Hand zu geben). Coaching und Mentoring sind in Deutschland eher praxisferne Schlagworte.

Im deutschsprachigen Raum fallen Österreich, z. B. mit der Entwicklung der sog. Eggenberger Führungskonzeption für Verwaltungen (Universität Graz), und die Schweiz durch z. B. das sog. St. Gallener Management-Modell als aufgabenorientierte Konzeption von Regierung und Verwaltung durch innovative Angebote auf (vgl. Kap 4).

Für den außerakademischen Bereich, der sich in Deutschland mit der Umsetzung von Public Management in die kommunale Praxis befaßt, sind vor allem die Kommunale Gemeinschaftsstelle für Verwaltungsvereinfachung und das Deutsche Institut für Urbanistik zu nennen. Auch private Anstrengungen wie z. B. die Arbeiten der Bertelsmann-Stiftung, der Sozialdemokratischen Gemeinschaft für Kommunalpolitik, der Friedrich-Ebert-Stiftung oder z. B. der ÖTV um die Etablierung – weniger um eine theoretische Fundierung – von Managementwissen im öffentlichen Sektor sind als z. T. intensiv und gleichzeitig heterogen einzustufen.

Neben der Bundesakademie für öffentliche Verwaltung in Bonn, den Fachhochschulen für die Verwaltungen der Länder, unter denen wiederum insbesondere die Aktivitäten der Fachhochschule für Verwaltung und Rechtspflege in Berlin hervorgehoben werden sollen, findet man an vielen Universitäten (z. B. Bamberg, Eichstätt, Oldenburg) Schwerpunktforschungen zum Thema Public Management (z. B. innerhalb der Evaluation ausländischer Entwicklungen, Organisationswissenschaften, Regionalforschung).

Die Bundesakademie in Bonn ist vor allem für Ministerien ohne eigene Fortbildung zuständig. In einem Baukasten-System wird dem Führungspersonal in mehrtägigen Aufbaukursen (max. 1 Monat) ein bestimmter Führungsaspekt, z. B. Konferenzmoderation, vermittelt.

Der Freistaat Bayern oder z. B. Baden-Württemberg bilden ihren Führungsnachwuchs an landeseigenen Akademien in mehrmonatigen Lehrgängen aus. Thematische Schwerpunkte in Bayern: Interdisziplinäres Wissen – Querschnittskompetenz – Managementmethoden (vgl. Hager 1991: C.1.1, S.4).

Managementmethoden bei zunehmender Aufgabenkomplexität (z. B durch Strategien nach kybernetischen Ansätzen durch sog. metasystemische Strategien und Meta-Kommunikation oder durch computergestütztes Projektmanagement oder auch mittels DV-Netzwerken wie die LAN/VAN-Konzeptionen; vgl. Malik 1989: 341 ff.; Hogrefe 1992: 80 ff.; Schmidt, N., 1992: 88 ff.; Kommunalentwicklung Baden-Württemberg GmbH 1994) aufgrund veränderter demographischer Strukturen, aufgrund von Umweltentwicklungen etc. spielen dabei keine ins Auge stechende Rolle. Das gleiche läßt sich für neue öffentliche Dienstleistungen wie z. B. die Technikfolgeabschätzung feststellen.

Umfassender, zukunftsorientierter und z. T. auch interdisziplinärer konzipiert sind die Anstrengungen der Lehre besonderer verwaltungswissenschaftlicher Hochschulen und einiger deutscher Universitäten. Ohne Wertungen von Laux zu kommentieren, ist seine Auswahl der folgenden Lehr- und Forschungsstätten für den Bereich Public Management nicht willkürlich (Laux 1993: 236):»In der Bundesrepublik ist hier an erster Stelle die Hochschule für Verwaltungswissenschaften in Speyer zu nennen, die zumindest seit zwei Jahren durch die Zusammensetzung ihres Lehrkörpers und durch ihr neues Programm interdisziplinären Ansprüchen genügt. Das zweite Zentrum bildet sich an der Universität Konstanz heraus, auch wenn hier die personellen Schwierigkeiten bisher noch eine ausgewogene Darstellung behindert haben.

Das dritte Zentrum existiert an der Universität Hamburg im Institut von

Werner Thieme in einer glücklichen Verbindung zwischen Theorie und staatlich-kommunaler Praxis.«

• Die *Hochschule für Verwaltungswissenschaften Speyer (HVS)* bietet *postuniversitär* Absolventen der Rechts-, Wirtschafts- und Sozialwissenschaften vorwiegend aus den Verwaltungen des Bundes und einiger Bundesländer ein verwaltungswissenschaftliches Ergänzungsstudium, das mit dem akademischen Grad des Magisters der Verwaltungswissenschaften (Mag. rer. publ.) und auch mit einer Promotion (Dr. rer. publ.) abgeschlossen werden kann.

Neben ein- und zweijährigen Ergänzungsstudien bietet die HVS im einsemestrigen sog. Speyer-Semester Rechtsreferendaren, Verwaltungs-, Regierungs- und Wirtschaftsreferendaren, Nachwuchskräften der Bundesanstalt für Arbeit und Doktoranden Einführungen in die Verwaltungs-, Rechts-, Wirtschafts- und Sozialwissenschaften, Vertiefungen zu Themen wie Planung und Entscheidung, Organisation und Personal. Unabhängig von einer Würdigung der Inhalte dieser Vertiefungsbereiche (vgl. Hochschule für Verwaltungswissenschaft Speyer 1993: dok Nr. 5) ist die Ausbildungszeit hier der limitierende Faktor, wodurch – auch für Referendare – nur eine Grundlegung dieses Führungswissens kursorisch angeboten werden kann. Speyer ist ausgezeichnet durch ein hohes Maß an verwaltungswissenschaftlicher Interdisziplinarität und durch renommierte Dozenten aus vielen Forschungsrichtungen zum öffentlichen Sektor. Die HVS erfährt gesetzlich (GVBl. Rhld.-Pf., S. 221/7.7.1992) eine Begrenzung des Ausbildungszwecks und ist deshalb nicht vergleichbar mit den vorberuflichen Studiengängen anderer Hochschulen und Universitäten. Bekannt ist das der Hochschule verbundene Forschungsinstitut für öffentliche Verwaltung durch Publikationen, Symposien und die Initiierung von internationalen Verwaltungswettbewerben.

• Die *Universität Konstanz* bietet seit 25 Jahren einen neun-semestrigen verwaltungswissenschaftlichen Studiengang an, der zwischen Grund- und Hauptstudium von einem achtmonatigen Arbeitsaufenthalt unterbrochen wird und in öffentlichen Verwaltungen und Unternehmen, internationalen Organisationen oder auch im Dritten Sektor erfolgen kann.

Das hohe Maß an Interdisziplinarität wird z.T. durch enge Zusammenarbeit mit anderen Fakultäten erreicht. Public Management ist wesentlicher Gegenstand des Grund- und des Hauptstudiums. Durch eine Kombination von sog. Querschnittskursen und Kernkursen in den sektoralen und funktionalen Schwerpunkten (Uni Konstanz: § 7 Abs. 3 Studienplan) werden die angehenden Dipl.-Verwaltungswissenschaftler/innen mit guten Berufsmöglichkeiten im öffentlichen Sektor bzw. in solchen privaten Unternehmen, die damit regelmäßig interagieren, entlassen bzw. können innerhalb ihres Fachgebietes promovieren. Das Grundstudium beinhaltet u. a. eine Einführung in die Managementlehre und der funktionale Schwerpunkt des

Hauptstudiums »Verwaltungsmanagement« enthält neben Kernkursen zu Personal, Führung, Organisation ein integratives Gesamtkonzept im Kurs »Entwicklungsorientiertes Management.«

Das von Laux erwähnte *Seminar für Verwaltungslehre der Universität Hamburg* ist der Juristischen Fakultät zugeordnet und ist durch kommunalwissenschaftliche Forschung, vor allem zu den Gebietsreformen bis in die 80er Jahre, hervorgetreten. Es unterhält zusätzlich ein Zentrum für Rechts- und Verwaltungsinformatik. Daneben existiert – ohne enge Koordination zur juristischen Fakultät – im Fachbereich Wirtschaftwissenschaften der Universität Hamburg der Arbeitsbereich Verwaltungsbetriebslehre, der in Vorlesungen und Seminaren versucht, die aktuelle Reformdiskussion zum öffentlichen Sektor bezüglich Planung, Führung oder Informatik ohne Zeitverzug zu vermitteln: Lean Management für den öffentlichen Sektor, das Tilburger Modell, Mischwirtschaft, Beteiligungscontrolling, Verwaltungsmarketing oder Verwaltungsplanung bei Unsicherheit per DV-gestützter simulierter Risikoanalyse sind selbstverständliche Lehrinhalte zum Public Management.

• Sowohl die an der *Hochschule für Wirtschaft und Politik Hamburg* existierenden Bestrebungen für einen homogenen Studiengang zur Ausbildung von Führungsnachwuchs im öffentlichen Sektor (z. Z. beispielsweise durch Grundstudium und Schwerpunkt Public Management im Sozialökonomischen Studiengang über 9 Semester) als auch der *Studiengang Öffentliches Dienstleistungsmanagement – Public Management* (als gemeinsamer Modellversuch der *Fachhochschule für Verwaltung und Rechtspflege und der Fachhochschule für Technik und Wirtschaft*) in Berlin sind an dieser Stelle zu erwähnen. Das Berliner Modell umfaßt drei Semester Grundstudium, anschließend ein Semester Praxis in Verwaltungsbehörden, öffentlichen oder gemeinwirtschaftlichen Unternehmen bzw. gemeinnützigen Einrichtungen. Das Hauptstudium beinhaltet u. a. ein Seminar Public Management, einen funktionsorientierten Schwerpunkt (Finanzmanagement und Controlling, Organisation, Personal und – ausgeprägt – Marketing mit schichtspezifischen Einflußfaktoren – Analyse der Klienten bzw. Seminar – Themen wie Theater –/Städtemarketing, Sponsorring im gemeinwirtschaftlichen Sektor; vgl. FHTW/FHVR, 1994: 14 f.) und auch im weiteren einen breit angelegten institutionellen Schwerpunkt (Verwaltungssteuerung insbesondere Kommunale Holding, Ver- und Entsorgungsbetriebe).

Das Public Management-Seminar des Studiengangs enthält im »Gründungsjahrgang« (SS 1994) folgende Themen:

- Konzepte der Privatisierung – Contracting Out-Entscheidungskriterien für Outsourcing.
- Empirischer Vergleich: Management in nicht-kommerziellen Organisationen.
- Konzern – Stadt: Bewährung, Umsetzungserfahrungen in der BRD.
- Rechtliche Möglichkeiten und Grenzen von Leistungsanreizsystemen.
- Personalentwicklung: Konzepte zur Förderung von Führungsnachwuchs im öffentlichen Sektor.
- Theoriekonzepte des Public Management.
- Managementförderung im öffentlichen Sektor ausgewählter Länder, spez. Osteuropa und Entwicklungsländer.

Diese Beispiele zeigen nicht nur die neue Orientierung der Hochschulen, bedarfsorientiert, vielleicht praxeologisch, zu lehren, sondern beweisen auch das steigende Maß an Interdisziplinarität und dokumentieren den hohen Bedarf des öffentliches Sektors an Public Management.

Nicht nur die Beispiele der Hochschule für Wirtschaft und Politik in Hamburg oder der Fachhochschulen für Technik und Wirtschaft bzw. für Verwaltung und Rechtspflege in Berlin unterstreichen die neue Bedarfsorientierung der Lehre, ohne Aufgabe wissenschaftlicher Forschung die gesellschaftlichen Anforderungen an den öffentlichen Sektor zu assimilieren, sondern es gibt eine Vielzahl weiterer Ansätze (vgl. Clemens – Ziegler 1994: 6), die den hohen Bedarf und die Aktualität von Public Management belegen.

An folgenden – nicht abschließenden – Ursachen zeigt sich die Tendenz zu *offenen* Studiengängen für eine spätere Beschäftigung im öffentlichen Sektor, auf die die Beamtenschulen noch nicht unbedingt vorbereitet sind:

- gesellschaftlicher Wertewandel;
- Wettbewerbsbedingungen;
- Technikfolgeabschätzungen;
- personelle und finanzielle Ressourcenverknappung;
- internationale Arbeitsmodalitäten, besonders auch im Hinblick auf die europäische Integration;
- Ansprüche der im öffentlichen Sektor Beschäftigten an Eigenverantwortung, Fort- und Einkommen bei Abschied von der *Philosophie des alimentierten Menschen*;
- vor allem neues Kundenbewußtsein (value for money: die Bürger wollen den Gang zum Einwohnermeldeamt oder zum Finanzamt nicht als Gang nach Canossa empfinden).

Insbesondere dadurch lassen sich die mannigfaltigen neuen Ausbildungsgänge erklären wie zum Beispiel:

- Geplanter BWL-Studiengang »Dienstleistungs- und Versorgungs-
  management an der (neuen) allgemeinen Fachhochschule in Hof.
- Magister-Aufbaustudiengang »Öffentliche Kulturarbeit und Kulturmanagement« der pädagogischen Hochschule Ludwigsburg
  (... der zwar eine Menge zu Vormärz, schwäbischer Romantik,
  Musiksoziologie oder Kulturanthropologie enthält, aber kaum
  Ansätze für einen potentiellen Theaterdirektor, sein Budget zu pla-
  nen. Ein Beleg dafür, daß Pädagogen ein hohes Empfinden für die
  Zeichen der Zeit besitzen).
- Dreijähriges Studium für – noch nicht im öffentlichen Sektor an-
  gestellte – Studentinnen/-ten mit Abschluß »Diplom-Verwaltungs-
  betriebswirtin/-wirt« in Bernau/Brandenburg.
- Planung eines Studiengangs »Wirtschaft und Verwaltung« an der
  Verwaltungshochschule Bremen in Zusammenarbeit mit einer entsprechenden Fachschule und starkem internationalen Akzent.
- Beabsichtigter Studiengang »Management öffentlicher Dienstleistungen« an der niedersächsischen Fachhochschule Osnabrück.
- Seit 1.9.1993: Dreijähriger Studiengang »Verwaltungsbetriebs-
  wirtschaftslehre« für beamtete Studierende in Nordrhein-Westfa-
  len.

Gegen das tradierte interne Ausbildungskonzept an Beamten-Fachhoch-
schulen sprechen neue Zukunftsanforderungen als Folge des im Wandel
befindlichen Verständnisses von Staatsaufgaben und hoheitlichem Habi-
tus. Ob die harsche Kritik, diese Ausbildungskonzepte hätten sich in der
Vergangenheit, z. B. für den gehobenen Dienst, »insgesamt nur begrenzt
bewährt« (Reichard 1994a: 1; im weiteren viele andere: z. B. Volz 1991) soll
angesichts des (z. T.) hohen Niveaus der – in Reichards Diktion (a.a.O.) –
»Beamten-Schmieden« mit Fragezeichen versehen und als Diskussions-
anstoß verstanden werden:

- *Mäßige Qualität der Ausbildungsleistung:*
  keine Ausrichtung auf Eigenverantwortlichkeit, Substitutionsmöglichkeit, Kunden und Kosten.
- *Hohe Ausbildungskosten für Führungskräfte: 4 Beamtenanwärter kosten den Staat etwa das gleiche wie 100 Studenten im **Public Management.***
- *Anwärterbezüge und eine lebenslange Arbeitsplatzgarantie während des Studiums prägen einen sicherheitsorientierten, den **Managementanforderungen diametral entgegenstehenden Typus** von Mitarbeitern.*
- *Der Stallgeruch extremer hoheitlicher Praxisausbildung und Bedarfsausrichtung wirkt beim dynamisch werdenden Anforderungsprofil wie eine **embryonale Justierung.***

Die Beispiele und auch die Darstellung der Kritik unterstreichen nicht nur die neuen Anforderungen und die Reaktionen vor allem der allgemeinen – offenen – Hochschulen und den Bedarf, ein Fundament in der Lehre für das Management im öffentlichen Sektor zu verankern, sondern spannen auch den Bogen für Widerspruch:

- Was heißt praxis- und forschungsorientiert?
- Wie groß soll das Maß an Interdisziplinarität der Lehre sein?
- Sind die als innovativ akklamierten Studiengänge vielleicht nur Mode im Windschatten internationaler Trends?

2.2 Public Management als integriert-interdisziplinärer Forschungsansatz

Für bestimmte Ausrichtungen der Verwaltungswissenschaften gilt z. B. die Verquickung rechts- und sozialwissenschaftlichen Erkenntnisinteresses als »Promiskuität« und als Verstoß gegen das »Gebot der Methodenklarheit« (Thieme 1987: 10 f.). Disziplinäre Homogenität ist wohl Voraussetzung zur Erlangung von Kompetenz auf vielen Forschungsgebieten. Die Lehre zum öffentlichen Sektor ist allerdings von einem immer stärkeren Zwang zur Interdisziplinarität geprägt. Das gilt auch für die Einbettung der ökonomischen Analyse (vgl. Budäus 1987b: 105).
Immer noch, aber mit nachlassender Tendenz, orientieren sich Institute

und Lehrstühle des Hochschulbetriebs an überkommenen »Schulen«, die für die Ausbildung des Führungsnachwuchses im öffentlichen Sektor jeweils spezielle Zielsetzungen herausgebildet haben. Diese Dimensionen wurden dabei verfolgt (vgl. Steinebach 1983: 7):

- **Rechtswissenschaft** (Forsthoff, Peters, Wolff): *Gesetzmäßigkeit der Verwaltung.*
- **Politologie** (Ellwein, Eschenburg, Naschold): *Verwaltung zur Durchsetzung politischer Ziele.*
- **Soziologie** (Weber, Mayntz, Luhmann): *Wechelwirkungen von Verwaltung und Gesellschaft.*
- **Psychologie** (Morstein-Marx, Luhmann): *Interaktionen von Verwaltung und Umwelt/Mensch.*
- **Ökonomie** (Chmielewicz, Eichhorn, Oettle): *Verwaltung und wirtschaftliche Ziele, Öffentliche Unternehmen.*

Public Management als spezifische Konzeption für die Führungsanforderungen im öffentlichen Sektor kann schlechterdings als ausschließlicher Forschungs- und Lehrgegenstand z. B. der Öffentlichen Betriebswirtschaftslehre verstanden werden. Zu den theoretischen Anforderungen gehören allerdings auch grundlegende Kenntnisse des Öffentlichen Rechts, der Volkswirtschaftslehre (z. B. Mikroökonomie, Institutionenökonomie), der Soziologie oder der Organisationspsychologie. Die Beanspruchung der einzelnen Disziplinen ist z. B. in der BWL nicht durch eine Vorlesung und ein Seminar »Management für öffentliche Unternehmen und Verwaltungen«, z. B in der VWL nicht durch einen Kurs »Finanzierung öffentlicher Güter«, z. B. im Öffentlichen Recht nicht durch eine Veranstaltung »Besonderes Verwaltungsrecht und Wirtschaftsverwaltungsrecht« gewährleistet, und einige kursorische Definitionen aus der Organisationspsychologie zum Konfliktmanagement, zum Führungstraining und zur Ausgestaltung bildschirmgestützter Konferenztechnik (vgl. z. B. v. Rosenstiel/Neumann 1992: 507 ff.) mögen nützlich sein, werden aber ohne den Rahmen eines in sich geschlossenen Studiengangs ohne systematische Einordnung bleiben. Der nötige Homogenitätsgrad für eine den neuen Anforderungen entsprechende Ausbildung bliebe zwangsläufig gering und von lokalen Ausbildungsgegebenheiten bestimmt.

Vor allem muß ein Führungssystem für öffentliche Aufgabenerfüllung und ökonomische Leistungserstellung auch in eine umfassende Theorie des öffentlichen Sektors integriert werden können (z. B. Public Choice, entscheidungsorientierte BWL, Organisations- und Rechtstheorie). Zudem muß es aufgrund praxisorientierter Überlegungen unter Auslassung von modischen Perzeptionen aus dem privaten Bereich seinen interdisziplinären Platz im Kanon verwaltungsbezogener Disziplinen finden. In den entsprechenden angelsächsischen Disziplinen hat die Integration eines autonomen Public Managements durch die fast durchgängig fehlende Unterscheidung von privatem und öffentlichem Bereich nicht den Stellenwert deutscher Diskussionen, wobei in der BRD nach fast dreißigjährigen Wiederbelebungsversuchen noch Zweifel bestehen, »ob man überhaupt von einer Verwaltungswissenschaft als neuem, interdisziplinär strukturiertem Theoriebereich sprechen kann« (Laux 1993: 227; vgl. auch Luhmann 1966; König 1970; Eichhorn 1973).

3. Zur funktionalen und strukturellen Gliederung des Public Management

Den Amtsschimmel als Folge der Alimentation, das Berufsbeamtentum als Ursache des Behördenmuffs oder das Dienstrecht als Auslöser des Dauerdösens zu orten (z. B. Uniewski, H. 1993) zeigt einen inadäquaten Umgang mit den Problemen des öffentlichen Sektors, indiziert aber gleichzeitig, daß speziell in den Verwaltungen Dienstleistungen verbunden sind mit ihrer eigentlichen Ressource: dem Menschen. Menschen sind der Produktionsfaktor Nr. 1 im öffentlichen Bereich (Frings 1993: 39 f.).

Ob und wie Menschen geführt werden können, wird in Deutschland unter »historischer Vorbelastung des Führerbegriffs und einer unreflektierten Rezeption amerikanischer Managementtheorien« (König, K. 1991: 68), unter Kehrschleifen und arabesken Verrenkungen diskutiert. In externen deutschen Management-Seminaren hat sich der Begriff »leadership« etabliert, der aber genauso wie Führung den Gedanken provoziert, eine aktive kleine Gruppe determiniere alle ergebnisbezogenen Handlungen einer passiven großen Mehrheit. Dazu kommt für den Bereich der öffentlichen Verwaltung die Vorstellung, Führung sei immer noch und überall rigide und entpersonalisierte Herrschaftsausübung durch Vorgesetzte unter dem Primat politischer Vorgaben und nicht des Marktes, basierend auf dem Prinzip der Aktenmäßigkeit. Dabei wird häufig übersehen, daß der Vorgesetzte in einer öffentlichen Verwaltung nicht unbedingt anderen bürokratischen Kautelen ausgesetzt ist als ein Hauptabteilungsleiter in einem privaten Betrieb. Auch dort agieren keineswegs die idealtypischen Manager mit strategischer Weitsicht, sondern mit Aktenvermerken, Memos und Protokollen (vgl. dazu anschaulich Ogger 1992: 129 f.).

Unabhängig von der Frage *wie geführt wird*, ist unstreitig, *daß* auch im öffentlichen Sektor *geführt wird* und entscheidungstheoretische Fragen der Ziel- und/oder Mittelfindung keineswegs nur im Gehäuse der vertrauten Hierarchien inkremental – nach dem Prinzip des Durchwurstelns – vor sich hergeschoben werden.

Führung im öffentlichen Sektor wurde häufig auf Termini wie Verwaltungsführung, Verwaltungsmanagement oder administrative Führung zurückgeschnitten (vgl. z. B. Eichhorn/Friedrich 1976) und dann noch weiter eingegrenzt. Eine beispielhafte unter vielen ähnlichen Definitionen: »Verwaltungsmanagement ist ein Erkenntnis- und Gestaltungsmuster für Organisationen der öffentlichen Verwaltung, soweit sie Merkmale des Betriebes aufweisen.« (Laux 1989: 1684). Nun beinhaltet weder Verwaltungsmanagement noch im besonderen Public Management nur den Teil der öffentlichen Verwaltung mit Betriebscharakter (vgl. Kap. 1).

In der öffentlichen Betriebswirtschaftslehre wurden öffentliche Verwaltungen und öffentliche bzw. andere gemeinwirtschaftliche Betriebe hinsichtlich ihrer Managementstrukturen teilweise völlig separat behandelt (vgl. z. B. Reichard 1987: 14), obwohl sich immer stärker

- hybride Formen wie z. B. in Großbritannien entwickeln;
- Angleichungen des Aufgabenspektrums – wie z. B. durch Ausgliederung von Krankenhäusern, Privatisierung der Wasserwirtschaft (vgl. Spelthahn/Steger 1992: 35 ff. und 219 ff.), neue Formen lokaler Sozial- und Gesundheitsdienste (vgl. Damkowski/Luckey 1990) oder z. B. Marketing- oder Wettbewerbsaufgaben innerhalb der öffentlichen Verwaltungen herausbilden.

Gelegentlich wird Public Management als Synonym für Öffentliche Betriebswirtschaftslehre (vgl. Budäus 1991) oder für das Management öffentlicher Aufgaben benutzt.

Zu Beginn des 19. Jahrhunderts wurde der Begriff *Verwaltung* – etymologisch noch als walten, lenken, führen zu interpretieren – von seinem seit dem 15. Jahrhundert vorherrschenden Verständnis als »privatrechtliches, zweckgerichtetes Dienen, das sich gemäß einem durch einen Akt des Waltens festgesetzten Plan vollzieht« (Damkowski 1969: 13) inhaltlich auf das Verwalten als Tätigkeit in Organisationen und im weiteren auf die Vollzugsfunktion im Staat festgelegt (vgl. Strunz 1993: 48). Je nach Ausrichtung wurde Verwaltung juristisch (Vollzug im Rahmen des Staatswesens), betriebswirtschaftlich (funktionale und institutionelle Differenzierungen) und soziologisch (Stichwort: Bürokratie) anders interpretiert, aber doch nahezu durchgängig auf den öffentlichen Sektor beschränkt.

Nach Einengungen auf den Bereich des Staatswesens wird der Begriff seit den sechziger Jahren verstärkt in dem Sinne verwendet, jede Großorganisation als Verwaltung anzusehen (vgl. Morstein Marx 1965: 191), die theoretischen und praktischen Kenntnisse der Verwaltungsführung sowohl auf den öffentlichen als auch privaten Sektor zu beziehen (vgl. z. B. Damkowski 1969: 191;) und die Konvergenzen von privatwirtschaftlicher und öffentlicher Verwaltung wieder in den Vordergrund zu stellen (vgl. z. B. Bosetzky/Heinrich 1981).

Semantisch nicht widerspruchsfrei ist der Ausdruck *Verwaltungsmanagement*: Noch niemals ist ein Pferd gesehen worden, das man guten Gewissens als schwarzen Schimmel bezeichnen könnte: Verwaltung impliziert – traditionell und umgangssprachlich –, für einen Dritten eine Angelegenheit systematisch zu ordnen. Das ist nun das genaue Gegenteil von Management, auch wenn z. B. Strunz (a.a.O., 52) meint, im »kaufmännischen Sprachgebrauch« würden die Begriffe Verwaltung und Management sogar als Synonym verwendet – eine Vorstellung, die ihre Wurzeln nur im Angelsächsischen hat. Sicherlich läßt Management sich etymologisch nicht aus *manus agere* ableiten. Das soll wörtlich bedeuten: »ein Pferd in allen Gangarten üben« (zweifelhaft; vgl. Staehle, W. H. 1991: 65). Immerhin dringt dies bei der Multifunktionalität des Begriffes Management zum Kern der Sache vor, der allerdings das krasse Gegenteil von Verwalten im Wortsinne ist.

Management (etym. von ital. maneggiare = handhaben, bewerkstelligen) bezeichnet die Leitung und Führung von Betrieben und anderen sozialen Systemen, zu denen weite Bereiche des öffentlichen Sektors zählen. Man kann diesen Begriff also guten Gewissens mit *Public* bzw. – eingeengt – mit *Verwaltung* verkoppeln.

Trotzdem verkommt der Terminus Management allmählich zur Worthülse. Ein Blick auf die – zum Teil triviale – Managementliteratur des Jahres 1993 soll das andeuten:

- **Speed management** (Geschwindigkeit als Wettbewerbsvorteil)
- **Power-Management** (Wirkungsvolle Führung)
- **Chaos-Management** (Probabilistische, stochastische Simulationen als Führungsmodell). Ob das Konzept der evolvierenden Systeme und der chaostheoretischen Erklärungsmuster bei aller Relevanz von Nichtlinearität, Dissipation und Tachogenität in den Naturwissenschaften einem funktionalen Staat für neuartige Problemlagen wie AIDS, Waldsterben oder Reaktorunfälle Handlungsanleitungen liefern kann (so z. B. Böhret 1993: 58 ff.) ist als Thema für den Salon geeignet und kein Gegenstand, Management im öffentlichen Sektor zu nutzen.
- **Hochleistungs-Management** (A.D. Littles Lieblingswort)
- **Evolutionäres Management** (Globale Handlungskonzepte)
- **Management by Love** (sanftes Management/Issuepolitik).
  Die gesamten Management-by-Kreationen sind außer wenigen wie z. B. Management by Objectives (MbO) als Kathederblüten oder Kreationen der sog. Beratungsliteratur nicht untersuchenswert.
- **Lean Management** (Lean Admistration, Lean Service; vgl. dazu Biehal 1994; Kühnlein/Wohlfahrt 1994; Metzen 1994).

Lediglich die zuletzt erwähnten Termini MbO und Lean Management findet der Leser noch einmal in Kap. 7.1.2 und 7.1.5 vor, wird dafür aber als relativ junges Steuerungskonzept für den öffentlichen Sektor noch das sog. Management by Competition (MbC) kennenlernen.

Zu häufig werden aber auch in griffigen Konzepten externer Unternehmensberater für den öffentlichen Sektor grundlegende Handlungsrestriktionen ignoriert (Jann, W. 1993:78). Dazu zählen beispielsweise Rechtsstaatlichkeit oder Sicherstellungsaufträge (vgl. Kp. 5.1).

Haarsträubend wird es bei diesen externen Beratern, die sich gern aus Psychologen und Industriesoziologen rekrutieren, wenn in interaktiven Encounter-Gruppen einem Fachamts- oder Dezernatsleiter diese Managementkonzepte mit dem Anpruch letzter Weisheiten vorgeschlagen werden, z. B.

- Wege zur High Performance-Verwaltung durch Lean Management;
- Chaos-Management bei fraktalen administrativen Aufgaben.

Insgesamt läßt sich »eine Inflation von Veröffentlichungen zum Thema Verwaltungsmodernisierung« feststellen, und »für die in den Startlöchern stehenden Consulting-Firmen ist die große Stunde des Einzugs in die öffentliche Verwaltung gekommen« (Hill/Klages 1993a: 218).

Die Grundprinzipien effizienter Führung in Wirtschaft und Verwaltung unterscheiden sich zwar, aber keinesfalls so stark wie gelegentlich apostrophiert. Verwaltungsprodukte geraten zunehmend in die Grundmechanismen des Wettbewerbs. Zur »Unternehmens«-Umwelt und den externen Randbedingungen von öffentlichen Verwaltungen und Betrieben zählt – mit gewissen Einschränkungen aus z. B. Sozialstaats-, Rechtsstaats- und Subsidiaritätsprinzip – in stärker werdendem Maße der Markt.

Zudem wird sich die Leistungserstellung vom Faktoreinsatz (Input) zum Faktorergebnis (Output) verschieben und damit immer stärker am externen Umfeld und auch an Marktgesetzen orientieren. Ob und wie lange die Wahrung von Besitzständen und der Mangel an Sanktions- oder Anreizsystemen Ursachen für Produktivitätsrückstände, unterentwickeltes Leistungsangebot und Innovationshemmnisse darstellen, also die beklagte, aber nicht unbedingt vorhandene »Ineffizienz des Staates« (Mohn, R., 1993: 7) nicht nur verursachen, sondern auch befördern, ist für viele ein bereits ausdiskutiertes Feld, zu dem die Antworten je nach Art der Güter und Dienstleistungen etwa lauten:

- formelle und materielle Privatisierung,
- Aufgabenprivatisierung,
- Ausgliederungen (Eigenbetriebe, Agenturen etc.),
- Fremdvergabe (make or buy – contracting out),
- schlanke Kernverwaltungen/lean administration.

Dabei ist speziell die Effizienz (Wirtschaftlichkeit) im öffentlichen Sektor eine schillernde Schimäre, die sich von der Effektivität (Wirksamkeit) deutlich unterscheiden kann.

Sie muß als Kollektivziel festgelegte Dimensionen besitzen, nicht ceteris paribus, sondern unter Berücksichtigung von Störgrößen und Randbedingungen ein Produkt des öffentlichen Sektors definierter Qualität unter minimalem/rationalem Aufwand an Ressourcen ausdrücken können – und das ist alles andere als einfach. Effizienz und Effektivität (im Englischen weiter unterschieden zwischen efficiency, effectiveness und effectivity) sind im öffentlichen Sektor mehr als plandeterminiertes Handeln in den Systemen von Produktionsfaktoren, Wirtschaftlichkeitsprinzipien (Minimum-, Maximum-, Optimumprinzip) und finanziellem Gleichgewicht.

Effizienz-Diskussionen werden auch im Rahmen der sog. volkswirtschaftlichen Wirtschaftlichkeit öffentlicher Dienstleistungserstellung geführt (*grand efficiency*) oder bei der Frage, wie leicht quantifizierbare Indikatoren und z. B. Sozialindikatoren (vgl. z. B. Wille 1980: 127 ff.) unter Kosten-/ Nutzenaspekten zu werten sind.

Für die anschließenden Überlegungen sollen kurz einige Begriffe erwähnt werden, die mit dem Kriterium der Effizienz – allgemein definiert als »eine Gegenüberstellung von relevanten Handlungsfolgen« (Reding 1989: 277), bei der ein Akteur nach dem Rationalitätsprinzip Entscheidungsalternativen bewertet und die erfolgversprechendste realisiert – verbunden sind:

- **Ergebniseffizienz** = Ist-(Produktions-) Dienstleistungsergebnis bzw. realisierter Output im Verhältnis zu vorgegebenem Soll-Ergebnis.
- **Allokationseffizienz** = Die Zielvorgaben an öffentliche Verwaltungen werden nicht bzw. nicht nur an der Leistungserstellung in Minimalkostenkombination ausgerichtet, sondern daran, daß das gesamtwirtschaftliche Leistungsangebot nach Umfang und Struktur nachfragedeckend ist bzw. bei der sog. Q-Effizienz Nachfragepräferenzen berücksichtigt.
- **X-Ineffizienz** = Bei Marktunvollkommenheit klafft eine Lücke zwischen Rentabilität (bzw. betrieblicher Wirtschaftlichkeit) und Allokationseffizienz. Dienstleistungsmonopole erlauben es im Bereich des öffentlichen Sektors deshalb, Qualität und Kosten zu vernachlässigen.

Speziell bei den Ineffizienzen der Verwaltungen werden auch – eher subjektiv und in keinen Kausalzusammenhang gestellt – die Gesetzgebungsinflation oder die Scheu, Ermessensspielräume zu nutzen, genannt (vgl. z. B. Oettle 1990: 415 ff.). Die o. a. X-Ineffizienz (vgl. dazu Reding/Dogs 1986) spielt als theoretische Fundierung der US-amerikanischen Reformen seit Reagan eine erhebliche Rolle (vgl. Kap. 4.1.1).

Es gibt diverse Grob-Indikatoren für die Effizienz der Leistungserstellung, die sich auch auf Verwaltungsprodukte anwenden lassen. Geringe *Transaktionskosten* – Abwicklungs-, Anbahnungs-, Anpassungs-, Vereinbarungs-, Vorbereitungs- und Kontrollkosten vertraglicher Transaktionen – können als ein allgemeiner Maßstab für die Effizienz herangezogen werden (vgl. Picot, A. 1991b: 341 f.).

Um für die Relation von Ertrag zu Aufwand oder Leistung zu Kosten unter Einbeziehung von Randbedingungen (Effizienz) einen handhabbaren Parameter als Führungsinstrument zu erreichen, schwebt vielen vor, hochaggregierte Kennzahlen in Management-Informationssysteme auch des öffentlichen Sektors zu integrieren.

Bei den Leistungsarten dieses Bereichs ist das ein bisher weitgehend theoretisches Konstrukt geblieben (vgl. auch Wille, a.a.O. und Kap. 6).

Als operationalisierbares Kriterium des Output verlangt Effizienz Kennzahlensysteme und Meßgrößen, die z.T. völlig anders gestaltet werden müßten als in privaten Unternehmen. So ist z.B. die Effizienz eines Sozialarbeiters, eines Bürgerbüros, eines öffentlichen Schwimmbades nur durch hochaggregierte Indikatoren zu »messen«. Eine Aufgabe, die nach herrschender Meinung die Etablierung des Controlling auch in den Verwaltungen verlangt. Andere Meßgrößen, die diffizile Parameter der Effizienz sind, wie z.B. die Lebensqualität oder die Morbidität und Mortalität innerhalb einer Gebietskörperschaft, gründen sich auf eine Vielzahl öffentlicher Aktivitäten, angefangen von ökonomischen über ökologische bis hin zu psychosozialen. Partielle Verschiebungen auf derivative Verwaltungsträger oder Private lassen allenfalls Meßgrößen zur Effektivität dieser Akteure zu, ohne etwas über die Effizienz aller Aktivitäten in einem abstrakten, kaum durch aggregierte Kennzahlen evaluierbaren Segment auszusagen. Auch deshalb bleibt die Frage, inwieweit tief gestaffelte Vorgaben zu Daseinsvorsorge und Lebensqualität nicht grundsätzlich durch expliziten Gemeinwohlbezug immer zu staatlichen Kernaufgaben gezählt werden müssen und ggf. nicht als Gewährleistungsaufgaben umzuwidmen sind.

Public Management betrifft die Umsetzung von Führungsfunktionen im öffentlichen Sektor unter dynamischen externen Größen. Die Veränderung von Randbedingungen durch bloßes *Contracting Out* (s. u., spez. Kap. 4) kann keineswegs ein probates Steuerungsmodell für den öffentlichen Sektor werden.

Mit der geforderten öffentlichen Ressourcenorientierung wird auch die Neigung steigen, innovative Verwaltungsprodukte anzubieten. Neue Dienstleistungen führen zu flexibleren Organisationsformen, das Personal wird durch Aufgaben statt durch Pflicht motiviert, die Befürfnisse des Bürgers werden durch steigendes Kundenbewußtsein geprägt, das wiederum steigende Produktqualitäten verlangt (vgl.dazu z. B. Crozier 1991: 32). Hier verbergen sich Chancen, z.B. die, daß der Bürger vom kostenunbewußten bzw. -uninteressierten Konsumeristen (im Sinne von *moral hazard*) zum kostenbewußten Konsumenten wird.

Die Zunahme von Kontextfaktoren wird auch die Verwaltungen zu Steuerungsmodellen und Führungsprinzipien zwingen, die aus den folgenden betriebswirtschaftlichen, managementbezogenen Konzepten deutliche Anleihen, wenn auch keine kompletten Analogien enthalten werden (unter Auslassung der in Kap. 1 diskutierten motivations- und rollentheoretischen Aspekte und der in Kap. 8 erörterteten strategieorientierten Ansätze im Rahmen von Organisations- und Personalentwicklung):

- **faktortheoretischer Ansatz** – Optimierung der Produktionsfaktoren
- **entscheidungsorientierter Ansatz** – interdisziplinäres Konzept zur Willensbildung und Planung, zur Willensdurchsetzung und Vollzug
- **systemtheoretischer Ansatz** – Management-Außenorientierung; Entwicklung, Gestaltung und Lenkung kybernetischer Systeme – Weiterentwicklungen dieser Konzepte als EKS (ernergokybernetische Managementlehre), als systemevolutionärer und als sog. holistischer Ansatz
- **situativer Ansatz** – Ausrichtung der Managementfunktionen auf unternehmensinterne und -externe Faktoren (Umweltsituation des Unternehmens) und den Unternehmenserfolg innerhalb dieser Kontextfaktoren
- **Marketing-Ansatz:** Kunden- und Konsumentenorientierung der Unternehmensführung
- **sozialökologische und arbeitsorientierte Konzepte**

Diese einzelnen Konzeptionen werden je nach Erkenntnis, Gusto und Zeitgeist kritisiert, variiert oder favorisiert und werden hier nicht im Detail vorgestellt. Elemente aus diesen für die Privatwirtschaft entwickelten Ansätzen dringen aber zunehmend in die öffentlichen Verwaltungen und die öffentlichen Betriebe. Vieles davon taucht im öffentlichen Sektor als bloßes Artefakt aus dem Elfenbeinturm der Wissenschaft kurz als Fremdkörper auf, wird in kleinen, Schaden begrenzenden Pilotprojekten geprobt oder auch nur diskutiert und dann wieder verworfen. Weil einige Kreter lügen, sind aber nicht alle Kreter Lügner: »Es kann in dieser Kontroverse genauso wenig darum gehen, den öffentlichen Sektor gegenüber vielen privatwirtschaftlichen Erfahrungen abzuschirmen und zu immunisieren.« (Naschold 1993: 56). »Die immer kürzer werdende Halbwertzeit des Managementwissens« (Staehle 1991: VI) sorgt leider auch dafür, daß modernistische, in der Privatwirtschaft als obsolete Eintagsfliege abgelegte Konzepte und Ideen in Publikationen zur öffentlichen Betriebswirtschaft häufig als neuer Königsweg zur Managementreform im öffentlichen Bereich ausgelobt werden.
Public Management wird hier (vgl. Kap. 1) ausdrücklich als generelles Steuerungsmodell für den öffentlichen Sektor – Verwaltungen, öffentliche Betriebe und Unternehmen – definiert.
Die wesentlichen Komponenten haben sich in den letzten 15 Jahren in vielen OECD-Staaten deutlich herausgebildet und werden als Doktrin des New Public Management (NPM) von z. B. C. Hood (1991: 5 f.; Übers. z. B.

bei Banner/Reichard 1993: 5 f.) traditionellen Modellen für den öffentlichen Sektor gegenübergestellt:

1. hands-on professionell management in the public sector
2. explicit standards and measures of performance
3. greater emphasis on output controls
4. shift to disaggregation of units in the public sector
5. shift to greater competition in the public sector
6. stress on private-sector styles of management practice
7. stress on greater discipline and parsimony in resource use

Als Elemente der Vergangenheit bezeichnet Hood (ebd.: 18):

1. fixed salaries
2. rules of procedure
3. permanence of tenure
4. restraints on the power of line management
5. clear lines of division between public and private sector

In Deutschland werden – horizontale Ausgliederung als »Führungsarbeit« unberücksichtigt – vor allem folgende mit Managementmethoden verbundene Steuerungskonzepte für den öffentlichen Sektor diskutiert:

- Strategisches Management
- ganzheitliche, humanzentrierte Konzepte der Unternehmensführung auf Basis der Systemtheorie
- Intrapreneurship (= »internes Unternehmertum«), Profit Centers, Unit Management
- Unternehmenskultur-Ansatz
- Entwicklung der informationsgestützten Leistungserstellung
- Dezentralisierung
- Human Resources Management

aus: KGSt 1993a: 13

In dieser – ausdrücklich als nicht vollständig vorgestellten und in sich auch nicht völlig abgestimmten – Auswahl der KGSt sind einige Aspekte dieser Abhandlung nicht enthalten, die aber im Zusammenhang mit einer öffentlichen Führungslehre von Bedeutung sind:

- Controlling/Rechnungswesen/Budgetierung
- Managementtechniken für den öffentlichen Sektor
- Wettbewerbsmodelle/Management by Competition
- Marketing im öffentlichen Sektor
- Corporate Identity
- Restriktionen/limitierende Faktoren/Handlungsspielräume
- Partizipationsaspekte
- Gruppenstrukturen/vermaschte Teams
- Kontraktmanagement/MbO/Finalsteuerung.

Einige, eher ephemere Modelle, wie z. B. das sog. Intra -/Entrepreneurship (internes Unternehmertum, Mitarbeiter als Unternehmer, Mini-Unternehmen, Ausgründungen i. S. von *Spin-offs*) bieten sich dann an, wenn ein sich monopolartiges Dienstleistungsangebot des öffentlichen Sektors zunehmend als hochpreisig, nicht-innovativ und ohne Konsumentenorientierung (vgl. Kent 1987: 10 ff.) entwickelt. Auch Kapazitätsprobleme und Arbeitsplatzaspekte können hier eine Rolle spielen, so z. B. bieten ehemalige Klinikapotheker in ostdeutschen Krankenhäusern, welche die klinikinterne Medikamentenversorgung aus Kosten- oder Servicegründen nicht mehr fortführen können, die Übernahme aller Arbeiten innerhalb der Klinik in eigener wirtschaftlicher Verantwortung an.

Wenn eine derartige Entwicklung nach einer Aufgabenprivatisierung verlangen sollte, dann bieten sich in den USA für bestimmte Nischen des öffentlichen Sektors zum Teil kapitalkräftige Intrapreneure an, die über hybride Vertragsmodelle – z. T. an Contracting out erinnernd – Aufgaben von der Stadtpark- und Gefängnisverwaltung über Feuerschutz und Notfalldienst übernehmen. Das ist am langen Ende aber in der Regel mit einem sog. *Full Cost Pricing* bzw. dem sog. *User-Pay-Principle* verbunden (vgl. Hanke 1987: 177). Als theoretische Begründung wird hier etwas konfus auf die Property Rights (vgl. Kap. 2.2) zurückgegriffen, besonders in Großbritannien. Speziell dort haben diese Modelle ihre Leistungs- und Kostengrenzen offenbart (vgl. 4.1.2).

Intrapreneurship und das ähnliche, sog. Demassing dürfen nicht dazu führen, daß kostenintensive, mit intensivem Sozialaspekt verbundene Produkte der Leistungsverwaltung einfach »über Bord geworfen« werden, wobei als Feigenblatt für diese Maßnahme ein Dritter zur Verfügung steht. Innovative Intra-/Entrepreneure mit Detailkenntnissen öffentlicher Organisations- und Bedarfsstrukturen sind zudem nicht so häufig anzuheuern, wie man es manchmal unterstellt wird. Die Qualität des Personals und die Einbindung in das gesamte Management-System einer öffentlichen Einrichtung kann unterschätzt werden und zu verspätet erkannten Problemen führen (vgl. dazu Fischer 1987: 87 ff.). Karriere- Empfehlungen für Intrapreneure (z. B. Pinchot 1988, der Intrapreneure als innovative Mitarbeiter innerhalb öffentlicher Organisationen und Entrepreneure als findige Unternehmer außerhalb von Organisationen preist) mögen zur persönlichen Zielverwirklichung dienlich sein, sind aber keineswegs immer identisch mit den Überlegungen einer öffentlichen Institution, eine Leistung auf die eine oder andere Art auszugliedern.

Viele dieser Ansätze müssen als »Modewellen« (Staehle 1991: 73) bezeichnet werden bzw. der eingeschränkte Anwendungsbereich muß unterstrichen werden.

Die von der KGSt oben empfohlene Führungskonzeption auf Basis der Systemtheorie ist zwar für das komplex und heterogen gewordene Aufgabenspektrum des öffentlichen Sektors als holistisches Strategieprinzip deshalb eine fundamentale Arbeitshypothese, weil

- Verwaltungen und öffentliche Betriebe danach als offene Verhaltenssysteme über diverse Rückkoppelungen (z. B. Outputmessungen, Bürgerwille, Finanzen) eine klare Außenorientierung gewinnen und durch bestimmte Prognosetechniken (feedforward) Störgößen eher beseitigen können (ausführlich dazu Malik 1984: 181 ff.).

Systemtheoretische Ansätze haben neben ihren Informations- und Verhaltensaspekten innerhalb einer Unternehmung, aber ohne Ergänzungen, z. B. durch Ansätze, die den Führungsprozeß im öffentlichen Sektor verdeutlichen, wenig Praxisbezug und Implementationskraft für das Public Management. Eher sind Elemente auf der analytischen Ebene dieses Konzepts für aufgabenübergreifende politisch-administrative Erfolgsziele zur Definition und Kontrolle der Handlungsziele von Leitungsgremien, ggf. auch in bestimmten Führungsebenen der Verwaltung anwendbar.

Der Gedanke aber, Schwachpunkte wie Ressortegoismus, Kompetenzinseln, Besitzstand, Konservation oder Laufbahnbarrieren, ließen sich im öffentlichen Alltag durch ein gesamtorganisches, kybernetisches System beseitigen, unterstellt – ähnlich wie bei den Transformationsversuchen japanischer Systeme – eine ganzheitliche Verantwortungskette, für die es keine (Motivations-)Basis gibt.

3.1 Die Führungsfunktionen in der öffentlichen Verwaltung

Ob die traditionelle Führung im öffentlichen Sektor über einen *institutionellen*, personenorientierten, auf Führungspositionen und Hierarchiesysteme bezogenen Ansatz oder über die Führungsarbeit als *funktions- und prozeßorientiertes* Element besser beschrieben werden kann, wird in Anlehnung an die betriebswirtschaftlichen Diskurse zum Management privater Unternehmen häufig subsumiert als
• *managerial roles approach*
bzw. im zweiten Falls als
• *managerial functions approach.*

Ein modernes und leistungsfähiges Verwaltungsmanagement wird häufig durch diese vier Eigenschaften beschrieben, die allesamt z. B. nicht in das institutionelle Konzept Gutenbergs passen würden (vgl. dazu allg. Gutenberg 1962):
• *katalytisch,*
• *wettbewerbsorientiert,*
• *ziel- und ergebnisorientiert,*
• *kunden- bzw. bürgerorientiert.*

Managementdefizite als Teil einer Modernisierungslücke in den öffentlichen Verwaltungen werden auch aus den Konzepten zum Lean Management bzw. zur Lean Admistration hergeleitet (vgl. Reichard 1994c: 36f., Metzen 1994 und unten 7.1.5).
Funktions- und prozeßorientierte Managementkonzepte verknüpfen die Führungsfunktionen auf allen hierarchischen Ebenen mit den Sachfunktionen und möchten eine zielorientierte Koordination aller am Ergebnis beteiligter Gruppen erreichen. In diesem Ansatz sind die – auch für den öffentlichen Sektor häufig erhobenen – Forderungen nach z. B. Budget- und Gruppenverantwortung einbezogen (vgl. dazu Koontz/O'Donell 1968). Grundsätzlich lehnt sich dieser Ansatz zur Erläuterung des Koordinationsprinzips als wesentlichem Managementergebnis an die überkommenen Führungsfunktionen der US-Managementschulen an. Diese *managerial functions* sind als Ideal in dieser Reihenfolge zu nennen:
• Planung (planning),
• Organisation (organizing),
• Personalführung (staffing),
• Leitung (directing),
• Kontrolle (controlling).

Die englische Sprachform drückt bereits aus, daß es sich hierbei keineswegs um statische Einmal-und-Nie-Wieder-Entscheidungen handelt, sondern daß Iteration und Infragestellen der getroffenen Entscheidung als Kernelement kybernetisch-prozessualer Managementformen im Vordergrund stehen. Entwickelt und weiter ausgestaltet wurden diese koordinations- und prozeßorientierten Überlegungen zu den Führungsfunktionen im Management ursprünglich für den administrativen Sektor. 1916 bezeichnete H. Fayol (1 ff.; daran anknüpfend auch Gulick/Urwick und andere; vgl. auch Kap 1) diese Managementfunktionen als

- prévoir (Planung/Prognose)
- organiser (Organisation)
- commander (Leitung)
- coordonner (Koordination)
- contrôler (Kontrolle).

Wesensentsprechend werden diese Funktionen von ihm auch im Französischen ebenfalls über das Verb umschrieben, um den prozeßhaften Charakter zu betonen. Im Deutschen hat sich das starre, an Institutionen erinnernde Substantiv durchgesetzt. Wesentlich weiterentwickelt wurden diese »Managementfunktionen« dann aber für den privaten Sektor, und sie fehlen heute in keinem Lehrbuch. Gestritten wird gelegentlich darüber, ob z. B. die Managementfunktion *controlling* vom Führungsunterstützungs-Instrument *Controlling* strikt zu separieren ist. Für manche ist das ein Streit um des Kaisers Bart, der weiter zur babylonischen Sprachverwirrung beiträgt, für andere ist der Unterschied kardinal (vgl. 6.2). Streitig ist auch die Einordnung der Funktionen »Leitung« und »Koordination«, die auch teils übergeordnete, die übrigen Funktionen integrierende Bedeutung haben (Leitung), teils (Koordination) in den anderen Funktionen, insbesondere Organisation enthalt sind, weshalb dann auch zwischen einem personalorientierten Führungs- und einem sachorientierten Leitungsbereich unterschieden wird.

Die Funktionen sind teils in Kap. 1 bereits erörtert worden (z. B. Planung im Regelkreis-Modell) bzw. sind Gegenstand ausführlicherer Betrachtungen in späteren Abschnitten (bes. 6.2).

In neueren Bearbeitungen, die den Managementprozeß beschreiben, werden systemorientierte, situative, entscheidungsorientierte und wissenschaftsbezogene Ansätze (s. o.) quasi als Folie über diese Funktionen gelegt (z. B. in Neuauflagen der grundlegenden Arbeiten von Koontz/O'Donell/Weihrich 1984 und Terry/Franklin, 1982). Von diesen Managementfunktionen sollen die Begriffe Planung und Organisation vorab definiert werden, während die übrigen im weiteren Kontext ausreichend diskutiert werden:

Planung: Als Primat des Managementprozesses betrifft Planung die politischen, administrativen und operativen Systeme im öffentlichen Sektor. Je nach Planungsart sind die Zeithorizonte verschieden: Strategische Planung im öffentlichen Sektor ist bei Großprojekten eher noch länger als im privaten Bereich; bei allen Prognosetechniken umfaßt dieser Bereich bei hoher Unsicherheit ca. 5-30 Jahre.

Die mittelfristige oder taktische Planung beinhaltet einen Zeitraum von 1-5 Jahren und konturiert die Erkenntnisprobleme. Die tatsächliche Planung mit augenblicklichen, auch durch das Controlling korrigierten dispositiven Handlungen füllt den aktuellen Zeithorizont aus und unterstreicht den prozessualen, situativen Charakter der Führungsfunktion Planung, die vom langfristigen zum kurzfristigen Ablauf Inhalt und Modus der zukünftigen Zielsetzungen zur Aufgabe hat.

Organisation: Stellen Individuen einen Teil ihrer Arbeitskraft, ihrer Rechte, ihres Geldes oder anderer Ressourcen unter eine zentrale Disposition, außerhalb ihrer selbst gelegen, so sind sie korporative Akteure oder Mitglieder eines Ressourcenpools, einer Organisation (vgl. Kieser/Kubicek 1992: 1). Die Führungsfunktion Organisation enumeriert und gruppiert die Akteure und ihre jeweiligen Arbeiten nach bestimmten humanitären und ökonomischen Wertvorstellungen, verbunden mit der spezifizierten Übertragung von Kompetenzen. Bestimmte Gruppen und Rollenstrukturen werden dabei horizontal und/oder vertikal vernetzt. Zwischen der (Unternehmens-/Verwaltungs-)umwelt und der jeweiligen Organisation besteht nach dem Grad der Dynamik und Komplexität ein Zusammenhang, der zentrale bzw. dezentrale, bürokratische oder »organische« Antworten verlangt. Organisation entwickelt nach Zielvorgaben und Zeitablauf eine eigene Kultur, dessen Ausprägungsgrad durch verschiedene Managementvorgaben der System-Umweltbeziehungen gefördert werden kann. Auch im öffentlichen Sektor setzt sich die Idee der Selbstorganisation als Gestaltungsprinzip partiell durch, die mit eigener Ergebnisverantwortung und -kontrolle verbunden ist.

Die schieren (Re-)Transformationsversuche dieses von Sach- und Führungsfunktionen determinierten Prozesses in die öffentliche Verwaltung und auch öffentliche Non-Profit-Organisationen unterstellen diesen Konzepten die Kraft einer universalen Rezeptur, die sie einfach nicht haben.

Insbesondere in der öffentlichen Verwaltung werden im Bereich der Leistungs- und Planungsverwaltung zunehmend komplexe Steuerungsmethoden verlangt (im Segment der Eingriffsverwaltung weniger), die weit über das betriebswirtschaftliche Management-Set privater Unternehmen hinausgehen und probabilistisch-fraktale sowie stark dynamische Faktoren berücksichtigen müssen. Man denke z. B. an die Bewältigung ökologischer Probleme, an das Raumordnungs- und Planungsrecht, an Dienstleistungen, die Migrationen und Bevölkerungsstrukturen zu bedenken haben.

Zu den traditionellen Managementfunktionen werden im privaten Bereich neben der Profitmaximierung zunehmend Handlungsmaxime des Managements unterstellt, die im Public Management ohnehin vorhanden sein sollten und eigentlich hier ihre Wurzeln haben: Unternehmensethik in Form von z. B. sozialem oder ökolologischem Bewußtsein. Während sie allerdings im öffentlichen Sektor durch den Primat der Politik die Administrationen determinieren, gelangen sie ins Bewußtsein privater Managementebenen als externe Unternehmensdaten, z. B. neue Umweltauflagen, neues Konsumentenverhalten, als den bisher bekannten Markt limitierende Faktoren (vgl. Porter 1988: 25 ff.).

Im Gutenbergschen Ansatz werden diese externen Daten vom Top-Management in einer strategischen Gestaltungsfunktion durch »Utopien, Visionen, Szenarien, perspektivische Zielvorstellungen« (Bendixen 1992: A.2.1, S. 6) in die Langfristplanung eingearbeitet und über die Lenkungsfunktion Top-Down in hiercharchisch darunter angeordneten Bereichen für ein Unternehmensziel operationalisiert – eine eher deutsche Management-Entwicklung. Dieser Ansatz eignet sich u. a. überhaupt nicht, um konzeptionell in irgendeiner Form mit neuen Anforderungen an den öffentlichen Sektor fertig zu werden. Wenn z. B. von den Verwaltungen das Total Quality Management (TQM) zunehmend verlangt wird (vgl. z. B. Swiss 1992: 352; Chevallier 1988: 128), so beinhaltet dieses, nicht nur eine Fachamts- oder Dezernatsleitung mit andersartigen Strukturen – oder auch utopischen Ideen – vertraut zu machen, sondern durch z. B. TQM muß der Output für die gesamte Binnenorganisation zu einer »prozeßhaft integrierenden Aufgabe« (Ladeur 1993: 157) werden. Top-Down-Rezepte sind bei derartigen Anforderungen obsolet. Wie schwierig diese Implementationsversuche sich gestalten, zeigt z. B. der Versuch der öffentlichen Verwaltung in Hamburg, die im Gegensatz zu TQM nur punktuelle Organisationsentwicklungsmethoden des Qualitätszirkels (vgl. Masing 1994 und Kap. 7.1; 8.1) einzuführen. Der erforderlich Grad organisatorischer Autonomie im Verwaltungsgefüge wurde unterschätzt, das Engagement der Mitarbeiter streckenweise überschätzt (vgl. Möhl 1989: 46 ff.), wobei schließlich die Frage im Raume stand, ob die Empfehlungen der Steuerungskomitees aus internen Experten der Fachabteilungen bzw. Ämter und aus externen Helfern überhaupt Qualitätszirkel im Sinne der Quality Control Circles (QCC) waren oder einfach nur als solche bezeichnet wurden. Wer Qualitätszirkel nur als »ein Reparatursystem für unzureichendes Qualitätsbewußsein der Mitarbeiter bei unverändert beibehaltener Fertigungsorganisation und -philosophie« versteht, macht »dessen Erfolg von Anfang an fraglich« (Staehle 1991: 681).

Nach dem funktionalen Ansatz müßte hier zuerst die ernsthafte Handlungsalternative vorhanden sein, in das Personal zu investieren (z. B. durch außergewöhnliche Beförderungsmöglichkeiten) und Organisationseinheiten zu autonomisieren. Erst dann wäre auch eine Koordination von Sach- und Führungsfunktionen denkbar, die die Reagibilität und Reaktionspotenz innerhalb der Verwaltungen und bezüglich externer Daten erhöhen könnte. In der anglo-amerikanischen Führungsphilosophie sind Qualitätszirkel, einschließlich ihres sporadischen und ad-hoc-Charakters und auch unter Einbeziehung externer Experten, selbst auf höchsten Organisationsebenen (z. B. in den *boards*) möglich und zwischenzeitlich verbreitet.

3.1.1 Der Managementprozeß in der öffentlichen Verwaltung

Öffentliche Güter, in der Mehrzahl immaterielle Dienstleistungen, werden traditionell und im Gegensatz zu privaten Gütern durch
- fehlende Rivalität des Konsums
- fehlendes Ausschlußprinzip

umschrieben. Aus Sicht der Volkswirtschaftslehre ist ein Grund für ihre Existenz in der *Theorie des Marktversagens* zu sehen, wobei allerdings kein generelles Subsidiaritätsprinzip im Recht zu finden ist (h. M., vgl. Kap. 1; gegenteilig z. B. Budäus 1991: 146), sondern die Legitimation für eine Beteiligung der öffentlichen Hand am Wirtschaftsbetrieb eher aus dem Sozialstaats- und Rechtstaatsprinzip abzuleiten ist (vgl. auch Kap. 5; Literatur z. B. bei Schmidt 1990: 520 FN 106/107).

Öffentliche Güter sollen einer effizienten Ressourcenallokation unterliegen (vgl. z. B. Gornas/Beyer 1991: 4 ff.).

Man kann z. B. den Verwaltungsbetrieb über ein Faktorsystem (s. o. Gutenberg) aus Elementarfaktoren (ausführende Arbeit, Betriebsmittel, Werkstoffe und Finanzmittel) und aus dispositiven Faktoren (Verwaltungsführung, -planung, -organisation, -kontrolle) erklären oder z. B. die Verwaltungsführung lediglich als zielorientierte Personaleinwirkung verstehen (vgl. z. B. Böhret/Junkers 1976: 21 und Übersicht zu den entsprechenden »Strömungen« bei Steinebach 1983: 38 f.), ohne den tatsächlichen Managementprozeß dabei wesentlich zu umfassen.

Der Dienstleistungsprozeß öffentlicher Verwaltungen entwickelt sich ebenso wie die privatwirtschaftliche Leistungserstellung im Gegenstrom von Realgütern und Finanzen, eingebunden in einen mehr oder weniger umfassenden Informationsstrom (vgl. dazu z. B. Ansoff 1967; Kosiol 1972: 127 ff.; Steinmann/Schreyögg, G 1987: 6 ff.; ausf. Ansoff/McDonell 1990).

Wie sich darin der Managementprozeß zwischen den Führungsfunktionen und der tatsächlichen Erstellung von öffentlichen Verwaltungsprodukten einordnen läßt, soll ein einfaches Schaubild (Abb. 6; vgl. z. B. auch Budäus 1987: 21 ff.; Steinmann/Schreyögg a.a.O.) zeigen, das bei aller Schlichtheit auch noch für Kontroversen gut wäre, so z. B.:

- ob überhaupt und wenn, in welcher Ebene zentrale oder dezentrale Controlling-Einheiten zu organisieren sind;
- ob die Personalführung nicht besser von anderen Führungsfunktionen abzukoppeln wäre.

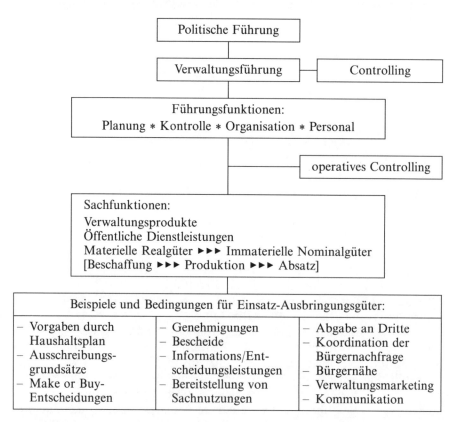

Abb. 6: Public Management als Steuerung von Führungs- und Sachfunktionen

3.1.2 Zu Organisationsdefiziten in öffentlichen Verwaltungen

Natürlich werden auch im öffentlichen Sektor die typischen Managementfunktionen wahrgenommen, um zu planen oder zu organisieren. Wenn sich
ein zentrales kommunales Amt, z. B. das Hauptamt um Planung, z. B. die
Kämmerei um die Finanzen oder das Personalamt um Personaleinsatz und
– im Rahmen der Laufbahnvorgaben und Stellenbeschreibungen – um die
Personalentwicklung kümmert, beinhaltet dieses nichts anderes. Jedoch
sind diese zentralen Ämter nicht unmittelbar in den Aufgabenvollzug und
den Output im Sinne einer Ergebnisverantwortung eingebunden, sondern
erfüllen ihre Managementfunktionen weitgehend isoliert, neben- und auch
gegeneinander, also unter weitgehender Auslassung der Koordinationsaufgabe als Schwerpunkt einzelner Funktionen. Dieses »System der organisierten Unverantwortlichkeit« (Banner 1993a:6 in Anlehnung an Beck
1988) wird durch vier kardinale Phänomene befördert:
- objektive Unfähigkeit, Ressourcen zügig umzuschichten,
- eingeschränkte Fach- statt Ressourcenverantwortung,
- nur Vollzugsvorgaben und -kontrolle statt Zielvorgaben- und Ergebniskontrolle (sog. Inputorientierung),
- objektive Unfähigkeit, die Peripherie (z. B. Eigenbetriebe und Eigengesellschaften außerhalb der Kernverwaltungen) wirksam zu steuern.

Bei einigen Führungsfunktionen im öffentlichen Sektor wird der eklatante
– nur scheinbar systemimmanente – Flexibilitätsmangel offenbar, ohne
daß überhaupt Probleme wie z. B. die Legitimität öffentlichen Handelns
tangiert werden.
Auf dem größten kommunalen Fachkongreß in Europa (KGSt Forum 93)
beklagte der Hamburger Senator Zumkley das Dilemma: »Unsere herkömmlichen Organisationsformen stehen auf dem Prüfstand« (KGSt
1993b: 102).
Dazu zählt er
- die zu große Tiefenstaffelung der Verwaltung,
- die Übersteuerung im Detail,
- ein Übermaß an Rechtskontrollen und ein Mangel an Ergebniskontrol-
len,
- fehlende Transparenz von Kosten und Nutzen,

alles – neben weiteren Defiziten pathologische Symptome bürokatisch-
hierarchischer Organisation, wie sie im übrigen nicht nur in der öffentlichen Verwaltung, sondern vielmehr auch in der privaten Unternehmung
vorhanden sind (vgl. u. a. Türk).
Angestrebt wird vernetzte und ergebnisorientierte Verantwortungsvertei-
lung zwischen Querschnitts- und Fachbereichen (vgl. Abb. 7):

Abb. 7: Einbindung von Querschnitts- und Fachämtern

Unter dem zunehmenden Ausmaß von schnellen Anpassungen an eine dynamische und variable (»Unternehmens«-)Umwelt des öffentlichen Sektors versagt auch zunehmend die bürokratisch-hierarchische Organisationsstruktur, die sich *bisher* für klassische Aufgabenbereiche bewährt haben mag, allerdings unter rasch veränderlichen Rahmenbedingungen durch internen Regelungsperfektionismus zumindest in Teilbereichen eine »administrative Selbstlähmung« (Schnappauf 1993: 578) provozieren kann, und dabei »erzeugen gerade jene Elemente, die im allgemeinen zur Effektivität führen, in spezifischen Fällen Ineffektivität« (Merton 1968: 268).

Die Forderung nach schlanken, flexiblen (Aufbau-) Organisationen steckt hinter diesen Klagen und Defizitanalysen, die nicht nur Gegenstand theoretischer Erörterungen sind, sondern aus der Praxis kommen. Tatsächlich sind erste deutliche Veränderungen in der öffentlichen Verwaltungsorganisation zu finden, vor allem im Bereich der Sekundärorganisation (üblich z. B. in Kommunen wie Offenbach, Nürnberg, Soest u. a. schon Projekt-Management, »Lenkungsgruppen«, »Innovationskreise«; vgl. Janning et al. 1994).

3.2 Die Führungsfunktionen in öffentlichen Unternehmen

Die privatwirtschaftlichen Prinzipien der Autonomie, des erwerbswirtschaftlichen Ziels und der Alleinbestimmung gelten für öffentliche Unternehmen allenfalls in Teilbereichen.

Das Schrifttum zum Management öffentlicher Unternehmen ist relativ jung und beschäftigt sich überwiegend mit Problemen wie z. B. der Interessenkollision zwischen Unternehmensträger und Unternehmensführung. Daneben läßt sich das Managementverhalten in öffentlichen Unternehmen auch aus wohlfahrtstheoretischen bzw. organisationssoziologischen Gründen ableiten, aus Untersuchungen der positiven und normativen Theorien des öffentlichen Unternehmens, die Wirkungen bzw. Verhalten analysieren. Erwähnt seien in diesem Kontext selektive Rationalität, hohes Trägheitsmoment, niedrige Motivation als Phänomen der sog. X-Ineffizienz (vgl. dazu Erbsland 1986: 67 ff.) und Überlegungen zur pareto-optimalen Preisbildung (vgl. z. B. Bös 1993: 141 f.). Insgesamt lassen sich Führungsprobleme öffentlicher Unternehmen allerdings eher aus dem mikroökonomischen Bereich heraus diskutieren.

Öffentliche Unternehmen treten im Markt als Wirtschaftsgebilde auf, die
- durch eine öffentlich-rechtliche Gebietskörperschaft wenigstens mit partiell reproduzierbarem Eigenkapital ausgestattet sind und
- über Handlungs- und Entscheidungsspielräume verfügen.

Neben rechtlich und organisatorisch verselbständigten Formen (s. u.) existieren unselbständige Betriebe gem. § 26 BHO/LHO oder Anstalten und Körperschaften öffentlichen Rechts (vgl. Kap. 1).

Diese sind häufig nur Annexbetriebe der unmittelbaren öffentlichen Verwaltung. Besitzt ein öffentlicher Träger mindestens die Sperrminorität am Eigenkapital eines öffentlichen Unternehmens, spricht man von einem gemischtwirtschaftlichen Unternehmen.

Als juristische Personen des privaten und öffentlichen Rechts können diese Unternehmen Aktiengesellschaften, Anstalten, GmbHs, Personenkörperschaften oder aber – als Gründung originärer Verwaltungsträger – auch Gebietskörperschaften sein. Dabei kann die Wahl der Rechts- und Organisationsform zur Erreichung eines gemeinwirtschaftlichen Ziels in Ursachen begründet sein, die mit diesem nicht unbedingt verknüpft sind. Ein Krankenhaus, ein Abfallentsorgungsunternehmen oder Theater können z. B. im Rahmen des gegebenen Landes- und Kommunalrechts als
- unselbständige Anstalt oder als Regiebetrieb,
- als Eigenbetrieb

oder zunehmend auch als
- als Eigengesellschaft

geführt werden. Die jeweiligen Grenzen des Tätigwerdens ergeben sich aus einer gewissen Einschränkung staatlicher Wettbewerbsteilnahme durch die Grundrechte, dem allgemeinen Gesetzesvorbehalt und einfachgesetzlichen Grenzen durch z. B. Haushalts-, Kommunal- und Wettbewerbsrecht (vgl. Schmidt 1990: 530 ff.).

Ob ein öffentliches Unternehmen rechtlich und organisatorisch selbständig sein muß oder ob man auf die faktische Autonomie und einen materiellen Unternehmensbegriff abstellen sollte, ob ein Unternehmen mit faktischer Minderheitsbeteiligung der öffentlichen Hand, aber dominantem öffentlichem Einfluß noch unter *öffentlichen Unternehmen* (vgl. Kap. 1) zu subsumieren ist, wie schließlich der Begriff der Gemeinwirtschaft damit verquickt werden muß oder besser nicht, ist zwar ein ausgewachsener Diskussionsgegenstand (vgl. z. B. Püttner 1985: 23 ff.), muß an dieser Stelle aber nicht näher erörtert werden.

Für diese hier diskutierten Führungsfunktionen im öffentlichen Sektor soll das öffentliche Unternehmen so definiert werden, daß es eine verselbständigte Organisationseinheit unter maßgeblicher öffentlicher Trägerschaft ist, die Dienstleistungen ggf. auch Waren produziert, ggf. auch nur zum genuinen Zweck der Gewinnerzielung. Als Eigenschaft dieser öffentlichen Unternehmen kann man die Beschaffung und Finanzierung öffentlicher Dienstleistungen und Waren benennen, also Leistungen die im Angelsächsischen dem *Productive State* und nicht dem *Protective State* zugeordnet werden:

»Die öffentliche Hand hat die Freiheit der Wahl, Aufgaben der Daseinsvorsorge entweder selbst zu erfüllen, einer juristischen Person des öffentlichen Rechts zu übertragen oder einer von ihr beherrschten juristischen Person des Privatrechts anzuvertrauen. Welchen dieser denkbaren Wege sie beschreitet, hängt ausschließlich davon ab, auf welche Weise die sich heute zwangsläufig in das wirtschaftliche Produktionsleben hineinerstreckende moderne Verwaltung die ihr gestellten öffentlichen Aufgaben am besten bewältigen mag« (Sondervotum Wand zu BVerfGE 38, 326 -sp. 344-).

In staatlichen Funktionenplänen finden sich viele, aber keineswegs alle öffentliche Unternehmen unter der Rubrik
• Wirtschaftsunternehmen, Allgemeines Grund- und Kapitalvermögen, Sondervermögen.

Soweit keine Deregulierung durch die materielle Privatisierung von Aufgaben erfolgt, können hier diverse derivative Verwaltungsträger mittelbar und in der Regel dezentralisiert hoheitliche Aufgaben erfüllen. Im Rahmen der rechtlichen Möglichkeiten wird diese Art der Aufgabenerfüllung, die sich von der Dekonzentration (z. B. Separation durch Schaffung eines neuen Amtes *innerhalb* der Verwaltung) unterscheidet, häufig erwogen, um

- die öffentlichen Haushalte besser zu strukturieren, ggf. zu entlasten (abzuführende Gewinne bzw. vom öffentlichen Träger zu deckende Verluste tauchen im Trägerhaushalt als *Nettoetatisierung* auf);
- die Produktion öffentlicher Leistungen kostengünstiger zu gestalten, wobei speziell Kommunen gelegentlich der Einbildung unterliegen, dies sei bereits zwangsläufig, wenn man z. B. eine Eigengesellschaft für eine bestimmte Aufgabe ermöglicht;
- die Bewältigung einer öffentlichen Aufgabe durch eigenständige Bearbeitung und erhöhten Aktionsradius flexibler zu gestalten (die dezentralisierte Aufgabenwahrnehmung soll den Komplexitäts- und Bürokratisierungsgrad vermindern).

P. Eichhorn stellt die Hypothese auf, »viele Manager öffentlicher Unternehmen sind sich dieses Auftrages originärer Gemeinwohlförderung nicht bewußt« (1984:7 f.), weil sie unter besonderen Bedingungen arbeiten müssen. Dazu zählt er:
- mangelnde Publizitätsfreude hinsichtlich der Bezuschussung oder Gewinnabführung des Trägers;
  - Distanzierung und Desinteresse des Trägers am öffentlichen Unternehmen;
- Verlust der Gruppenzugehörigkeit des Personals im Unternehmen, weil die Unternehmen eines Trägers mehreren ministeriellen Geschäftsbereichen oder kommunalen Einzelverwaltungen gehören. Weil auf der Trägerseite keine
  - strategischen Geschäftseinheiten (SGE, s. u.) gebildet werden (können), können im Unternehmen
  - kein motivationales »Wir-Gefühl« und keine Unternehmenskultur entstehen;
- im Vorstand/Geschäftsführung des Trägers sind meist aus (partei-)politischen Gründen zu alimentierende Personen ohne Managementausbildung vertreten. Verfügen sie einmal darüber, orientiert sich diese meist an den privatwirtschaftlichen Leitbildern und nicht am öffentlichen Leistungsauftrag;
- den Mangel an Ressortverantwortung und professionellen Beteiligungsverwaltungen (Beteiligungscontrolling) beim Träger bzw. das Fehlen derartiger Einrichtungen; dieser erschwert dem Unternehmen,
  - strategische langfristige Planungshorizonte und
  - Zielkonzeptionen, -definitionen, -vereinbarungen
  zu entwickeln.

In der betriebswirtschaftlichen Theorie kann die Existenz eines öffentlichen Unternehmens aus verschiedenen Ansätzen begründet werden, von denen hier einige genannt werden sollen, die für das Public Management relevant sein können (vgl. z. B. Picot/Wolff 1994):

1. Transaktionskosten-Ansatz
2. Property Rights-Ansatz
3. Principal-Agency-Ansatz

Mit der Entscheidung z. B. einer Kommune, ob ein Produkt ihres Leistungspektrums
- innerhalb der öffentlichen Verwaltung,
- innerhalb eines öffentlichen Unternehmens
oder
- durch Fremdbezug hergestellt werden soll, sind weitreichende Überlegungen verknüpft, die die Produktqualität, die Produktspezifität oder die Produktionskosten betreffen.
Hier wiederum stellen sich Fragen nach dem Grad der Koordinations- und Flexibilitätsvorteile bzw. -nachteile bei Eigenherstellung innerhalb der öffentlichen Verwaltung. Bei hohem Spezifitätsgrad, hohem Personalaufwand (z. B. spezielle Schulung), hohem Überwachungsaufwand zur Qualitätssicherung etc. ergeben sich aus diesem Grund, der letztlich mit der Organisationsform der (Kommunal-)verwaltung zusammenhängt, hohe Transaktionskosten. Zum Beispiel kann es sich für eine Kommune durchaus lohnen, mit Dioxinen kontaminierte Parkanlagen nicht durch das Abfallwirtschaftsamt, nicht durch einen kommunalen Entsorgungsbetrieb, sondern a priori durch ein analytisch, entsorgungstechnisch und personell darauf eingestelltes Privatunternehmen entgiften zu lassen.
Bei hohem vertikalen Integrationsgrad und hoher Spezifität ist der Versuch der Eigenvornahme (/produktion) z. B. mit extrem hohen **Transaktionskosten** verbunden.
Der zweite Fall der **Property Rights** betrifft die Anreizfunktion, mit Verfügungsrechten umzugehen (allg. dazu Budäus/Gerum/Zimmermann 1988). Im öffentlichen Sektor handelt es sich hierbei natürlich nicht um Eigentumssurrogat, aber doch um die Möglichkeit, z. B. eine Instrumentalfunktion zu nutzen, ggf. auch zu mißbrauchen.
Inwieweit über diesen Ansatz für öffentliche Verwaltungen und Unternehmen, ggf. auch für andere Non-Profit-Organisationen führungsrelevante Prozesse initiiert werden können, ist zwar umstritten, doch zumindest gedanklich reizvoll: Falls zwei kommunale Hallenbäder über die Gestaltung im Rahmen von Vorgaben (z. B. Budget) und Zielvereinbarungen *verfügen* können, können Wettbewerbs- und Identifikationsprozesse entwickelt werden, die als Management by Competition und Corporate Identity/Unternehmens- und Organisationskultur (vgl. unter Kap. 7.1.4) neue Steuerungsmodelle für den öffentlichen Sektor aufzeigen.
Im dritten Fall des **Agency-Ansatzes** für öffentliche Unternehmen dreht es

sich um einen Gegenstand des Public Managements, der vor allem im angloamerikanischen Ausland für die Führung öffentlicher Unternehmen bereits etabliert ist (z. B. in den USA, Kanada, Australien; vgl. unten Kap. 4). Hierbei kann es zwischen dem Auftraggeber (z. B. einer Kommune) und dem Vetragspartner (z. B. eine kommunale Eigengesellschaft) trotz scheinbarer Kostenvorteile durch die Auftragsvergabe zu vorsätzlichen Informationsdefiziten meist durch den Agenten bzw. zu unvorsätzlichen Informationsasymmetrien zwischen dem Prinzipal und dem Agenten kommen, die als versteckte Absichten, Aktionen und Eigenschaften (hidden intention, hidden action, hidden characteristics) andere Vorteile der Agenturlösungen aufwiegen können. Weniger durch vertraglich fixierte Zielvereinbarungen als mehr durch die Egalisierung der Interessenlage von Prinzipal und Agenten lassen sich die Gefahren reduzieren (vgl. dazu Dietl 1991: 113 ff., Picot/Wolff 1994: 73). Die damit verbundenen Managementtechniken und organisatorischen Sicherungen werden auch im Kap. 4 näher vorgestellt. Soweit es sich um unechte Rechtsformprivatisierung handelt, bei der verselbständigte Verwaltungseinheiten z. B. die Strom- und Wasserversorgung, die Abfallentsorgung, Schlachthöfe, Kindergärten oder Verkehrsunternehmen betreiben, bleibt das Management, die *verantwortliche Koordination* z. B. der Umweltsegmente Wasser, Boden, Luft doch in den Händen der öffentlichen Verwaltung (vgl. u. a. König 1989: 41 ff.) In diesem Zusammenhang existieren große Defizite im öffentlichen Sektor dahingehend, ein transparentes *Beteiligungscontrolling* zu etablieren, weil anderenfalls die »Erosion der kommunalen Selbstverwaltung« (KGSt 1993c: 11) durch z. B. diese Faktoren droht:

- Mandatsträger in Aufsichtsräten sind häufig schlichtweg ungeeignet, ihre Kontrollfunktion gegenüber Vorständen und Geschäftsführungen wahrzunehmen;
- die Distanz des öffentlichen Unternehmens zur Kernverwaltung und zum administrativ-politischen Zielsystem wird zu groß;
- politisch unkontrollierte Kostensteigerungen und zu geringe Gewinnabführungen an den Mutterhaushalt führen nicht nur zu unbefriedigenden wirtschaftlichen Ergebnissen, sondern auch zu sinkender Kundenorientierung und Bürgernähe.

Öffentliche Unternehmen unterliegen nicht den gleichen Bedingungen wie private Unternehmen, andernfalls könnten »sie nicht mehr besonderen öffentlichen Interessen dienen und sind als Mittel der Politik untauglich geworden« (Püttner 1983: 700), jedoch nähern sich die Bedingungen – von Marktnähe, Wettbewerbssituation und Vielfalt des Aufgabenspektrums – immer mehr privatwirtschaftlichen Strukturen an, ausschließlich der Führungsfunktionen. Es ist deshalb sinnvoll, ihre Führungsfragen in dieser Abhandlung zum Public Management zu diskutieren, zumal sich die sog. Zielkataloge (Aufgaben) öffentlicher Betriebe zunehmend durch Konsumenten- und Kostenorientierung bestimmen. Je deutlicher Erfolgsziele öffentlicher Unternehmen, z. B. auch durch Kennzahlen, definiert werden können, desto mehr gewinnen Sachziele als funktionale Voraussetzungen für Erfolgsziele an Bedeutung.

3.3 Strukturmodelle für den öffentlichen Sektor

Viele der Innovationsversuche, die Struktur im öffentlichen Sektor sukzessive zu verändern und integrierte Managementsysteme zu etablieren, können nicht flächendeckend sein und erschöpfen sich weitgehend in

- *situativen Anpassungen* kleinerer Abteilungen, z. B. kunden- und nachfrageorientierte Organisationseinheiten in den Kommunen, aber auch von Bundes- und Landesbehörden (z. B. Finanzämter);
- sog. *Reforminseln*, deren alleinige Existenz positive Sog- und Schneeballeffekte provozieren soll;
- *Pilotprojekte*, denen eine Tendenz, breitere Selbststeuerungskorridore entstehen zu lassen, unterstellt wird.

Langfristig und unter der Perspektive, öffentliche Produkte rationell unter steigender Umweltdynamik und steigenden Qualitätsanforderungen herzustellen, ist auf der Ebene der Planung mit großem Zeithorizont die Weiche auf eine *Fokussierung der Ressourcen* zu stellen. Dabei bietet es sich an – unter Beachtung öffentlicher Sicherstellungsaufträge –, Organisationsstrukturen in öffentlichen Verwaltungen mit heterogenem Aufgabenspektrum und in öffentlichen Unternehmen mit hohem Diversifikationsgrad zu entwickeln, die unter Segmentierungsaspekten »der entscheidende Schritt im Planungsprozeß überhaupt und die überragende strukturierende Komponente in der Portfolioanalyse sind« (Andreae 1982: 7). Die Forderung, strategische Geschäftseinheiten (SGE; üblicher engl. Ausdruck »strategic business unit«; SBU) in diesem Sektor zu bilden, ist ein weitreichendes Konzept, das ein Fundament werden kann, um tiefgreifende Phänomene wie den gesellschaftlichen Wertewandel oder demographische Einflüsse auch unter Budgetgesichtspunkten und unter dem Ziel der Ergebnisorientierung zu berücksichtigen.

Eine **SGE des öffentlichen Sektors** aus ggf. mehreren Fachbereichen zeichnet sich z. B. dadurch aus, daß sie

- ein definiertes Spektrum synerger Dienstleistungen produziert, das heute noch aus einem bunten Haufen von Ämtern, Dezernaten, externen Auftragnehmern und Fachbereichen hervorgebracht wird. Im Gegensatz zum Projektmanagement arbeiten in einer SGE **keine** rekrutierten Teams oder Task Forces nur zeitlich begrenzt an singulären Ergebnisvorgaben;
- rationelle Kombinationen von Abnehmergruppen und -funktionen umfaßt, auch bei hoher Komplexität (beispielsweise im Bereich der Großraumplanung oder im Bereich des Umweltmanagements) möglichst wenig Überschneidungen zu anderen SGE aufweist;
- als Sekundärorganisation in einer dreidimensionellen Matrix-Organisation mit den Dimensionen
  - Aktivitätsprogramme
  - Ressourcen- und Funktionsbereiche
  - regionale Gliederung arbeiten kann;
- die Eigenständigkeit ihrer Aufgaben unter Beachtung von Gesellschaftsrelevanz auch unter Erreichung relativer Wettbewerbsvorteile wahrnehmen kann. Dazu zählt im weiteren, Randbedingungen soweit wie möglich zu schaffen, die eine relative Unabhängigkeit der Entscheidungen zulassen. Das Management der SGE kann seine Führungseffizienz garantieren, weil es alle Dienstleistungs-/Nachfragekombinationen autonom im Sinne einer dezentralen Ressourcenverantwortung wahrnehmen kann. Die SGE ist ausschließlich (Output-) marktorientiert und nicht (Input-) unternehmensorientiert (vgl. dazu Hinterhuber 1992: Bd.2, 141 ff.).

Die Verwaltungs-SGE unterscheidet sich in ihrer theoretischen Konstruktion durch eine langfristige Orientierung, einen höheren Grad an dauerhafter Eigenständigkeit und eine synerge, aber breitere Dienstleistungspalette (Marktaufgabe) vom *Profit Center*, das die kurzfristige und ressourcenorientierte Erstellung **einer** bestimmten Dienstleistung anstrebt. Die öffentlichen SGE können sich bei der Bildung der sog. kommunalen Holding und beim Aufbau von öffentlichen Konzernstrukturen in großen Kommunen – wie sie auch z. B. in der Berliner Verwaltung diskutiert werden (vgl. Berlin 1994; Pasutti 1994) – zu einem wesentlichen Element der Reform entwickeln.
Die SGE hat auch eine Affinität zu den sog. verselbständigten Verwaltungseinheiten. Andere nicht der unmittelbaren Verwaltung zurechenbare

Organisations- und Strategiemodelle sind in den Para-Government-Organizations (PGO) zu erkennen, die z. T. als administrativer »Megatrend« bewertet werden (vgl. dazu Hood/Schuppert 1988). Im Gegensatz zu diesen Organisationstypen können SGE sowohl für komplexe Verwaltungsaufgaben als auch für diversifizierte öffentliche Unternehmen in einer soliden Form umgesetzt werden. Gerade bei öffentlichen Unternehmen kann ineffiziente Einflußnahme der Muttergebietskörperschaft zurückgeschraubt werden.

Solange öffentliche Unternehmen nicht in die Lage versetzt werden, neben operablen Zielen auch strategisch-langfristig Ziele zu definieren, solange sie von den negativen Effekten des Principal-Agency-Ansatzes in ihrer Flexibilität behindert werden, sind sie in ihrer Aktions- und Konkurrenzfähigkeit gegenüber Privaten im Nachteil. Da sind Satzungsänderungen erforderlich, aber gegenüber dem Träger selten durchzusetzen. Die Aufteilung in mehrere SGE ist zumindest ein organisatorisches Konstrukt für öffentliche Unternehmen, definierte strategische Spielräume durch Stellwände gegenüber der politischen Administration zu erreichen.

SGE ist eine – auch sonst schwierige – Perspektive, den Primat der Politik und die Autonomie der Verwaltungsführung bzw. eines öffentlichen Unternehmens zu trennen und gleichzeitig zu garantieren. Diese Konzentration der politischen Führung auf reine Leitlinienentscheidungen, die nicht unbedingt strategischer Natur sein müssen, ist auch eine der grundlegenden Prämissen des Tilburger Modells (vgl. 4.2.1): »Eine der Auswirkungen der Dezentralisierung von Management- und Ausführungskompetenzen muß logischerweise sein, daß die Verwaltungsspitze und der Rat an Einfluß auf die Details des Verwaltungshandelns und der Politikumsetzung verlieren müssen. Anders ist eine ernst gemeinte Dezentralisierung und Verantwortung der Fachverwaltung nicht denkbar« (Krähmer 1992: 29).

3.4 Gemeinsame Grundlagen für das Public Management im öffentlichen Sektor

Die nicht ganz unbefleckte *invisible hand of the market* hat den öffentlichen Sektor zwar nicht voll im Griff, aber sie berührt ihn immer heftiger.

Die instrumentalen Anforderungen – Kommunikations- und Informationssysteme, Haushaltsgestaltung, Controlling (vgl. 6.2; 6.3) ändern und erhöhen sich rapide. Neue Wege der Zielvereinbarung und Qualitätssicherung werden unerläßlich (vgl. 7.1), alternative strategische Ansätze werden für die Bereiche Personalentwicklung und Organisationsentwicklung diskutiert und z.T. auch schon implementiert (vgl. Kap. 8). Insbesondere im Ausland hat man weitergehende Erfahrungen bei der praktischen Umsetzung neuerer Steuerungsmodelle für den öffentlichen Sektor (vgl. Kap. 4).

Abschließend zu diesem Kapitel soll in einer Übersicht (Abb. 8) die Eignung der einzelnen Steuerungsmodelle und -elemente vorläufig und im Sinne von Hypothesen für den weiteren Gang der Darstellung bewertet werden. Bei dieser – zwangsläufig sehr subjektiven – Übersicht bleiben bei den folgenden Kriterien nicht bewertbare Leistungsarten des öffentlichen Sektors (z. B. Eingriffsverwaltung) unberücksichtigt.

Bewertungskriterien	niedrig – hoch
Eignung	○ – + + +
Derzeitiger Implementationsgrad	○ – ⌂⌂⌂
Objektive Implementationshindernisse	○ – ■ ■ ■

Modell	Öffentliche	
	Verwaltungen	Unternehmen
strategische Planung	× × × (⌂) ■ ■ ■	× × × ⌂ ■ ■ ■
operative Planung	× × × ⌂ ⌂ ■ ■	× × × ⌂ ⌂ ⌂ ■ ■ ■
Personal (PE)	× × ⌂ ■ ■	× × × ⌂ ⌂ ■ ■
Organisationsentwicklung	× × ⌂ ■ ■	× × × ⌂ – ⌂ ⌂ ■ ■
Controlling	× – × × (⌂) ■ – ■ ■ ■	× × – × × × ⌂ ■ – ■ ■ ■
Ressourcenverantwortung	× × (⌂) ■ ■	× – × × × ⌂ – ⌂ ⌂ ■ – ■ ■ ■
Outputorientierung	× – × × × (⌂) ■ ■ ■	× – × × × ⌂ ⌂ ■ ■ ■
Kunden-/Bürgernähe	○ – × × × ○ – ⌂ ■	○ – × × × ○ – ⌂ ⌂ ■
Qualitätsmanagment (MbO)	× × (⌂) ■ ■ ■	× – × × × ○ – ⌂ ⌂ ■ ■
Corporate Identity	× – × × × (⌂) (■) – ■ ■	× – × × × ○ – ⌂ ⌂ ⌂ ■ – ■ ■ ■
Wettbewerbsmöglichkeit (MbC)	○ – × × (⌂) ○ – ■ ■ ■	× – × × × ⌂ – ⌂ ⌂ ■ ■ – ■ ■ ■

Abb. 8: Potential und Handlungsbedarf für neue Steuerungsmodelle

76

4. Public Management: Internationale Entwicklungen

Das New Public Management ist eine Führungskonzeption mit sehr unterschiedlichen nationalen Ausprägungen und auch konkurrienden Modernisierungsstrategien: Portfolio-Ministerien in Australien, öffentlicher Wettbewerb auf den normativen Grundlagen des Sozialstaates in Schweden oder konzernartige Managementstrukturen in den Niederlanden. Ob die »Circoli di qualità« in den italienischen Bundesbehörden (vgl. Cogno 1992: 465 f.), ob die schrittweise Einführung des kaufmännischen statt des kameralistischen Rechnungswesens in Schweizer Kantonen (vgl. Buschor 1991: 215 ff.), ob das »Tableau de Bord« als Management-Informationssystem in definierten Verantwortungszentren französischer Ministerien, ob die Ergebniszentren in vielen dezentralen Behörden (»projet de service«; vgl. Hardy/Towhill/Wolf 1990: 87 ff.) und auch die französische Variante von Lean Administration als *Etat Modeste* (vgl. Crozier 1987), ob dezentrale Verantwortung für öffentliche Ausschreibungen in Belgien (Public Procurement; vgl. BfAI 1991) oder ob die »executive agencies« als Eigenbetriebe innerhalb des Haushaltsrechts in Großbritannien angeführt werden: alle diese Innovationen und Strategien orientieren sich an der Verbesserung der Effizienz und der Produktivitätserhöhung öffentlicher Dienstleistungen. Einen ersten Überblick zum Fortgang des Public Management in 24 Ländern können die jährlichen Veröffentlichungen der OECD verschaffen (dies. 1993a). Zudem stellen sie die wichtigsten öffentlichen Institutionen und ihre Arbeiten im Bereich Public Management in Länderprofilen vor (OECD 1993b). In der Synopse dieser Publikationen wird klar, daß die verschiedensten Konzepte und Instrumente in der Skala des internationalen Public Managements Eigenverantwortung und Leistungsorientierung durch neue Führungskonzepte fördern wollen, gleich, ob es um Leistungsanreize, Controlling, Wettbewerb, Final- statt Konditionalsteuerung, Outsourcing, Intra-/Entrepreneurship oder Holding- statt Matrixstrukturen geht. Bei dieser internationalen Betrachtung gemeinsamer Strukturen, auch als Beitrag zur theoretischen Fundierung des Public Management, soll jedoch auch nicht unterschlagen werden, daß viele Reformbemühungen, die Effizienz im öffentlichen Sektor zu steigern, schlichtweg im Sande verlaufen sind (wie z. B. einige französische Dezentralisierungsbemühungen) bzw. noch nicht abschließend beurteilt werden können.

Andere wiederum finden lediglich auf den Schultern der Schwachen statt. Außerdem haben sich z. B. zu Kostensenkungsprogrammen auch Glaubensrichtungen herausgebildet (vgl. Dunsire/Hood 1989: 197; Naschold 1994: 377):

1. Lean Management im öffentlichen Sektor verbunden mit Kostensenkungen muß zu Leistungs-, Motivations-, Effektivitäts- und Effizienzsteigerungen führen (*lean and fit-Credo*).
2. Diametral dazu müssen Kostensenkungsprogramme für die Protagonisten der wohlfahrtsstaatlichen Theorie zumindest langfristig immer zum Abbau von Dienstleistungsqualität, zur Magersucht des öffentlichen Sektors (*Anorexia-Credo*) führen.
3. Schließlich wird auch die These vertreten, die Auswirkungen des Ressourceneinsatzes im öffentlichen Sektor seien keiner generellen Prognose unterziehbar (*Gattopardismo-Credo*).

Betrachtet man die internationalen Reform-Initiativen des New Public Management, so fällt bei der OECD-Recherche auf (Abb. 9; OECD 1993a: 13), daß bei den Bemühungen um Strukturverbesserungen der Wunsch nach marktadäquaten Mechanismen neben der Prioritätenverlagerung innerhalb der Managementzentralen des public sector (»focus on performance«) quantitativ weit vor Organisationsumbrüchen wie z. B. Agentur-Lösungen oder Privatisierungen rangiert:

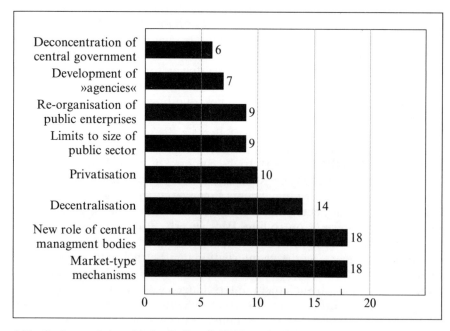

Abb. 9: Art und Anzahl der Reforminitiativen in OECD-Ländern

Man kann die durch ein Public Management bedingten Reformen nach der dominanten Orientierung und nach der Rolle des Staates an der Durchsetzung verschiedener Initiativen ordnen (folgende Abb. 10 modifiziert nach Reichard 1993a: 15), doch bleibt eine solche Systematisierung mit vielen Fragezeichen behaftet, z. B., ob bei den kommunalen Managementreformen in Frankreich der Staat nicht doch eine präponderante Rolle einnimmt (vgl. z. B. Mazère/Regourd 1990):

Dominante Ausrichtung	Rolle des Staates	
	stark	schwach
Binnenreform	Neuseeland Großbritannien	Deutschland Niederlande
Außenreform	USA	Frankreich Skandinavien

Abb. 10: Reformcharakter in OECD-Ländern

Zu den Termini *New Public Management* **(NPM) und** *Public Management* **(PM)**: sie werden im internationalen Sprachgebrauch häufig synonym verwendet, wobei der Ausdruck Public Management üblicher ist. Public Management umfaßt dabei Steuerungselemente des gesamten öffentlichen Sektors (abweichend z. B. Budäus 1994: 47).

NPM wird inzwischen als Sammelbegriff **aller** darunter zu subsumierender Innovationen und Eintagsfliegen aus dem Spektrum internationaler Ideen verstanden.

Andere Autoren jedoch behandeln **nur** die gemeinsamen und praktisch bewährten Strukturprinzipien dieser Steuerungsmodelle unter dem Schlüsselbegriff NPM (z. B. Reichard 1994d; Brinckmann 1994: 206 ff.).

Insgesamt und ohne die jeweilige nationale Entsprechung aus der nachstehenden Abbildung (11) aufzulisten, haben sich Basiselemente und Erfolgsfaktoren für das Management im öffentlichen Sektor herauskristallisiert, die fast durchgängig mit den Führungs-, z. T. auch mit den Sachfunktionen zusammenhängen, aber bezeichnenderweise nicht zwangsläufig mit den jeweiligen theoretischen Fundierungen wie z. B. der *public choice – Renaissance* in den USA.

• Globalbudgets mit Periodenöffnung • Kennzahlenkontrolle • Profit-/Cost-Center • Leasing/Sponsoring • Kommunal-Holding • Beteiligungscontrolling	• Vereinbarungen • Kontrakte • Förderung kreativer statt reaktiver Verhaltensmuster • Incentives • Laufbahnflexibilisierung • motivationale CI-Strategien • Unternehmenskultur und -ethik • Funktions- und Kompetenztransfer
Ergebnisverantwortung Budgetverantwortung Performance Management	Anreizsysteme Personalentwicklung Kennzahlen-Personalführung (weiche Steuerung)
Erfolgsfaktoren **PUBLIC MANAGEMENT** Ziele: Formulierung * Realisierung * Stabilisierung	
Kunden- und Wettbewerbs- bewußtsein Dienstleistungsmentalität	Flache Organisation Komplexitätsreduzierung Reduzierung der Fertigungstiefe

• Benchmarking
(Vergl. m. Externen)
• Bürgernähe
• Klienten-/Kundenverständnis
• Service Promises
• just in time
• Service Standards
• TQM ab Prozeßbeginn
• Marketing mit innovativen Diensten und line extensions
• Auditing
• Interner Wettbewerb
	• Synergieeffekte
	• Aufgabenreduzierung
	  – cut back
	• Aufgabendelegation
	  – make or buy
	  – Contracting Out
	• rückläufige
	  – Detailübersteuerung
	  – Zieluntersteuerung
	  – Spezialkompetenz
	• Ressourcenverantwortung
	• Projektorganisation

Abb. 11: Erfolgsfaktoren für das Public Management

Bei der Betrachtung der inhaltlichen Reformen im internationalen Kontext rangieren personelle und finanzielle Schlüssel-Reformen wie das Human Resource Management an der Spitze, aber bereits dicht gefolgt von der Überlegung, Mitarbeitern durch Kompetenzzuweisung auch (Ergebnis-)Verantwortlichkeit für die Leistungserstellung abzuverlangen (OECD 1993a: 15; vgl. Abb. 12):

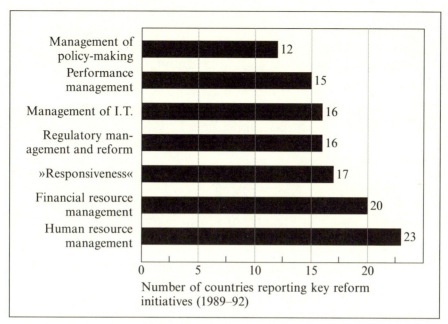

Abb. 12: Art der Reformen/Anzahl der OECD-Länder

Es existieren Schwerpunkte – wie z. B. Dezentralisierungstendenzen – in internationalen Entwicklungen von Public Management.
So schälen sich bei der finanziellen Ressourcenverantwortung neue Formen der Budgetierung heraus: mehrjährige Zyklen (USA etc.), Resultatbezogenheit, Globalbudgets mit Substitutions- und Transferalternativen speziell bei den laufenden Ausgaben (running costs) und z. B. revolvierende Vorausschätzungen von mehrjährigen Programmbudgets (forward estimates; vgl. z. B. Strehl 1993: 180). Andere finanz- und rechnungslegungsbezogene Instrumente setzen sich zunehmend durch, z. B. interne Verrechnungspreise auch bei kalkulatorischen Kosten innerhalb des öffentlichen Sektors (z. B. Schweiz – Kantonalebene), Optimierung oder Ersetzung des finanzwirtschaftlich-kameralistischen durch ein kaufmännisches Rechnungswesen incl. der Doppik (Großbritannien, Schweden oder ähnlich der französische *plan comptable public*, vgl. Fox 1992: F.1.1) oder z. B. Rückführung von Zuwächsen und Gewinnen aus Dienstleistungen (collective returns). Einzelne Aspekte bestimmter internationaler Reformprojekte können in diesem Rahmen nicht vorgestellt werden.
Bei genereller Anwendung dieser neuen Konzeptionen werden jedoch auch die »Möglichkeit, Grenzen und Gefährdungen durch die NPM-Bewegung« (Naschold 1994: 389; Stewart/Walsh 1992: 499 ff. und Kap. 11.2.) sichtbar, z. B.

- Kontrakte größerer Dimensionen verlangen einen hohen Monitor- und Evaluationsaufwand seitens des Anbieters und können die Transaktionskosten der traditionellen Leistungserstellung übersteigen. Neuerdings wird in den USA zunehmend darauf verwiesen, daß bei der Ausgestaltung der Vergabekriterien von Kontrakten (contract design) große Vorsicht geboten ist: »The cost – plus contract invites moral hazard« (Prager 1994: 178). Zudem führt eine ritualisierte Kontraktverlängerung oft zu Informationsdefiziten hinsichtlich der – inzwischen gelegentlich weitaus attraktiveren – Leistungsangebote von potentiellen Konkurrenten.
Bei nicht erkannten compliance-Problemen mit dem Kontraktor können die eingesparten Kosten gegenüber der Eigenherstellung im öffentlichen Sektor bei Contracting Out und anderen Outsourcing-Modellen (z. B. »affirmage« in Frankreich) schnell durch weitaus höhere, nicht einkalkulierte externe Kosten neben der eigentlichen Vergabe überstiegen werden.
- Performance Management durch Zielvereinbarung und Zielkontrolle kann – wie auch aus falsch plazierten MbO-Versuchen der siebziger Jahre bekannt – bei hoher, ansteigender und stark variierender Aufgabenkomplexität ineffizient werden.

Es versteht sich von selbst, daß Quasi-Märkte und die Einrichtung von echten Märkten genauso wie das damit verbundene Führungsinstrumentarium, z. B. Marketing, nur in selektiven Bereichen eingesetzt werden können, sicher aber häufiger als bisher üblich. Public Management ist eine Strategie, die sich ständig an möglichen Alternativen messen lassen muß. Das jedoch ist ein positives Merkmal. Die tradtionellen Konzepte des öffentlichen Sektors sind genau durch diesen Mangel belastet.

4.1   Angelsächsischer Bereich

Aus einem Statement der ÖTV-Vorsitzenden Wulf-Mathies anläßlich eines Symposiums zur Produktivität öffentlicher Dienstleistungen stammt das folgende Zitat, das den *Reaganomics* und dem *Thatcherismus* entgegengehalten werden kann (ÖTV 1994: 9 f.):

»Dabei können Wettbewerbselemente durchaus eine stimulierende Wirkung haben. Sie müssen aber dort ihre Grenzen finden, wo durch eine Zersplitterung der Aufgaben und Einrichtungen der Koordinierungs- und Kontrollaufwand potentielle Effizienzgewinne übersteigt, wo öffentliche Dienstleistungen in die Abhängigkeit privater Monopole geraten, wo soziale, ökologische und kulturelle Werte kommerzialisiert werden und wo Ansprüche der Bürger an den Staat und Handlungen des Staates gegenüber seinen Bürgern ausschließlich aus der Perspektive der zahlungskräftigen Nachfrage bewertet werden.

Selbst wenn die Preise die ökologische Wahrheit sagen, bleibt es Aufgabe des Staates, allen Bürgern Daseinsvorsorge zu gewährleisten, gerade dann wenn sie als Kunden diese Preise nicht bezahlen können.

Dem Staat nach angelsächsischem Muster nur die Rolle des Lückenbüßers zuzuschieben, der über Transferzahlungen dem sozial Schwächsten hilft, die Marktpreise für Energie, Wasser, Gesundheit, Bildung und Verkehr zu zahlen, widerspricht dem sozialen Auftrag des Grundgesetzes.«

Neben politischer Grundhaltung und Motiven der Interessenvertretung ist eine These der ÖTV-Vorsitzenden beachtenswert, weil sie der Meinung vieler Ökonomen entgegentritt: Transaktionskosten beispielsweise können bei Outsourcing, Contracting Out, Agencies und anderen Strategien der Lean Administration durch Koordinations- und Kontrollkosten auch steigen. Auch dieser ökonomische Aspekt läßt sich am angelsächsischen Public Management diskutieren.

4.1.1   Vereinigte Staaten von Amerika

Während Laux vor zehn Jahren für den öffentlichen Sektor in Deutschland festhalten konnte, daß »moderne Managementmodelle« (1984: 789) in diesem Bereich kaum Bedeutung erlangt hätten, erwiesen sich in den USA viele dieser Steuerungsprinzipien aus dem privaten Sektor entweder als geeignet oder als ungeeignet oder wurden z.T. im Laufe der Anwendungsdauer obsolet, ausdifferenziert und auch wiederbelebt. McNamara führte die Programmbudgetierung (PPBS) im Verteidigungsministerium ein, die Johnson 1965 – ohne den gleichen Erfolg – auf andere Ministerien übertrug (zur Bewertung innerhalb deutscher Reformen schon abschließend Reinermann 1975). 1978 wurden durch den *Civil Service Reform Act* Programme zur Personalentwicklung im öffentlichen Dienst eingeführt, deren Schwerpunkte auf Leistungsanreiz und Wettbewerb, aber auch auf drastischen Sanktionsmechanismen lagen. Im *Senior Executive Service (SES)* für das Top-Management der Bundesbehörden ohne offizielle Hierarchie und Statusausbildung konnte eine positive Leistungsbeurteilung schnell über den traditionellen Stufenplan für Gehälter hinwegführen, eine negative Einschätzung dagegen war auch genauso schnell mit der Entlassung verbunden (vgl. z.B. Oechsler 1984: 942). Der SES, in dem viele politische Beamte der obersten 3 von 18 Besoldungsstufen für Bundesbehörden vorzufinden sind, hat natürlich ohnehin eine höhere personelle Fluktuation, weil z.B.

bei Carters Abwahl mit Amtsantritt von Reagan sämtliche SES-Mitglieder ausgetauscht wurden. In anderen Besoldungsgruppen ist eine Kündigung die Ausnahme. Der wesentliche Unterschied zu Deutschland und damit auch zur Möglichkeit, personelle Flexibilisierungs- und Anreizstrategien zu präsentieren, liegt aber genau in diesem Punkt: Im Gegensatz zum deutschen Beamten ist der Bedienstete in den USA ohnehin und traditionell nur auf Zeit ernannt oder grundsätzlich kündbar (vgl. Vogelsang 1989: Sp. 1060).

Während die achtziger Jahre wesentlich durch die cutback-Politik und verbesserte Durchgriffsmöglichkeiten für Präsident Reagan gekennzeichnet gewesen seien, liege die Clinton-Ära ganz auf der Linie des »NPM-Mainstreams« (Reichard 1993c: 12). Bei dieser Bewertung sollte nicht vergessen werden, daß in vielen Staaten radikale Schlankheitskuren als cutback-Politik genau in die Hauptströmung des New Public Managements gehören. Es wird noch zu diskutieren sein, ob es nicht wichtigere Elemente für die neuen Steuerungskonzepte gibt. Allerdings erleichtern z. B. gewisse Traditionen in der Lehre oder im Umgang mit konkurrierenden Dienstleistungsanbietern oder auch bei Aushandlungs- und Entscheidungsprozessen im öffentlichen Sektor eine zügigere Erprobung neuerer Steuerungsmodelle als in Deutschland: *Entrepreneurship* z. B. als wesentlicher Faktor zur Auslösung von Innovationen ist seit den dreißiger Jahren Gegenstand von Forschung und Lehre (vgl. Lück/Böhmer 1994). Die selbstverständliche Orientierung an den Besten innerhalb eines Konkurrentenfeldes (sog. *Benchmarking*; vgl. z. B. Pieske 1994) und das damit verbundene, z. T. hemmungslose, Kopieren bestimmter Leistungen, zählt ebenfalls zum üblichen wettbewerbsorientierten Verhalten im öffentlichen Sektor der USA.

4.1.1.1 Die *Reagonomics* und ihre Effekte im öffentlichen Sektor

Die Philosophie der Stand-Alone-Strategien gehört eigentlich zum Selbstverständnis der Bürger in den Vereinigten Staaten und drückt sich seit jeher auch im Staatsaufbau aus. Alle drei staatlichen Ebenen – Bund, Einzelstaaten und Kommunen – sind deutlich entkoppelt; eine Tendenz, die sich weiter verstärkt.

Allzuständigkeit oder Auffangsysteme sind verpönt. Beim finanziellen Bankrott von New York im Jahre 1975 stand die Weltstadt – vulgo – im Regen. Diese Philosophie also auch der fiskalischen Unabhängigkeit und Eigenverantwortung besteht trotz der vorgesehenen Möglichkeiten des horizontalen und vertikalen Finanzausgleichs, weil alle drei Ebenen über eigene austarierte Möglichkeiten der Steuerbeschaffung und der Kreditaufnahme verfügen. Eines der elementarsten Managementinstrumente ist die Budgetsteuerung, international bekannt durch PPBS, ZBB und Sun-set Legislation (vgl. 6.1.). Heute besteht die generelle Tendenz im Rahmen von Verantwortungsdelegation zu Globalbudgets, obwohl das Zero Base Budgeting in einigen Bundesstaaten und Kommunen noch als wichtigstes Steuerungsinstrument angewandt wird.

Ronald Reagan hat kurz nach Amtsübernahme die Bundeszuschüsse nicht mehr an bestimmte Projekte, sondern nur noch an bestimmte Bereiche gebunden (Block Grants statt Grant-in-Aid). Ideologisch ist die Reagan-Ära auch in ihren Auswirkungen auf den öffentlichen Sektor geprägt worden von neokonservativ-liberalistischen Zügen, theoretisch von den New Right- und Public Choice-Theorien, praktisch von astronomischen Kreditaufnahmen und ausgelaugten Bundes-, Länder- und Kommunalhaushalten.

Public Choice: das war die tote Last der Wohlfahrtsverluste (Deadweight Welfare Loss) durch den Monopolisten »Staat« (Public Interest Theory); das war die Internalisierung externer Kosten bei der öffentlichen Leistungserbringung und die von allen Randbedingungen befreite Erkenntnis, daß nachlassender Wettbewerbsdruck zu nachlassendem Anreiz effizienter Dienstleistung führt. In diesen Kontext gehören Leibensteins Kampf um die allokative Effizienz gegen die nach ihm benannte X-Ineffizienz (ders. 1965; dazu kritisch bereits Posner 1971; vgl. auch Kap. 3) oder auch das Pareto-Optimum. Diese ökonomischen Theorien und Tatsachenbehauptungen waren schon vor der Reagan-Ära Gegenstand von Kontroversen und wurden mit dem neuen Präsidenten zu Tatsachen erkoren, z. B. von Swann (1988: 48):

»A free market, which in this context means perfect competition, will lead to the most efficient allocation of resources. That is to say, for a given distribution of income, the maximum social welfare will be produced when conditions of perfect competition obtain. Such efficiency implies that the correct combination of goods will be produced and that each good will be produced with the minimum input of resources. The former referred to as allocative efficiency. The latter may be termed productive efficiency.«

Diese Thesen und Tatsachen, die beim perfekten Wettbewerb zwar Reiz-Reaktions-Modelle der Psychologie integrieren, aber sozialökonomische und rechtliche Restriktionen weitgehend ignorieren oder relativieren, spielen für die theoretische Fundierung von Public Management eine große Rolle.

Viele »Innovationen« der Reagan-Zeit innerhalb des öffentlichen Sektors unterlagen dem ausschließlichen Diktat der leeren Kassen, gleich ob es sich um die uferlose Vermehrung neuer kommunaler Gebühren handelte, um Contracting Out oder Privatisierungen wie z. B. von Eisenbahngesellschaften (Conrail).

Unter Legitimationsaspekten etwas fremdartige Gebilde sind die öffentlichen Unternehmen – *public authorities* –, die sich ausgiebig und unabhängig auf dem Kapitalmarkt über steuerfreie Obligationen finanzieren,

innerhalb von Regionen, Gebietskörperschaften und Teilmärkten mono-
polartige Stellungen besitzen und beim Outsourcing bisher hoheitlicher
Leistungen auch als Verschiebebahnhof von defizitären Segmenten zur Verfügung stehen. Von Bevorzugung gegenüber Privaten beim Erhalt einer
bisher unter Regie der öffentlichen Verwaltungen erstellten Dienstleistung
kann dabei nicht unbedingt die Rede sein, weil diese sich nicht für zusätzliche »Poor Dogs« in ihrer Leistungspalette interessieren. Auf kommunaler
Ebene sind Public Authorities oft semiautonome Versorgungsbetriebe.

Als Ergebnis dieser *Reagonomics* steht die Bundesregierung (aber auch
Länder und völlig verarmte Kommunen) nach jüngster OECD-Einschät-
zung vor folgenden großen Problemen (dies. 1993a: 188):

- gewaltige Haushalts – und Budgetdefizite,
- fortbestehender hoher Anstieg der Gesundheitskosten,
- Konversionsprobleme großer Teile der Rüstungsindustrie,
- unterlassene Investitionen in Infrastruktur und Technologie.

Während die Reagan-Administration durch Instrumente zur Ausdünnung
und Disziplinierung des öffentlichen Dienstes das Reformklima stark be-
einträchtigte, standen während der Bush-Ära die Zeichen günstig für
reform- und verwaltungsfreundliche Maßnahmen, die eng mit den bleiben-
den Strukturen von Public Management verbunden sind: Die Erhöhung
der Attraktivität für die Kunden der öffentlichen Verwaltung, vor allem der
Mitarbeiter durch Human Resource Management (vgl. Oechsler 1992).
Neben Programmen zur Standardisierung und Sicherung von Dienstlei-
stungs- und Produktqualitäten der Bundesbehörden in den Jahren 1988
und 1991 (»renewed focus on improving quality of government services
and products«; OECD 1993a: 192), neben der Etablierung von MbO-
Systemen im Jahre 1989, um Monitoring und Evaluation von über 50
Programmen des SES (s. o.) sicherzustellen (1991 wieder aufgegeben und
durch modernere Arten des Performance-Management ersetzt), ist für das
Public Management vor allem das Jahr 1988 interessant. Damals wurden
die meisten neuen Agencies aus der Taufe gehoben, um ineffiziente herkömmliche Dienstleistungen zu beenden. Gleichzeitig wurde in diesem Jahr
die Zahl der im Wettbewerb vergebenen Kontrakte stark erhöht: Es war das
Jahr der *federal agencies* und des *management by contracts and competition*.
In den Jahren 1990 bis 1992 waren einige dieser Agencies des Bundes –
weltweit Präzedenzfälle – nur noch damit beschäftigt, zusammengestürzte
Kreditinstitute zu übernehmen und weiterzuführen (OECD, a.a.O.). Innerhalb des Kontraktmanagements wird das *Procurement Management*
immer wichtiger und entwickelt sich zu einer eigenständigen Variante. In
diesem Bereich der Beschaffung und Vergabe von Waren und Dienstleistungen schloß die Bundesregierung im Jahre 1992 Kontrakte im Wert von
mehr als 200 Milliarden Dollar. Dabei geht es hinsichtlich der Führung um
Prozeßvereinfachung, Evaluationstechniken und – auf umgekehrtem Wege

bezüglich Nachfragern und Anbietern – um value for money, die Erfassung von Mengen-, Preis- und Wertäquivalenzen bestimmter Dienstleistungen im Markt.

In dieser Zeit wurden auch – ähnlich wie in Schweden – Wettbewerbsmodelle initiiert, bei denen im Bereich der häuslichen Pflege und der Kinderhilfe öffentliche Agencies und private Anbieter über Gutschein-Lösungen nachgefragt werden konnten (housing vouchers und child care certificates). Die neue Regierung unter Präsident Clinton will 100.000 Stellen auf Bundesebene und 25% aller Stellen im Weißen Haus abbauen.

Der Council of Competitiveness des Präsidenten wurde bereits aufgelöst, was nicht heißt, daß der neue Präsident die Wettbewerbsfähigkeit des öffentlichen Sektors abschaffen will, im Gegenteil.

4.1.1.2 Public Management – Tendenzen seit Clinton

Der Report of the National Performance Review (»Creating a Government that Works Better & Costs Less«; vgl. Gore 1993) stellt 20 Schritte und Maßnahmen zur Verbesserung der Leistungen im öffentlichen Sektor vor. Eine komplette Inhaltsübersicht folgt hier deshalb (Abb. 13), weil die Kapitel und Einzelschritte überwiegend Programm zur Implementierung des Public Management auf der breiten Ebene des Bundes sind:

Chapter 1 Cutting Red Tape	
Step 1	streamlining the budget process
Step 2	decentralizing personnel policy
Step 3	streamlining procurement
Step 4	reorienting the inspectors general
Step 5	eliminating regulatory overkill
Step 6	empower state and local government
Chapter 2 Putting Customers First	
Step 1	giving customers a voice – and a choice
Step 2	making service organizations compete
Step 3	creating market dynamics
Step 4	using market mechanism to solve problems
Chapter 3 Empowering Employees To Get Results	
Step 1	decentralizing decisionmaking power
Step 2	hold all federal employees accountable for results
Step 3	giving federal workers the tools they need to do their job
Step 4	enhancing the quality of worklife
Step 5	forming a labor – management partnership
Step 6	exert leadership
Chapter 4 Cutting Back To Basics	
Step 1	eliminate what we don't need
Step 2	collecting more
Step 3	investing in greater productivity
Step 4	reengineering programs to cut costs

Abb. 13: Reforminitiativen unter Clinton

Umgesetzt in ein Führungssystem des öffentlichen Leistungsprozesses hat dieses Programm alle als sinnvoll und notwendig erkannten Prinzipien von Public Management berücksichtigt, behält aber im Gegensatz zu den britischen Reformen und einigen theoretischen Radikalen dabei einen Blick für den Produktionsfaktor Nummer eins aller Dienstleistungsbetriebe: für die Menschen.

Ein Unterfangen mit nationalem Ausmaß ist eine institutionell geprägte Reform der Clinton-Regierung. Es geht um den Umbau des US-Gesundheits- und Krankenversicherungswesens. Bei Umbau der auf Leistungsaushandlung basierenden Health Maintenance Organizations (HM0; vgl. Kampe/Kracht 1989: 103) sollen starke Wettbewerbselemente (sog. *managed competition*) für einen gesteuerten Preiswettbewerb unter den privaten Leistungsanbietern (Versicherungen) sorgen und damit – zum ersten Mal an der Schwelle des 3. Jahrtausends – allen Bürgern der Vereinigten Staaten eine medizinische Grundversorgung sichern. Der Widerstand der Arbeitsgeber gegen diese Pläne erscheint noch stärker als ohnehin erwartet.

4.1.1.3 Kommunale Entwicklungen

Bei der Gestaltung des öffentlichen Lebens ist den Kommunen ein großer Handlungsspielraum von der Bundesregierung eingeräumt, der durch Bundesstaaten zum Teil stärker (»Dillon Rule States«), zum Teil kaum (»Home Rule States«) beschnitten wird.

In großen Städten wiederum sichern die kommunalen Verfassungen dem Stadtdirektor (City Manager) weitgehende Befugnisse bei relativ geringem Rats- und Bürgermeistereinfluß auf das administrative Tagesgeschäft. Dieser Trend ist auch in Skandinavien, Neuseeland oder den Niederlanden zu beobachten.

»In jüngster Zeit haben vier Trends zu dramatischen Veränderungen auf der kommunalen Ebene geführt« (Fairbanks 1994: 14):

- Politik- und Parteiverdrossenheit führt zu Respekt- und Akzeptanzverlusten gegenüber den kommunalen Entscheidungsträgern;
- die Kluft zwischen den knappen Haushaltsmitteln und den gewachsenen Anforderungen, auch aus Ansprüchen nach höheren Leistungsstandards im positiven Sinne von value for money und im negativen Sinne von Konsumerismus, wächst;
- Forderungen und Umsetzung bezüglich partizipativer Elemente auf der kommunalen und regionalen Ebene durch Bürgerinitiativen und Volksabstimmungen (Propositions) werden immer stärker.
  Als neue amerikanische Verwaltungskultur mit deutlichen Effekten auf die europäischen Länder bilden sich Formen der Aushandlung (Mediation, vgl. Kap. 10.1.) heraus, insbesondere bei ökologischen Problemen und Widerständen *(NIMBY-Syndrom: Not in My Back Yard)*;
- die Einschaltung von Service- und Qualitätsstandards wird auch immer stärker vom Nachfrager öffentlicher Dienstleistungen erwartet.

Die Verlagerung bzw. Abschiebung bestimmter öffentlicher Leistungen (Kriminalitätsbekämpfung in Stadtteilen oder Pflege lokaler Grünanlagen) über Neighborhood Services Departments ist im wahrsten Sinne des Wortes ein Zeichen von Armut.

Zero-Based-Budgeting (ZBB, s. o.) ist auf kommunaler Ebene verbreitet. Von der Faktoren-Analyse über die »Mission« und die frühzeitige Erkennung kritischer Erfolgsfaktoren, über Zieldefinition und -erreichungsmaßnahmen bis hin zum Output verläuft die strategische Planung großer Kommunen im Regelkreis mit Feedback-Mechanismen: Kundenzufriedenheit oder Ergebnisqualität gehören dazu.

Hier herrscht gegenüber vielen deutschen Kommunen ein hohes Maß an Professionalität im Public Management.

4.1.2 Großbritannien

Im Vereinigten Königreich Großbritannien hat sich durch die Politik des Thatcherism/Majorism eine weitgehende Reorganisation des öffentlichen Sektors vollzogen, die viele Ecksteine, aber auch einige Stolpersteine für die Entwicklung von Steuerungskonzepten im Rahmen von Public Management gesetzt hat.

Organisatorischer Dreh- und Angelpunkt und wesentliche Ideenschmiede dabei ist das Amt des Premierministers und eine Abteilung im Finanzministerium, die nicht zufällig, sondern gewollt von einem privaten Manager geleitet wird. Alle Maßnahmen der sog. first steps/next steps orientieren sich theoretisch an Ergebnis und Nachfrage, nicht am Mittelverbrauch (HMSO 1988).

Während der Programm-Evaluierungen werden allerdings zwei – jedem Ökonomen hinlänglich bekannte – Alternativfragen gestellt, die veranschaulichen, daß »a critical scrutiny of output and value for money« (FMI: 1983: Cmnd 9058) auch eine Binnenorientierung besitzt:

1. Wie wird bei fixem Input ein maximaler Output erreicht?
2. Wie kann eine fixe Dienstleistung mit minimalem Input bewerkstelligt werden?

Interessanter an diesem idealisierten Paradigmenwechsel von der Binnenschau zur Ergebnisverantwortung ist die Analyse der tatsächlich bewirkten Effekte, des *Outcome*, des Resultats.

Der Begriff Output i. e. S. beschreibt eher die Menge erbrachter Dienstleistungen. Eng damit verknüpft ist die »Idee eines Total Quality Managements. Es geht nicht darum, ein Maximum an Output zu erbringen, sondern die richtigen Leistungen zum richtigen Zeitpunkt« (Bölke 1993: 35).

Vom TQM im öffentlichen Sektor sind vor allem die als Qualitätszirkel eher zufällig zusammengewürfelten Personengruppen bei Problemen hoher Komplexität und bei niedriger Planbarkeit unter wechselnden Kooperationspartnern (vgl. Staehle 1991: 683) im Vereinigten Königreich noch weit entfernt. Der Begriff der *Total Quality* (Feigenbaum 1954) wird nicht nur im Zusammenhang mit Fertigungsweisen, sondern zunehmend auch mit öffentlichen Dienstleistungen diskutiert (Milakovich 1991). Bei der Analyse institutioneller Operationalisierungen des TQM sind Fallgruben und Wegsperren zu entdecken, z. B. innerhalb des britischen *River and Water Quality Management* (Rollenidentitäten von Kontrolleuren und Kontrollierten, ungeklärte und doppelte Kompetenzen, Interessenkonflikte bei mehrdimensionalen Qualitätskriterien). Die klare Zieldefinition und die zurechenbare Ergebnisverantwortung fehlen vielen von bestimmten öffentlichen Institutionen abhängigen Agencies und umgekehrt. In Großbritannien werden deshalb einige besonders diffuse Konstruktionen als *Hybrids* oder *Nepnops* (Neither public nor private) unter dem Aspekt ihrer Dienstleistungsqualität bespöttelt (vgl. Damkowski/Precht/Spilker 1994: 102). Selbst hochrangige Regierungsvertreter wie z. B. Leo Pliatzky bekommen Schwierigkeiten, wenn sie ihre Schimären beschreiben sollen (ders., 1992: 559):

»What is an Agency? Is it anything other than a word in the dictionary? It is easier to say what it is not than to say definitely what it is: it is not a government department and headed by a Minister, nor it is entirely outside a department headed by someone else.«

Während Pliatzky sich über die Zurechenbarkeit von Leistungen bzw. Leistungsdefiziten (Accountability) bei Quangos (Quasi-Non-Government-Organizations; s. o. – hier werden diese Formen im weiteren als *Non-Departemental-Bodies* [NDPB] bezeichnet) sorgt, wird es für Außenstehende schwierig, diese exakt von den Next Step-Agencies seit der Thatcher-Ära abzugrenzen. Das wichtigste Kriterium der Agency ist die erhebliche Nähe zu einer öffentlichen Institution, die letztlich auch die Leitlinien ihrer Arbeit entwirft. Die Ersetzung von Abteilungen durch Agencies verschafft dem Linienmanagement erheblichen Spielraum. NDPBs arbeiten wie privatwirtschaftliche Unternehmen im Markt, finanzieren sich aber teils aus dem Staatshaushalt. Wie die Agencies unterscheiden sie sich nach Executive (verwaltenden) and Advisory (beratenden) Bodies. Im Jahr 2000 sollen 75% der gesamten Arbeiten des Civil Service von Agencies und NDPBs übernommen sein. Die Frage, ob bei diesem Ausmaß des – auch sozialen – Abspeckens Eigenschaften wie *lean* ein Synonym für *fit* werden können, ist auch unter Briten heftig umstritten.
Die radikale Umgestaltung des öffentlichen Sektors ist unter den konkurrierenden Politiken diejenige, die die Zentralregierung zum Kernstück ihres Arbeitsprogramms erkoren hat. In diesem Zusammenhang spielen die Gemeinden, abgesehen von Besonderheiten im Großraum London, wegen einer fehlenden Selbstverwaltungsgarantie und wegen des angelsächsischen ultra-vires-Prinzips eine untergeordnete und vollziehende Rolle. Diese zentralistische Koordination aller staatlichen Aktivitäten steht im Widerspruch zu Prinzipien des Public Managements, weil dezentrale Ressourcenverantwortung auch – wie im *free commune experiment* der skandinavischen Länder – lokale Ressourcen und nicht nur Ergebnisverantwortung beinhaltet. Das wird auch von den Briten kritisch angemerkt. Die örtliche Zwei-Ebenen-Verwaltung differenziert sich vor allem nach den von der Zentralregierung zugewiesenen Aufgaben und Zielen: Die *counties* sind für Regionalplanung, soziale Dienste, Schulen, Straßenbau etc. zuständig, die – gemessen an Einwohnern – durchschnittlich zehnmal kleineren lokalen *districts* z. B. für Freizeit- und Erholungseinrichtungen, Umweltschutz (!), öffentliche Wohnungsversorgung (vgl. Bertelsmann Stiftung 1993: 59 ff.).

Für das Wesentliche der britischen Reorganisation sind diese Stichworte von Bedeutung:

- Citizen Charter
- Competition for Quality
- Contracting State
- Enabling State
- Executive Agency
- Make or Buy
- Market Testing
- Necnop
- Value for money

Die *Citizen Charter* (vgl. HMSO 1991b, 1992) fixiert Standards für öffentliche Dienstleistungen, wobei Erwartungen und Bewertungen der Bürger, die durchgängig als Kunden (clients) bezeichnet werden, mit in die Definition der einzelnen Service-Standards einfließen. Die Informationen über offerierte Leistungen sind klar und für jedermann verständlich zu erstellen. Regierungsbeamte und -angestellte arbeiten unter namentlicher, nicht-anonymer Verantwortungszuordnung, neben leistungsorientierten Entgelten und Beförderungen ein wesentlicher Kernpunkt der Führungsfunktion Personal im Sinne von Accountability.

Die jeweiligen Dienstleistungen bzw. anderweitige primäre öffentliche Produkte (von der Erstellung von Abfall-Containern bis zur Anzahl und Qualität regierungsamtlicher Druckerzeugnisse) werden unter den Aspekten Wirtschaftlichkeit und Kundenorientierung evaluiert. Bei negativen Ergebnissen im Vergleich zum definierten Service-Standard erhalten diese bewerteten Leistungen keine *Chartermark* und können von der entsprechenden Organisation ohne dieses »Gütesiegel« nicht mehr oder nicht mehr wie bisher angeboten werden. Mit der Erweiterung der Handlungsspielräume durch Zielvereinbarung statt durch Detailvorgabe ist also eine strikte Erfolgskontrolle eingeführt worden, die auch dazu führen kann, alles zu unternehmen, um die formalen Kriterien für eine *Chartermark* zu erfüllen und sonst eben gar nichts. Die Delegation von Verantwortung wird hier durch die Hintertür teilweise storniert und setzt die erwarteten Leistungsanreize und Motivationspotentiale keineswegs automatisch frei.

Ein weiteres Instrument der britischen *cutback-policy* ist unter anderem auch in der Ausrichtung auf Qualitätswettbewerb im öffentlichen Sektor zu entdecken. *Competition for Quality* (vgl. HMSO 1991b) beinhaltet auch die Strategie, durch marktwirtschaftliche Wettbewerbssituationen und Wettbewerbssurrogate einen Rückgang überschüssiger und überflüssiger

Dienstleistungen zu erreichen. Auf der kommunalen Ebene existiert hierbei eine besondere Art von Vergleich für Gebietskörperschaften in Form der Audit Commissions. Diese örtlichen Kommissionen überprüfen und bewerten Leistungsstandards und -kriterien, die potentielle Auftragnehmer (Provider) ihren Auftraggebern (Purchaser) anbieten oder mit ihnen vereinbaren. Als Provider, z. B. im Bereich der sozialen Dienste oder der Wasserversorgung, können private und öffentliche Leistungsersteller um den Zuschlag konkurrieren. Öffentliche, aber weitgehend oder vollkommen selbständige Einheiten (Non-Governmental-Units) treten dabei um Aufträge in Wettbewerb mit privaten Anbietern, die in anderen Ländern auf jeden Fall dem hoheitlichen Kernbereich zugeordnet würden, z. B:

- Gefängnisverwaltung;
- Führerscheinprüfung und Vergabe, Paßerteilung;
- Datenverarbeitung der Steuerverwaltungen.

Es geht also in Großbritannien schon lange nicht mehr um partielle Auslagerungen und Auftragsvergaben im Sinne von Contracting Out, sondern um den *Contracting State*, der die Leistungserbringung mit einem Halo von Vertragspartnern ermöglicht, aber nicht selbst realisiert. Dieser Staat versetzt Kontraktoren in die Lage, unter Wettbewerbsbedingungen und in Eigenveranwortung zu agieren. Der *Enabling State* schafft Möglichkeiten und Handlungsvoraussetzungen, »aber verwaltet wenig und liefert noch weniger« (Ridley 1993: 252).

Diese Politik wird als »government sponsorship of private sector« bzw. »government promotion« (Harrow/Wilcocks 1990: 282) interpretiert und als ein Segment von *Public Private Partnership* teils gelobt, teils kritisch beurteilt (vgl. auch z. B. Heinz 1993). Gunn (1988: 21 ff.) erkennt darin einen neuen Weg zum Public Management, der nach seinem Verständnis folgende Kernelemente enthält:

- economy,
- efficiency,
- excellence,
- enterprise,
- effectiveness.

Ähnlich den neuseeländischen Dezentralisierunsgkonzepten (Financial Management Improvement Program; vgl. 4.1.5.) steht die Next Steps Initiative als zentrales Element eines umfassenden Programms der britischen Regierung. Diese Strategien greifen wesentlich weiter als gleichartige Maßnahmen in anderen europäischen Ländern (z. B. die angestrebte Semi-Autonomie in den französischen Verantwortungszentren: *Centres de Responsabilité*). Als Gulick und Urwick 1937 in ihrem Gutachten für den Präsidenten der USA für die Führung im öffentlichen Sektor ihr bekanntes PODSCORB vorstellten, das Koontz and O'Donell in den siebziger Jahren in neuer Variation wieder aufgriffen, waren noch nicht die britischen Akzente der *Financial Management Initiative* (FMI) Thatchers zu erkennen, die von vielen als Fortschreibung der neotayloristischen Management-Philosophie bewertet werden (vgl. Pollitt 1993: 56).

Die FMI zählt zu den wichtigsten Managementelementen für die Civil Services:

• klare Zielabsprachen und -vorstellungen und der unbedingte Wille, wo immer es möglich ist, Outputs und Performance im Verhältnis zu den Zielen zu messen. Ob dabei allerdings in der Praxis wirklich die als rhetorischer Angelpunkt (rhetorical pivot; Pollitt: 186) beschworene Qualitätsverbesserung oder nur die Kostensenkung pro Einheit bzw. Geschäftsbereich das Ziel ist, erscheint sehr zweifelhaft. Die britische Politik ist nicht in erster Linie kundenorientiert, sondern orientiert sich an Zielvorstellungen des Management (management-led, not user-led). Die Ausrichtung auf den Bürger wird mit einigen passenden Umfragen aus dem öffentlichen Market Research nachgereicht.

• Die Zieleinhaltung wird mit einem breitgefächerten System von Leistungsindikatoren (performance indicators) relativ häufig überprüft, wobei die Trennlinien zwischen der Strategieentwicklung in den Ministerien und Committees und dem Management in der Durchführung häufig verschwimmen (vgl. Carter/Greer 1993; Strehl 1993: 196). Dabei ist auch zu beobachten, daß das Personal ohne Managementausbildung (non managerial staff) als *de facto manager* fungiert (Harrow/Willcocks 1990: 281 ff.) und vor allem bemüht ist, die Kennzahlen-Bündel für jede kleine Aktion einzuhalten und so die nächsten arbeitsplatzbezogenen oder organisationsbezogenen Verhandlungen über Entgelt, Kompetenz, Ausstattung, ggf. auch Existenz zu überstehen. Auch für Rahmenvorgaben bestimmter Agencies, vom Britischen Museum bis zum Britischen Patentamt – festgehalten in sog. *Framework Agreements* – hat sich gezeigt, daß durch unscharfe Schnittstellen bei der Definition von Ergebnis- und Kompetenzbereichen ein Klima von Unsicherheit bei den Mitarbeitern entsteht und kontraproduktiv sein kann. *Work place- bzw. Enterprise bargaining* sind für die einen als Führungsinstrument zu verstehen, für die (Vor-) Geführten eher ein Grund, lediglich noch den ständigen »Datendampf« aus dem vorgegebenen Kennzahlen-Dschungel im Auge zu behalten. Dabei ist der Direktor des britischen Nationalmuseums mit seinen Leistungsindikatoren noch gut bedient:

– Zahl der Besucher je Mitarbeiter, Mitarbeiterkosten je Besucher, Einnahmen und Nettokosten je Besucher, Einnahmen in Prozent der laufenden Kosten (vgl. Bölke 1993: 32).

Die Autonomie der *Executive Agency* Nationalmuseum ist dabei erheblich beschränkter als z. B. die schwedischer Agenturen, bei denen das Verbot einer direkten staatlichen Intervention verfassungsrechtlich abgesichert ist.

In britischen Modellen sind die möglichen Kommunikationsbarrieren im Principal-Agent-Verhältnis (vgl. dazu 3. und z. B. Picot/Wolff 1994) deutlicher berücksichtigt. Um die Agencies zu größten Anstrengungen im Qualitätswettbewerb mit privaten Anbietern zu bewegen, ist *Market Testing* – das Ausschreiben fast aller ministerieller Arbeiten und Tätigkeiten nachgeordneter Stellen – »eines der Schreckenswörter im Alltag britischer Civil Servants« (Bölke 1993: 35) geworden. Zwar können die Beamtengruppen selbst mit Privatunternehmen um den Zuschlag, den Kontrakt oder den Arbeitsvertrag konkurrieren, doch wenn sie in diesem Wettbewerb aus Kosten-, Qualitäts- oder Kompetenzgründen ausscheiden müssen, kann den Civil Servants schnell eine Rückstufung in der Besoldungsskala und in der Benotung drohen. Die Qualität der verwaltungsinternen Definition und Kalkulation von Leistung und Aufwand ist ebenso – nach Meinung einiger Autoren – angestiegen wie das interne Qualitätsniveau beim direkten Vergleich zu externen Angeboten einer adäquaten Dienstleistung. Diesem *Compulsory Competitive Tendering* sind viele Einrichtungen mit und ohne Betriebscharakter des ehemals monopolartigen Civil Service ausgesetzt, gleich ob es sich um Londons Feuerwehrkantine, um die Müllabfuhr, die Hallenbäder, die Einwohnermeldeämter oder hoheitliche Wachdienste handelt (ausgenommen die Garde vor dem Buckingham Palast!). Durch Benotungen mit Wirkungen auf das flexible Entgeltsystem ist die Sanktionsfunktion in einem Maße eingeführt worden, die Leistungsanreiz – und Motivationsfunktion im Keim ersticken kann: Langfristig kann hier ein unter personalwirtschaftlichen Aspekten schwerer Managementfehler sichtbar werden. Sanktionen, die bedrohliche Formen annehmen können, verhindern vernünftige Arbeitsbedingungen und werden schließlich kontraproduktiv. Die Managementqualität, Ressourcenverantwortung auf breiter Ebene durchzusetzen, kann damit nicht ausreichend operationalisiert werden.

● Schließlich wird vom FMI noch die Notwendigkeit betont, Expertensysteme zur Steigerung der Effizienz, wann immer es nötig ist, ohne Nachfrage zu nutzen. Ein (manchmal) guter Rat, doch guter Rat ist teuer und findet seine Grenzen im inzwischen ausgeprägten Kostenbewußtsein der britischen Manager.

Wie in Schweden enthalten die Strukturen des britischen New Public Management Wettbewerb über Agencies und Flexibilisierungen in den Besoldungssystemen, allerdings ohne den »Human Touch« der Skandinavier zu erreichen. 1992 waren noch 4.9 Mio. Menschen im öffentlichen Sektor Großbritanniens beschäftigt und damit 1.7 Mio weniger als 1979 (OECD 1993a: 179) – ein scheinbar klarer Erfolg auf dem Weg zum schlanken Staat. Nicht verschwiegen werden soll, daß von den 26% des Personalabbaus vieles durch eine freiwillige Kündigung »erreicht« wurde. Das muß ins Verhältnis gesetzt werden dürfen zu der Feststellung, daß die anspruchsvollen Zielvorgaben von Ministerien an die Behörden in den

Zeiträumen 1991/92 und 1992/93 zu 75% erfüllt oder übertroffen wurden (vgl. Fitzgerald 1993: 63).

Ergebnisverantwortung und Motivation gehören in privaten und auch in Managementkonzepten für den öffentlichen Sektor zusammen. Im Widerspruch dazu sind deshalb die britischen Maßnahmen für das Public Management auch nicht durchweg ergiebig.

»Die Nächsten Schritte« heißt die Reorganisation des britischen öffentlichen Dienstes. Um über Erfolg oder Mißerfolg sicherer urteilen zu können, bleibt die Beobachtung der weiteren Schritte: Briten verstehen unter »Steps« eigentlich keine Siebenmeilensprünge und »out of step« bezeichnet den mißlichen Umstand, außer Tritt zu geraten.

4.1.3 Kanada

Während die Umsetzung neuerer Steuerungskonzeptionen in den USA vor der Präsidentschaft Clintons von der Stärkung der präsidialen Stellung innerhalb der Bundesverwaltung, von Budgetreformen und Cutback-Politik geprägt war, im übrigen aber viele Management-Improvement-Programme eher unkoordiniert und ohne durchgreifende Strukturveränderungen (abgesehen von der deutlich angestiegenen Zahl der Agencies) auf den Weg gebracht wurden, ist seit Ende 1984 für Kanada ein essentieller Wandel in der Verwaltungsstruktur zu notieren.

Die institutionelle Verantwortung für die damals eingeleitete *Public Management Reform* (vgl. OECD 1990: 35) und das Monitoring bzw. die Evaluation lag im direkten Zugriffs- und Verantwortungsbereich des Premierministers bzw. des Kabinetts:

- beim Privy Council Office (PCO) [Bureau du Conseil privé],
- bei der Public Service Commission (PSC) [Commission de la Fonction publique],
- beim Treasury Board Secretariat (TBS) [Conseil du Trésor Secrétariat],
- beim Canadian Centre for Management Development (CCMD) [Centre canadian de gestion].

Das PCO und die PSC erhielten dabei offiziell den Status unabhängiger Agenturen, die sowohl für die 1984 eingeleiteten Maßnahmen zur Effizienz- und Effektivitätssteigerung der Bundesbehörden als auch für das neuere Programm des Premierminministers Mulroney *Public Service 2000* (ab Dezember 1989) lediglich gegenüber dem Parlament rechenschaftspflichtig sind.

Ging es in der zweiten Hälfte der achtziger Jahre darum, Leistungsindikatoren und die Art der Ressourcenallokation zu optimieren (vgl. PUMA

Nr. 5, 1989) oder auch um Dezentralisierung durch Privatisierung (vgl. Simeon 1986: 445 ff.; Aucoin 1988), so hat sich das Gewicht durch Public Service 2000 ganz eindeutig auf Fragen der Kundenzufriedenheit (more responsive client-oriented culture of service), der Qualitätssicherung und der Steigerung öffentlicher Dienstleistungsqualitäten verlagert (quality of public service delivery; vgl. MISS fortlaufend ab 1990).

Die Reduktions- und personalorientierten Cutback-Strategien von 1985 bis 1991 haben nicht den angestrebten Abbau von 5.500 Bundesbediensteten pro Jahr erreicht. In dieser Periode wurde das Personal insgesamt um 13.000 Stellen reduziert. Die – hier als erste Phase bezeichnete – Reform von '84 hat neben Personalabbau und Kennzahlenausbau eine starke Privatisierungswelle bewirkt: Die – immer noch – konstitutionelle Monarchie Kanadas löste seit 1985 insgesamt 14 *crown corporations* auf (vgl. Smith 1987) und privatisierte 23 bundesstaatliche Unternehmen (vgl. OECD 1990: 31 ff.; 1993a: 44; 1993b: 51 ff.).

Bereits mit der Einrichtung des staatlichen Zentrums für Managemententwicklungen (vgl. CCMD 1991) im Jahre 1987 und endgültig mit der Public Service 2000-Initiative kam es bei den Steuerungskonzepten zu einer Akzentverlagerung, die nicht mehr die unmittelbare Kostenreduktion und Budgetverantwortung in den Mittelpunkt stellte, ohne weiter nachzufragen, welche Surrogate im Gefolge zu finanzieren waren.

Die staatlichen Schlüssel-Agenturen für das neue Steuerungsmodell – also PCO, PCS, TBS (vgl. oben und Brown 1993: 615) – sind bei der Prioritätenverlagerung wesentlich vom Zentrum für Managemententwicklungen bestimmt worden. Neue Brennpunkte der Reform sind also Qualität und Kunden (»focused on service and people«; OECD 1993a: 15). Dabei ist die Minimierung der Kontrolldichte ein Konzept aus den o. a. *Central Management Bodies,* das sich eng an Human Resource Management bzw. ältere Elemente der Personalentwicklung anlehnt, um die Kreativität und Risikobereitschaft als Gestaltungsmittel für die schnelle, ggf. auch individuelle Erfüllung von Kundenwünschen und Nachfrage zu etablieren (»to move away from heavy – handed central controls and a mentality of risk avoidance to an environment of innovation and risk taking in which front – line staff have the authority to respond effectively to their clients' needs«, vgl. MISS 1992b: 9). Die konsequente Verlagerung von Kompetenz an die »frontline« ist zwar strukturell eine dezentrale Ressourcenverantwortung, allerdings stehen dabei weniger Organisationsüberlegungen im Vordergrund wie z. B. Entlastung von Kernverwaltungen durch hierarchische Abflachung als vielmehr die starke Klientenorientierung an sich (an Beispielen aus anderen Ländern läßt sich nachweisen, daß die umgekehrte Vorgehensweise, also Struktur – *vor* Strategieveränderungen, nicht synergetisch und produktiv sein muß. In Kanada gilt deshalb die alte Erkenntnis: structure follows strategy; s. o., Kap. 3).

Einzelne Elemente der Reform sind als Fortschreibung der Ansätze aus den achtziger Jahren zu identifizieren wie z. B. sehr weitgehende Budgetverantwortung innerhalb der *operating budgets* oder die *accountability* innerhalb von Performance-Größen und Kennzahlen. Das personale Element rückt mit den neunziger Jahren dagegen in den Mittelpunkt: berufliche Emanzipationsmöglichkeiten für Frauen, lernende Organisationen, Unternehmenskulturen, Analyse von Fluktuationsphänomenen innerhalb der Staatsdienste (innerliche Kündigung durch Verantwortungs- und Motivationsmangel), Leadership-Anforderungen an Manager des öffentlichen Sektors, Leistungsanreize.

Kanada hat bereits wesentlich länger als z. B. europäische Länder oder Kommunen Erfahrungen mit dem Kontraktmanagement im öffentlichen Sektor oder auch – analog zu Australien – mit dem Management eines Ministeriums nach Art der strategischen (Geschäfts-) Einheiten, aber vieles hat sich aus pragmatischen Überlegungen bzw. praktischen Notwendigkeiten entwickelt, ohne lange Diskurse über das Ob und das Wie (vgl. Aucoin, a.a.O.). Ähnlich wie in den USA werden auch in Kanada zwischenzeitlich bestimmte Formen der Steuerung, die in Europa, speziell auch in Deutschland, noch uneingeschränkt als Innovation bewertet werden, neu überdacht; beispielsweise die Frage, ob das Contracting Out dem Staat immer die Mühe erspart, über die Internalisierung externer Kosten bei Beibehaltung einer Dienstleistung nachzusinnen (vgl. z. B. Hirshhorn 1989: 42 ff.; Riordan 1989: 33 ff.).

Die Stichworte der gegenwärtigen Managementreformen lauten:

- Besserer Service durch Service Standards
- Total Quality Management
- Human Resource Management
- Interner und externer Wettbewerb
- Public-Private-Partnership
- Klientenorientierung
- neue Informationsstrukturen durch z. B. ACCORD oder CADEX
- neue Organisationsstrukturen durch z. B. SOA und »Sherbrooke Experiments«
- Neue Marktmechanismen wie z. B. ITQs
- Co-Location

Einzelne Dienste (services) können die Leistungsanforderungen *interner Klienten* und die Qualität der Leistungserstellung *interner Konkurrenten* durch neue Informationstechnologien des Information Management Comittee (Aufsicht und Promotion: Office of the Comptroller General) benutzen, um aktuelle Qualitätsstandards zu erfragen.

Neben diesen Informationssystemen wie z. B. ACCORD (Administration and Control of Contracts and Regional Data) wird auch der »electronic highway«, die in Deutschland noch weitgehend unbekannte »Daten-Autobahn«, zum externen Klienten zur Qualitätsdefinition und ggf. Qualitätssteigerung genutzt (z. B. durch CADEX: Customs Automated Data Exchange). Alle diese Instrumente stellen Hilfen für die Umsetzung von *Public Service 2000* dar und werden als Mittel des Total Quality Management verstanden (vgl. MISS 1992a: 15 ff.). Weitere Schwerpunkte der neuen Initiative sind:

● Human Resource Management, z. B. Abbau des sog. *Pink Collar Ghettos*, einem geschlossenen Areal moroser Misogynie, in dem sich Frauen in öffentlichen Diensten aller »Herren« Länder und nicht nur in Kanada befinden. Auch hier wird das Instrument der Verantwortungsdelegation ganz pragmatisch und unter verknüpfter PE/OE-Strategie genutzt: Der Umstand, daß die weitaus meisten Frauen bei Bundesbehörden, -agenturen und -services keine eigenständigen Entscheidungsmöglichkeiten in den sog. *support staff positions* wahrnehmen konnten, wurde durch Mobilitätsalternativen, die Neueinrichtung der sog. General Service Group als Karrierestation und bestimmte *bridging*-Programme in den Labour-Zeiten nach 1985 deutlich verbessert.

Ein weiteres Beispiel für eine Innovation durch das Human Resource Development Council ist die Einführung selbstlernender und selbstgestaltender Organisationsformen in den Staatsdiensten. Im Public Service hat neben der »continous learning culture« das »investment in people« Priorität (vgl. MISS 1991: 8 ff.).

● Eine sehr weitgehende neue Organisationsform als Agentur-Lösung stellen die seit 1989 ständig weiter ausgebauten *Special Operating Agencies (SOA)* dar, die von fast allen traditionellen Vorgaben und Verhaltensweisen innerhalb von Bundesbehörden befreit wurden und starke Markt-, Kunden- und Ergebnisorientierung (»focus on results and to apply more business-type approaches to provide the best service to clients«; MISS 1992a: 38) als nahezu einzige Handlungsmaxime verfolgen können. Zu diesen *SOA* zählen beispielsweise Ämter für Paß- und Personenstandswesen, die Government Telecommunication Agency und das Direktorat für geistiges Eigentum.

Eine weitere Organisationsform, die für Flächenländer mit geringer Einwohnerdichte (z. B. auch Norwegen) naheliegt, ist die Zusammenfassung aller denkbaren Dienstleistungen des öffentlichen Sektors an einem Punkt, in Kanada *colocation* genannt und aus Gründen der Effizienzsteigerung bzw. der Kundenorientierung seit 1992 wichtiger Gegenstand der Reforminitiativen. Über diese *one-stop shops* für ländliche Kommunen wird auch in Deutschland diskutiert (vgl. z. B. Lenk/Irps 1993).

Viele organisatorische Innovationen dienen der Flexibilitätserhöhung, der Mitarbeiterkompetenz (employee empowerment) und auch der Karriereentwicklung: fließend, flacher und kooperativ (»more fluid, cooperative and flatter structures«; MISS 1992a: 39) sind die Schlüssel-Adjektive. Dabei werden auch Formen wie die Verknüpfung von kontinuierlicher Rotation in Verbindung mit Projekt-Management erprobt, um die für eine bestimmte Leistung erforderliche Interdisziplinarität innerhalb einer Behörde zu garantieren. Das kanadische Zentrum für Geomatik liegt in der Nähe von Quebec in Sherbrook. Die neuen Organisationsversuche werden danach *Sherbrooke Experiments* genannt.

• Von der Vielzahl marktähnlicher Mechanismen bei dem Umgang mit den Eigentums- und Verfügungsrechten der *public goods* läßt sich z. B. der Handel mit Radiofrequenzen oder mit transferierbaren, z. T. auch börsennotierten Umweltlizenzen (emission banking, vgl. auch 9.2.1) anführen. Eine kanadische Variante in diesem Spektrum sind die sog. *Individual Tradable Quotas (ITQs)*, handelbaren Lizenzen für die Berufsfischerei, die auch Island, Neuseeland und Australien eingeführt haben (vgl. OECD 1993d: 57 ff.). Diese Lizenzen sollen den gefährdeten Fischreichtum und gleichermaßen das Überleben der Fischindustrie im Rahmen des TAC-Programms (Total Allowable Catch) sichern. Entsprechend der Nachfrage an bestimmten Fischsorten steigen die ITQs auf einen Wert bzw. eine Schmerzgrenze, die Überinvestitionen und Überkapazitäten an Fang- und Verarbeitungsindustrie bestraft. Ein Abbau bzw. eine Begrenzung der Fischindustrie auf ein ökologisch orientiertes Maß wird mit verringerten Kontrollkosten erreicht. Der staatlich geförderte Marktmechanismus mit Regelungen über den Preis hat sicherlich nachhaltigere Effekte als eine Fangquoten-Regelung wie z. B. in der von heterogenen Interessen geprägten EG-Fischereipolitik.

4.1.4 Australien

Das Commonwealth of Australia hat ein System des Public Management entwickelt, das eine einmalige Konstellation von sozialen und politischen Herangehensweisen darstellt. Es ist hinsichtlich des politischen Hintergrunds und Klimas – insbesondere was die Sozialstaatlichkeit, die besondere Bedeutung des öffentlichen Sektors und die Involvierung der Gewerkschaften in die Entwicklung betrifft – eher etwa Schweden, nur begrenzt z. B. Neuseeland und den Niederlanden und fast gar nicht Großbritannien und den USA vergleichbar. Der australische Ansatz zeichnet sich auch dadurch aus, daß er lange vorbereitet und unter intensiver Beteiligung von Gewerkschaften und Beschäftigten eingeführt wurde und daher ohne größere Friktionen umgesetzt werden konnte (vgl. zum Folgenden vor allem auch Kouzmin 1993: 211 ff.).

Australien hat einen föderalistischen Staatsaufbau, bei dem die Bundesebene, die Commonwealth-Regierung und Administration gegenüber den
Bundesstaaten sowie den zwei selbstverwalteten Territorien dominant ist
(vgl. auch OECD 1992b: 11 ff.; 1993a: 20 ff.; Kouzmin ebd.). Die sechs
Staaten und zwei Territorien, die ihre Einnahmen in hohem Maße durch
Steuern und gebundene Zuweisungen des Commonwealth bestreiten, halten im großem Umfang Dienstleistungen der Regierung auf ihrer Ebene
vor. Auf der Ebene der Staaten spielen auch die sog. *Government Business
Enterprises (GBEs)* eine große Rolle, u. a. bei der Energie- und Wasserver-
sorgung, der landwirtschaftlichen Vermarktung und dem öffentlichen
Transportwesen.

Die lokale Verwaltungsebene mit ihren ca. 900 örtlichen/kommunalen
Körperschaften, die verfassungsmäßig nicht garantiert sind, hat in Australien nur eine sehr begrenzte Bedeutung.

Wenn auch Australien eine typisch gemischte Ökonomie mit einem teils auf
Wettbewerb, teils auf Arrangement beruhenden Verhältnis zwischen öffentlichem und privatem Sektor hat und sowohl die »agencies« des australischen öffentlichen Dienstes (*Australian Public Service/APS*) als auch die
GBEs seit längerem gewohnt sind, ihre Produkte und Dienstleistungen
gegenüber den Bürgern bzw. Kunden auf einer quasi-kommerziellen Basis
zu erbringen, bekamen in Australien die PM-Reformen vor allem 1991
nach einer Krise der regierenden Labour-Partei und nach einem Regie-
rungswechsel, durch den der damalige Labour-Premier Hawke durch den
neuen Labour-Premier Keating abgelöst wurde, einen kräftigen Schub.

4.1.4.1 Ziele und Prioritäten der australischen Reform

Um die Qualität des PM in Australien zu steigern, legte die Bundesregierung den Schwerpunkt auf die Erreichung folgender Ziele (vgl. für das
Folgende auch Kouzmin ebd.; Task Force on Management Improvement
1992; Keating/Holmes 1990: 168 ff.; Halligan/Beckett/Earnshaw 1992:
7 ff.; Mascarenhas 1993: 5 f.; Uhr/Weller 1993: 483 ff.; Ives 1993; Koch
1990: 477 ff.):

- Eine stärkere »Performance«-Orientierung, indem die APS-Manager
  mehr als bisher ihr Augenmerk auf *Outputs* und *Outcomes* und weniger
  auf *Inputs* und Abläufe richten sollen;
- eine größere *efficiency* (Wirtschaftlichkeit, Kostenorientierung) u. a.
  durch Entwicklung eines multi-professionellen und -befähigten Personals, durch Schaffung besserer Karriere-Chancen und eines stimmigen
  Arbeitsklimas;
- eine mehr strategische Herangehensweise bezüglich des Management
  des Public Service durch klar definierte Gesamt- und Programmziele und
  -Prioritäten;
- ein flexiblerer Ansatz des Public Service-Management durch ein weniger

strukturiertes, zentralisiertes und kontrollorientiertes administratives und finanzielles System.

Damit diese Ziele verwirklicht werden konnten, mußten die leitenden Manager im Public Service neuen Anforderungen und Herausforderungen genügen. Dazu gehörte, daß sie
- mehr Kostenbewußtsein (*accountability*, hierzu Uhr 1993a; 1993b: 564 ff.; Stone 1993) entwickelten, indem sie stärkerer öffentlicher Beobachtung unterworfen wurden;
- weniger diskriminierend in ihren personalen Managemententscheidungen sind, als Ergebnis gesetzlicher und organisatorischer Rahmenbedingungen;
- partizipativer in ihrem Führungs- und Entscheidungsstil sind, indem konsultative Strukturen und Prozesse aufgebaut werden;
- effizienter und effektiver beim Ressourcengebrauch handeln, indem sie stärker rechenschaftspflichtig bezüglich ihrer persönlichen Managemententscheidungen werden und unter den Druck des Marktes gesetzt werden;
- sich kundenfreundlicher verhalten, indem sie vermehrt den Marktgesetzen unterworfen werden.

4.1.4.2 Die wesentlichen Elemente des Reformprozesses

Als zentrale Elemente der Reform des öffentlichen Sektors in Australien lassen sich kennzeichnen:
- die Finanzreform (*FMIP: Financial Management Improvement Programm*);
- die Reform des Human Resource Management;
- die Deregulierung bzw. Kommerzialisierung und
- *die Portfolio-Strukturbildung* und Portfolio-Budgetierung.

(1) Die Finanzreform (FMIP)

Das FMIP ist im Kern in ganz starkem Maße auf eine Verbesserung des Management im öffentlichen Sektor Australiens orientiert (vgl. Keating/ Holmes 1990: 173 ff.) Die Ziele dieses Reformansatzes sind,
- zu sichern, daß die Manager ein zentrales Augenmerk haben auf Politikziele der Regierung,
- Rahmenbedingungen für ein Finanzmanagement zu schaffen, durch die die strategischen und operativen Ebenen des Management verbunden werden,
- bessere Informationen verfügbar zu machen über Wirkungen, Ausgaben und Ausführung.

Die Realisierung dieser Ziele wurde durch die Reform des budgetären und gesetzlichen Regelwerks unterstützt, indem mit diesen Änderungen größeres Kostenbewußtsein gefördert und mehr Verantwortung verliehen wurde, und zwar mit der Erwartung, daß so zu mehr Managementeffizienz und -effektivität ermutigt werden könnte (vgl. Mackay 1992: 436). Den größten Reformschub gab allerdings die Einführung des *running costs-Systems* für die Haushaltsjahre 1987/88. Mit diesem wurde den Behörden mehr Flexibilität in der Verwendung ihrer Ressourcen gegeben, indem

- Personalmittel sowie Verwaltungs- und operationale Mittel in einheitlichen Haushaltszuweisungen integriert wurden,
- die Behörden gehalten waren, innerhalb der Grenzen ihres Budgets zu handeln, es sei denn, daß außergewöhnliche Umstände vorlägen,
- in einfacher Weise Haushaltmittel im Verhältnis zu fiktiven Personalausgaben und Verwaltungsausgaben übertragbar gemacht wurden,
- den Behörden erlaubt wurde, 2% der nicht verausgabten Haushaltsmittel auf das folgende Haushaltsjahr zu übertragen,
- die Behörden dadurch ermutigt wurden, einen geringeren Kostenanstieg zu nutzen, daß Limits eingeführt wurden unter denen Anpassungsbedarfe bezüglich der laufenden Kosten ohne weiteres realisiert werden können;
- erlaubt wurde, daß geringere Kapitalkosten in die Bewirtschaftung der laufenden Kosten einbezogen werden können,
- zugelassen wurde, daß die Zunahme des Verkaufs von Vermögensbestandteilen oder der interbehördlichen Verrechnungen kreditiert werden können für die Bewirtschaftung der laufenden Kosten,
- eine *Effizienzdividende* auferlegt wurde, die die Vorausschätzung der laufenden Kosten der Behörde für das Folgejahr reduziert.

Ergänzt wurde das FMIP durch das *Programm Management and Budgeting (PMB) framework*, mit dem die Behörden angehalten wurden,

- outcome-bezogene Ziele zu formulieren,
- innerhalb der ministeriellen Behörden Programmstrukturen zu entwickeln, die die einzelnen Aktivitäten in Beziehung setzen zu Regierungs- und behördlichen Zielen,
- Maßstäbe für die Programm-Performance zu spezifizieren (hierzu auch Uhr/Mackay 1992: 433 ff.; Uhr 1993c: 346 ff.; Mackay 1992: 436),
- Bericht zu erstatten bezüglich der Programm-Performance im Vergleich zu bestimmten Zielen und budgetierten Ausgaben,
- systematische und periodische Programmevaluation durchzuführen.

Die Behörden waren hiermit aufgefordert, ein System von untereinander kompatiblen Plänen aufzubauen, die dann in ihren Budgetprozeß integriert wurden und auf diese Weise Regierungspolitik in die Haushaltspraxis übersetzten.

Das erste Budget, das den FMIP-Prinzipien entsprach, wurde 1992 für die Haushaltsjahre 1992/93 vorgelegt, und es besteht kein Zweifel darüber, daß jetzt auf besseren Informationen beruhende Bewertungen dazu vorgenommen werden können, ob einzelne Programme solche Ergebnisse erzielen, die ihre Fortsetzung rechtfertigen.

Im Zusammenhang mit FMIP wurde auch das sog. *Risiko-Management* verstärkt, mit dem die Manager zu mehr Risikoübernahme angehalten werden sollten, und zwar indem viele zentrale Finanzkontrollen gelockert wurden, insbesondere bezüglich

- der Berechnung von Servicekosten,
- verbesserter Kostenrechnungsverfahren,
- des cashmanagement.

Diese Risiko-Orientierung der Manager hat allerdings die Debatte darüber aufleben lassen, ob hierdurch nicht die Balance zwischen Effizienz sowie sozialer und gerechter Effektivität aus dem Gleichgewicht gebracht werde.

(2) Reform des *Human Resource Management*

Voraussetzungen für die Reform des Personal-Management war, daß die öffentlichen Beschäftigten 1984 in Australiens allgemeines System industrieller Arbeitsbeziehungen integriert wurden (vgl. auch OECD 1993c; Preiss 1993: 125 ff. Dorrington 1992: 167 ff., 177). Dies führte unter anderem vor noch nicht langer Zeit zu sog. *productivity agreements*, mit denen der Zuwachs der Gehälter an einen Produktivitätsanstieg gekoppelt wurde, und zu dem sog. *enterprise bargaining*, mit dem die Regierung und die Gewerkschaften des Öffentlichen Dienstes sich für eine bestimmte Periode auf eine zentrale Setzung von Bezahlungsbedingungen für die öffentlichen Beschäftigten verständigten. Die bereits 1984 durchgeführte, erste »Public Service Reform« verfolgte vor allem folgende Ziele (vgl. Dorrington a.a.O.; Bruer 1992: 282 ff.; Uhr 1990: 22 ff.; 1991a: 285 ff., 477 ff.; 1993b: 551 ff.; Management Advisory Board 1993; Corbett/Selby/Smith 1989; PSC 1992, 1992a, 1993a):

- Erhöhung der Personalmobilität und Entwicklung von »Karriere-Pfaden«,
- Verstärkung der Leistungsrekrutierung und -beförderung.

Aufgrund der *Public Service Legislation* 1986/87 (»streamlining«) erfolgte eine weitgehende Dezentralisierung der Funktionen des Personalmanagement auf die Ministerien, wodurch die traditionell starke zentrale Kontrollmacht des *Public Service Board* stark eingeschränkt wurde. Tatsächlich wurde der *Public Service Board* schließlich ersetzt durch die offenbar schwächere *Public Service Commission*.

All diese Reformen führten zur Delegation von Aufgaben des »Human

Resource Management« auf die Manager in den »agencies«, die dadurch gehalten waren, einen strategischen Ansatz beim Personalmanagement zu verfolgen.

1987 wurde eine Vereinbarung zwischen der Bundesregierung und Gewerkschaften des öffentlichen Sektors erreicht, mit der eine einheitliche Achtzehn-Ebenen-Verwaltungsstruktur geschaffen wurde, die über 100 frühere »Job-Klassifikationen« beseitigte. Mit dieser Vereinbarung wurden zugleich restriktive Arbeits- und Führungsformen eingeschränkt, die vorher Produktivitätszuwächse sowie Gesundheit und Sicherheit am Arbeitsplatz behinderten. Dies wurde u. a. erreicht durch:

- Herabsetzung der Rigidität in der Arbeitsplatzstrukturierung,
- größere Mobilität und Flexibilität,
- verbesserte Karriere-Strukturen und
- Verringerung der Entscheidungs- und Kontrollebenen.

Hinzu kam ein partizipativ angelegter Prozeß der Restrukturierung von Arbeitsabläufen und Arbeitsplätzen (Office Structures Implementation, OSI; Participative Work Design, PWD). Mit dieser OSI-PWD-Strategie, ab 1988 angewandt, waren die führenden Beschäftigten von der *middle-management*-Ebene aufwärts gefordert, selbst Arbeitsanforderungen zu entwickeln, die ihre eigenen Kenntnisse und Fähigkeiten voll zur Geltung bringen und so zugleich ihre Arbeitszufriedenheit erhöhen können. Der partizipative Prozeß schloß ein, daß das Personal bestehende Arbeitsprobleme definiert und dann – durch Gruppenarbeit – möglichst Problemlösungen erarbeitet.

Weitreichende Initiativen bezüglich Rekrutierung, Training, Entwicklung von Karrierepfaden für den Öffentlichen Dienst sowie bezüglich der Kontrollpraxis wurden 1990/91 ergriffen. Diese führten zu:

- der Einführung von Karriere-Entwicklungsbeurteilungen (*reviews*) einschließlich Personal-Selbsteinschätzungen und individueller Entwicklungspläne als Instrument zur Verbesserung der Arbeitsplatzpraxis;
- der Entwicklung und Umsetzung von individuellen *performance agreements* für die Ebene des höheren Dienstes (Senior Officer Levels), die Zulagen in der Bezahlung für die performance sowie Trainings- und Entwicklungsmöglichkeiten erlaubten.

(3) Die Deregulierungs- bzw. Kommerzialisierungspolitik

In der ersten Hälfte der 80er Jahre kam der Öffentliche Dienst unter erheblichen Hauhaltsdruck; dieser führte dazu, daß überlegt wurde, für welche öffentlichen Dienstleistungen neue oder erhöhte Entgelte (users pays) vom Klienten oder Verbraucher erhoben werden könnten. Verbunden mit diesen Überlegungen war die Hoffnung (oder auch Befürchtung), daß die so identifizierten Dienstleistungen für den privaten Sektor attraktiv

werden könnten. So wurden ab 1987 die Auferlegung von Verbraucher-
tarifen auf solche Dienste und Waren, die früher kostenfrei waren, zunehmend zur Regierungspolitik. Hierdurch rückten vor allem vier Fragestellungen in den Mittelpunkt:
- geeignete Berechnungsgrundlagen für Verbraucherentgelte,
- die Abführung in den Haushalt,
- die Deregulierung von Monopolen des Öffentlichen Dienstes sowie
- die externe Entgelterhebung und das öffentliche Interesse.

In der zweiten Hälfte der 80er Jahre begann in begrenztem Umfang der
private Sektor als Mitbewerber gegenüber Behörden des Öffentlichen
Dienstes bei Ausschreibung von Verträgen durch die Regierung aufzutre-
ten. Auf der anderen Seite konkurrieren inzwischen verschiedene öffentliche Unternehmen und Behörden z.T. erfolgreich mit dem privaten Sektor
um ehemals allein privat angebotene Dienste. Diese Entwicklung brachte
es aber auch mit sich, daß die Regierung von den Teilen des öffentlichen
Sektors, die dem Kommerzialisierungsansatz ausgesetzt waren, mit dem
Argument konfrontiert wurde, sie könnten nicht agieren, als seien sie private Unternehmen, weil
- sie Löhne des Öffentlichen Dienstes zahlten und Bedingungen hätten,
  die über denen des privaten Sektors lägen,
- sie gesetzgeberischen Beschränkungen unterworfen seien, die nicht für
  den privaten Sektor gelten (wie Informationsfreiheit und gewisse Be-
  richtspflichten),
- ihnen Beschränkungen bei der Verwendung ihrer Erträge, bei Ausschreibungen und Beschaffungen und dabei auferlegt seien, wie sie ihr Personal rekrutieren und motivieren,
- ihnen Grenzen bezüglich Verschuldung und Kapitalanlage gesetzt seien
  und
- sie nicht in der Lage seien, in solchen Fällen Entscheidungen auf einer
  strikt kommerziellen Basis zu treffen, in denen dies im Konflikt mit der
  Regierungspolitik steht (z. B. Rückzug von Verlustgeschäften).

(4) Bildung von *Portfolio-Strukturen und Portfolio-*Budgetierung

1987 wurden erhebliche Veränderungen in der Regierungs- und ministeriellen Struktur vorgenommen: So wurde die Zahl der Ministerien von 28
auf 18 reduziert und in 16 ministeriellen Portfolios zusammengefaßt (vgl.
hierzu Commonwealth Government 1994; OECD 1993b: 19). Damit ging
Australien mit der Bildung sehr großer Portfolios einen anderen Weg als
insbesondere Großbritannien und Neuseeland: Letztere wählten relativ
kleine ministerielle Zuschnitte, die vor allem für *policy making* zuständig
wurden, während *service delivery*-Funktionen abgetrennt und z. B. auf andere »agencies« oder öffentliche und private Unternehmen übertragen

106

wurden. Als Gründe, die in Australien für den Portfolio-Ansatz maßgeblich waren (vgl. auch nachstehende Abb. 14), werden insbesondere genannt:

- Der Umstand, daß in Australien nicht alle Minister, die ein Ministerium führen, im Kabinett vertreten sind, jedes Portfolio aber nach der Reform im Kabinett durch einen Minister vertreten wird; dies kann z.T. dazu führen, daß bei den Portfolios mit z. B. mehreren Ministern und Ministerien ein Minister als politische Vertretung des Portfolios und als Kabinettsmitglied bestimmt wird.
- Aspekte der besseren Koordination der Regierungs- und Verwaltungspolitik, und zwar dadurch, daß in einem Portfolio beispielsweise mehrere aufgabenverwandte Ministerien, sonstige Behörden und öffentliche Unternehmen zusammengefaßt und so direkter koordiniert werden können.
- Delegation und interne Lösung von Konflikten im Budgetprozeß dadurch, daß im Haushaltsprozeß für die großen Portfolios Budgets aufgestellt werden und im Vorfeld der Erstellung des Entwurfs des Portfoliobudgets bestehende Interessenkonflikte bereits intern im Portfolio abgeklärt werden müssen.

Portfolio wird also in Australien vor allem als ein Instrument der Organisation, weniger als Mittel zur Positionierung von Produkten oder marktorientierten Geschäftsfeldern verstanden (vgl. auch 3. und 7.2):

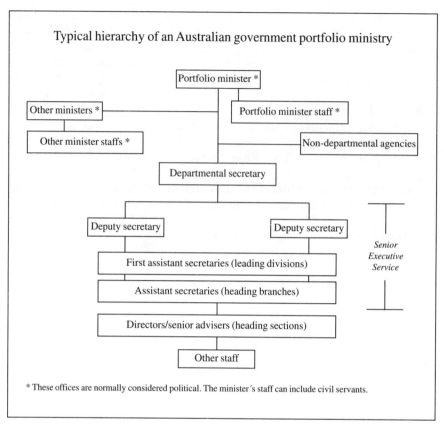

Abb. 14: Organigramm eines Portfolio-Ministeriums

4.1.4.3 Evaluation der Managementreformen

Die geschilderten Reformen sind in jüngster Zeit von drei unterschiedlichen Gremien einer ersten Evaluation unterzogen worden – durch zwei parlamentarische Ausschüsse und das *Management Advisory Board* (vgl. Task Force on Management Improvement 1992; Management Advisory Board 1993; PSC 1992a, 1993a, 1993b).

The House of Representatives Standing Committee of Finance and Public Administration erstattete bezüglich des FMIP 1990 einen größeren Prüfungsbericht; es kam zu dem Ergebnis, daß

- die Entwicklung und Umsetzung von FMIP im großen und ganzen angemessen gewesen sei, wenn auch noch einige strategische Schwächen bei der FMIP-Durchsetzung bestünden,
- die Hauptschwierigkeiten noch bei Aspekten wie *accountability* und *risk management* lägen.

108

Eine umfassende Rückschau wurde 1992 durch das *Joint Committee of Public Accounts* abgeschlossen; in dieser wurden unterschiedliche Vorstellungen zum Erfolg der Reformen zusammengefaßt. Danach

- waren nach Meinung des Finanzministeriums die Reformen erfolgreich bezüglich der Verbesserung der Verantwortlichkeit des Öffentlichen Dienstes gegenüber Ministern, Regierung und Parlament und hinsichtlich der Entwicklung und Umsetzung von sozialen und Gleichheitsprogrammen;
- bestand – im Gegensatz dazu – bei der »Public Sector Union« – ähnlich wie beim *Management Advisory Board* – die Auffassung, daß eine der negativen Wirkungen der *streamlining*-Reformen die zu starke Konzentration auf Effizienz zu Lasten von Effektivitätsgesichtspunkten, insbesondere zu Lasten der Service-Qualität, gewesen sei.

Das *Management Advisory Board* schließlich stellte fest, daß
- die Behörden die Reformen breit unterstützten,
- die Behörden Initiativen ergriffen hätten, um die Konzentration auf die Klienten zu erhöhen,
- effektive Reformen auf den Initiativen der Behörden aufbauen müßten und nach Durchführung eine Beratung mit den Behörden erforderten und
- der Öffentliche Dienst in Zukunft moderate Reformen verfolgen und sich dabei vor allem auf *People Management* (Personalentwicklung) konzentrieren sollte.

4.1.5 Neuseeland

Vor dem Hintergrund zunehmender krisenhafter ökonomischer Entwicklungen, verschärfter Haushaltsengpässe im öffentlichen Sektor und teilweiser Infragestellung der Leistungsfähigkeit öffentlicher Dienstleistungen ging Neuseeland – ein mit Australien oder auch skandinavischen Staaten vergleichbarer klassischer Wohlfahrtsstaat – in der ersten Hälfte der 80er Jahre unter einer Labour-Regierung an grundlegende Reformen des öffentlichen Sektors heran (vgl. u. a. OECD 1992b: 207 ff.; OECD 1993a: 127 ff.) Die Reformansätze sind z. T. durch die *cutback-policy* Großbritanniens beeinflußt, gehen z. T. aber auch eigenständige Wege. Ihren theoretischen Hintergrund finden sie in *public-choice- und property-rights-Theorien* (vgl. u. a. für Deutschland Picot/Schneider 1988: 92 ff.) sowie in dem *principal-agency-Ansatz* (vgl. für Deutschland u. a. Neus 1989; Friedrich 1992: 178 ff.). Diese theoretischen Reformgrundlagen und ihre pragmatische Umsetzung wurden in den Reformprozessen vor allem von

führenden Bediensteten des Treasury – ein als »Elite«-Ministerium geltendes Ressort – hineingetragen. Damit hängt zusammen, daß – im Unterschied etwa zu Australien – die neuseeländischen Reformen eher als *top
down*, weniger partizipativ und deshalb auch heute noch als umstrittener
gelten können.

Die von Labour-Regierungen in zwei Legislaturperioden (1984 bis 1990) in
Gang gesetzten und von der seit 1990 amtierenden liberal-konservativen
Regierung fortgesetzten Reformen beziehen sich vor allem auf drei Bereiche bzw. Ebenen (vgl. Wistrich 1992; Mascarenhas 1990: 75 ff.; 1993: 324 f.;
Scott/Bushnell/Sallee 1990: 138 ff.; Mc Culloch 1993: 27 ff.; Ball 1993; Bol-
lard/Buckle 1993; Boston/Martin/Pallot/Walsh 1991):
- die öffentlichen Unternehmen im Staatsbesitz (State Owned Enterprises,
  SOEs),
- die Reform des Government-Managements bezüglich der Zentralregierung und -verwaltung (State Sector Act; Public Finance Act) und
- die Reform der Territorial- bzw. Lokalverwaltung (Local Government).

Hierauf soll im folgenden näher eingegangen werden.

4.1.5.1 Die Neustrukturierung öffentlicher Unternehmen

Hier handelt es sich im wesentlichen um drei Veränderungsansätze:
- teils werden staatliche Unternehmen materiell privatisiert bzw. sollen
  privatisiert werden (hierzu Mascarenhas 1993b),
- teils werden staatliche Unternehmen, die meist in 100%igem Staatsbesitz sind, auf eine stärker kommerzielle Managementbasis gestellt
  und
- schließlich werden bisher zu Ministerien oder anderen Behörden gehörige
  Aufgabenbereiche ausgeliedert und zu selbständigen, kommerziell betriebenen öffentlichen Unternehmen umgebildet bzw. solchen zugeordnet.

Die Bereiche bzw. Unternehmen, die im öffentlichen Sektor behalten werden, sind solche, die für die Wirtschafts- und Sozialpolitik der Regierung
für wichtig gehalten werden oder bei denen ein fortbestehender Staatsbesitz
»im Interesse des Steuerzahlers« ist (Wistrich 1992:124).
Motiviert ist die gesamte Umstrukturierung aus dem Bestreben, den öffentlichen Sektor stärker Marktbedingungen und Wettbewerb zu unter-
werfen und damit mehr ökonomische Anreize, *accountability* und
Kostenbewußtsein zu bewirken (vgl. auch Ball 1993b; Mc Culloch 1992;
Mc Culloch/Ball 1992; Financial Statements 1993). Begründet wird dieses
aus *property rights- und principal-agency-Ansätzen*, nach deren Übertragung auf den öffentlichen Sektor dem Staat zwei unterschiedliche Interessen zugeordnet werden: Das erste ist das eines »Prinzipals« nach welchem
er an dem »Verkauf« von Outputs interessiert ist; das zweite ist das eines

110

Eigentümers, nach dem für den Staat vor allem der effiziente Umgang mit dem Kapital und den Ressourcen wichtig ist.

Ähnlich wie bei der Reform des »Government Management« ist ein weiteres Motiv für die Umstrukturierung des Bereichs öffentlicher Unternehmen die möglichst strikte Trennung zwischen »policy making« (Zielsetzung, Rahmenvorgabe und Erfolgskontrolle) als Kompetenz des Ministers und den operativen Aktivitäten (Dienstleistungserbringung, Produktherstellung) als Kompetenz des Managers.

Die vor diesem Hintergrund neu bzw. umgebildeten öffentlichen Unternehmen wurden als »limited liability companies« (GmbHs) gegründet, mit der Verpflichtung, kommerziell zu arbeiten und Profit zu erwirtschaften. Sie haben folgende Rahmenbedingungen und Möglichkeiten:

- Sie sollen in einem wettbewerblichen Umfeld arbeiten,
- haben Kredite zu Kapitalmarktzinsen zu beschaffen,
- haben Steuern zu bezahlen und sollen Dividenden ausschütten,
- müssen ihre Vermögensbestände von der Regierung käuflich zu Marktbedingungen erwerben,
- können in ihren Aktivitäten – mit Zustimmung der Regierung – expandieren,
- ihre Manager sind verantwortlich für Personalfragen und Preisentscheidungen und
- die zuständigen Minister sind in ihrer Kompetenz den öffentlichen Unternehmen gegenüber klar begrenzt auf die Festlegung von Zielen und Bewertung der Zielerreichung (*performance*); die operative Dienstleistungserbringung bzw. Herstellung des Produkts fällt in die Kompetenz des jeweiligen Managers.

Die *Performance* wird bezüglich unterschiedlicher Zeithorizonte bewertet; die Beurteilung der Langfrist-Strategie erfolgt aufgrund der Analyse von jährlichen operativen Plänen und Quartalsergebnissen, und zwar sowohl durch das Treasury als auch durch externe Analysisten. Es heißt, die so umstrukturierten öffentlichen Unternehmen (u. a. die neuseeländischen Eisenbahnen, Telecom und verschiedene Banken) arbeiteten erfolgreich (Wistrich 1992: 123). Allerdings sind offenbar noch verschiedene Fragen weiter zu klären:

- Wonach entscheidet es sich, ob ein Aufgabenbereich in einem wettbewerblichen Umfeld als öffentliches Unternehmen geführt werden soll oder nicht?
- Läßt sich die strikte Verantwortungstrennung zwischen Ministern und Managern in der Praxis des politisch-demokratischen Prozesses durchhalten, wird sie von der Öffentlichkeit, den Bürgern, Nutzern und dem Parlament akzeptiert?
- Welchen Einfluß hat die Neustrukturierung auf die Servicequalität und die Befriedigung von Klienten- bzw. Konsumentenbedürfnissen?

- Welche Konsequenzen hat die Schlechterfüllung einer zwischen Minister und Manager ausgehandelten Ergebnisvereinbarung für die leitenden Manager, haben sie tatsächlich mit Sanktionen und einer Statusverschlechterung zu rechnen?

4.1.5.2 Die Reformen des *Government Management*

Das Programm dieser Reform ist klar formuliert im Bericht des Treasury »Government Management« von 1987 und ist dann in zwei gesetzgeberischen Akten – The State Sector Act (1988) und Public Finance Act (1989) – umgesetzt worden. Zusammengefaßt waren die Kernelemente dieser Reform:

- Exekutivbehörden sollen durch Manager (*directors oder chief executives*) geführt werden, die vom zuständigen Minister mit einer begrenzten Amtszeit (fünf Jahre) eingesetzt und mit relativ hohen Gehältern dotiert werden (in Abhängigkeit von der Größe der Ministerien zwischen ca. DM 85.000,– und DM 180.000,– jährlich; vgl. Renumeration 1993);
- die Manager sollen als Arbeitgeber fungieren, unabhängig von zentraler Kontrolle und verantwortlich für Personalpolitik, insbesondere für Gehalts- und Vergütungsregelungen (hierzu auch OECD 1993d);
- mit der Bereitstellung von Haushaltsmitteln durch die Regierung sollen die damit beabsichtigten Outputs spezifiziert werden, wohingegen *Input-Kontrollen* gelockert werden sollen;
- es soll eine Evaluation von Umsetzung und Ergebnissen (*performance assessment*) nach expliziten Verfahrensregeln durchgeführt werden;
- ein darauf bezogenes Berichtssystem soll verbessert werden;
- politischer Prozeß und Politikberatung sollen vom Prozeß der Produkterstellung (*product delivery*) getrennt werden;
- zentrale Kontrollen sollen nur noch eine unbedeutende Rolle spielen.

Das Grundprinzip der Reform bedeutet Dezentralisierung der Dienstleistungserbringung auf Behörden, die nicht mehr enger ministerieller Kontrolle unterworfen sind.

Es wird in diesem Zusammenhang auch von einer Entkoppelung von *performance* und *policy making* gesprochen (Roberts 1987). Die Trennung von öffentlicher Dienstleistung und politischer Vorgabe ist ein wesentliches Strukturelement im Public Management, das auch in anderen Staaten und Kommunen (z. B. Tilburg; vgl. 4.2.1) eine zentrale Rolle spielt. In Neuseeland wird dabei im weiteren unterschieden zwischen **Inputs**, bei denen es keine Detailkontrolle geben sollte, zweitens **Outputs**, die hinsichtlich der behördlichen Zielerreichung zu definieren sind, und **Outcomes** oder »Erfolgsoutputs«, die sich auf weitergehende soziale Ziele beziehen. Outputs sollen genau spezifiziert und meßbar sein, sich auf die performance-Ziele des Managers beziehen und durch ein umfassendes Berichtswesen kontrolliert werden. Auf diese Weise soll eine höhere *accountability* der Manager erreicht werden. Vertragliche Vereinbarungen zwischen Manager und Minister sollen die Inputs und Outputs, außerdem sowohl Belohnungen als auch Sanktionen für den Manager festlegen. Politiker haben die Kompetenz, Ziele und Outcomes zu bestimmen und zu entscheiden, welche Outputs »eingekauft« werden, um die Outcomes zu erreichen.

Um dieses Konzept weiter zu konkretisieren, wird u. a. ein verbessertes System der Output-Messung, kaufmännisches Rechnungswesen, ein verbessertes finanzielles Berichtswesen und die Schaffung von profit centers für verschiedene Ministerien für erforderlich gehalten.

Insgesamt soll es darum gehen, möglichst viele kommerzielle Anreize in den öffentlichen Sektor einzubauen, Zielklarheit zu schaffen, die *accountability* zu verbessern und die Entscheidungsprozesse zu dezentralisieren. Bewußt wird Abstand genommen von einem voll koordinierten Regierungs- und Verwaltungsapparat. Eher wird der Öffentliche Dienst dadurch disaggregiert und fragmentiert, daß den einzelnen Ministerien und Behörden eine eigenständige Personalpolitik, insbesondere eigenständige Personaleinstellung und Bestimmung von Gehältern und Löhnen, gestattet wird. Die Politikkoordinierung soll im wesentlichen nur noch auf der Ebene der Regierung – dem Kabinett – stattfinden. Allerdings findet auch eine informelle Koordination zwischen den Managern – den *chief executives* – statt (Brumby/Mc Culloch 1994).

Hinsichtlich der weiteren Umsetzung der Reformen sind die Ministerien gehalten, die laufende Praxis in zwei spezifizierte Modelle überzuleiten (vgl. auch Pallot 1992):

- Das erste Modell bezieht sich auf Ministerien, die nicht wettbewerbsfähige Dienste (wie z. B. Politikberatungsinstanzen oder das Verteidigungsministerium) vorhalten. Für diese ist das kaufmännische Rechnungswesen einzuführen (vgl. Warren 1993; Ball 1992); hiervon wird erwartet, valide Entscheidungen bezüglich der Kapitalnutzung zu erreichen, finanzierte Kosten in Beziehung zu den produzierten Outputs setzen zu können und erzielte Einnahmen einzubehalten.
- Das zweite Modell soll für solche Ministerien angewandt werden, die in einem stärker wettbewerblichen und kommerziellen Umfeld arbeiten. Zusätzlich zum kaufmännischen Rechnungswesen sollen diese Ministerien Kapitalzinsen, Dividenden und Steuern zahlen. Dieses Modell wird als ein Mittelweg zwischen den SOEs und der Praxis der traditionellen Ministerien verstanden.

Das mit den Reformen eingeführte Berichtswesen ist sehr umfangreich. Monatliche Finanz- und cash flow-Berichte sollen an den Fachminister und den Finanzminister gehen. Jahresberichte haben jetzt sowohl finanzielle als auch operative Teilberichte zu umfassen, außerdem sind halbjährliche Statusberichte gefordert. Die Rechenschaftslegung hinsichtlich des

113

Staatsvermögens und eingegangener Verpflichtungen stellt eine neue Praxis dar, um den Einsatz von Staatsvermögen zu optimieren und Vergleichsmöglichkeiten zu haben. Die Konten der Ministerien werden durch das *Audit Office* geprüft und sind offen für parlamentarische Untersuchungen. Damit wird zugleich ein interessantes Detail deutlich: Anders als etwa bei der zentralen Bewirtschaftung von Geldmitteln nach deutscher Haushaltspraxis ist diese dadurch dezentralisiert, daß jedes Ministerium eigene Konten bei einer Bank einrichtet und diese selbständig bewirtschaften kann.

Hinsichtlich der Vorbereitung und Implementierung der geschilderten Reformen werden z.T. (Wistrich 1992; Mascarenhas 1994) allerdings einige kritische Anmerkungen formuliert:

- So wird dem Umstand, daß die Veränderungen eher *top down* durch das »Elite-Ministerium« Treasury und in relativ kurzer Zeit durchgesetzt wurden, zugeschrieben, daß das Personal auf die Reformen nicht genügend vorbereitet und an ihnen auch wenig beteiligt gewesen sei, manches recht theoretisch, künstlich und kompliziert sei und z.T. »nur Papier« produziere; außerdem seien die Konflikte – anders die Diagnose von Vertretern des Treasury – beträchtlich: Es gäbe Arbeitsplatzangst, viele Entlassungen, und es würden »freiwillig« Überstunden geleistet.
- Zwar seien die Reformen unter einer Labour-Regierung eingeführt und von einer national-liberalen Regierung fortgesetzt worden, aber erstere habe u.a. deswegen auch nach zwei Legislaturperioden die Wahlen verloren, letztere die zweiten Wahlen nach einer Amtszeit nur knapp mit einer Stimme Mehrheit im Parlament – bei erheblichen Verlusten – gewonnen und werde sich wohl für die Zukunft auf partielle Zusammenarbeit mit der Opposition angewiesen sehen bzw. es werde vorgezogene Wahlen geben.
- Wenn auch die Labour-Party im Falle einer künftigen Regierungsübernahme nichts an den Grundelementen der Reform ändern würde, so würden sich doch, weil in der Labour-Party inzwischen eine andere, eher einem sich bildenden linken Flügel zuzurechnende Führung etabliert sei, Formen des Umsetzungsprozesses und die politische Kultur insgesamt ändern.

Im Hinblick auf einige inhaltliche Elemente der Reform wird z.T. (vgl. Wistrich 1992; Mascarenhas 1994; zur gesamten Reform auch die Kompendien der Victoria University of Wellington 1994) kritisch angemerkt:

- Es bestehe die Vermutung, wenn auch die Regierung z.T. anderes annehme (Brumby/Mc Culloch 1994), daß die Service-Qualität insgesamt eher schlechter geworden sei. Hierfür sprächen bestimmte soziale Indikatoren (steigende Kriminalitätsraten, vermehrte Gewalt bzw. Zerstörung unter Schülern und Jugendlichen).
- Fraglich sei auch, welches in der Realität bezüglich der Performance-Agreements zwischen Ministern und Managern die Folgen einer

114

»schlechten« Performance sind; für die Ebene der Zentralregierung wird berichtet (Brumby/Mc Culloch 1994), das ein System des *hire and fire* durchaus nicht üblich sei, vielmehr sei die Praxis in solchen Fällen eher, die entsprechenden Manager mit anderen Aufgaben zu betrauen. Für die Großstadt Christchurch wird jedoch darauf verwiesen, daß es durchaus vorkomme, daß in solchen Fällen befristete Verträge nicht mehr verlängert würden (Hampton/Reid 1994).

- Unklar ist auch, ob das Prinzip der Trennung von *Policy Making* und *Service Delivery* im alltäglichen politisch-demokratischen Prozeß durchzuhalten ist oder ob de facto der Minister von Öffentlichkeit, Parlament und Bürgern doch für bestimmte Performance-Probleme verantwortlich gemacht wird. Z.T. (Mascarenhas 1993; 1994; Wistrich 1992) wird die Auffassung vertreten, dieses Prinzip stehe mehr auf dem »Papier«, z.T. (Brumby/Mc Culloch 1994;) wird eingeräumt, daß die Praxis doch gelegentlich zu einer Verantwortungsmischung neige.
- Schwierig ist es offenbar auch, für alle Dienstleistungen und Produkte sowie für ihre Outcomes quantitativ meßbare Indikatoren zu formulieren. Dieses wird offenbar in einem beachtlichen Umfang versucht und für problematische Fälle wird betont, daß sich auch aus der Betrachtung von Leistungsvergleichen zwischen verschiedenen Behörden Beurteilungsmaßstäbe ableiten lassen.
- Zu fragen ist schließlich, ob sich aus dem Umstand der Dezentralisierung der Personalpolitik auf die *chief executives* der Ministerien eine Partikularisierung des Öffentlichen Dienstes, ein Mangel an Mobilität der Beschäftigten (u.U. stärkeres Interesse an internen Karrieren) und ein Mangel an politisch-administrativer Koordination ergeben könnten. Dem wird entgegen gehalten, die Disaggregation des Öffentlichen Dienstes sei gewollt, die Mobilität zwischen den Ministerien sei dennoch hoch und außerdem sei die informelle Koordination zwischen den *chief executives* und formelle Koordination im Kabinett gegeben (vgl. Brumby/Mc Culloch 1994).

4.1.5.3 Die Reformen auf der Ebene der Lokalverwaltungen

Neuseeland ist ein relativ stark zentralisierter Staat. Im Grunde bestehen lediglich zwei politische bzw. Verwaltungsebenen. Die Zentralregierung und die Lokalverwaltung (local government) in Gestalt der Territorien, die entweder districts oder towns und cities sind. Die Reform der Lokalverwaltung begann 1989 – nach den Reformen auf der zentralen Ebene – mit Reduzierung der lokalen Gebietskörperschaften von seinerzeit 828 auf jetzt 86. Es schloß sich dann nach Rahmenvorgaben durch die Zentralebene eine Managementreform an, die eine Reihe von Ähnlichkeiten zu den Government-Management-Reformen der Zentralregierung aufweist (vgl. zum Folgenden Christchurch o.J.).

Die Grundprinzipien sind in Einzelheiten:

- Klare Trennung von politischer und operativer Verantwortung; der council soll die politische Verantwortung wahrnehmen, insbesondere durch Zielformulierung und Kontrolle von *performance* und *outcomes*; beim City Manager und bei der Verwaltung soll die operative Verantwortung für die Qualität der Dienstleistungserbringung (*Service Delivery*) liegen.
- Mehr Rechenschaftslegung (*accountability*) und Wettbewerbsfähigkeit (gegenüber dem privaten Sektor: *contestability*). Dazu gehören insbesondere:
  - Die lokalen Gebietskörperschaften sind in der Lage, Gesellschaften (meist öffentliche Unternehmen) für die Erbringung bestimmter Dienstleistungen zu gründen;
  - die City Manager erhalten befristete Verträge;
  - es soll zwischen drei verschiedenen Typen von Verwaltungseinheiten unterschieden werden (enabling units, service providers und support services);
  - intern soll *cross charging*, d. h. die interne Berechnung der Inanspruchnahme interner Dienste, vorgenommen werden, um mehr Kostenbewußtsein und reale interne Leistungspreise zu erreichen;
  - es sollen die Qualität und die Kosten-Nutzen-Relation der *performance* im Vergleich zum Privatsektor gemessen werden, und zwar in Verbindung mit der Anforderung, interne Service-Abteilungen zu bilden, die, z. B. bei öffentlichen Ausschreibungen, in der Lage sind, mit dem Privatsektor zu konkurrieren;
  - es soll weitgehende Kostentransparenz bestehen, verbunden mit einem umfassenden Controlling und output-orientierten Budgets; hierdurch soll ermöglicht werden, daß Kosten und Finanzierung solcher Dienste, die für die Erreichung politischer und administrativer Ziele vorgehalten werden, beurteilt und strategische Ziele evaluiert werden können.
- Mehr Motivation des vorhandenen Personals: Ausgangspunkt dieses Prinzips ist das Ziel, die Zufriedenheit der Kunden kommunaler Dienstleistungen höchst möglich zu gewährleisten. Hierfür werden – so z. B. in Christchurch – Total-Quality-Programme (TQM) aufgelegt, mit denen Qualitätsbewußtsein und weitreichender Einsatz und Motivation des Personals erreicht werden sollen. Insbesondere folgende Elemente von TQM werden betont (vgl. Christchurch o. J.):
  - Es finden jährliche Gespräche mit den Beschäftigten statt, in denen auf der Basis von Arbeitsplatzbeschreibung und Arbeitsleistung deren Performance und Karriereaussichten erörtert werden;
  - diese individuelle Personalentwicklung wird unterstützt durch ein breites Angebot an Unterrichts- und Trainingskursen.

- Darüber hinaus wird für Christchurch berichtet (Hampton/Reid 1994), daß dort die Reform der Lokalverwaltung im Zuge der Projektplanung durch 32 Projektteams unter Beteiligung des Personals vorbereitet worden ist.
- Stärkere Performance-, Outcome- und Bürgerorientierung: Da der Erfolg des kommunalen Management anhand kundenorientierter Kriterien beurteilt werden soll, müssen die Bürger eng in die kommunalen Planungs- und Entscheidungsprozesse einbezogen werden. Dies soll dadurch geschehen, daß die Bevölkerung nicht nur an dem jährlichen Planungsprozeß beteiligt wird, sondern auch durch Politik und Verwaltung, insbesondere in Versammlungen, über bevorstehende Entscheidungen, administrative Kosten und Projektfinanzierungen etc., informiert wird. Dies geschieht z. B. in Christchurch mit folgenden Maßnahmen (vgl. Christchurch 1992; 1993; 1993a; 1993b):
  - Verteilung von Informationsblättern an zahlreiche Haushalte,
  - leicht verständliche Berichte zur Information der Öffentlichkeit, z. B. zum Budget oder zur Generalplanung,
  - jährliche Befragung der Einwohner im Detail, wie sie mit verschiedenen Einrichtungen und deren Service zufrieden sind.

Mehr Bürgernähe soll darüber hinaus – z. B. in Christchurch in weitgehender Weise umgesetzt – durch Schaffung dezentraler, stadtteilbezogener *Service-Centres* verwirklicht werden (vgl. auch für ein ähnliches Konzept: Bürgerladen Hagen und Niedersächsische Bürgerbüros [Kißler/Bogumil/ Wiechman 1993]; ferner für den Ansatz Sozial- und Gesundheitszentrum Damkowski/Luckey 1994). Diese bieten – in kurzer Entfernung für den Bürger – unterschiedliche Dienste an: So werden Informationen gegeben, Lizenzen erteilt, es können Steuern, Gebühren und Rechnungen bezahlt werden und zudem werden stadtteilspezifische Probleme bearbeitet. In Christchurch z. B. – aber auch anderswo – bestehen parallel zu den professionell betriebenen Service-Centres (ca. 9 bis 25 Beschäftigte) für jeden stadtteilbezogenen Einzugsbereich (ca. 50.000 Einwohner) sog. *Community Boards*, die im wesentlichen ehrenamtlich (mit gewisser Aufwandsentschädigung, kleiner Büroausstattung und unterstützt durch die Professionellen) sich der stadtteilbezogenen Probleme annehmen, sich an Planungsprozessen aktiv beteiligen und zur Förderung kommunaler Projekte über einen bestimmten Etat verfügen (z. B. in Christchurch je Community Board ca. 600.000,– DM). Diese Community Boards werden aus der Stadtteilbevölkerung heraus gewählt (vgl. auch Review 1991).
Insgesamt lassen sich zu den Reformen der Lokalverwaltung vergleichbare Fragen wie zur Reform des Government Managements in Neuseeland stellen. So insbesondere:
- Akzeptiert der Rat (Council) in der Praxis tatsächlich, sich auf die Zielformulierung und Evaluation der Zielerreichung zu beschränken? Wird

diese *separation of responsibilities* von der Öffentlichkeit und dem Bürger eingehalten? Es wird berichtet, daß die Praxis z.T. doch zu einer Art Verantwortungsmischung neige (vgl. hierzu auch Uhr 1993c: 372 und Hampton/Reid 1994).

- Ergeben sich aus der Doppelverantwortlichkeit der City Manager – einerseits dem Council und der Öffentlichkeit und andererseits der Zentralregierung gegenüber, soweit diese Zuwendungen leistet – Rollenkonflikte?
- Wie konkret und operationalisiert können Maßstäbe und Indikatoren für die Bewertung der Frage, wie politisch gesetzte Ziele erreicht wurden, entwickelt werden?
- Findet – unter dem Stichwort *contestability* – auch interner Wettbewerb zwischen öffentlichen Einrichtungen mit vergleichbaren Diensten und Produkten statt? Es wird berichtet (für Christchurch: Hampton/Reid 1994), daß dies nur am Rande (z. B. im Krankenhausbereich oder beim Straßenbau) eine Rolle spiele.
- Welche Konsequenzen hat schlechte Performance für die befristet beschäftigten City Manager? Für Christchurch z. B. – offenbar anders die Praxis auf der Ebene der Zentralregierung – heißt es, daß es durchaus häufig vorkomme, daß Verträge der Manager nicht verlängert würden (Hampton/Reid 1994).

4.2 Andere, ausgewählte europäische Entwicklungen

4.2.1 Niederlande

Wesentliche Gedanken des Kontraktmanagements (vgl. 7.1.2) spielen für das sog. Modell Tilburg, das von der gleichnamigen niederländischen Stadt umgesetzt worden ist, eine zentrale Rolle. Als das Modell Anfang der Neunziger in Deutschland ausführlicher vorgestellt wurde (vgl. Vermeulen 1988; Banner 1991; Schrijvers 1992) traf es auf starke Resonanz (z. B. Bickeböller/Förster 1993; Blume 1993b; Krähmer 1992; KGSt 1993a; Schiller-Dickhut 1993).
Die innovativen Inhalte der Tilburger Verwaltungsreform sind besonders durch Transformation oder analoge Anwendung privatwirtschaftlicher Organsations- und Führungskonzeptionen auf die Kommunalverwaltung entstanden. Deshalb ist der Begriff »Konzern Stadt« inzwischen Gegenstand verwaltungswissenschaftlicher Kontroversen und Euphorien. Bei

deutschen Verwaltungspraktikern stößt die gebetsmühlenhafte Aufzählung aller Tilburger Details inzwischen auch schon auf gleichgültiges Schulterzucken, ein Indiz für die Probleme pauschaler Transformationsversuche.

Es wäre besser, das Modell »Holding – Konzern Stadt« oder »Kommunale Holding« zu nennen, weil Tilburg nur Gesellschaften oder Beteiligungen zur Erfüllung kommunaler Aufgaben benutzt, die der Stadt rechtlich zuzuordnen sind. Gerade für die Diskussion um ein *kommunales Beteiligungscontrolling* ist der niederländische Reformansatz beachtenswert, »weil das neue Finanzsteuerungssystem dieser Stadt den höchsten damals vorfindbaren Grad an instrumenteller Geschlossenheit und Unternehmensähnlichkeit aufwies« (Banner 1994: 5) und deutliche Anleihen aus den Lehren des strategischen Managements gezogen hat.

Im folgenden sollen einige Aspekte zur Reform dieser Stadt in der Provinz Nord-Brabant mit 160.000 Einwohnern, 2000 kommunalen Bediensteten und dem »Kontraktmanagement als neue Steuerungsphilosophie« (Blume 1993b: 148) konkretisiert werden: Kontrakt wird in Tilburg nicht im juristischen Sinne, sondern als Absprache und Aushandlungsprozeß zwischen zwei Parteien verstanden. 1985 hat der Magistrat begonnen, mit der Auflösung einer diffusen, sich überschneidenden, bürokratischen Organisationsstruktur und der Schaffung kompetenzbewehrter Dezernate (Dienste) das Kontraktmanagement stufenweise einzuführen. Zeitgleich, aber weniger beachtet, wurde das Kontraktmanagement im niederländischen Finanzministerium in mehreren Abteilungen und regionalen Ämtern (z. B. Zwolle) als Steuerungsinstrument eingesetzt (vgl. Vermeulen 1988: 201 ff.). Eine Vielzahl praktischer Umsetzungen aus den modernen Management- und Organisationstheorien zur betriebswirtschaftlichen Ausrichtung der Kommunalverwaltung, zur Dienstleistungsqualität und Kundenorientierung im Sinne des *value for money* (was bekommt der Bürger für sein Geld?) und zur Output-Steuerung sind mit dem Kontraktmanagement eng verbunden:

- im Tilburger Modell entscheiden Rat und Kollegium (Bürgermeister, Beigeordnete), was gemacht werden soll;
- die alleinigen Managementverantwortlichkeiten und -kompetenzen liegen bei den Direktoren der einzelnen Fachbereiche. Sie bestimmen unter wesentlicher Einflußnahme eines Ausschusses für strategisches Controlling, wie es gemacht werden soll;
- Kontraktmanagement beinhaltet in diesem Modell die Einigung zwischen Rat/Kollegium und den Direktoren über zu erfüllende Aufgaben (Leistungsanforderungen durch Rat/Kollegium) und über zur Verfügung gestellte Mittel (Kostenprognose durch Direktor).
- Das Kollegium als politische Verwaltungsspitze und der Direktor einer Fachbereichsleitung (Managementebene) schließen am Ende ihrer Verhandlungen eine Managementvereinbarung für ein Jahr (Kontraktma-

nagement). Innerhalb eines Fachbereichs werden vertikal ähnliche Vereinbarungen ausgehandelt.

Die Dezentralisierung von Ressourcen und Kompetenzen wird im Tilburger Modell sehr deutlich:

- Die Aufgaben eines Fachbereiches (Dienstes) sind zwar durch Organisationsbeschluß vorgegeben, aber die Direktoren wählen autonom für ihren Dienst eine Organisationsstruktur und entscheiden über den Stellenbedarf.
- Es gibt keine zentrale Personalverwaltung: Einstellungen, Personalentwicklung, Aus- und Fortbildung, eigene Instrumente der Mitarbeiterbeteiligung innerhalb eines Dienstes sind möglich.
- Informationstechnik, Auftragsvergabe, Leistungsverrechnungen mit Dritten etc. stehen weitgehend in der ergebnisorientierten Strategie des Direktors. Dem Direktor steht ein Stellvertreter (Operatives Controlling) zur Seite, der nicht nur Aufgaben für den Dienst erledigt, sondern auch die Einhaltung/Abweichung der Managementvereinbarung *während* der Periode analysiert.

Der Verlust der Einzelfallkompetenz des Rates/Kollegiums stellt nach Tilburger Auffassung nicht den Primat der Politik zur Disposition, sondern realisiert ihn vielmehr erst – eine Bewertung, die auch im Zusammenhang der funktionalen Differenzierung zwischen Magistrat und Amtsführung der Verwaltung, z. B. in Schleswig-Holstein, bedenkenswert ist (vgl. Damkowski/Precht 1994).

Nach den niederländischen Erfahrungen existieren *zwei absolute Kontraindikationen* für die Einführung des Kontraktmanagements in den öffentlichen Sektor:

- vollkommen undeutliche bzw. nicht operationalisierbare Zielsetzungen für eine bestimmte Organisationseinheit;
- politische Übersteuerung: Kontraktmanagement ist undurchführbar, »wenn die Politik nicht bereit ist, die Ratschläge der Verwaltungsfachleute ernst zu nehmen« (KGSt 1993a: 149).

Wenn auch die ständig eingeforderte Empathie der Mitarbeiter bei Reformmodellen nicht einfach als gegeben vorausgesetzt werden kann, herrscht beim Personal der Tilburger Dienste der Wille vor, notfalls pragmatische Lösungen zu probieren, was allerdings auch die Gefahr ungeeignet-inkrementaler Aktionen in sich birgt.

Kontrakte, als ausgehandelte Arbeitspläne für eine ganzjährige Periode, können bei mangelnder Unternehmenskultur auch zu Ressortegoismus oder Kennzahlen-Dominanz statt Ergebnisverantwortung führen. Jan Wolters, Tilburgs Leiter der Konzernfinanzen, vertraut deshalb auf ein starkes und berechtigtes Motiv: »Jeder Mensch will seinem Wesen nach frei

120

sein und über seine Sachen selbst entscheiden. Dieser Tatsache zollen wir in unserer Organisation Tribut« (ders., 1993: 18).

Verläßt ein Manager in Tilburg allerdings bei aller eingeräumten Entscheidungsfreiheit klar seinen Handlungsspielraum, kann Jan Wolters über ein Managementinformationssystem auch innerhalb der Periode schlagartig den Geldhahn zudrehen.

Das Tilburger Modell ist für die allgemeine Diskussion eigentlich am interessantesten unter dem Aspekt der kommunalen Holding. Wenn es in Deutschland nach Schaffung rechtlicher Rahmenbedingungen gelingen würde, die bürokratische Übersteuerung in den kommunalen Kernverwaltungen zu überwinden, den Einfluß der Politik in Details zu reduzieren und gleichzeitig die fast totale Untersteuerung der kommunalen Beteiligungen in einem gemeinsamen Steuerungskonzept unter Anwendung des Beteiligungscontrolling zu realisieren, wäre die Tilburger »Botschaft« weit über die Frage um die Einführung des Kontraktmanagements hinausgewachsen.

Ähnliche Ansätze wie in Tilburg sind auch in anderen niederländischen Städten zu erkennen, z. B. in Almere (vgl. Schrijvers 1992: 56), Maastricht, Groningen oder Delft. Zusammen mit Tilburg wurde die traditionsreiche Grachtenstadt Delft 1993 mit dem Bertelsmann-Preis als leistungsfähigste niederländische Kommune ausgezeichnet (Bertelsmann Stiftung 1993: 99 ff.). Für die »Organisationserneuerung nach menschlichem Maß« (ter Braak, 1993: 131 ff.) spricht z. B. die Erkenntnis, daß Prozeßqualität und Kommunikationsfähigkeit einander bedingen. So wird durch eine jährliche Marktuntersuchung (das sog. *Stadtpanel*, eine valide Befragung von 1000 aus 88000 Delfter Bürgern) die Bürger- und Kundenzufriedenheit mit den städtischen Dienstleistungen (z. B. Straßenqualität) ermittelt. Bei allen Engpässen in den Haushalten werden die dafür erforderlichen Gelder in jedem Fall zur Verfügung gestellt. *Ein bemerkenswertes Beispiel für Verwaltungsmarketing und Qualitätskontrolle.*

Außerdem werden die Delfter Bürger auf breiter Basis zunehmend in kommunale Entscheidungsprozesse z. B. zur Stadtentwicklung oder zu ökologischen Prioritäten einbezogen, *ein in Deutschland eher futuristisches Beispiel für Bürgerfreundlichkeit und Partizipation* (vgl. ähnlich Christchurch; Kap. 4.1.4.3.).

4.2.2 Skandinavien

Norwegen, grundsätzlich eher der behutsamen Bewahrung als vorschnellen Veränderungen zugeneigt, hat bestechende neue Dienstleistungs- und Haushaltsinnovationen durchgeführt, z. B.

- öffentliche Dienstleistungszentren nach dem *one-stop-shop-Prinzip*: Ein einziger Ansprechpartner in der Behörde versorgt dann den Bürger mit seinem »typischen« Bedarf an öffentlicher Dienstleistung: Rentenversicherungsbescheid, Paß, Hinweis zur Arbeitsbeschaffung, grundsätzliche Fragen zur Steuer (vgl. auch 10.2);
- ein flexibles Haushaltsrecht mit der Möglichkeit innerhalb eines Budgets Transfers zwischen personalen, operationalen und investiven Titeln vorzunehmen. Auch ein gewisser Prozentsatz der Mittel kann in die nächste Planungsperiode verschoben werden. Umgekehrt ist eine vorzeitige Bereitstellung bei profitablen Investitionen möglich, die durch Sparen oder Ausgleich mittels überplanmäßiger Einnahmen periodenverschoben egalisiert wird. Haushaltsvorschläge an das Parlament benötigen keine sog. Unterrechnungsposten mehr.
Leistungsfähige, DV-gestützte Planungs- und Kennzahlensysteme begleiten diesen großen Schritt in die dezentrale Ressourcenverantwortung.

Norwegen hat wohl aufgrund seiner Neigung zur Bewahrung allerdings vor der Übernahme als innovativ ausgelobter Trends zunächst einmal das Norwegische Forschungszentrum für Organisation und Management in Bergen (LOS-senteret) beauftragt, die wissenschaftliche Begleitforschung und Analyse zu Reformen im öffentlichen Sektor durchzuführen, und läßt sich nicht dazu hinreißen, alles aus dem Kaleidoskop des New Public Management gleich zu implementieren (vgl. Lien 1993).
Skandinavien besticht global nicht nur durch Demokratieverständnis und ein individuelles Menschenbild, sondern auch durch einen hohen Prozentsatz aller Beschäftigten des öffentlichen Dienstes in den Kommunalverwaltungen: 64% in Norwegen, 57% in Dänemark und 54% in Schweden; dagegen sind nur 39% der Arbeitskräfte z. B. in Großbritannien bei den Gemeinden angestellt und im – nach wie vor zentralistischen Frankreich – sind es 10%.
Skandinavische Kommunalverwaltungen, aus Kirchspielen mit weit zurückreichender Tradition hervorgegangen, sind deshalb »ein wichtiger Ort für eine Untersuchung der Reform des öffentlichen Sektors« (Wise/Amnå 1993: 2). Deshalb hat der Modellversuch mit den sog. »Freien Kommunen« (*Free Commune Experiment; frikommuneforsök*) – eine weitgehend autonome Entscheidung der Kommunen zur Versorgung oder Versagung spezifischer öffentlicher Dienstleistungen –, der mit einem neuen Kommunalgesetz 1984 in Schweden, 1986 in Norwegen, dann in Dänemark, Finnland und seit 1994 auch in Island eingeführt wurde, große Aufmerksamkeit im Bereich des Public Management gefunden.
Ursprünglich handelte es sich dabei um Pilotprojekte, um Kommunen, die von staatlichen Auf- und Vorgaben im Rahmen der rechtlichen Bedingungen befreit waren, die durch Contracting Out, z. B. Vergabe traditionell

122

kommunaler Dienstleistungen an NPOs, durch Beschneidung zentralistischer politischer Vorgaben, durch Einführung ziel- und ergebnisorientierter Managementstrukturen in der kommunalen Verwaltungsspitze eine Sonderposition einnehmen durften. Als wissenschaftliches Experiment ursprünglich angelegt, nach Rückschlägen aufgrund von Informationsproblemen zwischen den beteiligten Kommunen und der Zentralverwaltung (vgl. Riberdahl 1992: 5 ff.), hat das Experiment seinen Modellcharakter inzwischen fast verloren: von etwa 450 Städten und Gemeinden in Finnland praktizieren das Free Commune Experiment partiell oder vollkommen 250, in Schweden waren es Anfang 1990 etwa 40 von 286 Gemeinden (vgl. MÖV 1992), bei stark steigender Tendenz (vgl. Häggroth 1993).

Gerade in **Schweden** wurde die dezentrale Ressourcenverantwortung auch als Angriff auf den selbstverständlich gewordenen Wohlfahrtsstaat verstanden. Ministerpräsident Erlander schrieb 1970 fast unwidersprochen: »Wenn Dezentralisierung gefordert wird, geschieht dies ohne in Betracht zu ziehen, daß Zentralisierung im öffentlichen Sektor ein Mittel ist, Gleichheit und Sicherheit für die Bürger zu erreichen« (zit. nach Wise/Amnå 1993: 4). Inzwischen steht die Devise »Laßt die Manager managen« für die Rolle der Führungskräfte und das kommunale Verwaltungssystem nicht mehr zur Diskussion; Konzepte wie *Service-Management, Entbürokratisierung, Motivation ohne Manipulation, Reduktion der politischen Administration* sind in Schweden dabei, ein Datum und der Standard für kommunale Steuerungskonzepte zu werden. Deshalb sollen im weiteren die für ein Public Management fruchtbaren Ansätze der finalen Steuerung – schwed. *Målstyrning –* und des internen Wettbewerbs im öffentlichen Sektor (*Public Competition, Management by Competition*; vgl. von Otter 1990; Damkowski in: Damkowski/Precht/Spilker 1994: 199 ff.; Damkowski/Precht 1994) für den skandinavischen Bereich vorgestellt werden.

Die Pilotprojekte zum *frikommuneforsök* wurden von den Zentralregierungen am
- 1.6.1984 in Schweden
- 30.6.1985 in Dänemark
- 1.1.1987 in Norwegen
- 1.1.1989 in Finnland

genehmigt bzw. in Kraft gesetzt. Die freien Kommunen unterscheiden sich in ihrem Binnenverhältnis zur Zentralregierung von anderen europäischen kommunalen Reformprojekten in einer das Herrschaftsverhältnis kennzeichenden Eigenschaft (vgl. Baldersheim 1993: 28):

Frankreich: Tutelle-Modell
– *hierarchisch*
Großbritannien: Principal-Agent
– *dualistisch*
Skandinavien: Free Commune Experiments
– *partnerschaftlich*

Beim Experiment der *freien Kommunen* fällt der Rückschnitt des Ratseinflusses ebenso wie bei einigen niederländischen Kommunen auf (sowohl im dänischen »Byradet«, der die Gemeindeverwaltung führt, als auch bei den finnischen, häufig als regionale Zweckverbände organisierten Kommunen; vgl. Bertelsmannstiftung 1993: 35 ff., 47 ff.). Die erweiterte, dezentrale Verantwortung für das Tagesgeschäft der Verwaltung führt gleichzeitig zu einer wünschenswerten Verringerung konzeptioneller Vorlagen aus den politischen Gremien, die nach Art und Anzahl zu permanenten und z.T. unerwünschten Neuorientierungen der Praktiker geführt haben. Daß etwas zu tun ist, vergißt man sonst über der ständigen Grübelei, was eigentlich zu tun ist.

Auf beiden Ebenen kommunaler Selbstverwaltung in Schweden, in den Gemeinden (kommun) auf lokaler Ebene und den Provinziallandtagen (landsting) auf regionaler Ebene, die, mit Ausnahme weniger privater Kliniken, Träger aller schwedischen Krankenhäuser sind, grassiert ein neues Schlagwort: *amvandlingstryck* (Veränderungs-/Umwandlungsdruck im Sinne von Handlungszwang).

Das kommt nicht von ungefähr, sondern hängt auch mit der Wahl einer nichtsozialistischen Koalitionsregierung im Herbst 1991 zusammen, die ihre kommunalen Reformkonzeptionen »auf wirtschaftliche Effizienz und Geschäftsmanagement« (Wise/Amnå 1993: 7) konzentriert und, um den *amvandlingstryck* im öffentlichen Sektor zu erhöhen, auch nicht vor Privatisierung althergebrachter öffentlicher Dienstleistungen zurückschreckt; allerdings wurden diese Veränderungen bereits durch die sozialdemokratische Regierung begonnen, eine für alle Schweden ungewohnte und beileibe nicht von allen Schweden gewollte Strategie. Die Provinziallandtage als Träger der Krankenhäuser haben auf die Tatsache, daß in Göteborg und Stockholm private Notfallkliniken eröffnet wurden, rasch reagiert. Sie haben Dienstleistungsprogramme entworfen, die den *internen Wettbewerb* unter den Krankenhäusern der Landtage als Muttergebietskörperschaft eröffnen: Strikte Patientenorientierung, unterstützt durch hausinterne Marketing-Maßnahmen (Krankenhausklima, instrumentelle Ausstattung, medizinische Qualität, Pflege-Service, reputierte Ärzte werden in einem eingeschränkten Media-Mix herausgestellt), Globalbudgets und Kennzahlen-Erreichung werden zum Maß aller Dinge. Krankenhäuser mit ausgelasteten Betten, hoher Nachfrage und nachgewiesener Erfüllung vorgegebener Kriterien können mit steigender Budgetgenehmigung bzw. Gewinnverwendung rechnen. Das Modell der geplanten Märkte (*planned markets*) und des internen Wettbewerbs öffentlicher Institutionen (*public competition*) enthält eine ganze Palette von Strategien aus dem Konzept der neuen Steuerung: MbO bzw. Kontraktmanagement, *Konkurrenzbürokratie*, Output- und Kundenorientierung und nicht zuletzt die angestrebte Ergebnisverantwortung, die *resultatansvar*. Innerhalb dieser Markt-Modelle ist auch das Voucher-System erwähnenswert, das den Bürgern erlaubt, anhand ausgegebener Gutscheine einen öffentlichen Kindergarten oder eine Altenpflegestätte nach eigener Wahl zu bestimmen (vgl. dazu auch 4.1.3). Das entsprechende Budget für die nächste Periode berechnet sich u. a. nach der Anzahl der durch die Institution eingelösten *Vouchers*. Dieser interne Wettbewerb ist simuliert und ist – auch unter wohlfahrtstheoretischen Aspekten – nicht die optimale Lösung. Abgemildert wird dieser Eindruck jedoch dadurch, daß auch private Altenpflegeheime, Hilfsdienste und sogar Schulen zunehmend mit dem Gutschein-System ihre Leistungen verrechnen dürfen (vgl. Häggroth 1993: 93). Das Voucher-System, auch als *consumer-choice model* bezeichnet (von Otter 1994: 272), wird durch ein weiteres wettbewerbsorientiertes Modell ergänzt, wobei weitgehend autonome öffentliche Agencies mit einem zentralen Beschaffungsamt (beställarnämnd) Kontrakte über bestimmte Dienstleistungen abschließen. Amt und Kontraktoren wissen dabei, daß für sämtliche Dienstleistungen – von der Stadtreinigung über die Parkpflege bis hin zur Materialversorgung der Schulen – dem beställarämnd nur ein fixes Budget pro Periode zur Verfügung steht: Auf diesem *Provider oder Mixed Market* geht es also um eine optimierte Gegenleistung für die Beschaffungszusage. Das erinnert z. B. an das Public Procurement in Belgien und läßt sich differenziert als Steuerungselement in vielen Ländern einführen nach der Devise: Gebt euch alle Mühe – der Kuchen wird nur einmal verteilt.

So kann sich der Ansatz der geplanten internen Märkte in einer skandinavisch-sozialökonomischen Tradition zu einem echten *Public Management by Competition* verdichten. Dieses öffentliche Führungsinstrument enthält in der Konsequenz als wesentliches Element die Bedingung und das Selbstbewußtsein, sich der Härte des Marktes und aller Anbieter bzw. Nachfrager auszusetzen, in der eigenen Überzeugung, dort unter Effizienz- und Konkurrenzaspekten bestehen zu können. Es wäre unter sozialpolitischen Aspekten weiter zu untersuchen, ob Schweden im Rahmen des beschlossenen EG-Beitritts sein Public Management-Modell durchsetzen kann. Dabei ist weder die private noch die öffentliche Dienstleistungsproduktion a priori als der bessere Weg zu qualifizieren, sondern der Königsweg wird vielleicht beschritten , indem das Ziel der Ressourcennutzung und Ergebnisverantwortung nicht allein durch Public-Private-Partnership im Sinne von Aufgabenausgliederung erreicht werden soll, sondern durch Public-Private-Competition. Dabei wiederum spielt die Frage gleicher Anfangsbedingungen natürlich eine zentrale und nicht leicht zu beantwortende Rolle.

Ein Versuch, eine aus der zeitlichen und fachlichen Überlastung der ehrenamtlichen Kommunalpolitiker entstandene Krise, abzumildern, ist mit dem neuen Lenkungs- und Führungsinstrument des *målstyrning* (Zweck-/Finalsteuerung, Zielerreichung) unternommen worden. Die zugrundeliegende Überlegung ist dem Tilburger und auch dem neuseeländischen Grundsatz, die politische Führung aus dem Tagesgeschäft der Verwaltungen herauszuhalten und ihr damit Freiraum für die strategische Planung zu verschaffen, prinzipiell ähnlich und auch für das deutsche Kommunalrecht (Funktionalreform) interessant. Übergeordnete politische Organe kümmern sich nicht um Normerfüllung und operative Programmimplementation, sondern ausschließlich um die Definition eines Ziels (schw. mål, vgl. Krage 1990: 258). In dem fast dialektischen Wechselspiel von Dezentralisierung – Zentralisierung – Dezentralisierung seit den sechziger Jahren (vgl. Bladh 1987) ist *målstyrning* auf kommunaler Ebene eine neue Komponente, die neben den Agenturlösungen, dem internen Wettbewerb und den Leistungsanreizen, u. a. durch Flexibilisierung des Laufbahn- und Besoldungssystems, ein Eckstein der schwedischen Variante von Public Management geworden ist. Über sog. Rahmengesetze (vgl. Söderlind/Petersson 1988: 232 ff.) kann ein kommunaler Amtsleiter selbst entscheiden, welche Wege er zur Erreichung eines Ziels beschreitet: Der Zweck heiligt (viele, aber nicht alle) Mittel. Diese Finalsteuerung läßt natürlich größere Ermessens- und Handlungsspielräume als konditionale Vorgaben. Verbunden ist dieses Führungsinstrument mit Global- oder Projektbudgets (schwedisch: »programbudgetering«) und begrenzt durch Erfolgskontrollen. Diese Art des verantwortlichen Umgangs mit den vorhandenen und ohne Detailvorgaben anvertrauten Ressourcen steht im Zusammenhang mit einer Regierungsvorlage *Aktive Volksherrschaft* (vgl. Krage 1990: 259), die davon ausgeht, daß die Spezialisten vor Ort eine allein durch den Zweck determinierte Umsetzung strategischer Ziele garantieren. Gleichzeitig verspricht man sich durch eine Relegation des Laienelements (Ehrenamt) eine Erhöhung der Leistungsbereitschaft der Angestellten im öffentlichen Sektor und durch diesen Appell an die Eigenverantwortung und Entscheidungsautonomie auch die Herausbildung einer *Servicekultur*.

Ein weiteres neues Steuerungsmodell aus Schweden, die sog. *Nutzermitwirkung* (schw. »brukarmedverkan«; vgl. Krage 1990: 270 ff.), stellt ein Führungskonzept dar, das durch Bürgerpartizipation besticht. Nutzerpartizipation beinhaltet, daß diejenigen Bürger, die die Leistungen bestimmter kommunaler Einrichtungen (Schulen, Kindergärten, Altersheime etc.) regelmäßig und über längere Zeit nachfragen, formell über einen Ausschuß an den Verwaltungsentscheidungen der jeweiligen öffentlichen Einrichtung teilhaben.

Dadurch kann ein kundenorientiertes Dienstleistungsangebot entwickelt werden.

Kritiker dieses Modells wenden ein, durch eine Allianz von Angestellten einer kommunalen Einrichtung und den entsprechenden Nutzern werde der Einfluß der Politik zu stark beschnitten (vgl. Gidlund 1986: 115).

4.2.3 Österreich

1988 beschloß die österreichische Bundesregierung, die Arbeitsproduktivität der Bundesverwaltungen durch das Projekt *Verwaltungsmanagement* um 20% zu steigern (vgl. Dearing 1992: 297).

Anfang 1990 wurde zum Projekt der österreichischen Verwaltungsreform unter den Beamten und Angestellten per Stichprobe nachgefragt, ob durch die eingeleiteten Maßnahmen grundlegende Veränderungen eingetreten seien (vgl. Strunz 1993: 170 ff.). Das Ergebnis war ziemlich ernüchternd: 81% beurteilten die Möglichkeiten der Einführung innovativer Strukturen negativ, obwohl fast 90% aller Befragten sich motivationale und organisatorische Verbesserungen wünschten. Service-Kultur, Marktorientierung und Bürgernähe wurden von den meisten Befragten nicht einmal als Problem erkannt. Diese Aussagen erinnern an die vorgestellte Untersuchung bei deutschen Spitzenbeamten (vgl. oben 3).

Als Ergebnis des Projekts ist immerhin festzuhalten, daß die – auch in Deutschland z. B. vom Bundesinnenminister und vom SPD-Vorsitzenden Scharping – vorgeschlagene Vergabe von Führungsfunktionen auf Zeit, daß die Vermietung von Bundesgebäuden an Bundesdienststellen zu Marktpreisen oder daß die Notwendigkeit einer Kostenrechung ernsthaft diskutiert werden. Auch die Einführung einer generellen Verrechnung und Zuordnung von Gemeinkosten in den öffentlichen Verwaltungen wurde dadurch gefördert. Als negativ wurden die Ratschläge hinzugezogener externer Experten empfunden, da die »mangelnde Kenntnis von Verwaltungsstrukturen und Verwaltungsorganisation« (Dearing 1992: 305) ins Auge stach.

Ein Ziel des Projekts war auch die Schaffung eines Kennzahlensystems für Kosten und Leistungen, das im Rahmen der Reorganisation des österreichischen Bundeskanzleramtes zu einem leistungsfähigen Controlling-Instrument ausgebaut werden sollte. An praktischen Umsetzungen sind bisher die teilweise Einführung des kaufmännischen Rechnungssystems vor allem bei Bundesbehörden (vgl. dazu Schauer 1992; Csoka/Promberger 1993) und IuK-gestützte Organisationsentwicklungen einzelner Kommunen beachtenswert.

Aufgrund des EG-Beitritts der Republik bestehen zur Zeit kontroverse

Tendenzen zwischen Bewahrung, notwendig werdenden Änderungen und innovativen Anstrengungen hinsichtlich neuer Steuerungskonzeptionen.

4.3   Japan

Die seit den 80er Jahren in Japan laufende Modernisierungspraxis und Modernisierungsdiskussion in Wirtschaft und Verwaltung ist für die Entwicklung eines PM westlicher und insbesondere europäischer Staaten vor allem unter den folgenden Aspekten von Bedeutung:

- Aus der japanischen Industrie, insbesondere der Automobilindustrie, kamen Anstöße hinsichtlich neuer Management- und Qualitätssicherungskonzepte, z. B. lean production und Total Quality Management (vgl. hierzu 7.1.1 und 7.1.5). Dabei erscheint die Übertragung von Qualitätssicherungssystemen in modifizierter Form auf den öffentlichen Sektor westlicher Gesellschaften und Verwaltungen anregend und ertragreich zu sein, wohingegen analoge Anwendungen von lean production-Konzepten eher bedenklich erscheinen. Wesentliche Prämissen dieses Ansatzes – wie vor allem das japanische *Kaizen* (ständige Verbesserung durch permanente Infragestellung) – gehen u. a. von einer in westeuropäischen Gesellschaften nicht ohne weiteres vorauszusetzenden Gruppenidentität und Gruppenverantwortung aus.
- Der japanische öffentliche Sektor ist seit langem durch einen für die Erfüllung öffentlicher Aufgaben starken und großen Bereich öffentlicher Unternehmen im weitesten Sinne gekennzeichnet (vgl. ausführlicher hierzu im folgenden); die japanische Verwaltungsreformdebatte in den 80er Jahren kreiste dabei vor allem um die Reorganisation und Teilprivatisierung dieses Bereichs öffentlicher Unternehmen (vgl. zur übrigen Verwaltungsreformdebatte in Japan: OECD 1990: 142; OECD 1993a: 106 ff.).

Öffentliche Verwaltungen und öffentliche Unternehmen werden in Japan unter dem Begriff der öffentlichen Betriebswirtschaft zusammengefaßt (vgl. Noguchi/Suzuki 1989: Sp. 1037 ff.; OECD 1992b: 175 ff.; 1993a: 106 ff.; zu Managementansätzen in der Privatwirtschaft vgl. Horváth/Seidenschwarz/Sommerfeldt 1993:10 ff.; Koyama 1991:275 ff.; Hasegawa 1994:4 ff.). Im Hinblick auf Flexibilisierung öffentlicher Dienstleistungen durch Ausgliederung und Verselbständigung in der Bundesrepublik sind Strukturen und Tendenzen des Bereichs öffentliche Unternehmen in Japan von besonderem Interesse. Deshalb soll im folgenden hierauf ausführlich

128

eingegangen werden. Die Grundstruktur des Sektors öffentlicher bzw. gemischtwirtschaftlicher Unternehmen in Japan ergibt sich aus nachstehender Abb. 15 (entnommen aus Noguchi/Suzuki 1989: Sp. 1037/38).

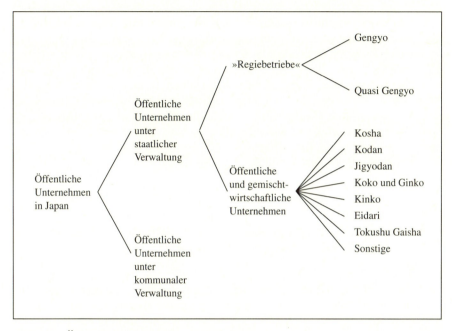

Abb. 15: Öffentliche Unternehmen in Japan

Öffentliche Unternehmen sind in Japan Wirtschaftseinheiten, die sich entweder unmittelbar oder mittelbar in staatlichem oder kommunalem Eigentum befinden oder jedenfalls von der öffentlichen Hand beherrscht werden. Alle öffentlichen Unternehmen Japans haben bezüglich ihrer Wirtschaftsführung nach dem sog. Self-supporting accounting system (SSAS) und unter Berücksichtigung des Erwerbsprinzips kostendeckend zu arbeiten. Die öffentlichen Unternehmen nehmen eine Zwischenstellung zwischen dem allgemeinen und unmittelbaren Regierungshandeln und privatwirtschaftlicher Unternehmenstätigkeit ein. Sie haben eine bedeutende Funktion bei der Realisierung öffentlicher, insbesondere wirtschaftlicher und sozialer Aufgaben. Grundlegend lassen sich kommunale und staatliche öffentliche Unternehmen unterscheiden, unter letzteren wiederum Regiebetriebe und öffentlich-gemischtwirtschaftliche Unternehmen (Noguchi/Suzuki 1989: Sp. 1038;). Seit einiger Zeit sind Diskussion und Praxis bezüglich des Sektors öffentlicher Unternehmen von Tendenzen zur formalen Privatisierung und zur Teilung von Unternehmen beherrscht.

4.3.1 Regiebetriebe (Gengyo) in unmittelbarer staatlicher Verwaltung

Die Regiebetriebe besitzen zwar eine gewisse Unabhängigkeit, sind aber unmittelbares Instrument staatlicher Regierungs- und Verwaltungstätigkeit. Sie sind bei ihrer Wirtschaftsführung an das SSAS gebunden und werden im Rahmen der staatlichen Finanzwirtschaft als außerordentlicher Haushalt behandelt. Der Form nach gibt es lediglich vier dieser Art von Regiebetrieben (Münzstätte, Druckstätte, Betrieb für Forst und Feld, Betrieb für reine Postgeschäfte); de facto bestehen darüber hinaus 34 weitere sog. Quasi-Gengyos (Ende 1980), die alle der Kontrolle eines Ministeriums oder einer ministeriellen Abteilung unterstehen, teils dem Finanzministerium, teils einem Fachministerium nachgeordnet sind (vgl. hierzu zum folgenden Noguchi/Suzuki 1989: Sp. 1093 ff.).

4.3.2 Öffentliche und gemischtwirtschaftliche Unternehmen in unmittelbarer Staatsverwaltung

Hier sind die Unternehmenstypen der Kosha, Kodan, Jigyodan, Koko und Ginko, Eidan, Tokushu, Gaisha und weitere wie Kikin, Zaidan, Kyokai, Kyosai Komiai zu unterscheiden. Im Jahre 1980 bestanden 109 dieser Unternehmen, davon waren 80 rein öffentlich und 29 gemischtwirtschaftlich (Japanese Administrative Agency 1981). Sie werden aufgrund eines Sondergesetzes errichtet, besitzen eine begrenzte Autonomie und sind dem SSAS unterworfen:

- Zu der Gruppe der *Kosha*, die sich zu 100% in staatlichem Eigentum befindet, gehörte 1985 die japanische Staatsbahn, das japanische Telefonunternehmen und der sogenannte japanische Monopolverband (Monopol auf den Verkauf von Tabak und Salz). Die Staatsbahn stand im Zuge der allgemeinen Verwaltungsreform im Zentrum der Privatisierungsdebatte. Im Ergebnis wurden Mitte der 80er Jahre alle drei Unternehmen zwar formal privatisiert (AG), aber materiell blieben sie voll bzw. mehrheitlich in staatlichem Eigentum (vgl. auch Marutschke 1987: 309 ff.).
- Während die *Kodan*-Unternehmen hauptsächlich die Aufgabe haben, Infrastrukturentwicklung zu betreiben, und damit ihr Erwerbscharakter relativ stark ausgeprägt ist, werden die *Jigyodan*-Unternehmen vor allem als Instrument der staatlichen Industrie- und Sozialpolitik eingesetzt. Wichtige Unternehmen der Jigyodan-Gruppe sind solche für die Wohlfahrtspflege der Arbeiter, die Entwicklung der Kernenergie und für die Mittel- und Kleinunternehmen.

130

- Die insgesamt 12 *Koko- und Ginko*-Unternehmen stellen öffentliche Finanz- bzw. Kreditanstalten dar, die aus öffentlichen Mitteln zinsgünstige Kredite zur Förderung regionaler, sozialer oder wirtschaftlicher Zwecke vergeben. Sie sind im 100%igen Eigentum des Staates.
- Letzteres gilt auch für die *Eidan*-Gruppe, deren Bedeutung relativ gering geworden ist und die sogenannte Hilfsgeschäfte für die Regierung (z. B. Fragen des Straßenverkehrs in der Hauptstadt) betreibt.
- Die *Tokushu-Gaisha*-Unternehmen arbeiten in Privatrechtsform (AG) und an ihnen ist die Regierung zusammen mit privaten Eigentümern maßgeblich beteiligt, um so Einfluß auf das Management ausüben zu können. Die 11 Unternehmen dieser Art arbeiten u. a. in den Bereichen »Erschließung von Stromquellen«, Luftfahrt (Japan Air) und »Internationaler Telefonverkehr«.
- Die sonstigen staatlichen Unternehmen sind insbesondere auf den Gebieten Forschung, Wissenschaft, Bildung, Kultur und Wohlfahrtspflege tätig; sie sind von Regierungszuschüssen abhängig und ihr unternehmerischer Charakter ist gering ausgeprägt.

Interessant für das Public Management ist besonders der Entwurf zu einem neuen Verwaltungsverfahrensgesetz. Nach Art. 1 E – VwVfG ist ein Ziel aller Verwaltungstätigkeit im öffentlichen Sektor, eine kundenfreundliche Atmosphäre (»Transparenz und Fairneß«; Shiono 1993: 53) zu schaffen. Damit setzt Japan einen neuen Akzent innerhalb seiner Verwaltungsreformen seit dem Zweiten Weltkrieg, bei denen bisher Vereinfachung und Effizienz im Vordergrund stand (vgl. auch Bullinger 1993: 65).
Daneben ist die Arbeit der Kommission für die Regierungsreform (Gyokakushin) beachtenswert, die in den neunziger Jahren eine kundenorientierte Administration zur Verbesserung der allgemeinen Lebensqualität verwirklichen möchte (vgl. OECD 1993a: 106 f.).

4.3.3   Die kommunalen öffentlichen Unternehmen

Die ca. 3.000 japanischen Kommunen verfügen sämtlich über öffentliche Unternehmen. Auch hier ist zu unterscheiden zwischen Kommunalbetrieben in unmittelbarer Regie der Kommune und gemischtwirtschaftlichen Unternehmen. Die Kommunalbetriebe – 1980 etwa 7.500 – sind aufgrund des Kommunalfinanz- und Betriebsgesetzes gegründet worden. Sie sind zu 60% für die Wasserversorgung, zu 9,5% für Krankenversorgung, zu 1,2% für öffentlichen Verkehr und zu 0,5% für die Gasversorgung tätig (Noguchi/Suzuki 1989: Sp. 1045).

5. Rahmenbedingungen und Gestaltungsspielräume für das Public Management in der Bundesrepublik

5.1 Rahmenbedingungen

Der folgende Abschnitt verfolgt einerseits den Zweck zu veranschaulichen, welchen besonderen, insbesondere verfassungsrechtlichen Rahmenbedingungen das Management von Institutionen, Einrichtungen und Unternehmen des öffentlichen Sektors unterliegt; andererseits soll durch Aufzeigen vorhandener rechtlicher und tatsächlicher Flexibilitäten der Gefahr entgegengewirkt werden, daß bestehende Handlungs- und Gestaltungsspielräume verkannt, unterschätzt oder gar als »Alibi« benutzt werden, um Innovationen im öffentlichen Sektor zu verhindern.

5.1.1 Rechtliche, insbesondere verfassungsrechtliche Rahmenbedingungen

5.1.1.1 Makrostrukturelle Vorgaben: Föderalismusprinzip – kommunale Selbstverwaltung – Gewaltenteilung

Die Grundstruktur für die Organisation des öffentlichen Sektors in der Bundesrepublik ist durch verfassungsfeste Vorgaben des Grundgesetzes, die bei genauerer verfassungspolitischer Betrachtung allesamt auf die Bezugspunkte der Gewaltenteilung bzw. Dezentralisation hin interpretiert werden können, angelegt:

- Der in Art. 20 GG geregelte Grundsatz der Gewaltenteilung (vertikale Gewaltenteilung) fordert, daß die Bundesrepublik ein gewaltenteiliger Staat zu sein hat, in dem drei von einander unabhängige, wenn auch in Randbereichen partiell verzahnte, Gewalten bestehen müssen: Die Rechtsprechung, die Gesetzgebung und die Exekutive. Dabei läßt sich insbesondere die Exekutive weiter in die Subsysteme Regierung und Verwaltung unterscheiden. Letztere Differenzierung hat wiederum auch ihren verfassungsrechtlichen Grund und Sinn; denn – z. T. auch abgeleitet aus dem Verfassungsprinzip der parlamentarischen Verantwortlichkeit der Regierung – ist der Regierung die sogenannte Organisationsgewalt bezüglich der Verwaltung zugewiesen, d. h. allein die Regierung hat das Recht und die Pflicht, die für Struktur- und Ablauforganisation notwendigen Entscheidungen zu treffen; weder können solche grundlegenden Organisationsentscheidungen autonom von der Verwaltung selbst noch durch die anderen beiden Gewalten getroffen werden. Einschränkend ist allerdings zu betonen, daß dieses nur Organisationsveränderungen grundsätzlicher Art, wie z. B. Auflösung, Veränderung oder Neubildung ganzer Verwaltungseinheiten, betrifft; unterhalb dieser Grundsatzschwelle können selbstverständlich auch eigenverantwortlich durch die Verwaltung selbst Veränderungen in Aufbau- und Ablauforganisation vorgenommen werden.

- Die in Art. 20, 28 GG geregelten Prinzipien des Föderalismus und der kommunalen Selbstverwaltung können durchaus auch als besondere Ausprägungen der horizontalen Gewaltenteilung interpretiert werden. Ohne in diesem Rahmen den vielfältigen Sinngehalt beider Prinzipien entfalten zu können, ist jedenfalls festzustellen, daß sich aus ihnen verpflichtend eine grundlegende Dreigliedrigkeit der Staats- und Verwaltungsorganisation in der Bundesrepublik ergibt. Aus dem Föderalismusprinzip folgt, daß die Bundesrepublik sich aus zwei voneinander unabhängigen, jedoch auch zur Kooperation angehaltenen staatlichen Ebenen, dem Bund und den Bundesländern, konstituieren soll.
Und aus dem Prinzip kommunaler Selbstverwaltung ergibt sich, daß die unterste Ebene der öffentlichen Verwaltung in den Bundesländern die kommunale Ebene ist, die zum einen gegenüber den beiden anderen Staatsebenen eine relative Unabhängigkeit besitzt und – als Selbstverwaltung organisiert – keine Staatsverwaltung darstellt. Diese kommunale Ebene ist in sich wiederum strukturell differenziert insofern, als sie sich im wesentlichen aus den öffentlich-rechtlichen Gebietskörperschaften der Landkreise, kreisfreien Städte und Gemeinden zusammensetzt.

5.1.1.2 Gemeinwohlbindung und Sicherstellungsauftrag

Das Grundgesetz liefert die verfassungsrechtliche Grundlage für die interpretative Ableitung eines Kernbestands an öffentlichen Aufgaben, die der Staat garantieren muß (vgl. u. a. Bull 1977). Insbesondere läßt sich ein solcher zu gewährleistender Aufgabenkernbereich herauslesen aus Art. 20 I GG (Sozialstaats- und Rechtsstaatsprinzip), aus dem Grundrechtskatalog (vor allem Art. 3 GG/Gleichheitssatz) und den Regelungsgehalten der Gesetzgebungskataloge gemäß Art. 72 ff. GG. Ebenso läßt sich aufgrund der allgemeinen Staatsfunktionen, aber auch anhand konkreter Verfassungsbestimmungen (Sozialstaat, Art. 1 I / Schutz der Menschenwürde, 14 I / Sozialbindung des Eigentums, 15 und 2 III GG / Gemeinschaftsvorbehalt sowie der Abschnitt zur Finanz- und Wirtschaftsverfassung des Grundgesetzes) interpretieren, daß Staat und Verwaltung zu allererst verpflichtet sind, das Gemeinwohl, das im Einzelfall durch legislative, politisch-parlamentarische Entscheidung zu definieren ist, zu erhalten, zu fördern, die staatlichen Grundfunktionen (Rechtsgewährung, Sicherheit, staatliche Einnahmen, soziale Mindestsicherung) sowie Chancengleichheit und gerechten sozialen Ausgleich durch Formen der Umverteilung zu verwirklichen. Daraus folgt zweierlei:

- Staat und Verwaltung sind nicht – wie etwa ein privates Unternehmen am Markt – in der Lage, beliebig zu entscheiden, ob und welche Aufgaben, Dienste und Produkte sie erfüllen bzw. erstellen.
- Und zweitens: Im Rahmen ihrer Gemeinwohlbindung, d. h. ihrer Orientierung in erster Linie an der Gemein- und nicht an der Privatnützigkeit, sind sie gehalten, sicherzustellen, daß ein solcher Kernbestand an Aufgaben auch tatsächlich erfüllt wird (Sicherstellungsauftrag).

5.1.1.3 Rechtsstaatsprinzip

Das Rechtsstaatsprinzip (Art. 20 I, 28 I GG) unterwirft Staat und Verwaltung – im Vergleich zum privaten Unternehmen – anderen und zusätzlichen rechtlichen Bindungen, die als Restriktionen für das Management im öffentlichen Sektor zu beachten sind.
Zusammenfassend läßt sich das Rechtsstaatsprinzip im wesentlichen durch die folgenden Elemente charakterisieren:

- Grundsatz der materiellen Gerechtigkeit
- Rechtssicherheit und Rechtsbeständigkeit
- Berechenbarkeit staatlichen Handelns, Vertrauensschutz
- Verhältnismäßigkeit und Fairneß von Verwaltungshandeln
- Bindung an die verfassungsmäßigen Grundrechte
- Gewaltenteilung
- Gesetzmäßigkeitsprinzip
- Rechtswegegarantie (Art. 19 IV GG).

Dabei ergeben sich aus den beiden zuletzt genannten Elementen (Gesetzmäßigkeit und Rechtswegegarantie) Bindungen und Rahmenbedingungen für das Management im öffentlichen Sektor, die für das Management im privaten Sektor ohne Bedeutung sind.
So gliedert sich das Prinzip der gesetzmäßigen Verwaltung in die zwei Teil-

elemente *Prinzip vom Vorrang des Gesetzes* und *Prinzip des Gesetzesvorbe-halts*. Ersteres Teilprinzip stellt ab auf die Rechtsnormenhierarchie

- Verfassung
- förmliches Gesetz
- Rechtsverordnung
- Satzungsrecht
- Verwaltungsvorschriften

und besagt, daß immer dann, wenn eine Norm auf der nächstniedrigeren Hierarchieebene mit einer solchen auf einer höheren Ebene kollidiert, die rangniedere Norm insoweit rechtsunwirksam ist.

Bedeutsamer für das alltägliche und aktuelle Handeln der Verwaltung ist allerdings das zweite Teilprinzip des Gesetzesvorbehalts. Danach bedürfen sämtliche Eingriffe der öffentlichen Verwaltung in Freiheit und Eigentum einer förmlich-gesetzlichen Grundlage; der jeweilige Eingriff bedarf also einer ausdrücklichen Rechtsgrundlage in einem förmlichen, d. h. vom zuständigen Gesetzgeber (Parlament) verabschiedeten Gesetz. Eine Eingriffs-grundlage lediglich in einer Rechtsverordnung oder im Satzungsrecht, die nicht auch durch die förmlich-gesetzliche Rechtsverordnungermächtigung (entsprechend Art. 80 GG) bzw. die förmlich-gesetzliche Satzungsermäch-tigung abgedeckt ist, ist unzureichend und damit rechtswidrig. Dasselbe gilt natürlich erst recht für Verwaltungsvorschriften, die – lediglich von der Exekutive erlassen – keine Rechtsgrundlage für die Eingriffsverwaltung bilden können. Neben einer Reihe weiterer auf diesem Gebiet bestehender Zweifels- und Streitfragen sind für das PM im öffentlichen Sektor vor allem zwei Probleme bezüglich der Reichweite des Gesetzmäßigkeitsprinzips von Belang:

- Das erste betrifft die Diskussion darüber, ob der Gesetzesvorbehalt nicht nur für die Eingriffsverwaltung, sondern auch für die sog. Lei-stungsverwaltung gilt. Diese Frage ist für PM deshalb interessant, weil von ihr angesichts der weitreichenden und zunehmenden Bedeutung der Leistungsverwaltung das Ausmaß rechtlicher Bindungen bzw. Flexibi-lität und eigenständiger Gestaltungsfreiheit abhängig sind. Im Ergebnis soll hier – ohne in diesem Rahmen die differenzierte juristische Diskus-sion hierzu aufnehmen zu können – der juristischen Mehrheitsmeinung zugeneigt werden. Diese steht – im Sinne vermehrter administrativer Flexibilität – auf dem Standpunkt, daß der Gesetzesvorbehalt bei der Leistungsverwaltung nicht oder nur in modifizierter Form zum Zuge kommt. Die im wesentlichen überzeugende Begründung geht dahin, daß man, wenn die Verwaltung Bürgern und Unternehmen Vergünstigungen

gewährt (Geldleistungen, sonstige Dienste, tatsächliche Versorgungslei-
stungen oder auch Subventionen), gerade keine Eingriffe, Belastungen
oder Freiheitsbeschränkungen vorliegen und daher der Grund für das
legitimierende Erfordernis einer förmlich-gesetzlichen Ermächtigung
nicht gegeben ist. Diese Mehrheitsauffassung sieht allerdings auch, daß
sich auch in diesen Fällen – etwa bei Gewährung von Subventionen
gegenüber dem einen und der Verweigerung solcher Subventionen gegenüber dem konkurrierenden Unternehmen – eingriffsähnliche Situationen – etwa im Wettbewerbsverhältnis zwischen zwei Unternehmen –
ergeben können. Dem Gesetzesvorbehalt soll hier aber dadurch Genüge
getan sein, daß die zur Subventionsleistung erforderlichen Geldmittel im
vom Parlament beschlossenen Haushaltsplan mit entsprechender
Zweckbestimmung zur Verfügung gestellt werden. Im Ergebnis ist hier
also die rechtliche Bindung stark gelockert und die Handlungsfreiheit
der Verwaltung relativ groß.

- Das zweite Problem in diesem Zusamenhang betrifft die Frage, welchen
  öffentlich-rechtlichen Bindungen die Verwaltung dann unterliegt, wenn
  sie in zwar privatrechtlicher Form, so doch materiell öffentliche Aufgaben erfüllt bzw. öffentliche Leistungen erbringt. Im Mittelpunkt der
  Diskussion steht hier der klassische Fall, daß die Verwaltung in ausgegliederter verselbständigter Privatrechtsform (insbesondere GmbH und
  AG) materielle Leistungen der sog. Daseinsvorsorge gegenüber Bürgern und Unternehmen erbringt (insbesondere im Bereich der Gas-,
  Wasser- und Stromversorgung sowie der Entsorgung). Klar ist in solchen Fällen, daß die in Privatrechtsform agierende Verwaltung wie ein
  »normaler« Marktteilnehmer im Rahmen des Privatrechts und auf der
  Basis vertraglich geregelter Rechtsbeziehungen gegenüber ihren Kunden auftritt. Insofern besteht zunächst einmal eine größere Handlungs-
  flexibilität, die derjenigen der übrigen Marktteilnehmer vergleichbar ist.
  Allerdings muß einschränkend gelten, daß, wenn die Verwaltung bei den
  fraglichen Leistungen eine Monopolstellung hat und der Kunde auf die
  Leistung existentiell (*unentrinnbar*) angewiesen ist, die so handelnde
  Verwaltung zumindest an die Grundrechte, insbesondere an den
  Grundsatz der Gleichbehandlung gebunden ist; denn die Verwaltung
  könne nicht – so wird zu Recht argumentiert – durch »Flucht in das
  Privatrecht« bei existentiellen Leistungen einfach die Grundrechtsbin-
  dung abstreifen.

Beträchtliche Handlungsrestriktionen ergeben sich für die öffentliche Verwaltung daraus, daß ihr Handeln mehr als das privater Marktteilnehmer
zusätzlich öffentlich-rechtlichen Rechtmäßigkeitskontrollen unterworfen
ist. Diese Kontrollen, die Folge der zum Rechtsstaatsprinzip gehörenden
Rechtswegegarantie sind, korrespondieren z. T. allerdings auch besonderen
Eingriffsrechten der Verwaltung, die in dieser Form naturgemäß für Private

nicht bestehen. Von Bedeutung sind hier insbesondere das vorgerichtliche, verwaltungsinterne und – sinnvoll und flexibel – als Rechtmäßigkeits- und Zweckmäßigkeitskontrolle ausgestaltete Widerspruchsverfahren und die verwaltungsgerichtliche Anfechtungsklage. Einerseits werden hier durch eine strikte, externe verwaltungsgerichtliche Kontrolle dem PM im öffentlichen Sektor engere, rechtliche und tatsächliche Handlungsgrenzen als z. B. den privaten Unternehmen gesetzt; allerdings sind die z. T. in der Verwaltung im Hinblick auf die gerichtliche Kontrolle zu beobachtende Ängstlichkeit, Entscheidungsscheu und Kreativität verhinderndes »Rechtsdenken« durchaus keine notwendige und zwangläufige Folgeerscheinung. Auf der anderen Seite eröffnet das als Selbstkontrolle ausgestaltete Widerspruchsverfahren mit seiner gleichfalls notwendigen Zweckmäßigkeitsprüfung der Verwaltung erhebliche Reflexionsmöglichkeiten, tatsächliche Abwägungen und damit Flexibilitäten.

5.1.2 Weitere, sonderrechtliche Rahmenbedingungen für die öffentliche Verwaltung

Für die öffentliche Verwaltung bestehen über die verfassungsrechtlichen Bindungen hinaus bekanntlich weitere, besondere – eben öffentlich-rechtliche – Handlungsgrundlagen und Rahmenbedingungen einfach – gesetzlicher Art. Gemeint sind vor allem die besonderen Rechtsstrukturen des öffentlichen Dienstrechts, des öffentlichen Haushaltsrechts sowie – z.T. – auch des Kommunalverfassungsrechts. Wenn auch diese besonderen Rechtsgebiete wiederum ihre verfassungsrechtlichen Wurzeln haben (vgl. Art. 33 IV und V, 28 II GG), so ist doch hervorzuheben, daß diese Verfassungsbestimmungen überwiegend flexibel, allgemein und interpretationsfähig gehalten sind, also einfach-gesetzliche Änderungen im Hinblick auf Restriktionsabbau und Effizienzsteigerung im Sinne eines PM weitgehend erlauben. Einfach-gesetzliche Änderungen sind allerdings in den genannten Rechtsgebieten notwendig,

- und zwar am dringlichsten im Bereich des öffentlichen Dienstrechts in Richtung auf die hinlänglich erörterten Ziele einer Dienstrechtsvereinheitlichung, höherer Mitarbeitermotivation und Karrieremobilität sowie der Stärkung von Leistungs- und Innovationsanreizen, wobei hier – im einzelnen umstritten – durch Art. 33 V GG gewisse Grenzen etwa bezüglich der Flexibilisierung des Lebenszeit – und des Laufbahnprinzips gezogen sind (vgl. für viele schon damals grundlegend: Studienkommission 1973; neuerdings Littmann 1994: 22).
- Mit wohl zweiter Priorität auch dringlich dürften haushaltsrechtliche Revisionen sein mit den Zielen der Abwendung von der *Input*- hin zur

Output-Orientierung des Haushalts, der Vermeidung des alljährlich auf-
kommenden *Dezember-Fiebers*, der Hinwendung zum Netto- statt des
starren Brutto-Prinzips und der Stärkung von eigenverantwortlichen,
über den einjährigen Haushaltszyklus hinaus wirtschaftenden, dezentralen und ergebnisorientierten Ressourcenzentren; allerdings ist hier der
Hinweis notwendig, daß ein Teil dieser Ziele und Maßnahmen bereits im
Rahmen und unter Nutzung des geltenden Haushaltsrechts möglich ist
(flexible Übertragbarkeitsregelungen und Möglichkeiten der gegenseiti-
gen Deckungsfähigkeit sowie der vermehrten Schaffung von Deckungs-
kreisen).

5.2 Gestaltungsspielräume

5.2.1 Breites Repertoire an rechtlichen und tatsächlichen Handlungsformen

Gelegentlich scheint die Vorstellung zu bestehen, als sei die öffentliche
Verwaltung auf die klassische öffentlich-rechtliche Handlungsformentypologie verpflichtet und dadurch in ihrer Flexibilität eingeschränkt. Dieses ist
jedoch bei genauerer Betrachtung durchaus nicht so. Folgende Überlegungen mögen verdeutlichen, daß sich hier für die öffentliche Verwaltung ein
breites Feld an Handlungsformen und damit auch an Auswahlmöglichkei-
ten eröffnet:
- Bereits die öffentlich-rechtliche Handlungsformentypologie ist vielfältig; sie reicht von materiell-normativen Instrumenten wie
  - *Rechtsverordnungen*
  - *rechtlich geregelter Plan*
  - *Satzung*
  - *Verwaltungsvorschriften*
  bis hin zu einzelfallbezogenen Rechtsformen wie
  - *Verwaltungsakt und*
  - *öffentlich-rechtlicher Vertrag*
- Darüber hinaus ist unstreitig und in der Praxis üblich, daß dieser Rechts-
  formenkatalog kein abschließender ist, sondern durch tatsächliche Formen, die sogenannten *Realhandlungen*, erweitert werden kann. Diese
  Realhandlungen, die in keiner rechtlichen Form stattfinden, decken seit
  langem ein weites Handlungsfeld der Verwaltung ab, das beispielsweise
  von der Erteilung von Unterricht über die Sanierung von Gewässern bis

hin zur tatsächlichen Aufgabe der Programmentwicklung und Planung reicht.

- Schließlich ergibt sich aus der unzweifelhaften Tatsache, daß die Verwaltung auch in Organisations- und Rechtsformen von juristischen Personen des Privatrechts Aufgaben erfüllen kann, daß sie in diesen Fällen auch über diese juristischen Personen am Privatrechtsverkehr, insbesondere durch Abschluß privatrechtlicher Verträge, teilnehmen kann.

5.2.2   Ermessen und unbestimmter Rechtsbegriff

Auch die Rechts- und Handlungsfiguren von Ermessen und unbestimmtem Rechtsbegriff eröffnen – bereits in der gesetzesgebundenen Verwaltung – weitere rechtliche und tatsächliche Gestaltungsspielräume.
So ist dies im Bereich des Verwaltungsermessens nicht nur deshalb der Fall, weil in Rechtsnormen der Verwaltung teils Entschließungsermessen (Entscheidung darüber, ob gehandelt werden soll oder nicht, obliegt allein der Verwaltung), teils Auswahlermessen (Entscheidung zwischen verschiedenen zur Verfügung gestellten Alternativen obliegt allein der Verwaltung) eingeräumt wird, sondern auch deshalb, weil die Ausübung des vielfach bestimmten Ermessens nur sehr beschränkt verwaltungsgerichtlich überprüfbar ist.
Vergleichbare, wenn auch verwaltungsrechtlich eingeschränktere Spielräume eröffnen sich der Verwaltung bei Anwendung der sog. *unbestimmten Rechtsbegriffe*, die der Gesetzgeber bekanntlich in großem Umfang verwendet (z. B. Zumutbarkeit, wirtschaftliche Vertretbarkeit, unzumutbare Härte etc.). Wenn auch in der Rechtsdogmatik auf dem Grundsatz bestanden wird, daß bei Anwendung solcher Rechtsbegriffe im logischen Sinne nur eine einzige Entscheidung als rechtmäßig anzusehen ist und der sog. *Beurteilungsspielraum* der Verwaltung begrenzt ist auf Prüfungsentscheidungen sowie pädagogische und dienstliche Beurteilungen (und hier neuerdings das Bundesverfassungsgericht zu einer weiteren Reduktion des Beurteilungsspielraums neigt), so bestehen für die Verwaltung aufgrund unbestimmter Rechtsbegriffe de facto doch beträchtliche Interpretations- und damit Gestaltungsspielräume.

5.2.3 Weitere, tatsächliche Handlungspielräume

(1) Subsidiarität oder Gleichberechtigung des öffentlichen Sektors gegenüber Privatsektor und Marktregulierung?

Nicht selten wird in der politischen, verfassungsrechtlichen und ökonomischen Debatte der Eindruck erweckt, als sei das Subsidiaritätsprinzip gültiges Verfassungsprinzip und daher auch auf das Verhältnis zwischen privatem und öffentlichem Sektor in der Weise anzuwenden, daß Initiativen und Aktivitäten des privaten Sektors gegenüber solchen des öffentlichen Sektors der Vorrang gebühre und das Handeln von Trägern im öffentlichen Sektor nur nachrangig – eben hilfsweise – eintreten dürfe (vgl. hierzu auch Picot 1991a: 102 ff.). Davon kann jedoch keine Rede sein: Einen als Verfassungsprinzip ausgebildeten Grundsatz dieser Art kennt das Grundgesetz nicht, wenn auch nicht zu übersehen ist, daß für wichtige politisch-soziale Gruppen in unserer Gesellschaft (Wirtschaftsliberalismus, katholische Soziallehre) das Subsidiaritätsprinzip einen prägenden Grundsatz darstellt. Dieser ist daher zwar nicht in der Verfassung, aber doch vereinzelt auf einfach-gesetzlicher Ebene (insbesondere Sozialhilfe- und Jugendhilferecht) verankert. Daraus folgt, daß bei der Teilnahme am Marktgeschehen, insbesondere bei der Befriedigung privater oder öffentlicher Nachfrage, private Unternehmen und Träger des öffentlichen Sektors grundsätzlich gleichberechtigt sind und nur in – gesetzlich geregelten – Ausnahmefällen eine Nachrangigkeit öffentlicher Träger gegeben ist.

(2) Der öffentliche Sektor als gleichberechtigter Bewerber am Markt

Aus letzterer Feststellung folgen beträchtliche, bisher eher wenig in der Bundesrepublik genutzte Handlungspotentiale für den öffentlichen Sektor. Bisher dürfte öffentlichen Trägern eher die Situation von ihnen verliehenen Monopolstellungen als die Notwendigkeit und Möglichkeit, sich als Mitbewerber am Markt zu bewähren, vertraut sein. Und es soll hier auch keineswegs »das Kind mit dem Bade« ausgeschüttet werden: D. h. es wird auch in Zukunft eine große Zahl von »öffentlichen« Aufgabenbereichen geben müssen, für die die Verfassung oder der einfache Gesetzgeber aus rechtsstaatlichen, sozialstaatlichen, infrastrukturellen oder versorgungs- und entsorgungspolitischen Gründen eine Monopolstellung regeln. Soweit diese Monopolstellung jedoch rechtlich, politisch und tatsächlich nicht zwingend erscheint, bedeutet die Feststellung, öffentlicher und privater Sektor seien am Markt prinzipiell gleichberechtigte Bewerber, zweierlei:
- Der öffentliche Träger von nicht-monopolisierten Aufgaben und Leistungen kann der Leistungskonkurrenz durch private Unternehmen ausgesetzt werden; und – als bisher weniger beachtete Alternative –

- privatwirtschaftlich erbrachte Leistungen bzw. Produkte können dem Wettbewerb öffentlicher Leistungsträger und Anbieter ausgesetzt werden.

Beide Alternativen gehören zu einem System bzw. entwicklungsfähigen Konzept von *Public Management by Competition (MbC)*, das für öffentliche Träger zunächst erhebliche Herausforderungen, aber dann auch neue Handlungschancen beinhalten kann und später unter 7.1.3 weiter ausgearbeitet werden soll (vgl. hierzu u. a. auch die z. T. schon praktizierten Reformentwicklungen in Schweden, Neuseeland und Australien, oben 4.2.2, 4.1.4, 4.1.5).

(3) Neue Voraussetzungen für effektives MbC im öffentlichen Sektor: Entflechtung, Dezentralisation, Diversifikation

Soll der neue Ansatz des MbC im öffentlichen Sektor und in Konkurrenz zum privaten Sektor volle Wirksamkeit entfalten können, so müssen dafür – entsprechend etwa der Entwicklung in Australien und Neuseeland seit ca. Mitte der 80er Jahre – die notwendigen politisch-administrativen Voraussetzungen geschaffen werden. Dazu gehören insbesondere:
- Es muß Abschied genommen werden von der ohnehin ideal-typischen Vorstellung von einem in sich geschlossenen, vertikal voll integrierten bzw. koordinierten öffentlichen Sektor. Erst die sowohl *vertikale (Dekonzentration, Dezentralisation)* als auch *horizontale (Ausgliederung, Verselbständigung)* Entflechtung des öffentlichen Sektors erlaubt die Schaffung von eigenverantwortlich handelnden, eigene Identität und kundenorientiertes Profil entwickelnden Leistungs- und Kostenzentren.
- Es müssen die Kompetenzen und Prozesse des *policy making* und des *service delivery* zuverlässig von einander getrennt werden (vgl. hierzu die Praxisentwicklungen in Neuseeland, Großbritannien und die Ansätze in Schweden und Australien unter 4.1.5, 4.1.2, 4.2.2 und 4.1.4): D. h. die politisch-demokratisch legitimierten Instanzen (u. a. Regierung, Parlament, Bürgermeister/verwaltungsleitendes Organ, Gemeindevertretung) sollen in ihrer Leitlinien-, Zielvorgabe- und Kontrollkompetenz gestärkt, aber abgekoppelt werden *(decoupling)* von dem konkreten Prozeß der Leistungs- bzw. Produkterstellung und des output-controlling; diese beiden Kompetenzen werden dann Funktionen verselbständigter Leistungs- und Kosteneinheiten. Die Politik ist also zu konzentrieren auf Bereiche, die im angelsächsischen Bereich als *goalsetting* und als *outcome-Evaluation* im Sinne von politischer Erfolgskontrolle praktiziert werden (vgl. u. a. Mascarenhas 1993a: 324 f.).
- Grundsatz und Ziel dieses Entflechtungsvorgangs sind also dann strikte Dezentralisierungsanstrengungen. Damit verbindet sich die Erwartung, daß die Politik auf die ihr demokratisch zukommende grundlegende

Leitungs- und Kontrollfunktion beschränkt wird und über verstärkte Verantwortung und Kompetenzen der Produkt- und Leistungseinheiten mehr Motivation, Identität und Profilierung gegenüber Markt und Kunden, mehr Kostenbewußtsein sowie Wettbewerb zwischen den öffentlichen Leistungs- und Kostenzentren erreicht werden können (vgl. z. B. Wistrich 1992 für Neuseeland; Naschold 1993: 50).

- Schließlich, damit öffentliche Leistungs- und Kosteneinheiten wirksam auch in den Wettbewerb mit Unternehmen des privaten Sektors eintreten können, sind zusätzliche Diversifikationen in der Leistungs- und Produktpalette dieser öffentlichen Anbieter notwendig. So ist es z. B. denkbar, daß sie entweder als effiziente, auf Gewinnerzielung ausgerichtete Mitbewerber auf geeigneten Teilmärkten auftreten oder jedenfalls neben ihrem wesentlich an Gemeinwohl sowie an Sozial- und Rechtsstaatlichkeit orientierten Leistungsspektrum quasi als Annex weitere, auf Gewinnerwirtschaftung ausgerichtete Leistungen und Produkte am Markt mit der Möglichkeit interner Verrechnung anbieten.
- Wesentlich für eine solche Marktfähigkeit öffentlicher Leistungs- und Kostenzentren bzw. dann auch von öffentlichen Unternehmen ist allerdings, daß solche Leistungseinheiten unter denselben Kosten- und sonstigen Rahmenbedingungen arbeiten können wie privatwirtschaftliche Unternehmen; ein fairer Wettbewerb zwischen öffentlichem und privatem Sektor muß also gesichert sein.

6. Ressourcen – und kosten-orientierte Steuerung im öffentlichen Sektor

Für die Mehrzahl der öffentlichen Aufgaben besteht angesichts krisenhaft anschwellender Probleme und real sinkender Einnahmen der Gebietskörperschaften und anderer öffentlicher Leistungserbringer zunehmend die Schwierigkeit, Haushaltsplanung und Planvollzug in Einklang zu bringen. Verwaltungshandeln ist traditionell vom Ziel der Normgerechtigkeit geprägt, weniger von der verfassungsrechtlich und gesetzlich breit dokumentierten Pflicht der öffentlichen Verwaltungen, auch wirtschaftlich zu handeln. Erst durch die Verknappung öffentlicher Ressourcen ist diese Pflicht zu einem gleichgewichtigen Ziel geworden.

6.1 Zum Zusammenhang von Kosten- und Organisationsstruktur

Die »organisierte Unverantwortlichkeit« (Banner, G. 1991: 7 in Anl. an Beck 1988) der öffentlichen Verwaltungen bezüglich Effektivität (hier: Sachgerechtigkeit) und Effizienz (hier: Wirtschaftlichkeit) ist inzwischen fast zu einem geflügelten Wort geworden.

Privatwirtschaftliche Antworten, die den Zusammenhang von Kosten, Organisationsstruktur und Strategie seit langem belegen (abzuleiten z. B. aus der Erkenntnis: structure follows strategy), haben bei Managern hoheitlicher Dienstleistungen punktuell Wirkungen hinterlassen.

So sind Formen des Projektmanagements inzwischen etabliert, auch wenn Reibungsverluste bei der gemeinsamen Bearbeitung zwischen verschiedenen Ressorts, Derzernaten, Ämtern und Abteilungen noch üblich sind, wobei die klassisch-statische Aufbauorganisation nach wie vor das Maß aller Dinge ist. Diese wird von externen Unternehmensberatern gern als *Palastorganisation* belächelt (Koetz, A. 1993: 49), die Ressortegoismen, Kompetenzinseln, Gegenreaktionen, Blockaden, »Bandenbildungen und

Guerillakriege« (ebd.) geradezu befördert und damit kostenträchtig ist. In diesen tiefgestaffelten Organisationen stauen sich Ressourcen und Informationen und werden im Zeitlauf entwertet.

Soweit dabei organisatorische Pufferzonen bestehen, werden Entscheidungen von den Akteuren häufig »mit einem minimalen Involvement« getroffen (Strehl 1989: 131; zu auch produktiv ausgestaltbaren Organisationspuffern bzw. *Organizational Slack* und dem sog. Mülleimer-Modell [*Garbage Can-Modell*] in Administrationen: vgl. bereits Cohen/March/ Olsen 1972: 1 ff.).

Weil diese um sich greifenden Erkenntnisse den Handlungszwang der öffentlichen Verwaltungen erhöhen, wird im Rahmen der Ergebnis- und Ressourcenorientierung häufig panisch Ballast abgeworfen in der Hoffnung, nun werde sich der Ballon statt mit Luft automatisch mit Effizienz und Effektivität füllen und in lichte Höhen bewegen. Zu diesen Panikreaktionen im Bereich der Organisation gehören überhastete Ausgliederung und willentliche Aufgabenverluste (*make or buy, Outsourcing, Contracting Out* werden inzwischen als Zauberworte gehandelt). Das kann nicht nur zur Erosion der kommunalen Verwaltung führen (vgl. KGSt 1993d: 11), sondern kann auch unter dem Strich gerade nicht zur Entspannung der Kostensituation beitragen.

Im Gegensatz dazu sind im Sinne einer dezentralen Ressourcenverantwortung die Prinzipien der Geschäftsbereichsorganisation mit weitgehend autonomen Einheiten zur Bereitstellung eines bestimmten Verwaltungsprodukts oder einer besonderen Dienstleistung in einem abgestuften Verfahren schneller und sinnvoller umzusetzen. Dabei eignen sich für eine konzentrische Aufgabenverdichtung zum Zweck der Ressourcenorientierung Verantwortungs- oder Ergebniszentren (*Responsibility Center/Profit Center*) in der BRD eher als ausländische Versuche wie z. B. Förderung des sog. internen Unternehmertums (Intrapreneurship; vgl. 3), die zum Teil mit den bekannten Informationsgefällen zwischen *principals* und *agencies* behaftet sind (vgl. auch Anthony/Young 1988: 307 ff.). Verantwortungszentren als Reorganisationsmaßnahme der öffentlichen Verwaltungen lassen sich immer dann leicht durchsetzen, wenn keine weiteren Koordinationsprobleme und Abhängigkeiten das gewünschte Ergebnis gefährden, und sie führen – soweit mit haushaltsrechtlichen Vorgaben vereinbar – relativ schnell zu Ergebnisverbesserungen bzw. Kostensenkungen. Doch auch für komplexe Organisationseinheiten ist dieses Führungskonzept denkbar:

Die neuen Rahmenbedingungen des Gesundheits-Strukturgesetzes und der Bundespflegesatzverordnung führen z. B. in Universitätskliniken zu Reorganisationen, bei denen sog. *teilautonome Ertragseinheiten* (Profit Center mit eigenen Managementgruppen kombiniert aus mindestens einem Oberarzt, einer leitenden Pflegekraft und einem Verwaltungsspezialisten) mit dezentraler, auch ökonomischer Entscheidungskompetenz lediglich über die Evaluation von Ergebnis-Kennzahlen aus medizinischen und ökonomischen Standards geführt werden. Die Neurochirurgie der Universitätsklinik Frankfurt arbeitet bereits nach diesem Modell des Profit Center.

6.2   Haushaltsrecht und Budgetierung

In öffentlichen Unternehmen existieren je nach Ausprägung des Autonomiegrades gegenüber der Muttergebietskörperschaft seit längerem auch privatwirtschaftliche Formen des Rechnungswesens. Dabei haben sich z. T. sehr heterogene Praktiken ergeben, die wiederum die Frage nach einer Vereinheitlichung der Kostenverrechnung innerhalb bestimmter Organisationseinheiten bzw. Unternehmen beinhalten. Das ist auch in Hinsicht auf ein anzustrebendes zentrales Beteiligungscontrolling durch große Kommunen von Bedeutung.

Für die öffentlichen Verwaltungen wird zunehmend die Einführung einer Verwaltungskostenrechnung einschließlich z. B. Transferkosten bzw. eine nichtmonetäre Leistungsrechnung auf Basis von Output-Indikatoren und schließlich eine vollständige Vermögensrechnung verbunden mit einer Ergebnisrechnung nach kaufmännischen Regeln gefordert. Fraglich ist, ob und wie diese Kriterien in die Haushaltsrechnung integriert werden können (vgl. z. B. Lüder/Hinzmann/Kampmann/Otte 1991: 195 ff., 242 ff.). In diesem Zusammenhang beeindrucken Visionen und auch Neologismen, z. B. das sog. *Nettoressourcenkonsum-Konzept* (vgl. Lüder 1991: 180).

Viele Vorschläge sind z. B. in Frankreich, Österreich, Schweden oder der Schweiz (vgl. Brede/Buschor 1993 und unten 4) pragmatisch und in Einzelschritten vorangetrieben worden, während man z. T. in Deutschland auf Generalpläne wartet.

Vor einer weiteren Betrachtung soll auf das Verhältnis von
• Haushaltsausgaben und Verwaltungskosten und von
• Kameralistik und Doppik
eingegangen werden.

Verwaltungskosten im öffentlichen Sektor werden analog zum privaten Bereich durch drei allgemeine Kostenmerkmale bestimmt: Güterverzehr, Sachzielbezug und Bewertung. Innerhalb der Haushaltsausgaben verdeutlicht die folgende Übersicht (Abb. 16) die erforderliche Zuordnung (vgl. Buchholz 1989: Sp. 1666):

Haushaltsausgaben	Kostenart	Rechnungsart
vermögenswirksam		Vermögensrechnung
vermögensunwirksam	ordentliche, sachziel- und periodenbezogene Verwaltungskosten	Kostenrechnung
	außerordentliche, sachziel- und perioden- bezogen	neutrale Rechnung
	sachzielbezogen periodenfremd	

Abb. 16: Kosten- und Rechnungsarten im Haushalt

Neben den neutralen sind auch vermögensunwirksame Zweckausgaben als Verwaltungskosten zu berücksichtigen (pagatorische Kosten) und außerhalb der Haushaltsausgaben als Nutzung von Potentialgütern schließlich kalkulatorische Verwaltungskosten (kalkulatorische Abschreibungen oder Eigenkapitalzinsen z. B.).

Der zweite Punkt der Vorbemerkung betrifft das traditionelle öffentliche Rechnungswesen (Kameralistik), das von der Einhaltung vorgegebener Budgets, dem Nachweis von Einnahmen und Ausgaben in einseitigen Konten, von starren Perioden geprägt ist und allokative bzw. distributive Steuerungselemente enthält.

Das an Leistungserfolgen und Finanzzielen ausgerichtete kaufmännische Rechnungswesen (Doppik) erschöpft sich nicht in der bloßen Dokumentation von Einnahmen und Ausgaben, sondern Erträge und Aufwände, Leistungen und Kosten, Erfolg und Vermögen werden in der Bilanz bzw. der Gewinn- und Verlustrechnung zweiseitig über Soll- und Habenkonten dokumentiert. Die Rechnungsperioden sind flexibler. Die nach innen orientierte Effizienz der unternehmerischen Tätigkeit und die außerhalb erreichte Effektivität können über diverse Kennzahlen bereits aus der Bilanz entnommen werden. Verwaltungskameralistik läßt keine validen Informationen über Ressourcen und Ressourcenverbrauch zu, verhindert kostenbewußtes Handeln, Kundenorientierung, Rentabilitätsdenken – also die Philosophie, die man, auf Dienstleistungen der öffentlichen Verwaltungen übertragen, auch als *value for money (service for money)* bezeichnen kann (vgl. u. a. Eichhorn 1987: 48 ff.). Die öffentlichen Verwaltungen sind durch gesetzliche Vorgaben wie z. B. Haushaltsplangesetzen auf traditionelle oder erweiterte Formen der *Kameralistik* (»Optimierte Kameralistik«) in ihrem Rechnungswesen weitgehend festgelegt. Die existierenden Überlegungen, das öffentliche Rechungswesen mit Elementen

146

einer kaufmännischen Buchführung zu verbinden (z. B. Eichhorn 1987; darin spez. Schierenbeck: 120 ff. und Lüder: 251 ff.), gewinnen durch die z. T. deutlichen Veränderungen im Ausland, aber auch durch praxisorientierte Änderungsvorschläge (vgl. u. a. KGSt 1993d; Friedrich-Ebert-Stiftung 1993a: 33 ff.) mehr Auftrieb und Schwung. Während es in der Schweiz (das kantonale *Neue Rechnungsmodell*) und in Österreich (Mehrphasen-Buchführung, interne Verrechnungspreise) praktische Erfahrungen mit einer Verquickung von *Doppik* und kameraler Buchführung gibt, sind deutsche Erfahrungen – dem ganzen Impetus entgegen – eher singuläre Ereignisse auf kommunaler Ebene (vgl. auch Brede/Buschor 1993).

Oft handelt es sich dabei um inhomogene Ergänzungen und Umwege, um eine taugliche Kostenrechnung wenigstens im Ansatz zu erreichen.

Leistungswirtschaftliche Kostenrechnung in der Hoheitsverwaltung ist aus vielen Gründen heraus ein mühsames Unterfangen, z. B., weil erfolgswirksame von erfolgsneutralen Aktionen nicht klar zu unterscheiden sind. Gleichzeitig ist zunehmend anerkannt, daß die Kameralistik »als Grundlage einer aufgabengerechten, periodenübergreifenden Planung der dezentralen Finanzwirtschaft und der zentralen Haushaltsplanung der übergeordneten Gebietskörperschaft untauglich« (Mitschke 1990: 92) ist. Der Weg zur Doppik als Basis des kaufmännischen Rechnungswesens für periphere und zentrale Bereiche der öffentlichen Verwaltungen ist in Deutschland noch immer versperrt und wird auch als »idealtypisch bis utopisch« (Budäus, D. 1992a: 42) bezeichnet. Der Rückgriff auf ausländische Erfahrungen ist nur sehr bedingt sinnvoll (vgl. 4), weil das deutsche hoheitliche Rechnungswesen gewisse Elemente der Kostenrechnung, der kurzfristigen Erfolgsrechnung oder der Plankostenrechnung kraft Gesetzes ausblendet und auch schlicht aus mangelnder Innovationsfreude nicht erprobt (z. B. Einzeldeckung statt Gesamtdeckungsprinzip).

Kassenmäßige und finanzwirtschaftliche Einhaltung des Haushaltsplans allein ohne sachlogische und periodisch-flexible Kriterien, ohne Erfolgsrechnung mit pagatorischen und kalkulatorischen Elementen kann schwerlich in eine Leistungsrechnung münden. Versuche, den Output, Dienstleistungen der Verwaltung z. B. mit marktwirtschaftlichen Äquivalenten, mit mehrdimensionalen – z. T. empirisch gewonnen durch Bürgerbefragungen – Kennzahlen und Indikatoren zu messen (vgl. dazu Reichard 1987: 306 f.), werden zwar von innovativen Protagonisten in der Lehre lebhaft gefordert, versanden allerdings in der Praxis häufig schon an den allerersten Implementationshindernissen.

Umstrittene Ansätze sind z. B. in den Haushaltssanierungskonzepten der Stadt Offenbach zu entdecken (vgl. Offenbach 1992; 1993a). Beim Versuch, die kommunale Verwaltungsstruktur umzubauen, scheut das Dezernat III, Referat Controlling in dieser Kommune auch nicht davor zurück, damit verbundene Restriktionen und Traditionen, z. B. in der Personalwirtschaft, aufzugeben und Leistungszulagen zu gewähren (vgl. Offenbach 1993b). Bei der in jährlichen Zeitabständen erforderlichen Zielüberprüfung, Zielverfolgung und Zielanpassung durch das Controlling kommen zur Durchsetzung des Sanierungskonzepts und zur Realisierung eines Kostenaspekts allerdings Maßnahmen zum Zuge, die keine ungeteilte Zustimmung finden, wie z. B. erheblicher kommunaler Vermögensverlust durch Veräußerungen, starken Personalabbau, partiell drastische Gebührenerhöhungen. Erste wirksame Schritte zu einer Aufgabenkritik und Ressourcenorientierung erfolgen dagegen in der Praxis häufig durch alternative, z.T. nur partielle Budgetierungsformen und durch Möglichkeiten einer erweiterten und spezifischeren Deckungsbeitragsrechnung.

Budgets haben am Anfang, während oder am Ende ihrer Planungsperiode mehr Funktionen als die ihrer definitorischen Grundlage, wonach sie finanzwirtschaftlicher Ausdruck monetärer, wertmäßiger Größen bzw. der erwarteten Ergebnisse aller geplanten Aktivitäten sind.

Budgets enthalten ferner folgende Funktionen, die eng mit dem Managementprozeß verknüpft sind (vgl. z. B. Schierenbeck 1987:112) :

- Bewilligung
- Koordination
- Kontrolle
- Motivation
- Prognose

Zwischen der Aktionsplanung und der Budgetierung können grundsätzlich drei zeitliche Zusammenhänge bestehen (vgl. z. B. Mensch 1993:824):

---

1. Erst Aktionsplanung, dann Budgetierung
2. Erst Budgetierung, dann Aktionsplanung
3. Simultaner bzw. paralleler Ablauf von Aktionsplanung und Budgetierung.

Ob aus Strukturwerten der Vergangenheit bestimmte valide Bezugsgrößen im breiten und schnellebigen Spektrum öffentlicher Dienstleistungen gewonnen werden können, ist zweifelhaft. Bei der zeitlichen Dimension der Budgetierung sind deshalb andere Vorgehensweisen erforderlich als starre Planung oder auch als das Konzept der sog. rollierenden Planung. Insbesondere lassen sich Konzepte anführen, die flexibel und reagibel mit einem *Ranking* für bestimmte Entscheidungspakete und mit der Entwicklung von möglichen Alternativen in den geplanten Leistungsstufen arbeiten.

Auf dem Weg über eine Ist-Ausgabenrechnung für die Haushaltsplanung über Prognosemodelle zu einer umfassenden Ist-Kostenrechnung auf Vollkostenbasis mit doppischem Rechnungswesen sind in den letzten dreißig

Jahren hinsichtlich der Budgetierung einige Modelle aus dem angloamerikanischen öffentlichen Sektor auch für Deutschland diskutiert worden, die heute allerdings als obsolet gelten (vgl. aber 4.1.1.3). Sie fördern z. B. die Entwicklung von Kostenverantwortungsbereichen, sind aber andererseits sehr arbeitsintensiv. Das gilt z. B. für das sog. *Zero-Base-Budgeting*.

Ein weiterer interessanter Ansatz war die sog. *Sunset Legislation*, bei der budgetäre und programmspezifische Ziele koordiniert wurden und zu einem bestimmten Zeitpunkt in allen ineffizienten Segmenten zur Disposition gestellt wurden (vgl. dazu Langner 1983). Weniger das traditionelle Jährlichkeitsprinzip als vielmehr die tiefgestaffelte *Titelspezialität* führt in der BRD zu Verkrustungen und Hemmschuhen, die eine leistungs- und ressourcenorientierte Budgetierung innerhalb des Managementsystems erschweren.

Traditionelle Budgetierung in öffentlichen Verwaltungen erlaubt keine Akzentverschiebungen, enthält keine Handlungspielräume in Form einer »Manövriermasse«. Deshalb sind die Rechenschaftsberichte zur Jahresrechnung von der Sicherung bzw. der Gefährdung der Etatansätze (Input) geprägt, jedoch nicht von den zu erwartenden Verwaltungsleistungen (Output). Will man aber anspruchsvolle, qualitative Dienstleistungen bei mageren finanziellen Ressourcen produzieren, so können Strukturwerte in einem dynamischen Umfeld nicht ausschließlich aus der Vergangenheit ermittelt werden. Der Vorschlag, die Steuerung öffentlicher Haushalte und eine ergebnisorientierte Budgetierung »mit einer anderen Interpretation der Gesetzestexte und Kommentare oder auf phantasievollen Umwegen« (Blume 1993a: 6) zu erreichen, ist wohlmeinend, aber zu präzisieren. Erste Schritte, die auch Gestaltungsmöglichkeiten für ein öffentliches Management im Bereich der Kernverwaltungen und der Peripherie eröffnen, sind z. B.

- Schaffung größerer Deckungsfähigkeit für Sach- und Personalmittel;
- gemeinsame Budgetierung aufgabenverwandter Dezernate (Stichworte: Global-, Produkt-, Projektbudgets);
- größere Freiräume, Haushaltsmittel in das nächste Jahr zu übertragen;
- interne Verrechnung (cross charging; siehe 4.1.4 und 4.1.5).

Während der erste Punkt z. B. durch den schleswig-holsteinischen Innenminister durch eine Lockerung des § 17 GemHVO für Pilotprojekte möglich geworden ist (vgl. dazu Damkowski/Precht 1994), sind z. B. in der US-amerikanischen Verwaltungsreform für die Bundesregierung zweijährige Budgetierungsphasen vorgesehen (*biennal budgets*), wie sie bereits in 20 Bundesstaaten zur Wiedererlangung der öffentlichen Handlungsfähigkeit praktiziert werden.

Außerdem will man in einem großen Wurf (*streamlining the budget process*) »green-eyeshade analysts, complicated procedures, byzantine language« (Gore 1993: 14) gleich mit abschaffen.

Für deutsche Verhältnisse wären

- die Einbindung der Fachbereiche in die Finanzverantwortung bei wachsenden Entscheidungsspielräumen durch Bildung von Fachbereichsbudgets;
- Sonderbudgets für Einrichtungen mit Betriebscharakter;
- Einbeziehung von Eigenbetrieben und Beteiligungen im Rahmen gesamtstädtischer Budgetierungsverfahren;
- Zusammenfassung von Haushaltsstellen und verstärkte Deckungsfähigkeit;
- Lockerung besonderer Freigabeverfahren durch die Kämmereien;
- Leistungsverrechnung auch in zentralen Diensten und in Hilfsbetrieben

ein erster großer Schritt, meßbare (auch Management-) Leistungen zu ermöglichen und zu bewerten. Aus dem Konsolidierungsansatz des Budgetierungsverfahrens verbietet es sich aber, inkompatiblen Aktionismus mit Flexibilisierung zu verwechseln.

Die o. a. Vorschläge der KGSt werden auf starke Widerstandslinien innerhalb der öffentlichen Verwaltungen und auch der politischen Leitungsgremien stoßen, sobald der vorhandenen positiven Resonanz durch Lippenbekenntnisse die Realisation folgen soll, denn sie werden mit weitreichenden Folgen für die Planungs- und Entscheidungsarbeit und umfassenden Veränderungen der Organisation und der Personalwirtschaft verbunden sein. Bisher verfügen Kommunen bezüglich derartiger »konsequenter Budgetierungsverfahren« (KGSt 1993d:21) kaum über Erkenntnisse.

6.3   Controlling im öffentlichen Sektor

Einleitend ein Zitat des Oberstadtdirektors von Bielefeld (Hausmann 1993: 157):

>»Auch Verwaltungsmenschen wie ich haben Visionen. Wenn ich mir vorzustellen versuche, nach welchem Leitbild ein Hauptamt, ein Personalamt, eine Kämmerei in Zukunft arbeiten sollte, könnte ich mir vorstellen, daß diese funktional die Aufgaben von Sparten einer internen Wirtschaftprüfungs- und Wirtschaftberatungsgesellschaft für den Konzern Stadtverwaltung wahrnehmen.«

Der Begriff *Controlling* ist auf gutem Wege, in vielen modernen Sprachen ein Topos zu werden. Das Verb *to control* erschöpft sich semantisch nicht in »kontrollieren«, es beinhaltet auch »beherrschen«, »steuern und lenken eines Systems«, »nachprüfen« bzw. wird als *Binnensteuerung von Systemen* (vgl. Scholz 1994: 161) verstanden.

Eine lexikalische Definition: »Controlling ist die Gesamtheit der Teilaufgaben der Führung, die Planung und Kontrolle mit der Informationsversorgung koordiniert. Controlling ermöglicht der Führung, die Unternehmung zielorientiert an die Umweltveränderungen anzupassen und die dazu erforderlichen Steuerungsaufgaben wahrzunehmen« (Horváth/Reichmann 1993: 112). Aus einer derartigen Definition wird die Zukunftsorientierung, zumindest die des strategischen Controlling, nicht explizit deutlich. Für den öffentlichen Sektor ist auch ein Begriff zu fordern, der einem Paradigmenwechsel im Verhältnis der Leitungsgremien gerecht wird, vor allem dem angestrebten Rückzug der Politik aus dem Tagesgeschäft, z. B. »Controlling ist ein Instrument zur Informationsversorgung sowie der zukunfts- und zielorientierten Auswertung zur Unterstützung der politischen und administrativen Führung bei der Entscheidungsfindung«. (Stargardt 1993: 54). Nicht einbezogen in eine solche Definition bleibt das operative Controlling, vielfach der Aufgabenkreis der Sub- oder Dienstcontroller.

Ein Blick auf die allgemeine Literatur zum Controlling zeigt, daß darunter ein schillerndes Spektrum von Definitionen und Funktionen subsumiert wird, bei dem vor allem die Gefahr besteht, sämtliche Managementfunktionen und Arbeiten der Unternehmensführung auf Controlling-Aspekte zu reduzieren. Zwischen dem extensiven Tätigkeits- und Aufgabenverständnis eines Controllers als Watchdog, Navigator, Unternehmensmoderator und engeren Auffassungen als Erbsenzählerei im Rechnungswesen liegen Welten (vgl. dazu z. B. Weber 1990: 14; Hopfenbeck 1989: 747 ff.). Ein weiterer Blick auf die Literatur zeigt, daß sich viele deutsche Autoren bei z.T. sehr unterschiedlichen methodischen Ansätzen (z. B. Rechnungswesen, Informationssystem, Funktionen, Objekte, Managementprozeß und last not least Philosophie) mit diversen Problemstellungen, Rahmenbedingungen und Restriktionen von Controlling im öffentlichen Sektor auseinandersetzen (z. B. Banner, Braun, Budäus, Eschenbach, König, Lüder, Oechsler, Reinermann, Schmalenbach-Gesellschaft, Weber und – als einer der Ersten in der BRD – Zünd. Übersichtliche Literaturauswertungen finden sich bei Brüggemeier 1991: 96 f. und Schmidberger 1993: 53 ff.). Mit weiteren Konzepten warten Institute, Institutionen und Unternehmensberatungen auf (z. B. A. D. Little, Bertelsmann-Stiftung, KGSt, ÖTV). In vielen großen Kommunen und in Bundesministerien sind seit langem Controlling-Stäbe und Querschnittseinheiten zu finden (typ. Beispiele: Hamburg, Gütersloh, Offenbach, Osnabrück, Saarbrücken, Bundesverteidigungsministerium).

Für größere Kommunen kann das Controlling bei der qualitativen und quantitativen Zielformulierung und -fixierung zwischen Fach- und Querschnittsämtern einen wesentlich höheren Stellenwert erlangen als bisher üblich (vgl. Abb. 17 nach KGSt 1992: 40):

F = Federführung
M = Mitwirkung (ggf. strategische)
E = Entscheidung
FA = Fachamt
QA= Querschnittsamt

	FA	QA	**Controlling**	Management	Politik
Leistungs-ziele	F	M	M	E	E
Finanzziele	M	F	M	E	E
Handlungs-rahmen	M	F	M	E	

Abb. 17: Einbindung von Controlling in Entscheidungsprozesse

Controlling in öffentlichen Verwaltungen, Vereinigungen, Unternehmen und auch in Non-Profit-Organsationen ist durch die Heterogenität von politischen und institutionellen Zielen gekennzeichnet. Durch die Vielfalt öffentlicher Aufgaben, von atomrechtlichen Genehmigungsverfahren (Projekt-Controlling), von z. T. hochspezialisierten Controlling-Formen in Bundesministerien über das (in der Wortwahl befremdliche) Kunden- und Bürgercontrolling (vgl. Witt 1994: I.2.1) bis hin zum kommunalen Beteiligungscontrolling, ist die Verschiedenartigkeit der Sach- bzw. Formalziele (z. B. Finanzierungs-, Beschaffungsabgabe- oder Sicherstellungsziele) nur unter einem kleinsten gemeinsamen Nenner zu definieren. Bereits die sehr weite – pleonastische – Definition von Controlling »als funktionsübergreifende Metafunktion des Managementprozesses« (Budäus, D. 1987a: 234), durch die Informationen entwickelt, aufbereitet, verdichtet und koordiniert werden, ist im Bereich der öffentlichen Verwaltung gegenwärtig nicht in dieser Funktion durchgängig gegeben. Dort geht es häufig in praxi nur darum, an der Peripherie operative, an Sachfunktionen orientierte, nur teilautonome, oft lediglich rechungswesenbezogene Informationen zu aggregieren, die eine gewisse Zukunftsanalyse (ex ante) erlauben. Die genannte Definition setzt z. B. voraus, es gebe in den öffentlichen Verwaltungen ein strategisches Controlling.
Nun kann man den Standpunkt vertreten, dann existiere zur Zeit eben kein Controlling als Steuerungskonzept für die öffentlichen Verwaltungen und allenfalls konstatieren, daß der Begriff als »catch phrase« (Brüggemeier/ Küpper 1992: 573) in den öffentlichen Verwaltungen eine Eigendynamik auslösen werde, die über die – durchaus ähnliche – Planungsdiskussion am Anfang der siebziger Jahre hinausgehen werde und die hoheitliche Verwal-

tungsführung in einen Zustand erhöhter Vigilanz und Sensibilität für Fragen nach dem Zusammenhang von Führung, Information und Organisation versetzen werde.

Will man zwischen den Pessimisten und Protagonisten für das Controlling in öffentlichen Verwaltungen eine pragmatische Position beziehen, so kann man sagen, Controlling ist in diesem Bereich als Führungsunterstützungssystem für alle vertikalen und horizontalen Ebenen denkbar, wobei insbesondere die Entwicklung von Kennzahlen- und Indikatorensystemen als wesentliches Informationselement wie auch Bewertungstechniken fehlen. Die organisatorische Verankerung ist zudem unklar und häufig nicht anforderungsbezogen. Genau diese pragmatischen Wegsperren sollen als Hindernisse eines Public Management hier weiter untersucht werden.

Als prägnante Zusammenfassung zum möglichen Spektrum von Controlling in der öffentlichen Verwaltung ein Schaubild (Abb. 18 in Anlehnung an Schmidberger 1993: 3):

Controlling in öffentlichen Verwaltungen
Kernfunktionen des Verwaltungs-Controlling
Koordination · Steuerung/Regelung · Information
Aufgabenfelder entlang des Führungsprozesses von Planung und Kontrolle
Rechnungswesen als bedeutendes Instrument des Verwaltungs-Controlling
Leistungsrechnung · Kostenrechnung · Indikatorenrechnung -entwicklung
Relevante Objektbereiche des Verwaltungs-Controlling
Ressourcen-Controlling · Projekt-Controlling · Beteiligungs-Controlling

Abb. 18: Spektrum für Controlling in öffentlichen Verwaltungen

Der Bereich des traditionellen Finanz- und Rechnungswesens mit explizitem Vergangenheitsbezug ist der Ausgangspunkt des Controlling gewesen. Daneben beinhaltet *Controllership* heute als managementsystemorientierte Tätigkeit ein Spektrum von Funktionen wie zukunftsbezogene Zielformulierung und – eher als operatives Führunsunterstützungssystem – Zielsteuerung bzw. aktuelle Statusanalyse der Zielerfüllung. Damit ist Controlling auch Entscheidungsvorbereitung und Informationsmanagement

und wird stellenweise als die Koordinationsschnittstelle der Managementfunktionen bzw. als eigenständiges Steuerungselement betrachtet. Obwohl
sich bei den Tätigkeiten des Controllers in den letzten Jahren deutliche
Akzent- und Prioritätenveränderungen dokumentieren lassen, wird in den
Stellenausschreibungen auch großer Unternehmen immer noch die Präponderanz von Finanzverwaltung, Buchhaltung, Berichtswesen, DV-
gestützten Kostenanalysen betont. Das strategische Controlling hat außerhalb der Lehre noch immer nicht die Bedeutung, die ihm sicherlich
zukommen wird.

Innerhalb des öffentlichen Sektors sind vor allem die spezifischen Emana-
tionen

• Verwaltungscontrolling

und

• Beteiligungscontrolling

Gegenstand der Diskussion und der Forderungen nach innovativen Füh-
rungsunterstützungs- und Informationssystemen. Um Regiebetriebe und
andere kostenrechnende Einrichtungen, vor allem aber auch, um Eigengesellschaften in die makrostrukturelle Gesamtverantwortung z. B. einer
großen Muttergebietskörperschaften einzubeziehen, ist langfristig ein Beteiligungscontrolling an zentraler Stelle einzurichten, das allerdings nicht
nur aus gesellschafts- und datenrechtlichen Gründen, sondern auch im
Binnenverhältnis von Politik und Administration großen Sensibilitäten unterliegen wird. Beteiligungscontrolling ist auf kommunaler Ebene eher
durchzusetzen als auf Landes-/Bundesebene. Es muß vor allem die unterschiedlichen Ziele von öffentlicher Verwaltung und anderen öffentlich-
dominierten Einrichtungen berücksichtigen.

Die Forderungen nach einem öffentlichen Beteiligungscontrolling mehren
sich zwar (vgl. vor allem KGSt-Berichte zum Thema ab 8/85), es wird aber
in der BRD praktisch nur selten im kommunalen Bereich erprobt. In Hamburg wird ein Modell seit 1986 in beschränktem Ausmaß eingesetzt (vgl.
Bürgerschaft 1988).

Die Idee des kommunalen Beteiligungscontrolling ist durch Holdingstruk-
turen wie z. B. in Tilburg (vgl. 4.2.1) befördert worden, und sie ist ein
Beispiel dafür, das Anwendungspotential der Public Management-Kon-
zeptionen nicht zu eng auszulegen. Die Aussage, PM »konzentriert sich auf
den internen Verwaltungsbereich, unmittelbar resultierend aus der Mikro-
ökonomisierung des öffentlichen Sektors« (Budäus 1994: 47), verkennt,
daß gerade durch den Verlust der Verwaltungskonturen an den Randzonen
und durch die Verengung der Kernbereiche (Lean- und cutback-Bewegun-
gen) Public Management deutlich mehr ist, als ein bloßes Steuerungskonzept der internen Verwaltungsbereiche. Beteiligungscontrolling
ist genauso wie die – von der Verwaltung zu leistende – Organisation der
Aufgabenverlagerung aus ihrem originärem Sektor oder die Positionierung

154

von Dienstleistungen in Märkten und Quasi-Märkten ein Argument für den oben (vgl. 1 und 3) begründeten extensiven Ansatz von PM.

Das Formalziel eines öffentlichen Unternehmens kann sich schlichtweg auf die Gewinnmaximierung beschränken (mit nachlassender Heftigkeit bestritten; s. o.), wobei Gewinnabführung an eine Muttergebietskörperschaft wiederum strategischen Sachzielen dienen kann und damit Gegenstand des Beteiligungscontrolling wird.

6.3.1 Steuerung durch Kennzahlen

Verwaltungscontrolling und ebenso Beteiligungscontrolling benötigen auch im operativen Bereich die Erarbeitung *spezifischer Kennzahlen für Leistungen bzw. Leistungsdefizite* für den öffentlichen Sektor.

Während im privatwirtschaftlichen Bereich auch hochverdichtete Indikatoren normativer und informativer Art aussagekräftig sind (wie z. B. ROI; Return on Investment: Betriebsergebnis vor bzw. nach Kostensteuern durch Gesamtkapital multipliziert mit Faktor 100) und zur Verfügung stehen, gibt es diese alltäglichen Arbeitshilfen des Management für die öffentliche Verwaltung in der Regel nur als Artefakt oder gar nicht.

Die elementaren Kriterien zur Entwicklung von Kennzahlensystemen sind quantitative Erfaßbarkeit, Transparenz, Homogenität (frei von immanenten Widersprüchen), Konsistenz (frei von Vergleichen qualitativer Widersprüche), Vollständigkeit. Die integrative Verdichtung von Einzelkennzahlen zu hochaggregierten Indikatoren und Signalinformationen ist im Dienstleistungsbereich der Verwaltungen nur begrenzt zu realisieren.

Kennzahlen für Dienstleistungen mit hohem Interaktionsgrad zwischen öffentlicher Dienstleistung und »Dienstobjekt« (Bürger, Verwaltungsobjekt etc.) sind auch als meßbare Erfolgsfaktoren eines auf Leistungsqualität oder – auch für den öffentlichen Sektor eingefordert – eines Total Quality Management (vgl. 7.1.1) zu entwickeln. Im Unterschied zu Sachleistungen zeichnen sich Dienstleistungen häufig nicht nur durch höhere Heterogenität aus, sondern die Qualitätsmessung hat auch andere immanente Leistungseigenschaften zu berücksichtigen (vgl. Benkenstein 1993: 1101 f.), z. B.

- Immaterialität der Dienstleistungen;
- Integration externer Faktoren, z. B. welche Informationen stellt der nachfragende Bürger einem Amt zur Leistungserstellung zur Verfügung;
- Bereitstellung von Leistungspotentialen. Der Bürger ist häufig nicht in der Lage, die Qualität einer Verwaltungsdienstleistung ex ante zu beurteilen, sondern erst mit erheblicher Zeitverzögerung, also über ein *time lag* als limitierendes Qualitätskriterium (z. B. bei Prognosen einer Kom-

mune über die Entwicklung eines neu geschaffenen Gerwerbegebietes). Im Gegensatz zur Sachleistung handelt es sich oft um ein Erfahrungsgut, das erst ex post zu beurteilen ist.

- Potential-, Prozeß- und Ergebnisqualität. Die Prognose über die Heilungschancen eines Patienten hängen nicht nur von Potentialmerkmalen wie z. B. apparativer Ausrüstung ab, sondern auch von Prozeßmerkmalen wie z. B. Wartezeiten, Umgang des Pflegepersonals, Besuchsmöglichkeit. Die Ergebnisqualität (z. B. Symptomverbesserung, Gesundung) ist also aus einem ganzen Spektrum heterogener Einzelleistungen bedingt. Zudem ist die Ergebnisqualität individuell verschieden (z. B. Verlauf einer endogenen Depression) und nicht nur abhängig von der Leistungserstellung (Therapie).

Die Messung heterogener Dienstleistungen mit hohem Interaktions- und Komplexitätsgrad durch aggregierte Kennzahlen ist oft nicht anders als durch abgeleitete, indirekte Kriterien im Rückschluß möglich und von geringer Validität. Häufig sind langfristige empirische Beobachtungsreihen, Trendextrapolationen etc. erforderlich.
Eine Möglichkeit für die Entwicklung von Sozialindikatoren im Bereich öffentlicher Dienstleistungen und der Bewertung externer Effekte wird durch Kosten-Nutzen-Analaysen eröffnet, auch wenn sich dieses Evaluationsverfahren eher für singuläre und homogene Verwaltungsprodukte eignet. Dabei kommen auch empirische Instrumente wie die Ermittlung des subjektiven Wertes für Produktionsadressaten (Bürgerbefragungen hinsichtlich der Notwendigkeit und Qualität einer bestimmten Verwaltungsdienstleistung) in Betracht; ferner indirekte Bewertungen substitutiver privater Dienstleistungen, Ermittlung von Ersparnispotentialen etc. (vgl. z. B. Leipert 1978: 96 ff.) Bei der Bewertung behördlicher Leistungen wird auch das Konzept der »workload measures« (vgl. dazu Mitschke 1990: 103 f.) vorgeschlagen, das neben der Ausbringungsmenge einer öffentlichen Dienstleistung auch Intensität, Geschwindigkeit und Bürgerakzeptanz des Output messen und bewerten soll. Auch dieser Vorschlag muß auf bestimmte Sachziele bzw. Sachfunktionen im Bereich des Controlling beschränkt bleiben. Nicht nur die Komplexität des öffentlichen Angebots erschwert die Erarbeitung prägnanter Indikatoren für eine bestimmte Planungsperiode, sondern auch der intersubjektive Umstand, »daß unterschiedliche Nachfragersegmente die Qualität einer Dienstleistung höchst heterogen wahrnehmen« (Benkenstein 1993: 1112).
Operable privatwirtschaftliche Rechengrößen auf Basis von Marktpreisen können für öffentliche Verwaltungen kaum entwickelt werden. Leistungsindikatoren sind z. B. für bestimmte öffentliche Segmente auch noch erschwert durch einen breit gefächerten Zielpluralismus, etwa im Bereich von Forschung und Lehre für das Hochschulcontrolling. Aus der Unmöglichkeit, ein umfassendes und konsistentes Indikatorensystem allein in diesem

Sektor zu schaffen, darf nicht geschlossen werden, daß auf die Indikatoren für das hochdifferenzierte Leistungsangebot verzichtet werden kann.

Das »hieße – angesichts der fatalen Hochschulsituation – die Stimmen der Öffentlichkeit zu überhören, die Augen vor der stattfindenden Leistungskritik zu verschließen und den Kopf in den Sand zu stecken« (Seidenschwarz 1993: B 2.6, S. 27). So kann man im Bereich der Lehre und Forschung die Eigenverantwortlichkeit, die Ressourcen- und Outputorientierung des Lehrkörpers dadurch erhöhen, daß man Leistungsindikatoren für externe und interne Dienstleistungen (Gutachten, Vorträge, Tagungsrhythmus, Zufriedenheit von Auftraggebern/Tagungsteilnehmern, Gremienmitgliedschaften, Fehlermaß, Beschwerden, Zufriedenheitsgrad auch bei Lehrveranstaltungen, Promotionsbetreuungen etc., Anzahl von wissenschaftlichen Publikationen pro vergleichbarer Stelle) prozentuiert und sie dem prozentualen Budgetanteil gegenüberstellt. Natürlich würden einige Ordinarien einwenden, dadurch wären Äpfel mit Birnen verglichen, die Freiheit von Forschung und Lehre beschnitten, qualitative und quantitative Komponenten wahllos zusammengewürfelt und dergleichen mehr. Dennoch könnte allein die Existenz solcher aggregierter Informationen »positive Energien freisetzen«. Ein qualitativ und quantitativ differenziertes Leistungsindikatoren-System für die Lehre kann zunächst z. B. zur bedarfsorientierten Budgetierung (vgl. zum *Budgeting on requirements* auch 4.1) führen und durch das zentrale Controlling direkt unter der Rektoratsebene auch zu dieser Erkenntnis leiten: »Die Führungsphilosophie der Universität muß sich ändern« (Seidenschwarz 1993: 198).

Das gleiche System ließe sich im Bereich des Controlling öffentlicher Krankenhäuser für vergleichbare Leistungsangebote (Klinikart, apparative und personelle Besetzung) durchführen. Neben Kennzahlen wie z. B. Einhaltung des Abteilungspflegesatzes oder Kosten einer endoprothetischen versus einer osteosynthetischen Frakturversorgung (betrifft Sonderentgelte und Fallpauschalen) werden in diesem Bereich auch Kennzahlen und Indikatoren eminent wichtig, um die Kliniken auf einen beginnenden Preis- und Qualitätswettbewerb vorzubereiten (vgl. Neubauer 1993). Auch schlichte quantitative Kennzahlen können hier qualitative Rückschlüsse zulassen: Wenn z. B. nach schweren Kunstfehlern in der Onkologie die Bettenauslastung um 50% sinkt, und der Pflegesatz deshalb auf – Klienten und Kassen erschreckende – astronomische Höhen hochgeschraubt werden muß, ist das ein Indiz dafür, daß Controlling auch ein Frühwarnsystem im Bereich öffentlicher Dienstleistung sein kann. Das institutionelle Objekt-Controlling im öffentlichen Sektor verzeichnet einen starken Anstieg und hohe Bedarfsprognosen.

Bezeichnenderweise existieren im Ausland (vgl. 4) erheblich weniger Ressentiments, vor allem auch bei potentiell Betroffenen, aus einem Konglomerat keineswegs wahloser und keineswegs sinnloser Faktoren Kennzahlen für öffentliche Dienstleistungen zu entwickeln.

Mit der in den öffentlichen Institutionen, spez. im Bereich der Verwaltungen (vgl. dazu Mayntz 1968; Koch 1982) verbreiteten Angst vor aggregierten oder auch agglomerierten Leistungsindikatoren, die in den Beispielen Hochschule und Krankenhaus zunächst nur den internen Leistungsvergleich betreffen, lassen sich kaum weitergehende Ansprüche an das Controlling realisieren, wie z. B. die Informationsbeschaffung und Informationsaufbereitung durch das sog. *environmental scanning* (vgl. z. B. Horváth 1991: 401 ff.). Dadurch werden primär externe strategische Informationen in Beziehung zur Situation der eigenen Behörde, des eigenen Amtes, Hochschule, Feuerwehrwesen, Krankenhaus gesetzt (bei institutioneller Äquivalenz und funktioneller Äquipotenz), und damit wird auch die interne Dimension der Ressourcen- und Ergebnisorientierung in der erforderlichen Art und Weise zur externen Dimension (Qualitätsvergleich, Wettbewerb, Unternehmenskultur etc.) in ein aussagefähiges Verhältnis gebracht. Der Einwand, dadurch werde nicht nur Unvergleichliches verglichen, sondern aus diffusen Quellen ein Indikatoren-Konglomerat zusammengemischt, ist am wenigsten dann berechtigt, wenn eine hohe Kundenorientierung bei der Leistungserstellung verlangt wird.

Derartige Indikatoren können auch ständig wie ein Damokles-Schwert über den Mitarbeitern schweben (vgl. auch 4.1.2.).

Der Unterschied zwischen motivationsfördernden, leistungsanreizenden Globalindikatoren und solchen, die schnell in die *innere Kündigung* treiben, kann also hauchdünn und damit kontraproduktiv statt produktiv sein. Die sinnvolle Selektion dieses Steuerungsinstruments ist auch eine Managementaufgabe. Für die Verknüpfung gleichwertiger externer und interner Größen auch im öffentlichen Sektor sind DV-gestützte Führungsinformationssysteme grundsätzlich geeignet – z. B. Executive Information System (EIS), Decision bzw. Structured Support System (DSS/SDS) oder auch ältere, aber breit erprobte Management-Informations-Systeme –, weil hier eine Fülle von Informationen verarbeitet wird, die weit über Rechnungswesen, Budgetierung, schlichte Soll-Ist-Abgleiche hinausgeht. Gerade Zielbildung und Zielkorrektur im strategischen Controlling kann ohne die Rezeption diverser externer Daten aus der Umwelt der öffentlichen Verwaltungen nicht einmal in Ansätzen implementiert werden (vgl. z. B. Reichmann 1993: 459 ff.).

6.3.2 Zur Notwendigkeit des strategischen Controlling

Soweit sich Controlling-Konzepte nur auf den Aufbau eines effizienten Rechnungswesens und auf die Optimierung der Binnensteuerung von Ämtern etc. beziehen, spricht man heute überwiegend auch im öffentlichen

Bereich von *operativem Controlling*. Soweit es um externe Analysen (»environmental scanning«, s. o.), um die Informationsbegleitung der Führung in langen Zeithorizonten, um die Wahrnehmung schwacher Signale (z. B. ökologische Situation einer Kommune, demographische Langzeittrends), Chancen-Risiken-Profile etc. geht, spricht man überwiegend, aber für den öffentlichen Sektor nicht unumstritten, von *strategischem Controlling* (etwa analog zum Begriff strategisches Management; s. o.). Während die operative Tätigkeit bei einem Dezernat oder einem Fachamt im Organigramm auftauchen kann, ist das strategische Controlling z. B. als Stabstelle auf der politisch-administrativen Führungsebene zu installieren.

Gegenüber dieser zentralen Controlling-Einheit werden andere Zentralabteilungen hinsichtlich ihrer Kompetenzen Abstriche hinnehmen müssen, auch wenn die Führungsunterstützungsfunktion lediglich entscheidungsvorbereitenden und moderierenden Charakter hat (vgl. auch 4.2.1). Dieser Umstand muß besonders die mentale Flexibilität öffentlicher Verwaltungen strapazieren. Jedoch ist die Etablierung dezentraler Ressourcenverantwortung ohne eine strategische Controlling-Serviceeinheit nicht zu realisieren.

Der Versuch, über die Schaffung von teilautonomen Controlling-Inseln von der Peripherie her sinnvoll einer vom Controlling freigestellten Kernverwaltung zuzuarbeiten, steckt voller Widersprüche. Umgekehrt kann jedoch eine zentrale Controlling-Einheit bei mangelnder Verwaltungskraft einer Gebietskörperschaft durchaus alle operativen Evaluationen und Analysen zusätzlich übernehmen. Bei größeren peripheren Einheiten widerspricht jedoch auch diese Vorgehensweise den Prinzipien einer dezentralen Ressourcenverantwortung und die Etablierung eines Sub-/Dienstcontrolling wird erforderlich.

Während das operative Controlling verwaltungs-, verbands- bzw. unternehmensinterne Informationen zur Verfügung stellt und dem Charakter nach ein konvergentes Unterstützungssystem bleibt, zeichnet sich das strategische Controlling nicht nur durch Analyse auch der externen Daten aus, sondern ist dem Charakter nach durch strategische Früherkennung, Prämissenkontrolle und -korrektur, durch Entwicklung von Alternativen aufgrund von z. B. Früherkennungssignalen divergent zum status quo der Planung. Dadurch ersetzt es keinesfalls die strategische Planung, sondern liefert die Möglichkeit, »über einen solchen Vorlauf für die Planung Reaktionszeiten zu verkürzen und unnötigen Ressourcenverzehr zu minimieren« (Ossadnik 1993: 63).

Einige Unterscheidungskriterien zwischen den Controlling-Arten in der Übersicht (Abb. 19 modif. nach Budäus 1989):

159

	Operatives	Strategisches
	Controlling	
Zielrichtung	Wirtschaftlichkeit Sicherstellung	Umwelt der Verwaltung Umwelt der öffentlichen Unternehmen Adaptionskriterien
Zielgrößen	Wirtschaftlichkeit Effizienz Rentabilität ggf. Gewinn	Produktqualität Bürgernähe Existenzsicherung Erfolgspotential
Planungsart	taktisch operativ innerbetrieblich	strategisch Identifikation und Verbesserung der Umwelt- und Kontextfaktoren
Dimension	quantitativ Aufwand Ertrag Kosten Leistung	Chancen-Risiko-Analyse Stärken-Schwächen-Profil Prämissenkontrolle Alternativniveau
Zeithorizont	Planungsperiode	unbegrenzt
Arbeitsweise	konditional/reflexiv Termindruck konvergent	final frei divergent

Abb. 19: Operatives und strategisches Controlling

Für die öffentliche Verwaltung werden häufig inkonsistente Forderungen erhoben, die einen Zusammenhang mit der Einführung eines strategischen Controlling suggerieren, z. B.»wirksame politisch-administrative Steuerung der Verwaltungsorganisation auf Basis strategischer Zielsetzung, bei weitreichenden Handlungsspielräumen der dezentralen Einheiten und unter regelmäßiger Verfolgung der Zielerreichung (›Controlling‹)« (Reichard 1993: 3). Die vergangenheitsbezogene *Verfolgung* ist kein Gegenstand von strategischem Controlling.

Wie bereits dargelegt, kann die Arbeit des zentralen Steuerungs- und Controllingbereichs aus strategischen und operativen Komponenten zusammengesetzt sein. Im kommunalen Bereich ist eine solche zentrale Service-Organisationseinheit der Verwaltungsführung zugeordnet, um die nicht dezentralisierbaren Controlling-Aufgaben wahrzunehmen. Dazu zählen für das *Stadtmanagement* nach Angaben der KGSt (zitiert nach 1993c: 19):

- Unterstützung des Rats/Kreistags und der Verwaltungsführung, insbesondere Bereitstellung der für die politischen Zielsetzungs- und Steuerungsaufgaben einschließlich der strategischen Planung erforderlichen Informationen;
- Koordination der Fachplanungen der Fachbereiche aus der Sicht der Gesamtpolitik des Rats/Kreistags und der von ihm beschlossenen Schwerpunkte der kommunalen Entwicklung;
- Entwicklung und Vollzugskontrolle zentraler Leitlinien der Personal-, Organisations-, Finanz- und Automationspolitik;
- Planung, Vollzugskontrolle und Sicherung des Ausgleichs des Gesamthaushalts. Konsolidierung der Teilhaushalte/Wirtschaftspläne der Fachbereiche;
- Analyse und Überprüfung der Leistungen der Fachbereiche im Rahmen des Berichtswesens;
- Steuerung und Kontrolle der zentralen Datenbanken (Finanz- und Personalinformationssystem) und Planung der fachbereichsübergreifenden informationstechnischen Infrastruktur;
- ständige Verbesserungen des Steuerungsinstrumentariums;
- Beteiligungsverwaltung, zentrales Bürgercontrolling.

Diese Vorhaben integriert auch das Konzept der *Aufgabenkritik* der siebziger Jahre, sie sind aber nicht dessen exakte Fortschreibung, weil sie der Intention nach von einer Input- zu einer Outputsteuerung führen sollen, das Konzept des Verwaltungsprodukts beinhalten, Qualitätsmanagement und interkommunalen Wettbewerb fördern sollen.

6.3.3 Operatives Controlling und Mikrostruktur

Einige Autoren kritisieren, daß für das Controlling in der öffentlichen Verwaltung die Literatur in zum Teil nachlässiger Weise Voraussetzungen, Aufgaben, Rechtfertigungen, Rahmenbedingungen und vor allem Restriktionen (vgl. dazu auch Kap. 5.1) übersieht oder umwidmet. Einer der Schlüsse aus diesen Controlling-Empfehlungen: »So setzt insbesondere das operative Controlling mehr oder weniger eindeutige und operationale Ziele voraus, wie sie bekanntlich in der öffentlichen Verwaltung entweder nur in Teilbereichen oder gar nicht existieren« (Brüggemeier/Küpper 1992: 570). Das Problem stellt sich für operatives Controlling in öffentlichen Unternehmen nicht in dem Maße, auch wenn das primäre Sachziel die Bedarfsdeckung sein sollte. Es arbeitet dennoch mit privatwirtschaftlich etablierten Kennzahlen, zumindest im Rechnungswesen, weil die Substanz- und Kapitalerhaltung, evtl. auch der Gewinn, klare Formalziele traditioneller Art sind. Das gilt auch für defizitäre Beispiele der Ver- und Entsorgung oder der Verkehrswirtschaft.

Auch in öffentlichen Verwaltungen sind Soll- Ist-Vergleiche, Abweichungsanalysen, kurz- und mittelfristige Finanzplanung oder Verbesserung der innerbehördlichen Planung (die wiederum durchaus output-orientiert sein kann) typische Inhalte eines operativen Controlling. Begründet wird die organisatorische Verankerung, z. B. in Fachämtern und Dezernaten, mit dem Hinweis, sonst sei in großen und komplexen öffentlichen Verwaltungen nicht die geforderte dezentrale Ressourcenverantwortung zu realisieren. Gerade in diesem Bereich geht es um kurzfristige Informationsaufbereitung und Entscheidungshilfe. Das operative Controlling ist oft Arbeitsgegenstand der Sub/Dienst-Controller soweit es sich um größere Gebietskörperschaften, Behörden oder Ministerien handelt. So wird auch die Gefahr von Informationsasymmetrien und doppelten Arbeiten im Verhältnis zur zentralen Service-Einheit und zur administrativen Führung reduziert. Durch die engeren finanziellen Grenzen der kommunalen Haushalte werden allerdings kaum dezentrale Controlling-Einheiten mit überwiegend operativen Aufgaben entstehen, sondern, wenn überhaupt, eine zentrale Einheit, die in der Linie oder quer zu einem bzw. mehreren Dezernaten oder als Stab beim Bürgermeister/Stadtdirektor angesiedelt werden kann. Ob die KGSt-Empfehlungen zu den sog. Controlling-Inseln (z. B. nur für die Bauverwaltung) sinnvoll sind und den »Ausbau eines systematischen flächendeckenden Controlling« (Schmalenbach-Gesellschaft 1987: 250) promovieren, muß bezweifelt werden. Falls letztlich nur ein bunter Haufen fragmentarischer Controlling-Sprengel entsteht, nützt auch der Wunsch nach der sich selbst steuernden Organisation nichts mehr. Aufgrund der finanziellen Engpässe, aber auch durch die dynamischen, z. T. abrupten Veränderungen der Anforderungsprofile bei hoheitlichen Dienstleistungen und Produkten der öffentlichen Verwaltungen droht dem Controlling in diesem Sektor ein ungewollter Rollentausch. Es könnte sich »zum Instrument des inputorientierten Krisenmanagements« (Budäus 1992b: 52) verwandeln und die Prinzipien des Public Management aushöhlen. Abschließend hierzu eine Anmerkung bezüglich der NPOs: Die Controlling-Perspektiven in deutschen Non-Profit-Organisationen mit z. T. unklaren Sachzielbestimmungen und unterschiedlichen Ausprägungen der Formalziele sind bisher nur für bestimmte Institutionen (z. B. konfessionelle oder wohlfahrtliche Krankenhäuser) gründlicher untersucht. Das gilt z. T auch für das Management dieser Organisationen (vgl. dazu Schauer 1989: 283 ff.). Forschungsarbeit in diesem Segment ist wichtig, weil die Forderungen zunehmen, Aufgaben der öffentlichen Verwaltung in diesen »Dritten Sektor« zu verlagern (z. B. Reichard 1992: 843).

7. Kundenorientierung, Servicekultur und Marketing im öffentlichen Sektor

7.1 Über kunden- und serviceorientierte Ansätze: umfassendes Qualitätsmanagement

Eine zentrale Kritik an der gegenwärtigen Arbeitsweise und Leistungsfähigkeit des öffentlichen Sektors ist, daß er zu bürgerfern organisiert sei (vgl. Kap. 10.2), seine Leistungen nicht hinreichend flexibel und bedarfsgerecht erbringe, überhaupt den Bürger zu wenig als Kunden verstehe. Diese Kritik, wenn auch gelegentlich überzogen formuliert und zugespitzt, erscheint dennoch in Teilen schon deshalb plausibel, weil der öffentliche Sektor in weiten Bereichen bekanntlich noch nach dem klassischen bürokratisch-hierarchischen Strukturmodell konstituiert ist, und dieses – für repetitive Routineaufgaben möglicherweise begrenzt leistungsfähig – unstreitig beträchtliche Defizite insofern aufweist (vgl. u. a. Damkowski 1981a: 220 ff.; 1981b: 294 ff.; Bosetzky/Heinrich 1980: 35 ff.), als es durch

- eine starke Innenorientierung und geringe Bürger- bzw. Kundennähe,
- geringes Potential für Mitarbeitermotivation und
- eine weitgehende Schwäche bezüglich ressortübergreifender, integrierender Arbeitsweisen, Flexibilität und Innovationsfähigkeit

gekennzeichnet ist.

Diese Defizite sind im übrigen nicht nur für die so verfaßten Bereiche des öffentlichen, sondern auch für Unternehmen des privaten Sektors, soweit sie hierarchisch organisiert sind, charakteristisch. Deshalb kann es auch nicht überraschen, daß die Forderung nach Qualitätssicherung und größerer Kundennähe zunächst aus dem privat-industriellen und danach auch für den öffentlichen Sektor erhoben wurde. Im folgenden werden unter dem Aspekt von Produktqualität und Kundenorientierung fünf konzeptionelle Ansätze (vgl. Abb.), die untereinander durchaus Berührungspunkte aufweisen, in ihren Grundelementen skizziert sowie in Teilen für die Anwendung im öffentlichen Sektor auch modifiziert und weiterentwikkelt:

- *Qualitätssicherung und Total Quality Management (TQM)*
- *Management by Objectives (MbO)*
- *Konkurrenzbürokratie oder Management by Competition (MbC)*
- *Corporate Identity (CI) bzw. Unternehmenskultur-Konzepte*
- *Lean Management bzw. Lean Government und Lean Administration*

7.1.1 Qualitätssicherung und Total Quality Management (TQM)

Für die Herkunft dieses Ansatzes lassen sich unterschiedliche Wurzeln angeben. Soweit von Qualitätsmanagement bzw. TQM (vgl. u. a. Swiss 1992:356 ff.) die Rede ist, handelt es sich um ein Konzept, das seine Ursprünge im privatwirtschaftlich-industriellen Sektor hat und dort wohl zuerst in den 80er Jahren in der japanischen Automobilindustrie erfolgreich angewandt worden ist (vgl. Naschold 1993: 87/88; Curtius 1993: 74). Theoretisch entwickelt wurde TQM jedoch in den USA und kann auf W.A. Shewarts Schrift *Economic Control of Quality of Manufactured Products* aus dem Jahre 1932 zurückgeführt werden (vgl. dazu Grant/Shani/Krishnan 1994: 26).

In den USA zwar noch weiterentwickelt, wurde das Konzept erst durch die japanischen Erfolge mit TQM (vgl. Lazer/Murata/Kosaka 1985: 89 ff.; Taguchi/Clausing 1990: 65 ff.) schließlich reimportiert, nachdem Edward Deming am 24.6.1980 landesweit die Fernsehzuschauer (CBS) mit der Frage konfrontierte: »If Japan Can ... Why Can't We?« Unternehmen wie *Texas Instruments* oder *Kodak* bewiesen den Amerikanern dann, daß TQM auch in den USA erfolgreich umgesetzt werden konnte (vgl. z. B. Kodak 1984). 1990 setzten bereits 24% der 1000 größten US-Unternehmen bei jeweils mehr als der Hälfte ihrer Mitarbeiter TQM, speziell im Bereich Kundenorientierung, ein (vgl. Lawler/Mohrman/Ledford 1992: 96).

Die Prinzipien der totalen Kundenorientierung, der permanenten Verbesserung von Produkt-, Service- und Informationsqualitäten, und die Optimierung von Arbeitsabläufen und – dadurch sich entwickelnd – auch gesellschaftlicher Orientierung (Umweltschutz) haben inzwischen auch Europa erreicht. *Rank Xerox*, Gewinner des *European Quality Award 1992*, konnte durch konsequentes TQM seine verlorene Marktführerschaft wieder erringen. Auch *Bosch, Nestlé, Ciba-Geigy, Daimler-Benz, Philips* und *Volkswagen* erproben das Konzept ansatzweise. Die »Qualitätsrevolution« (Homburg 1994: 24) und das Qualitätsverständnis in den USA wurden 1987 durch die jährliche Ausschreibung eines Preises durch das Wirtschaftsministerium, des *Malcolm Baldrige National Quality Award,* deutlich verstärkt.

Weil das Konzept zunächst stark durch seine industrielle Herkunft geprägt wurde, wird z.T. auch heute noch bezweifelt, ob es sich auch für die Anwendung im öffentlichen Sektor eignet; denn dieser sei mehr als der private Sektor durch eine stärker qualitative Dienstleistungsstruktur und durch ein sehr unterschiedliches Kunden- bzw. Klientenspektrum geprägt (vgl. z. B. Swiss 1992: 356 ff.). Gleichzeitig wird jedoch auch meist anerkannt, daß TQM für den öffentlichen Sektor modifizierbar ist und für diesen weiter entwickelt werden kann (Rago 1994: 61 ff., 64; vgl. auch Hill/Klages 1993b).

Daß dies so ist, zeigt schon der zweite Ursprung von Qualitätsmanagement, der eher im Gesundheitsbereich zu verorten ist: Teils zeigt sich, daß US-amerikanische »Gesundheitskonzerne« (Health Maintenance Organizations) in Anlehnung an TQM eine sehr strikte Qualitätskontrolle gesundheitlicher Dienstleistungen praktizieren (vgl. Kampe/Kracht 1989: 81 ff., 103), teils kamen entsprechende Impulse für den Gesundheitssektor von der Weltgesundheitsorganisation (WHO), die im Rahmen ihres Gesundheitsförderungskonzepts die Forderung nach *Qualitätssicherung* im Gesundheitswesen erhob. Dieser Impuls ist im übrigen interessanterweise für die nationale Gesundheitspolitik und die einschlägigen, sich daran anschließenden Rechtsvorschriften nicht ohne Wirkung geblieben: So werden vom Gesetzgeber in § 137 des Gesundheitsreformgesetzes für den Krankenhausbereich und in § 135a des Gesundheitsstrukturgesetzes für den ambulant-medizinischen Sektor Qualitätssicherungsziele formuliert und vorgegeben.

(1) Ziele und Dimensionen von Qualitätsmanagement

Vor allem zwei Motive bzw. Ziele dürften für den Versuch maßgeblich sein, für den öffentlichen Sektor Qualitätssicherungssysteme zu entwickeln und anwendbar zu machen: Zum einen der kundenorientierte Anspruch, die Produktqualität öffentlicher Dienstleistungen für den Bürger, Patienten bzw. Klienten zu halten, zu sichern und zu steigern und zum zweiten – teils kunden-, teils kostenorientiert – nach Etablierung solcher Systeme Leistungsvergleiche zwischen den Outputs und Outcomes mehrerer vergleichbarer öffentlicher Leistungseinheiten – z. B. zweier öffentlicher Krankenhäuser – anstellen zu können. Dabei muß bei letzterem Motiv noch nicht einmal der Kostensenkungsaspekt im Vordergrund stehen, sondern u.U. kann auch das Interesse der öffentlichen Kostenträger maßgeblich sein, zu prüfen, welche einrichtungsinternen Strukturschwächen und Ablaufdefizite oder auch u.U. unterschiedlichen Bedingungen dafür verantwortlich sind, daß bei gleichem Input bei einer Vergleichseinrichtung geringere Leistungsqualitäten erzielt werden.

Zur weiteren Strukturierung des Qualitätssicherungsprozesses und für die Bildung bestimmter Gruppen von Qualitätssicherungsvariablen bzw. -kriterien werden regelmäßig drei Dimensionen von Qualitätssicherung, nämlich

- *Strukturqualität*
- *Prozeßqualität*
- *Ergebnisqualität*

unterschieden (vgl. für viele: Kampe/Kracht 1989: 81; Damkowski/Precht/ Spilker 1994: 192 ff.; Damkowski/Görres/Israel/Luckey/Preuß 1993: 184 ff.).

Zur Strukturqualität gehören insbesondere die materiellen und organisatorischen Rahmenbedingungen sowie die personellen und sachlichen Ressourcen der Dienstleistungserbringung, also z. B.

- Größe und Budget der Service-Einheit,
- Organisations- und Rechtsform,
- Organisationsstruktur und Organisationsabläufe,
- räumliche und Sachmittelausstattung,
- Personal, Personalstruktur, Personalschlüssel sowie
- Qualifikationsstruktur und Qualifikationsniveau des Personals.

Zur Prozeßqualität rechnen insbesondere sämtliche auf die Gestaltung des Prozesses des Kundenservice, der Bürger- bzw. Klienten- und Patientenbetreuung bezogenen Aspekte, also z. B. Fragen

- der Zugangsmöglichkeiten des Bürgers,
- der Öffnungszeiten,
- der Beratungs- und Betreuungsintensität,
- der »Niedrigschwelligkeit« von Angeboten,
- der räumlichen Nähe der Dienstleistungserbringung,
- der Integration bzw. Ganzheitlichkeit von Diensten oder
- der Schnelligkeit und Flexibilität des Service.

Zur Ergebnisqualität zählen – naturgemäß – Aspekte, die die Qualität des gegenüber dem Kunden der öffentlichen Einrichtung erstellten Produkts, der seitens der öffentlichen Service-Einheit dem Bürger gegenüber erbrachten Dienstleistung oder des beim Klienten bzw. Patienten erzielten Behandlungsergebnisses betreffen, also z. B. Fragen

- der Zufriedenheit des Bürgers mit dem Verwaltungsservice,
- der fachlichen oder technisch-wissenschaftlichen Hochwertigkeit einer öffentlichen Leistung,

166

- der Rechtmäßigkeit, Verhältnismäßigkeit und Akzeptanz eines hoheitlichen Eingriffs oder eines ablehnenden Bescheides sowie
- der Angemessenheit der Kosten-Nutzen-Relation einer Leistung etc.

(2) Qualitätsmanagement als Regelkreis und Prozeß

Qualitätsmanagement läßt sich nur erfolgreich umsetzen, wenn es prozeßhaft und als rückgekoppelter, d. h. lernfähiger Regelkreis geplant und implementiert wird. Zentrale Prozeßphasen dieses Managementprozesses sind:

- *Entwicklung von Qualitätszielen*
- *Ableitung von Qualitätsstandards*
- *Qualitätsindikatoren aus den Qualitätszielen*
- *Qualitätskontrolle*

Dabei beziehen sich Ziele, Standards und Indikatoren auf die für die Struktur-, Prozeß- und Ergebnisqualität beispielhaft skizzierten Aspekte. Im einzelnen ließe sich der Regelkreis des Qualitätsmanagement in folgende Arbeitsschritte bzw. Prozeßphasen gliedern:

- Ist-Aufnahme, d. h. Analyse und Feststellung der gegenwärtigen Leistungsqualität der jeweiligen öffentlichen Einrichtung;
- Analyse von bestehenden Qualitätsproblemen bzw. -defiziten;
- daraus abgeleitet und bezogen auf die Qualitätsdimensionen unter (1) Entwicklung von Qualitätszielen für die Einrichtung;
- Ableitung von Qualitätsstandards (noch qualitativen Qualitätskriterien);
- bezogen auf die Standards: Suche nach und Entwicklung von quantitativ meßbaren Qualitätsindikatoren als operationalisierte Grundlage für die Prüfung, ob in der Realität Ziele und Standards erreicht werden konnten;
- Qualitätskontrolle im Sinne von Soll-Ist-Vergleichen (Erfolgskontrolle, Evaluation) durch Messung der Indikatoren;
- Schwachstellen-Analyse bezüglich der eventuellen Soll-Ist-Abweichung, Rückkopplung von Ergebnissen mit dem Ziel, hieraus Folgerungen zu ziehen für die eventuelle Veränderung von Qualitätszielen, Standards, Indikatoren und sonstigen Umsetzungsbedingungen des Qualitätsmanagement.

Soweit der – auf der formalen Ebene – einfach erscheinende Prozeß des Qualitätsmanagement; allerdings fällt es ins Auge, daß dieser in der Praxis mit einigen, nicht zu unterschätzenden Schwierigkeiten verbunden sein muß: Zunächst ist allgemein in das Kosten-Nutzen-Kalkül des Qualitätsmanagement einzubeziehen, daß der Aufwand für Planung und Implementation beträchtlich ist, dies um so mehr, als Akzeptanz für die Einführung bei den betroffenen Mitarbeitern nicht von vornherein vorausgesetzt werden darf. Dieses allgemeine Bedenken gilt jedoch grundsätzlich für die Implementation komplexerer Managementsysteme und ließe sich im übrigen durch OE- und PE-Strategien (vgl. hierzu unten 8.) überwinden und auch dadurch relativieren, daß aufgrund des höheren Aufwands immerhin eine höhere Leistungsqualität zu erwarten sein wird.

Ein spezielleres Problem liegt regelmäßig darin, daß bei öffentlichen Einrichtungen, die häufig qualitative Humandienste (soziale Betreuung, gesundheitliche und psychosoziale Leistungen) erbringen, schon die Entwicklung darauf bezogener Qualitätsziele und -standards nicht einfach, jedenfalls, da es sich meist um normativ-ethische Wertentscheidungen handelt, umstritten sein wird und erst recht die quantitativ-meßbare Ableitung von Indikatoren teils komplex, teils wohl auch nicht möglich sein wird. Aber auch in letzterem Fall kann auf das Qualitätsmanagement nicht gänzlich verzichtet werden, sondern eher wird man zu mehr qualitativ-beurteilenden Verfahren, insbesondere bei der Qualitätskontrolle gelangen müssen.

(3) Qualitätszirkel als ergänzendes Struktur- und Verfahrenselement

Im einzelnen kann in diesem Rahmen nicht auf Qualitätszirkel-Arbeit eingegangen werden (hierzu u. a. Curtius 1993: 74 ff.). Allerdings erscheint in diesem Zusammenhang der Hinweis wichtig, daß aus Organisationsleitung und -mitarbeitern zusammengesetzte Qualitätszirkel geeignete Formen und Verfahren sein dürften, um Qualitätsmanagement um ein partizipatives Element zu ergänzen und dadurch die Akzeptanz bei betroffenen Mitarbeitern zu erhöhen: Insbesondere dürften sich Qualitätszirkel erfolgreich in den Phasen der Ziel-, Standard- und Indikatorenentwicklung sowie bei der Qualitätskontrolle anwenden lassen; auch ist für die Fälle, in denen mangels meßbarer Indikatoren eher eine qualitative Qualitätskontrolle stattfinden muß, die Form des Qualitätszirkels sinnvoll zur qualitativen Ergebnisbewertung.

7.1.2 Steuerung durch Zielvereinbarung: Management by Objectives, Kontraktmanagement und Finalsteuerung (*målstyrning*)

Die historische Wurzel dieser Gruppe von Steuerungsansätzen liegt in den unterschiedlichen Varianten des Konzepts »Management by Objectives« (MbO) wie es in den 60er und 70er Jahren zunächst in den US-amerikanischen Wissenschaftsdisziplinen Public Administation und Business Administration entwickelt und später vielfältig im privaten und öffentlichen Sektor Nordamerikas in der Praxis angewandt worden ist (vgl. u. a. Hunter/Rodgers 1992:27 ff.). Dabei tritt MbO immer wieder in einer *autoritär-hierarchischen* (Zielvorgabe) und einer *partizipativ-kooperativen* (Zielvereinbarung) Variante auf. Bezüglich der autoritären MbO-Variante verschwimmen dann gelegentlich die Grenzen hin zu anderen Management by-Konzepten wie Management by Delegation, Management by Results und Management by Exception, die seinerzeit allesamt hohe Konjunktur hatten (vgl. u. a. Reinermann/Reichmann 1978; Damkowski 1975). In diesem Rahmen soll allerdings lediglich die partizipativ – kooperative Erscheinungsform von MbO ausführlich behandelt werden, weil zum einen diese wohl als die erfolgreichere zu bezeichnen ist (vgl. Hunter/Rodger ebd.), zum anderen, weil sie unter neuen Etiketten wie *Kontraktmanagement* und Finalsteuerung (*målstyrning,* vgl. für Schweden Krage 1990 und Häggroth 1993: 62 ff. sowie 4.2.2.) einer neuen Blütezeit entgegen zu gehen scheint. »Alter Wein« (MbO) »in neuen Schläuchen« (Kontraktmanagement) – das muß das alte, aber offenbar immer noch junge Konzept des MbO nicht diskreditieren.

Die Renaissance von MbO im Mantel von Kontraktmanagement und målstyrning, insbesondere in der niederländischen, neuseeländischen und schwedischen Politik – und Verwaltungspraxis, spricht eher für die Tragfähigkeit dieses Grundkonzepts, wobei – bei überwiegender begriffsidentischer Verwendung von MbO und Kontraktmanagement – neuerdings auch terminologische Differenzierungen versucht werden (vgl. hierzu Naschold 1993: 80), etwa in dem Sinne, daß

- Kontraktmanagement – auch zur Gestaltung des principal-agent-Verhältnisses – einen eher *inter-organisationellen* und
- MbO einen eher *intra-organisationellen*

Anwendungsschwerpunkt hat.

Kontraktmanagement bezieht sich danach stärker auf die Steuerung der Beziehung zwischen »Kernverwaltung« und aus ihr ausgegliederten, verselbständigten Dienstleistungseinheiten (Ziel- und Rahmenvorgabe unter Vorbehalt der Erfolgskontrolle), während MbO seine Geltung eher innerorganisatorisch in selbständigen Verwaltungseinheiten im Verhältnis zwischen Organisationsleitung und organisatorischen Untereinheiten haben soll, wie dies in der nachstehenden Abb. 20 beispielhaft veranschaulicht wird.

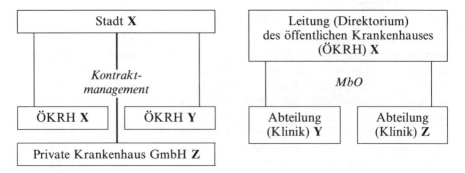

Abb. 20: Kontraktmanagement und Management by Objectives

(1) Das Grundkonzept von MbO bzw. Kontraktmanagement

Die Basisprinzipien von MbO sind denen der sonstigen Management-by-Konzepte und auch denen der heutigen Diskussion zur Modernisierung des öffentlichen Sektors sehr ähnlich. Sie lassen sich auf folgende Grundsätze reduzieren:
• Delegation bzw. Dezentralisation (*devolution*) von Kompetenzen und Enscheidungen,
• Abwendung von der Input- hin zur Output- bzw. Outcome-Kontrolle, Kundenorientierung,
• Steuerung über positive, motivationale Anreize,
• Schaffung von Organisationsidentität bei Mitarbeitern und Kunden,
• Partizipation und kooperativer Führungsstil.

MbO läßt sich in folgende Arbeitsschritte bzw. Phasen operationalisieren (vgl. Damkowski/Precht 1994: 6 ff.; vgl. auch Reinermann/Reichmann 1978: 172 ff.):
• Erarbeitung eines klaren, für jeden transparenten Zielsystems für die Organisation;
• Beteiligung aller Organisationsmitarbeiter an der Zielsystementwicklung und an der Definition von Aufgaben und erwarteten Arbeitsergebnissen im sog. Gegenstromverfahren (vgl. unten (2) und Böhret/Junkers 1976: 77/78);
• klare Kenntnis aller Mitarbeiter von ihrem Aufgabenbereich und von den von ihnen erwarteten Arbeitsergebnissen;
• Schaffung dieser Klarheit durch Abschluß von Zielvereinbarungen bzw. Kontrakten (*agreements*), in denen die für eine bestimmte zeitliche Pe-

170

riode erwarteten Ergebnisse je Mitarbeiter oder organisatorischer Untereinheit in nachprüfbarer, möglichst meßbarer Weise definiert werden; solche agreements können auch bestimmte Leistungsanreize bzw. Sanktionen regeln;

- Durchführung von periodischen Soll-Ist-Vergleichen auf der Basis der Zielvereinbarung bzw. des Kontraktes;
- Beurteilung bzw. Messung der Mitarbeiter- bzw. Gruppenleistung an den tatsächlichen Arbeitsergebnissen und den im Kontrakt vereinbarten Arbeitsergebnissen;
- partizipative Bewertung der Soll-Ist-Abweichung durch gemischte Teams (z. B. Qualitätszirkel).

(2) Entwicklung von Zielsystem und Zielvereinbarung
im Gegenstromverfahren

Das Zustandekommen von Zielsystem und Zielvereinbarung ist das zentrale, *janusköpfige* Element des MbO, denn es trägt zugleich *weiche, partizipative* und *harte, leistungmessende* Züge. Anders als bei der autoritären Variante von MbO dürfte der partizipative, auf Mitarbeitermotivation gerichtete Charakter am besten prozessual im sog. Gegenstromverfahren gesichert werden können (vgl. Böhret/Junkers ebd.; allgemein Luhmann 1978). Danach könnten für Entwicklung und Durchführung eines Zielkontraktes folgende Prozeßphasen durchlaufen werden:

- globale Vorgabe von Rahmenzielen durch die Organisationsleitung an Untereinheiten und Mitarbeiter zur Stellungnahme und weiterer Operationalisierung;
- Entwicklung von Zwischen- und Unterzielen sowie Maßnahmen und – für eine künftige Periode – von darauf bezogenen, möglichst quantifizierten Arbeitsergebnissen durch Untereinheiten und Mitarbeiter;
- Rückkoppelung der so operationalisierten Ziele, Maßnahmen und Arbeitsergebnisse durch die unteren Organisationsebenen an die Organisationsleitung;
- im Falle von Konsens zwischen Leitung und unteren Organisationsebenen Verabschiedung von Zielsystem, Maßnahmenkatalogen und Zielvereinbarungen, anderenfalls Stellungnahme und Korrektur seitens der Leitung und nochmaliger Durchlauf des Verfahrens top-down und bottom-up.

Die scheinbare Schwachstelle dieses partizipativen Gegenstromverfahrens liegt auf der Hand: Sie besteht im Konfliktfall, d. h. im Falle der Nicht-Einigung zwischen Leitung und unteren Organisationsebenen. Es leuchtet ein, daß in diesem Fall aus Aufwandsgründen der Durchlauf top-down und bottom-up nicht beliebig oft wiederholt werden kann, sondern nach ein bis zwei Konsensversuchen abgebrochen werden sollte. Ergänzend können dann allerdings alternative Einigungs- bzw. Schlichtungsverfahren wie die Übertragung der kompromißhaften Konfliktentscheidung auf die aus Leitungs- und Mitarbeitervertretern zusammengesetzten Gruppen (Qualitätszirkel) oder auf externe Mediatoren (Mediationsverfahren; vgl. 10) angewandt werden.

(3) Richtwert – und Indikatorensysteme zur inhaltlichen
Operationalierung von Zielkontrakten

Das *harte* Element von MbO liegt in dem Anspruch, die Kontrolle der Arbeitsergebnisse im Rahmen von Zielkontrakten quantitativ meßbar zu machen. Dieses wird in valider Weise bei rein qualitativen Humandiensten nicht immer möglich sein. Soweit aber eine Quantifizierung von Leistungen möglich und vertretbar ist, eignet sich hierfür die Entwicklung von Indikatoren- und Richtwertsystemen etwa in folgender Art (vgl. auch Damkowski 1975):

- Ausgangspunkt ist das für eine öffentliche Dienstleistungseinheit (z. B. Schulverwaltung) entwickelte Zielsystem mit seinen qualitativen Oberzielen (z. B. Verbesserung der Lehrerversorgung);
- es schließt sich hieran auf der Ebene von Zwischen- und Unterzielen eine Zieloperationalisierung dergestalt an, daß für die Erreichung des qualitativen Ziels (Lehrerversorgung) quantitativ orientierte Indikatoren gebildet werden (z. B. Klassenfrequenz je Lehrerstelle);
- bezogen auf diesen Indikator werden dann quantifizierte, meßbare Richtwerte bezogen auf eine Zeiteinheit festgelegt, die nachprüfbar angeben können, ob das qualitative Ziel erreicht werden konnte (z. B. Klassenfrequenz von 25 Schülern je Lehrerstelle innerhalb von vier Jahren im Zuständigkeitsbereich der Schulverwaltung);
- auf der Basis dieses Richtwerts können dann periodisch Soll-Ist-Vergleiche, Schwachstellen-Analysen bei Soll-Ist-Abweichungen und eventuelle Korrekturmaßnahmen durchgeführt werden.

7.1.3 Konkurrenzbürokratie oder Management by Competition (MbC)

Die – außer in Großbritannien, Schweden, Neuseeland und Australien – erst vorsichtigen Versuche mit Überlegungen zur Konkurrenzbürokratie oder – wie sich in Anknüpfung an die Management-by-Konzepte auch formulieren ließe – mit Ansätzen des *Management by Competition* (MbC) lassen sich auf unterschiedliche Wurzeln und politisch-soziale Kontexte beziehen (vgl. für eine stärker rechtliche Betrachtung Brohm 1994: 281 ff.).

Alle sind sie allerdings gleichermaßen durch den Versuch gekennzeichnet, den öffentlichen Sektor zu modernisieren – in Großbritannien allerdings auch zu reduzieren –, indem

- die traditionelle Bürokratie entflochten und flexibilisiert wird;
- im öffentlichen Sektor sowie zwischen diesem und dem privaten Sektor wettbewerbliche und marktliche Mechanismen installiert werden (vgl. OECD 1993d: 12 ff.).

Als Wirkungen dieser Ansätze werden mehr Kundenorientierung und ein günstigeres Kosten-Leistungsverhältnis erwartet. Die politisch-administrativen Motive solcher Herangehensweisen sind jedoch unterschiedlich (vgl. auch OECD 1992a):

- Während unter dem Stichwort *New Public Management* in England das Konzept sehr stark ordnungspolitisch-ideologisch im Sinne einer materiellen Privatisierung und Stärkung des privaten Sektors und übrigens auch gegen den traditionell politisch starken Senior Executive Service ausgerichtet ist (vgl. Mascarenhas 1993: 322),
- ist die Situation in Schweden, Australien und auch teilweise in Neuseeland (vgl. u. a. Häggroth 1993: 60 ff.; Wise/Amnå 1993: 1 ff.; Shaw 1994: 289 ff.; Wistrich 1992: 119 ff.), übrigens auch neuerdings in den USA unter der neuen Regierung Clinton/Gore, differenzierter zu bewerten. Diese Staaten versuchen vor dem Hintergrund krisenhafter Entwicklung ihres sozial- und wohlfahrtstaatlichen Systems eher unideologisch-pragmatisch durch wettbewerbliche Elemente die Anpassung und Modernisierung des bürgerbezogenen Dienstleistungssystems voranzutreiben. Die schwedische (übrigens auch die australische) Strategie unterscheidet sich allerdings von der Neuseelands darin, daß der öffentliche Sektor im wesentlichen nicht in Frage gestellt wird und Konkurrenz und Quasi-Märkte vor allem innerhalb des öffentlichen Sektors eingeführt werden sollen. Dagegen scheint insbesondere Neuseeland in einer pragmatischen Sicht auch nicht vor z. T. weitreichenden echten Privatisierungen öffentlicher Dienstleistungen zurückzuschrecken, um so unter Kosten-Nutzen-Gesichtspunkten Leistungsvergleiche zwischen privater und öffentlicher Dienstleistungserbringung zu ermöglichen und indirekte Anreize im öffentlichen Sektor zu schaffen (vgl. auch Reinermann 1992:139). Bei aller Vielgestaltigkeit und teilweise noch Offenheit der praktischen Ansätze und Vorgehensweisen (vgl. Kap. 4) lassen sich dennoch auch heute schon die folgenden Intentionen und Grundstrukturen eines MbC herausarbeiten:

- **Ziele von MbC:**

> - Flexibilisierung der klassischen Bürokratie durch internen und externen Wettbewerb,
> - stärkere Kundenorientierung des öffentlichen Sektors durch Installierung marktlicher Elemente,
> - Leistungsvergleich zwischen verschiedenen parallelen öffentlichen Trägern und zwischen öffentlichen und privaten Anbietern.

- **Grundstruktur von MbC:**
  - Intersektorielles MbC zwischen Unternehmen des Privatsektors und Unternehmen, Trägern, Organisationen des öffentlichen Sektors;
  - intra-sektorielles MbC und zwar inter-organisationell zwischen Trägern, Unternehmen, Organisationen des öffentlichen Sektors und intra-organisationell innerhalb von Trägern des öffentlichen Sektors zwischen organisatorischen Untereinheiten (Abb. 21).

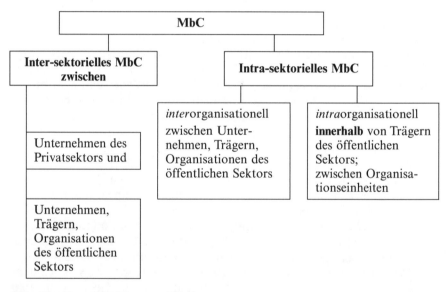

Abb. 21: Grundstruktur von MbC

Beispiel 1:
(Für inter-sektorielles MbC):
Ein öffentlich-rechtlicher Krankenhaus-Regiebetrieb wird in Wettbewerb gesetzt zu einer privaten Krankenhaus-GmbH.

174

Beispiel 2:
(Für intra-sektorielles, aber inter-organisatorisches MbC):
Ein öffentlich-rechtlicher Krankenhaus-Regiebetrieb steht in Wettbewerb
mit einer öffentlichen Krankenhaus-GmbH; oder zwei rechtsformidenti-
sche öffentliche Krankenhaus-Träger treten zueinander in Konkurrenz.
Beispiel 3:
(Für intra-sektorielles und intra-organisatorisches MbC):
Innerhalb eines öffentlichen Krankenhauses werden die Kliniken unterein-
ander in systematischen Leistungswettbewerb gestellt.

Bei intra-sektoriellem MbC könnte die Situation entstehen, daß parallele
öffentliche Träger für denselben Aufgaben- und Zuständigkeitsbereich bestehen. Daraus folgt, daß zwar der Verwaltungskunde (Patient, Klient,
Bürger) die marktähnliche Möglichkeit erhält, zwischen verschiedenen öffentlichen Leistungen desselben Typs, u. U. jedoch unterschiedlicher Qualität auszuwählen; andererseits würde aber der Aufwand auf diese Weise
verdoppelt werden. Der Einwand des doppelten Aufwands ließe sich aber
mit der Konstruktion entkräften, daß parallele öffentliche Leistungsanbie-
ter für unterschiedliche räumliche Regionalbereiche geschaffen werden.
Hiermit würde der Gedanke, dem Verwaltungskunden eine marktähnliche
Auswahlentscheidung zu ermöglichen, zwar etwas, aber nicht völlig in den
Hintergrund treten; denn bei allerdings größeren Anforderungen an die
räumliche Kundenmobilität könnte der Bürger – ebenso wie die kontrol-
lierende übergeordnete öffentliche Instanz – Leistungsvergleiche zwischen
den verschiedenen, für unterschiedliche räumliche Bereiche zuständigen
öffentlichen Leistungsträgern anstellen und daran seine Auswahlentscheidung orientieren (vgl. Damkowski/Precht/Spilker 1994: 199 mit Beispiel
aus dem Bereich des Umweltmanagement).

7.1.4 Corporate Identity (CI) – bzw. Unternehmenskultur-ansätze

Seit Anfang der 80er Jahre – entlehnt vor allem aus der US-amerikanischen
Unternehmenstheorie und -praxis – finden sich in Deutschland – wiederum
zunächst in Theorie und Praxis der Unternehmung – zunehmend Ansätze
der Corporate Identity, der Organisationsidentität bzw. der Unterneh-
mens- oder Organisationskultur (grundlegend Birkigt/Stadler/Funck 1993,
vgl. auch Dierkes/von Rosenstiel/Steger 1993). Motiviert in der Privatwirtschaft durch Defizite und Krisensymptome wie Anonymisierung der
Märkte und Kunden, Entpersonalisierung der Arbeitsbeziehungen und
Motivationsverluste aufgrund wachsender Unternehmensgrößen sowie

veralteter bzw. nicht mehr akzeptierter Führungsstrukturen, fanden diese Überlegungen – bei durchaus vergleichbarer Problemlage – in den letzten Jahren auch Interesse im öffentlichen Sektor (vgl. auch Meffert 1991: 817). Allerdings ist Vorsicht geboten: Neben Seriösem glaubt man – wie generell, wenn in der sogenannten Managementliteratur angeblich Neues »verkauft« wird – gelegentlich auch hier einen Trivialitätenkatalog vor sich zu haben (vgl. hierzu z. B. Olins 1990; ganz frei hiervon ist auch nicht das ansonsten grundlegende Buch von Birkigt/Stadler/Funck 1993). Dies gilt insbesondere für den von Meffert (ebd.) so beschriebenen design-orientierten Ansatz, den er unterscheidet von

- führungsorientierten Coporate Identity (CI)-Ansätzen (CI als Führungsinstrument zur Steuerung sämtlicher Willensbildungs- und -durchsetzungsprozesse im Unternehmen),
- strategieorientierten Ansätzen (CI als Koordinationsstrategie für die gesamte Kommunikationspolitik der Unternehmung) und
- planungsorientierten Ansätzen, die die umfassendsten sind und die es lohnt, im folgenden ausführlicher darzustellen.

(1) Die Grundstruktur des weitreichenden CI-Ansatzes

Nach diesem Ansatz wird CI verstanden als strategisch geplanter und operativ gesteuerter sowie iterativ-dynamischer Planungsprozeß, der das gesamte Erscheinungsbild, die Verhaltens- und Wirkungsweisen der Organisation nach innen und außen durch ein einheitliches Konzept koordinieren soll (Meffert ebd.; Birkigt/Stadler/Funck 1993: 21/22). In den Grundzügen läßt sich dieser CI-Ansatz wie folgt skizzieren (vgl. auch Jourdan 1993:1 ff.; Bleicher 1991: 259 ff.; Krüger 1991: 269 ff.):

- CI hat eine Doppelfunktion und doppelte Wirkungsrichtung; einerseits wirkt es nach innen in die Organisation und dient als Führungskonzept mit Motivations- und Koordinationsfunktion und andererseits will es nach außen eine kundenorientierte Marketingstrategie sein, indem es der Organisation und ihren Leistungen bzw. Produkten beim Kunden, Bürger oder Klienten ein spezifisches Profil, eine unverwechselbare Identität verleihen will.
- Als ein die Mitarbeiter motivierendes und koordinierendes Führungsinstrument will CI Motivation bzw. Identifikation entwickeln bzgl. der gesamten Organisation und der Organisationsziele (strategische Ziele, Struktur, Leitung, andere Mitarbeiter, Organisationskultur), aber auch bzgl.der Leistungen und Produkte der Organisation sowie ihrer Kunden.
- Als Marketingkonzept will CI eine Profilierung von Organisation und Produkten im Markt und bei den Kunden, eine unverwechselbare Organisationsidentität sowie Akzeptanz und Vertrauen gegenüber den Organisationsleistungen bzw. Produkten aufbauen.

(2) Instrumentelle Ausprägungen des CI-Ansatzes

Auf diese Organisationsidentität hin sollen nach innen und außen drei instrumentelle Ebenen von CI wirken (vgl. Wiedmann 1989: 32):

- die Ausrichtung aller Verhaltensweisen von Mitarbeitern (einschließlich der Leitung) auf die angestrebte Soll-Kultur (*Corporate Behavior*);
- die Lenkung aller internen und externen, formellen und informellen Kommunikationsprozesse hin auf diese Kultur bzw. Identität (*Corporate Communication*) sowie
- die Ausrichtung der Organisation und der Organisationsmitarbeiter auf der optisch-methodischen Ebene (z.T. trivial auf Logo-Ebene) auf die neue Identität (*Corporate Design*; vgl. auch die Abb. 22, entnommen aus Wiedmann 1989:32)

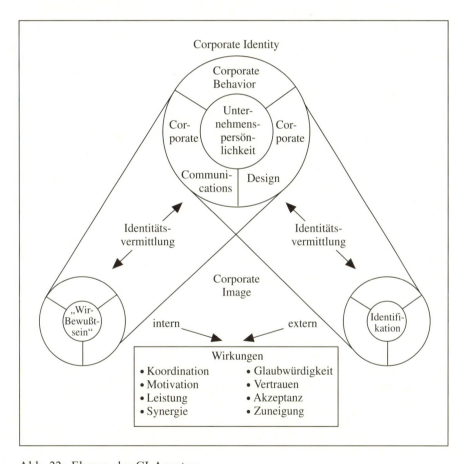

Abb. 22: Ebenen des CI-Ansatzes

(3) CI als Ziel und rückgekoppelter OE-Prozeß

Wie alle größeren Innovationen läßt sich eine CI auf den genannten instrumentellen Ebenen nur prozeßhaft und unter Ermöglichung von Rückkopplungsschleifen entwickeln: D. h. es ist hierfür zwischen einem zu verändernden Ist-Zustand und einem angestrebten Soll-Zustand der CI oder auch einer Ist- und einer Soll-Kultur der jeweiligen Dienstleistungsorganisation zu unterscheiden. Methodisch bedeutet dies, daß der Prozeß der CI-Entwicklung grob gegliedert ist in die Phasen:

- der Erhebung und Analyse der gegenwärtigen Organisationskultur (Ist-Kultur; einschließlich von Defizit- und Problembeschreibungen);
- der Entwicklung des Konzepts einer Soll-Kultur (als Prozeß der Zielbestimmung) bezogen auf die verschiedenen instrumentellen Ebenen (Corporate Communication, Corporate Behavior und Corporate Design);
- der Implementation und Evaluation der Soll-Kultur.

Dabei zeigt sich, daß dieser CI-Prozeß als Prozeß der Organisations- und Personalentwicklung begriffen werden kann und als solcher auch längerfristig angelegt und ausgestaltet werden sollte (so auch Sattelberger 1991b: 239 ff.; Wirtz 1992: 56 ff.; Bleicher 1991: 259 ff.; zu OE und PE im einzelnen unten 8.1 und 8.2). Ebenso wird deutlich, daß sich der Managementansatz des MbO (vgl. oben 7.1.2) hervorragend für die Strukturierung des CI-Prozesses eignet, hier also im Verhältnis von MbO und CI beachtliche Integrationschancen liegen.

(4) Dilemmata des CI-Ansatzes

Das CI-Konzept – nicht zu Ende gedacht – scheint mit zwei Dilemmata konfrontiert zu sein, die allerdings bei genauerer Prüfung auflösbar erscheinen (vgl. auch Schreyögg 1989: 94 ff.):

- Einerseits ist CI auf Mitarbeitermotivation und Identifikation der Mitarbeiter mit der Organisation und ihren Zielen ausgerichtet und andererseits besteht die Gefahr, daß die angestrebte Zielvorstellung von der Soll-Kultur autoritär (top-down) vorgegeben wird. Oder anders ausgedrückt: Motivation und Identifikation gedeihen besser in einem eher partizipativen Organisationsklima als in einer strikt autoritär-hierarchisch durchgegliederten Organisation. In unseren sowohl im öffentlichen als auch im privaten Sektor ganz überwiegend noch hierarchischen Organisationskulturen muß also der notwendige partizipative CI-Prozeß sich zunächst wie ein Fremdkörper ausnehmen; umgekehrt läßt sich auch formulieren: Ein ehrlich und offen-partizipativ angelegter CI-Prozeß in einem hierarchischen Organisationsklima wird es zunächst schwer haben, sich durchzusetzen; wird er aber mit Unterstützung der Leitung und unter Akzeptanz der Mitarbeiter begonnen, so wird er auch beträchtliche Ausstrahlungswirkung auf die gesamte Organisation ausüben und ziel- und aufgabenbezogene sowie struktur-und ablauforientierte Schwachstellen der Organisation aufdecken und schrittweise überwinden können, wie dieses generell bei OE-Prozessen der Fall ist (vgl. Wirtz ebd.). Insbesondere enthält der CI-Ansatz eine innere Dynamik in Richtung auf neue Führungs- und Managementstrukturen wie gerade auch seine Einbettung in ein MbO-Konzept besonders günstige Ausgangsbedingungen schaffen würde. Das scheinbare Dilemma *partizipativer CI-Ansatz* gegen *autoritäres Organisationsklima* ließe sich also erfolgreich im Rahmen des MbO-Konzepts auflösen (hierzu auch Damkowski/Precht/Spilker 1994: 199/200).

- Ein zweites, gravierendes Dilemma, das tendenziell geeignet ist, den CI-Ansatz selbst in Frage zu stellen, liegt darin, daß CI einerseits auf Koordination, Vereinheitlichung, ja Konformität und Normierung ausgerichtet ist und andererseits zu strikte Konformität und Normierung bekanntlich der Feind jeder Kreativität sind. D. h.: Ein insbesondere auf den Ebenen der Corporate Behavior, Communication und Design durchgeführter CI-Ansatz kann sich insofern schnell in einem Teufelskreis verheddern, als ein gerade über Motivation und Identifikation intendiertes kreatives Organisationsklima durch zu hohen Anpassungs- und Konformitätsdruck wieder behindert wird. Insoweit – als mögliche Auflösung dieses Dilemmas – muß CI immer eine Gratwanderung zwischen Koordination und Vereinheitlichung auf der einen und der Belassung von Autonomie- und Kreativitätsräumen auf der anderen Seite sein. Die bewußte Tolerierung von autonomen Kreativitätsnischen im Rahmen einer CI der Organisation kann hier also u. U. die Problemlösung sein.

7.1.5 Lean Management (Lean Administration)

Noch drastischer als z. B. bei CI oder anderen modisch präsentierten »neuen« Managementansätzen wird die z. T. frappierende Leerformelhaftigkeit, letztendlich auch Hilflosigkeit der neueren populär-wissenschaftlichen Managementliteratur, die dennoch »reißenden Absatz« findet, bei den Schriften zum Lean Management deutlich (ähnlich auch Reinermann 1993). In diesem Rahmen soll daher auf diese Art von eher unseriöser Literatur nur sehr kurz eingegangen werden, um danach ernster zu nehmende Überlegungen – von Ansätzen kann wohl noch nicht gesprochen werden – darzustellen und ihre Relevanz für den öffentlichen Sektor kurz zu prüfen.

(1) Lean Management als Modebegriff und Heilsbringer?

Die ganze Krise der populär-wissenschaftlichen Managementliteratur wird an nichts deutlicher als an der unreflektierten Verwendung von Modebegriffen, wie sie im Zusammenhang mit Lean Management benutzt werden. Da ist dann z. B. von

---

- Reduzierung der Fertigungstiefe (core activities),
- contracting out,
- just-in-time-Produktion,
- Verschlankung der Verwaltung,
- High-Speed-Performance oder
- Hochleistungsverwaltung (A. Little)

---

die Rede, ohne daß deutlich wird, daß es sich hier z.T. um Worthülsen handelt, denen noch weitgehend die inhaltliche Substanz fehlt (vgl. auch das zweite Berliner Management-Forum »Mut zum Wandel – Lean Managment in der öffentlichen Wirtschaft und Verwaltung«); geschweige denn, daß die Anwendbarkeit des Lean Management auf den öffentlichen Sektor und die Frage hinreichend geprüft wären, ob denn die *Lean-Philosophie*, die aus der japanischen Automobilindustrie mit ihrem spezifischen gesellschaftlichem Umfeld stammt, überhaupt auf westliche Gesellschaften übertragbar ist (hierzu optimistisch Pfeiffer/Weiss 1992: 155 ff.; zweifelnd Scherrer/Greven 1993: 87 ff.). Wenn auch die in diesem Zusammenhang zentrale MIT-Automobilstudie auch dieser Frage nachgegangen ist (vgl. Womack/Jones/Roos 1990/1992), so ist doch angesichts des Setzens von Lean Management auf die »human resources« diese Problematik weiterer Untersuchung wert (hierzu auch Naschold 1993: 42). Ob nämlich zentrale Elemente des japanischen *Kaizen* (ständige Verbesserung durch permanente Infragestellung) wie etwa eine hohe Gruppenidentität und Gruppenverantwortung in westlichen Gesellschaften vorausgesetzt werden können, erscheint jedenfalls noch nicht gesichert.

Neben dieser oft unkritischen Übernahme von »Lean-Philosophien« ist des weiteren unter der Überschrift »Originalität und Redlichkeit« zu kritisieren, daß mit dem Modebegriff des Lean Management nicht selten nur »Alter Wein in neuen Schläuchen« serviert wird. Allerdings: Warum soll eigentlich nicht ein vor 20 bis 25 Jahren von Mc Gregor gut ausgearbeiteter führungs- und motivationstheoretischer Ansatz, den dieser unter seiner Theory Y zusammenfaßt, heute in einem Buch zum Lean Management neu verkauft werden (vgl. Pfeiffer/Weiss 1992: 61); oder muß man es denn sogleich als Trivialität begreifen, wenn mit dem Anspruch auf Originalität zur Analyse organisatorischer Aktivitäten ein »Fünf-Faktoren-Modell« »entwickelt« wird, das aus den Dimensionen Input, Personal, Organisation, Sachmittel und Output besteht (Pfeiffer/Weiss 1992: 46)?

(2) Umfassendere Lean-Ansätze

Neben – um es freundlich auszudrücken – verengten »Lean-Überlegungen« lassen sich davon umfassendere und auch systematisch angelegte Ansätze unterscheiden. Auch wenn sich hier noch kein einheitliches konzeptionelles Bild abzeichnet, lassen sich diese – mit aller Vorsicht – mit folgenden Überlegungen und Prinzipien, deren Relevanz für den öffentlichen Sektor hier nur grob geprüft werden kann, zusammenfassen (vgl. hierzu u. a. Metzen 1994; Pfeiffer/Weiss 1992: 54 ff.; Biehal 1994; Hogrefe 1994: 116 ff.; Kühnlein/Wohlfahrt 1994; Burkhardt/Sager 1993: 69 ff.; Meister 1993: 6 ff.; Bühner 1993: 9 ff.; Frackmann/Lehmkuhl 1993: 61 ff.; Oehlke 1993: 97 ff.):
- Veränderung der unternehmerischen bzw. organisationspolitischen Prioritäten: Weg von der Priorität des *Sachvermögens* hin zur Priorität des *Humanvermögens*. Hierunter werden unterschiedliche die »Humanressourcen« betonende Ansätze aus den Bereichen der Führungs- und Motivationstheorie, der Gruppenorientierung, der Kooperation und Teamorganisation sowie der OE und PE zusammengefaßt (vgl. auch Oehlke 1993: 104; Frackmann/Lehmkuhl 1993: 61 ff.). Diese entstanden vor dem Hintergrund defizitärer tayloristischer Arbeitsteiligkeit und Hierarchien; diese Ansätze sind zwar nicht neu, aber immer noch wichtig und zweifellos angesichts des bürokratischen Typs öffentlicher Verwaltung auch für den öffentlichen Sektor bedeutsam.
- Gestaltung der gesamten Wertschöpfungskette vom Lieferanten über den Produzenten bis zum Abnehmer als *integriertes Supernetzwerk* und *lernendes System* (Pfeiffer/Weiss 1992: 65 ff., 103 ff.): Zu diesem Gestaltungselement gehören dann Zielsetzungen wie
- Contracting out, geringere Fertigungstiefe,
- just in time-Produktion, aber auch
- die Ideologie, Lieferanten, Unternehmung und Kunden als eine *Produktions- und Produktfamilie* mit einer einheitlichen CI zu begreifen.

Dieses Element mag auch für den öffentlichen Sektor von einer gewissen Relevanz sein, wie sich schon daran zeigt, daß mit ihm alte und neue Diskussionen zur öffentlichen Verwaltung angesprochen werden: Eine Analogie kann z. B. zu der alten Forderung der Aufgabenkritik bezüglich der öffentlichen Verwaltung hergestellt werden, und Verbindungslinien sind sichtbar hinsichtlich der insbesondere in Großbritannien und Neuseeland bestehenden Tendenz durch Privatisierung, Contracting out, compulsory tendering etc. den öffentlichen Sektor auf Kernaufgaben *(core activities)* und eine Kernverwaltung, bei der von der policy-Funktion die service-Funktion abgetrennt ist, zu begrenzen. Aber auch hieran schließt sich zwangsläufig die alte und immer wieder neue Debatte zu der Frage an, was öffentliche Aufgaben sind bzw. sein sollen (vgl. hierzu oben 1. und auch Naschold 1993: 43 ff.; Reichard 1993; Brohm 1994: 282 ff.). Abgesehen hiervon, kann dieser *Lean-Ansatz* (Betrachtung der gesamten Produktionskette vom Lieferanten bis zum Kunden) für den öffentlichen Sektor auch erhebliche Anregungsfunktion haben, und zwar z. B. in der Weise, daß

- unter Gesichtspunkten des Verwaltungsinputs – bezogen auf eine konkrete öffentliche Dienstleistungseinrichtung – analysiert wird, wie sich Art, Umfang und Qualität typischer Inputs wie Rechtsvorschriften, Beiträge anderer »Zulieferer« (Behörden, Fremddienstleistungen im Falle von contracting out, vorhandenes Personal, Geld und Sachmittel) auf Qualität und Kosten des Produkts der konkreten Dienstleistung auswirken und
- unter Gesichtspunkten des Verwaltungsoutputs (der an den Kunden adressierten Dienstleistung) geprüft wird, wie die Produktakzeptanz beim Kunden aussieht, welche Kritik oder Anregungen bezüglich der Verbesserung der Produktqualität bestehen und ob perspektivisch eine Art »Corporate Identity« zwischen Dienstleistungseinrichtung und ihren Kunden entwickelt werden kann (vgl. für ein Beispiel: Damkowski/Precht/Spilker 1994: 200).

• Integrierte Betrachtung von Produkt und Produktionsverfahren (als drittes Grundprinzip; vgl. Pfeiffer/Weiss 1992: 124 ff.): Auch diese Herangehensweise könnte kreativ-innovative Bedeutung für den öffentlichen Sektor unter mehreren Aspekten haben. Zu untersuchen wäre z. B. im Hinblick auf die verwaltungsinternen Abläufe, ob und ggf. wie sich deren Qualität bzw. Defizite auf die kundenbezogene Leistungsqualität auswirken; hierzu könnten Schwachstellen in der Aufbau- und Ablauforganisation, in der Personalentwicklung oder der Innovationsorganisation gehören (z. B. der Fall, daß hohe Arbeitsteiligkeit und Spezialisierung und fehlende Aufgabenintegration für den Bürger/Kunden zu Leistungs- und Zuständigkeitszersplitterung sowie untransparenten und komplizierten Leistungsangeboten führen). Anknüpfend hieran wäre des weiteren z. B. im Sinne von öffentlichem Marketing zu prüfen, wie die *Produktresonanz* beim Kunden/Bürger aussieht und ob in der administrativen Binnenorganisation systematisch Strukturen für die Rückkopplung und Berücksichtigung von Kundenkritik und Kundenwünschen vorgesehen sind.

Vorstehende Darstellung und Überlegungen zeigen: derartige Ansätze können, auch wenn sie nicht ganz neu sind und auch nicht zwangsläufig unter *Lean Management* zusammengefaßt werden müssen, doch Anregungscharakter für Umgestaltungen und Innovationen im öffentlichen Sektor haben. Die nicht leichte Aufgabe wird sein, sie für bestimmte Aufgaben- und Organisationsbereiche des öffentlichen Sektors zu konkretisieren, anwendbar zu machen und in der Praxis zu erproben (vgl. für eine exemplarische Anwendung in der Kommunalverwaltung unten 9.1).

7.2 Marketing als öffentliche Führungskonzeption – theoretische Grundlagen und Voraussetzungen

Produktinnovationen, erheblich häufiger jedoch Produktvariationen und gelegentlich auch Produkteliminationen zählen zum Tagesgeschäft eines Marketing-Managers in der Privatwirtschaft. Viele öffentliche Dienstleistungen besitzen ebenfalls einen Gestaltungs- und Lebenszyklus, ohne daß sich jedoch im »Staat ohne Diener« (von Arnim: 1993) Leistungsersteller intensiv mit diesem Phänomen auseinandersetzen. Je stärker staatliche Leistungsmonopole garantiert werden, je stärker der Bürger nur als Abnehmer und nicht als Kunde verstanden wird, desto geringer ist die Neigung bei den Anbietern vorhanden, Art, Qualität, Umfang, Herstellungsweise und Existenzberechtigung der Leistung zu überprüfen. Jedoch geraten diese öffentlichen Dienstleistungen – von der Arbeitsvermittlung über die Druckerei des Bundestages bis zu Schutzdienstleistungen – immer stärker in die Mechanismen des Marktes und damit – fast zwangsläufig – auch in den Anwendungsbereich von Marketing.

Im vorhergehenden Abschnitt wurde gezeigt, daß Qualität durch Wettbewerb (MbC), Ideen der Konkurrenzbürokratie, Unternehmens- und Organisationskultur (Corporate Identity) immer stärker zu Bestimmungsfaktoren des öffentlichen Sektors zählen. Insbesondere für die öffentlichen Verwaltungen war eine Interdependenz oder gar eine Abhängigkeit gegenüber den Gesetzen des Marktes bis vor kurzem undenkbar. Neuere OECD-Studien beweisen den Zusammenhang von Marktmechanismen und Effizienzsteigerung auch für diesen Bereich (OECD 1991, 1992a, 1992b, 1993d). Danach sind auf internationaler Ebene z. B. in folgenden Bereichen marktgesetzliche Phänomene zu beobachten (vgl. auch 4.), die als Reforminitiativen zahlenmäßig deutlich vor anderen innovativen Ansätzen wie z. B. Dezentralisierung oder Organisationsentwicklung rangieren:

- Märkte für Eigentums- und Verfügungsrecht (Jagd, Fischerei, Bodennutzung,
- Marketing der Auftragsvergabe an Externe in Bereichen (public procurement) wie z. B. Informationstechnologie,
- Kommunales Marketing (Wettbewerb der Städte um z. B. Ansiedlungen, Großveranstaltungen, Lebensqualität),
- Quasi- und tatsächlicher Wettbewerb mit Instrumenten des Marketing-Mix im Bereich von Krankenhäusern, Sozial- und Gesundheitsdiensten,
- in Australien, Dänemark, Großbritannien, Kanada und US-Bundesstaaten bestehen interne Märkte im Bereich der Zentralverwaltungen,
- Emission-Banking und Lizenzhandel im Bereich der Umweltbelastungen (USA, ansatzweise Deutschland).

Marketing als abnehmerorientierte Unternehmensphilosophie ist eine besondere Führungs- und Handlungskonzeption, die ihre Ziele unter systematischem Einsatz eines speziellen Marketinginstrumentariums verfolgt und als Maßstab für den Unternehmenserfolg den Kunden oder hier den Bürger in den Mittelpunkt aller Überlegungen stellt. Marketing stellt die Gestaltung dieser Austauschbeziehungen dar, während Marketing-Management die Summe aller Führungsaktivitäten umschreibt. Im Gegensatz zum Business Marketing sind die Austauschbeziehungen im öffentlichen Sektor multilateral. Raffée hat die Gestaltung der Beziehungen zur allgemeinen Öffentlichkeit auch in Deutschland bereits 1979 als *Public Marketing* bezeichnet (Raffée 1979 und 1994: 47).

Während die Protagonisten des Marketing im öffentlichen Sektor einen Weg vom Non-Marketing über bestimmte Formen des *Social Marketing* (vgl. dazu Bruhn/Tilmes 1994) hin zu einem breiten Public Marketing mit vielen positiven Nebeneffekten, z. B. Abbau der Kommunikationsbarrieren zwischen Bürger und Verwaltung, beschreiten wollen, wenden Kritiker vor allem ein, daß

- durch Zweckbindung, Sachplanung, Haushaltsrecht und Verwaltungshierarchie hohe Schranken und absolute Handlungsrestriktionen existieren (Wagner 1984: 225 ff.);
- für Marketing-Aktivitäten harte Sekundärdaten über die Konsumenten, also die Bürger, fehlen;
- öffentliche Verwaltungen auf Preis-, Produkt- und Distributionspolitik besonders im hoheitlichen Bereich von Eingriffs- und Leistungsverwaltung durch Bindung an öffentliches Interesse und Allgemeinwohl verzichten müssen (dazu oben 5.1.) und allenfalls eine gewisse Kommuni-

kationspolitik betreiben können (etwa: »Die Polizei Dein Freund und Helfer«).

Sicherlich wird eine Forderung nach Marketing im öffentlichen Sektor nicht allein plausibel, weil viele Aktivitäten entwickelt werden, die den Kategorien der Marktanalyse und Marktforschung entsprechen und unter Einsatz von Marketinginstrumenten erfolgen.

Sicherlich stehen das bedarfswirtschaftliche Ziel des Allgemeinwohls und Gütermerkmale wie der Nicht-Ausschluß und die Nicht-Rivalität, die Erzielung von Einnahmen überwiegend aus Steuern und Gebühren, das Prinzip der Bruttoetatisierung und der hundertprozentige Staatsanteil einem öffentlichen Verwaltungsmarketing dann entgegen, wenn man darunter den Einsatz der klassischen Marketing-Instrumente in den Verwaltungen verstehen wollte.

Das gleiche gilt für das Marketing öffentlicher Unternehmen, soweit lediglich öffentliche Individualgüter (meritorische Güter, die aus übergeordnetem Interesse nicht die Kosten decken) produziert werden. Deshalb ist z. B. unter Preis-/Gegenleistungspolitik bei nicht-monetären Dienstleistungen eine immaterielle Gegenleistung gemeint, die sich in Verkürzung von Wartezeiten, Akzeptanz von übersichtlichen Formularen etc. ausdrücken kann. Leistungs- und Gegenleistungspolitik können – ein nur scheinbar paradoxes Phänomen – sogar Kongruenzen aufweisen. Das Motiv einer Verwaltung, ein Bürgerbüro für bestimmte Verwaltungsleistungen einzurichten, kann durch Erhöhung der Akzeptanz für diese Leistungen mit einer rationelleren Leistungserstellung verbunden sein, die wiederum eine nicht-monetäre Gegenleistung darstellt. Marketingziele der öffentlichen Verwaltung sind am jeweiligen Versorgungsauftrag orientiert, also an Bedarfsdeckungs-, Beeinflussungs- bzw. Lenkungszielen. Es gibt aber auch kostenorientierte Ziele innerhalb dieses Bereichs (vgl. unten und Homann 1989: 1692).

Segmentierungsentscheidungen, die Distributions-, Gegenleistungs- und Kommunikationssubmix betreffen, sind auch bei der Initiierung von Marketing-Kampagnen zu treffen, die bisher mehr oder weniger unkoordiniert ins Leben gerufen werden. Eine Anti-Drogen-Strategie der Gesundheits-, Innen- und Sozialministerien auf Bundes- und Länderebene, administrativ umgesetzt in Landespolizeiverwaltungen, kommunalen Ämtern und Einrichtungen, benötigt bereits bei Planungstechniken und Stärken/Schwächen-Analysen fast das ganze Instrumenten-Set des Marketing, z. B.

- selektive Distribution bestimmter intensiver Verwaltungsleistungen (für z. B. Opiat-Abhängige);
- mediale Differenzierung des Verwaltungsprodukts (z. B. Informationen und Ersthilfen – z. B. Substitutionstherapien mit Methadon – der örtlichen Gesundheitsämter für bestimmte Abhängige; Flächenwerbung); »Keine Macht den Drogen« – im Sport);

- Definition nicht-monetärer Gegenleistungen (z. B. Bereitschaft zu regelmäßigen Gesundheitskontrollen ohne Therapiewunsch).

Ein anderes Beispiel aus dem Bereich Verwaltungsmarketing: Insbesondere als *Stadtmarketing* bekannte Strategien sind neben dem Marketing für öffentliche Betriebe auch in Deutschland mit Erfolg durchgeführt worden. Während die Basis-Elemente des Marketing-Mix sich in öffentlichen Betrieben durch eine wettbewerbspolitische Instrumentalfunktion nicht vollkommen von privaten Unternehmenszielen unterscheiden müssen, kann Marketing in öffentlichen Verwaltungen – falls überhaupt – häufig nur mit ausgewählten Segmenten des Marketing-Sets implementiert werden. Die vier klassischen Instrumente heißen:

- **Product** – Dienstleistung
  – Produktangebot
- **Price** – Gegenleistung
  – Preispolitik
- **Place** – Distribution
- **Promotion** – Kommunikation
  – Werbung

und präsentieren neben Ressourcen (Infrastruktur, Umweltqualität) und Kunden (Bürger, Besucher/Touristen, Gewerbeansiedlung) in eigenständigen Marketing-Konzeptionen eine Stadt als organische und holistische Offerte (durch z. B. Elemente der Corporate Identity, von Public Relations etc., vgl. dazu auch 7.1.3 und 7.1.4: MbC/Unternehmenskultur). Stadtdesign, -kultur und -kommunikation sind prägnante Stichworte im Rahmen von Promotion, die z. T. noch einer weiteren räumlichen Eingrenzung unterliegen (Regionen, Großräume, Städte, Innenstadt/City; vgl. z. B. Schlegel 1993: G 1.2, 5 ff.). Beim Aufbau eines homogenen Stadtmanagement werden weitere grundsätzliche Elemente der wettbewerbsorientierten strategischen Unternehmensführung bedeutsam. Gleich ob es um den empirischen Zusammenhang von strategischen Geschäftseinheiten und Organisation (denkbar bei der Verkehrspolitik einer Kommune), um die Fragen nach der Zielkongruenz – ausgelöst durch politisch-administrative Vorgaben –, um Akzeptanz oder Konkurrenz geht, eine Stadt als Gesamtofferte unterliegt auch jenem weiten Spektrum von Determinanten, das Porter für die Analyse der Branchenstruktur entwickelt hat (1988: 26 ff.).
Eintrittsbarrieren in den Wettbewerb ergeben sich hier aus politischer Vorgabe, gesetzlichen Handlungsrestriktionen (Subsidiarität etc.), Input-Voraussetzungen und natürlich auch aus den drohenden Vergeltungsmaßnah-

men, zu denen im Freizeit- und Kulturbereich bereits der Spielplan eines renommierten Theaters in der Nachbarkommune zählen kann. Auch die bekannten Determinanten *Rivalität* (die fehlende Rivalität ist traditionell als Kennzeichen der hoheitlichen Verwaltungsprodukte definiert; der Zwang, sich mit Wettbewerb und Marketing auseinanderzusetzen, wird dieses Definitionsmerkmal zukünftig stärker auf die gesetzlich festgeschriebene Präponderanz einer bestimmten öffentlichen Leistung einschränken; s. o.) , *Abnehmerstärke, Substitutionsgefahr* und – sehr eingeschränkt – der *Lieferantenmacht* sind in die strategische Planung eines Stadtmanagements einzubeziehen. Es handelt sich bei dieser Form von Verwaltungsmarketing also um wesentlich mehr, als für das Fremdenverkehrsamt einen neuen Prospekt zu entwerfen oder als anläßlich des tausendjährigen Bestehens der Gemeinde ein signifikantes Logo auf das Briefpapier der öffentlichen Verwaltungen zu drucken. Stadtmarketing zur Darstellung der Attraktivität eines ganzen Bündels diverser Leistungsangebote wird zwischen Sinn- bzw. mit zunehmender Annäherung an hoheitliche Kerverwaltungsaufgaben – und Unsinn qualifiziert (dazu Müller/Töpfer 1988: 741 ff.) oder – in Anlehnung an Sportwettbewerbe – als Kür neben der Pflicht verstanden (Meffert 1989).

Im Bereich der marktorientierten Organisationsstruktur läßt sich dabei ein Trend zu Agency-Modellen, zu projektbezogenen Umsetzungsversuchen und auch zu partizipativen Elementen (z. B. client empowerment) erkennen. Soweit das *Public Marketing* mit internen Wettbewerbsformen verkoppelt ist, muß das Controlling in die Lage versetzt werden können, betriebsartige Ergebnisvergleiche zwischen den Verwaltungsbereichen zu erarbeiten; soweit Marketing im externen Preis-, Produkt-, Promotions- und Plazierungswettbewerb erforderlich bzw. angestrebt wird, muß das Leistungs- und Aufgabenvolumen in geldwerten Marktsurrogaten gemessen werden können (vgl. z. B. Banner 1993b: 187).

Verwaltungsmarketing kann nicht unter einer generellen Aufgabenkritik subsumiert werden, sondern ist eine Teilantwort im Rahmen von Kundenorientierung und Bürgernähe, wenn eine materielle Privatisierung z. B. aus Kostengründen oder z. B. zur Sicherung von Arbeitsplätzen entfällt. Aber auch, wenn ein *Outsourcing* bzw. alternativ *make or buy* für eine bestimmte Dienstleistung erwogen wird, kann die Entscheidung über die Vergabe nach außen durch Planungsinstrumente aus dem Marketing unterstützt werden. Mit der Break-Even-Analyse kann man auch durch andere Zielgrößen anstelle des Gewinns oder Deckungsbeitrags den *Break-Even-Point für ein Verwaltungsprodukt* ermitteln (vgl. Nieschlag/Dichtl/Hörschgen 1988: 892 f.).

Neben Stadtmarketing als holistischer Strategie kommt der Einsatz des Marketing-Sets für Segmente aus der Leistungsverwaltung in Betracht, bei denen nachfragegerechte und wirtschaftliche Leistungserstellung Handlungsspielräume erfordert (Kulturbereich: Theater; Ver- und Entsorgung;

Gesundheitswesen; auch spezialisierte Formen wie Reinigungsdienste, Grünanlagen-Pflege, Druckerzeugnisse; vgl. dazu z. B. Gaentzsch 1992: 370 f.).

7.2.1 Verwaltungsmarketing – praktische Beispiele

Marketing ist nach dem Transaktionskostenansatz gekennzeichnet durch die Planung und Gestaltung von Maßnahmen, die erwünschte Austauschprozesse zwischen einem Betrieb und seinen Märkten bewirken. Fraglich ist, ob eine Verwaltung ihre Märkte definieren kann, ob die Kommunikationspolitik zwischen öffentlichem Angebot/Nachfrage bzw. Anbietern/ Nachfragern der Leistungen des öffentlichen Sektors überhaupt den Voraussetzungen für Marketing entspricht.

Anwendungen für das Marketing im öffentlichen Sektor sind im internationalen Umfeld weit verbreitet (vgl. Kap. 4), doch auch in Deutschland existieren Beispiele und auch noch nicht erprobte Möglichkeiten, durch öffentliches Marketing bessere Ergebnisse und höhere Kundenzufriedenheit zu erreichen.

Eine Übersicht (vgl. Abb. 23) über die Marketingziele im Zielsystem von Verwaltungen aus dem Jahre 1983 (Eichhorn/Buchholz 1983: 213) kann den Eindruck erwecken, Verwaltungsmarketing sei bereits seit langem etabliert und praktiziert:

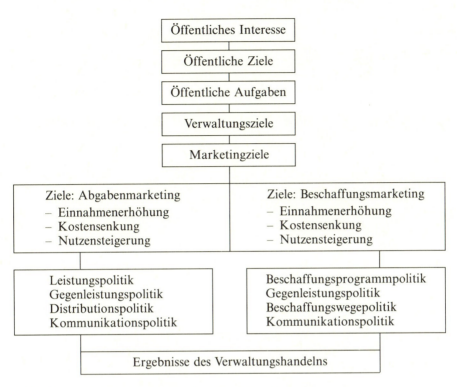

Abb. 23: Marketingziele innerhalb öffentlicher Verwaltungen

Im Kernbereich der Verwaltung können Marketing-Aktivitäten entfaltet werden, so z. B. Image-Untersuchungen in Frankenthal, Maßnahmen zur Verbesserung der innerstädtischen Attraktivität und des Angebots (z. B. Stadt Wolfhagen) oder Maßnahmen zur aktiven Öffentlichkeitsarbeit (»Gläsernes Rathaus« durch Runde Tische, Querschnittsämter für publikumsoriente Dienstleistungen) und zur Gewinnung einer kommunalen Corporate Identity (z. B. Stadtverwaltung Witten).

Insbesondere wenn es kleineren Kommunen an klaren Wettbewerbsvorteilen mangelt (wie gewerbliche Infrastruktur, Schwerpunkt-Forschung durch wissenschaftliche Institute, Freizeitattraktionen wie Ski- oder Segelreviere, historische Unikate etc.im Sinne einer *Unique Selling Proposition*), ist eine Stärke-Schwächen-Analyse unter realistischer Einschätzung möglicher Ressourcen Vorbedingung für Marketing-Aktivitäten. Dazu ein Auszug für die Stadt Wolfhagen (vgl. Braun/Töpfer 1989: 67):

Stärken
- Historische Altstadt
- vielfältige Sportmöglichkeiten
- breites Angebot des Einzelhandelns
- Nähe zum Ballungszentrum Ruhrgebiet
- günstige Verkehrsanbindung
- attraktive Landschaft
- gutes Schulangebot

Schwächen
- schlechte Verkehrsführung der Innenstadt
- wenig Parkplätze
- keine Fußgängerzone
- Stadtpark Koppenberg in schlechtem Zustand
- zu wenig Gästebetten
- keine Straßencafés
- mangelnde Beteiligung an gemeinsamen Aktionen von Handel, Handwerk und Gastronomie
- Pressearbeit zu schwach
- Informationstafeln fehlen
- einseitiges Kulturangebot
- Bekanntheitsgrad von Wolfhagen zu gering

Auf den ersten Blick präsentiert diese Addition von Plus- und Minuspunkten der kleinen Stadt typische Attraktivitätsprobleme irgendeiner deutschen Kommune. Eine Projektgruppe aus Repräsentanten des Magistrats, der Stadtverordnetenversammlung, von Handel, Industrie, Bundeswehr, Schulen und Lokalpresse hat diese »detaillierte Stärken-Schwächen-Analyse als strategische Bilanz« (s. o., 65) mit einer Metaplan-Technik durchgeführt, bei der schnell auffällt, daß die Stärken schwergewichtig und die Schwächen behebbar erscheinen. Um eine »strategische« Wettbewerbsposition zu ermitteln, sind subjektive Parameter wie Heimatverbundenheit natürlich ungeeignete Größen, um aus dieser Positionierung sinnvolle Marketing-Maßnahmen abzuleiten. Die tatsächliche Ausgangslage zu evaluieren, verlangt multivariate Verfahren, z. B. Regressions-, Varianz-, Diskriminanz-, Kovarianzstruktur-, Faktoren- und Clusteranalysen, multidimensionale Skalierungen, die das derzeitige Dienstleistungsangebot des *City Management* den Idealvorstellungen der Bürger gegenüberstellen oder Verbundmessungen (Conjoint Measurement) zur Qualitätsbeurteilung z. B. des ÖPNV (vgl. für konkrete Fragestellungen zum öffentlichen Sektor innerhalb dieser Verfahren Raffée/Fritz/Wiedmann 1994: 73).

190

Innerhalb der öffentlichen Verwaltungen können auch Marketing-Segmente belebt werden, die im Gegensatz zum reinen City Management ein regionales Marketing erfordern.

Ein typisches Feld ist die kommunale Wirtschaftsförderung. Im Bereich der öffentlichen Verwaltung stellt sie eine prozeß-orientierte Querschnittsaufgabe dar, die auf der organisatorischen Ebene eine dichtere Koordination der vielen Ämter und Referate erfordert. Das kann durch Einrichtung einer Stabstelle oder durch Schaffung eines Amtes zur Wirtschaftsförderung geschehen oder auch durch eine Kommunale Wirtschaftsförderungsgesellschaft (GmbH), ggf. auch durch Technologie- und Gründerzentren. Soweit private Formen erwogen werden, muß durch politisch-administrative Vorgabe sichergestellt sein, daß potentielle Interessenten z. B. wegen Bauakten, Flächennutzungsplänen, Gewerbeanmeldungen nicht von Pontius bis Pilatus (z. B. Bau-, Liegenschafts-, Gewerbeamt) irren müssen, daß kurze Informationskanäle zu Industrie- und Handelskammern oder Arbeitsämtern aufgebaut werden, und daß dispositive Aufgaben der Kernverwaltung kundenorientiert – also schnell und umfassend – durchgeführt werden können. Der »dezernatsübergreifende Service-Pool« (Müller, 1978: 716) Wirtschaftsförderungsgesellschaft wird seit längerem erprobt, um eine höhere Flexibilität und Kundenorientierung zu erzielen, doch allzu häufig fehlt es an der kompetenten und organisatorischen Ausstattung.

Neben diesem Defizit auf der administrativen Ebene korrigiert die Politik in Form von charismatischen Bürgermeistern häufig noch die Bemühungen der Administration. Schließlich verschafft eine erfolgreiche Gewerbeansiedlung jedem kommunalen Politiker sicherer als eine Schar von Kindern ein dauerhaftes Fortleben.

Speziell im Gebiet der Wirtschaftsförderung sind solche Begehrlichkeiten durch die klare Trennung von Politik und Administration nach erfolgter Ziel- und Ergebnisvereinbarung zu vermeiden.

Ein vielbeachtetes Beispiel für Erfolge in der regionalen Wirtschaftsförderung ist der Umlandverband Frankfurt. Die Makroorganisation der öffentlichen Verwaltungen zeigt, daß bestimmte Bundes-, Landes- und Gemeindeverwaltungen mit der Wahrnehmung einer oder mehrerer spezifischer Aufgaben betraut sind. Daneben gibt es Aktivitätsniveaus, die quer zu traditionellen Organisationen wahrgenommen werden müssen, z. B. umwelt- und raumordnungspolitische Aufgabenspektren im Rahmen von Kooperationen zwischen den öffentlichen Verwaltungen (Stadt-Umland-Verbände, gemeinsame Landesentwicklungsplanung verschiedener Bundesländer, interkommunale Kooperationen diverser Gebietskörperschaften etc.). Der Umlandverband Frankfurt z. B. koordiniert für über 40 Kommunen in der Region Rhein/Main Planungsaufgaben unter intensivem Einsatz des Marketing-Mix in den Bereichen Flächennutzung, Verkehr, Landschaftsplanung, Umweltschutz, Abfallwirtschaft, Abwasserbeseitigung, Freizeitanlagen, ÖPNV, Energiewirtschaft und Wirtschaftsförderung. Es bestehen differenzierte strategische Geschäftseinheiten (vgl. dazu 3.), hohe Handlungsfreiheit durch eine sondergesetzliche Grundlage und eine kunden- und absatzorientierte Philosophie. Öffentliche Eigenbetriebe, § 26 BHO/LHO – Betriebe, einzelne Kommunalverwaltungen etc. werden weitgehend in das Makro-Konzept einbezogen. Bürgerbefragungen, Segmentierung nach geographischen, psychographischen und soziodemographischen Kriterien etc. gehören zur täglichen Arbeit des Verbandes (vgl. UVF 1990).

Der UVF ist als *Service-Pool* für die gesamte Region stark kunden- und marktorientiert.

Das Führungspersonal eines »Service-Pools« darf sich allerdings nicht aus verdienten Parteiveteranen rekrutieren oder ausschließlich nach Laufbahn-Kriterien des Beamtenrechts bestellt werden. In aller Regel können die hier erforderlichen Managementqualitäten (dazu z. B. Troje 1987: 364 f.) nicht automatisch unterstellt werden.

Der Wettbewerb um gewerbliche Investoren hat sich deutlich verschärft. Angebote wie z. B. niedrige Hebesätze, preiswerte Bauflächen, Subventionen, Infrastruktur, Zulieferermilieu etc. allein locken in Zeiten der Rezession »keinen Hund mehr vor die Tür« (Käufermarkt!). Wer jedoch ein Paket mit den Instrumenten des Marketing-Mix schnüren möchte, das über Analysen zu Arbeitsmarkt, Nachfrage, Lebensqualität hinaus auch Nutzen-Risikoanalysen, Akzeptanz und schnelle, fundierte, objektive Information bei Investitionshemmnissen offeriert, also das hauptsächliche interne Defizit an output-orientierter Information beseitigt (vgl. dazu Müller 1992: 139 ff.) und im Sinne des Marketing-Aspekts Promotion/Kommunikation ein nachfrageorientiertes Produkt vorstellt, kann mit Aussicht auf Resonanz Wirtschaftsförderung betreiben. Ein Investor, der lediglich einen Hochglanz-Prospekt über den geplanten Technologiepark in den Händen hält und sich bei einer ersten Reaktion sofort im Sumpf der mehr oder weniger zuständigen Ressorts verheddert, wird sein Interesse schnell verlieren. Weil das Marketing im Bereich der Wirtschaftsförderung eine kontinuierliche Aufgabe ist, kann auch der teuer eingekaufte externe Rat nicht dauerhaft helfen. Eine eigenständige, mit hohen Kompetenzen ausgestattete, auf die Querschnittsfunktionen zugeschnittene Organisationseinheit ist wünschenswert und auch implementierbar, wenn den beteiligten Ämtern präponderante Ziele vorgegeben werden, und sie ein vereinbartes Ziel akzeptieren, jedoch nicht um den Preis, sämtliche ernsthaften, z. B. ökologischen, Bedenken über Bord zu werfen, sondern um Ressortdenken durch Ergebnisverantwortung zu ersetzen.

Speziell in Ostdeutschland wird die besonders dringliche Wirtschaftsförderung durch den chronisch werdenden Mangel an Verwaltungskraft, durch die übernommene Tradition der gesplitteten Kompetenzen und durch die Neigung behindert, externe Berater in der Hoffnung zu engagieren, diese könnten aus dem Hut die »blühenden Landschaften« hervorzaubern. Für ein regionales und kommunales Marketing zur Wirtschaftsförderung in den ostdeutschen Bundesländern wird die Einbindung dieses Vorhabens »als vernetzte Managementaufgabe in die Behördenorganisation« (Kamp/Schenk 1991: 281) gefordert. So wünschenswert es auch sein mag, neue Managementstrukturen in ostdeutschen Kommunalverwaltungen zu verankern (vgl. auch 9.1.3.4), so ist man doch froh, zunächst einmal eine allgemein funktionierende Verwaltung in Mecklenburg-Vorpommern oder Thüringen zu realisieren.

Oft beschränkt sich das kommunale/regionale Marketing für Wirtschaftsförderung, Fremdenverkehr oder öffentliche Ausschreibungen auf Versuche, den professionellen und routinierten Umgang eines Product-Managers für Waschmittel oder amerikanische Fleischklopse mit Medien wie der Mailing-Aktion, dem Hochglanz-Folder bis hin zu Fernsehspots zu imitieren. Leider beschränken sich die Ergebnisse häufig auf einige falsch plazierte und flache Werbe-Spots wie z. B.:

- Das Ruhrgebiet: Ein starkes Stück Deutschland.
- Das Bundesland X: Im Herzen Europas.
- Die Stadt Y: Wirtschaftszentrum des Südens.

Kundenorientierung ist jedoch mehr als ein trivialer, auf jeden Konkurrenten ebenso zutreffender »Opener« oder eine sprachlich flache AIDA-Arie (Attention-Interest-Desire-Action). Die Eigenprofilierung in einer Headline muß den Kunden individuell betreffen und ihn auch ernstnehmen (z. B.: »Ihre Kinder wollen mehr als Meer? Norderney!«). Werbung ist nun allerdings nur ein Promotions-Aspekt im Marketing.

Der Einwand, kommunales Marketing und die damit verbundene Erfolgskontrolle seien deshalb schwer möglich, weil es weder definierte Podukte noch Zielgruppen gebe und Umsatzentwicklungen nicht erstellt werden könnten (vgl. dazu Nustede 1989: 303), verkennt unter anderem, daß eben diese Unwägbarkeit auch im Brennpunkt des Marketing-Management der privaten Wirtschaft steht. Veränderungen der Unternehmensumwelt – von neuen Umweltauflagen über neue Konsumgewohnheiten, von Innovationen der Konkurrenz bis hin zum gesellschaftlichen Wertewandel – erfordern eine kontinuierliche und akribische Überprüfung der eigenen Abnehmergruppen und Produktpaletten.

Dabei stehen oft globale und komplexe strategische Branchenanalysen ins Haus: Z.B. bei einem Pharma-Konzern, dessen Zielgruppe plötzlich Phytotherapeutika verlangt, der aber durch die Marktbesonderheiten von den zwischengeschalteten Krankenkassen nur über Chemotherapeutika im Marktsegment der verschreibungspflichtigen Arzneimittel Umsatz und Gewinne erzielen kann; eine Werft, die sich vom subventionierten U-Bootbau auf subventionsfreie Off-Shore-Technik umstellen muß, hat bei diesen Konversionen ggf. ganze Geschäftseinheiten, Produktgruppen und F & E-Schwerpunkte zur Disposition zu stellen.

Ähnliche Flexibilitäten und Analysen der Branche »Kommune« sind natürlich erforderlich und auch möglich.

Innerhalb einer Großstadt kann ein Beteiligungs-Controlling marktbezogene Aktivitäten der Kernverwaltungen, der Regiebetriebe (z. B. Museen, Volkshochschulen, Schwimmbäder) und peripherer Einheiten in Form von Eigenbetrieben, Eigengesellschaften, kommunalen Verbänden etc. in einem mehrdimensionalen Koordinatensystem (z. B. politisch-administrative Vorgaben, Marktattraktivität/langfristiger öffentlicher Leistungsbedarf und Marktwachstum/Notwendigkeit öffentlicher Leistungserstellung) mit den Portfolio-Techniken des Marketings bewerten (vgl. bereits Seidel-Kwem 1983: 138 ff.).

Auch hochentwickelte Portfolios sind nur grobschlächtige Raster und Hilfsmittel für strategische Entscheidungen im Spektrum des – ein weiterer Nachteil – gegenwärtigen und bereits vorhandenen Angebots öffentlicher Leistungen. Doch sie zwingen zur kritischen Analyse z. B. vergeudeter Ressourcen und zum Blick auf noch nicht genutzte Chancen. Sie entsprechen der Anlage nach der geforderten Outputorientierung. Eine Durchleuchtung des Leistungsangebots nach den Regeln der Wettbewerbsstrategie – die wenigen echten öffentlichen Güter einmal ausgenommen – könnte sich durchaus auch einmal zum Nachteil der Bürger auswirken, weil etwa in einen *armen Hund* (im Sinne von Abb. 24) keine Mark mehr hineingestopft werden würde, was unter sozialstaatlichen Aspekten kontraproduktiv statt produktiv sein könnte. Das betrifft zwangsläufig immer einige Leistungsnachfrager. Insgesamt gewinnt eine Kommune durch diese Technik jedoch eine geschärfte Sicht für »Kundenattraktionen« und erhöht die Hinwendung zum Bürger. Durch die gewonnenen Spielräume beim »Melken« einer *Cash Cow* können z. B. finanzielle Ressourcen freigesetzt werden, die gegenüber anderen Kommunen innovative Angebote im Arbeits-, Umwelt- und Freizeitbereich ermöglichen. Damit schließlich kann eine Stadt die »Abstimmung mit dem Möbelwagen« verhindern.

Die nachfolgende Abbildung (24) beruht auf der bekannten zweidimensionalen Matrix der Boston-Consulting-Group und kann für eine kommunale Administration unter selektiver, aber gleichartiger Einbeziehung von Prozessen der Leistungserstellung das Denken in *strategischen Einheiten* und als *kommunaler Konzern* beflügeln.

↑ Marktwachstum

2. Question Marks

Hohes Marktwachstum, niedriger Marktanteil

Strategie der Selektion: entweder aggressive Investition oder Elimination

3. Cash Cows

Marktwachstum- und Marktanteil hoch

Strategie der Abschöpfung und gegebenenfalls Rationalisierung

1. Stars

Marktwachstum und Marktanteil hoch

Investition und Ausbau von Wettbewerbsvorteilen. Hoher öffentlicher Leistungsbedarf auf lange Sicht

4. Poor Dogs

Marktwachstum und Marktanteil niedrig

Desinvestition, falls möglich Liquidation oder z. B. Outsourcing. Eventuell Notwendigkeit öffentlicher Leistungserstellung

→ Marktanteil

Abb. 24: BCG-Portfolio

Ein großes Abenteuer-Hallenbad als *Star* kann zwei von Asbestrenovierungen und Kundenschwund bedrohte Schwimmbäder zu *Poor Dogs* degradieren. Aus *Question Marks (»Fragezeichen, Babies, Wild Cats«)* wie einer Industriebranche kann eine *Cash Cow* für emissionsarme Hochtechnologie werden. Im Rahmen der gesetzlichen Vorgaben und unantastbaren Segmente der Leistungsverwaltung heißt Marketing keinesfalls, unter dem Damokles-Schwert einer ausgebluteten Stadtkasse weiteres Geld auszugeben, sondern durch Marketing zusätzlich Investitionen überflüssig werden zu lassen: Stellt sich z. B. bei einer Bürgerbefragung (möglichst nicht nur statistisch valide Befragungen oder Mailing-Aktionen, sondern durch direktdemokratische Verfahren abgesichertes Zustimmungspotential) heraus, daß eine Stadt durch zehn neue Kindergärten erheblich attraktiver wird als durch die von der politischen Führung angestrebte neue Kongreßhalle, ist im nächsten Schritt zu untersuchen, ob die neue Kongreßhalle im regionalen Einzugsbereich genügend Konsumenten bezogen auf das Ergebnis *Kundenattraktivität* erreicht. Stellt sich bei Markterhebungen heraus, daß andere kommunale Einrichtungen auf der Wunsch- oder Bedarfsskala weit vor dem geplanten Prestigeobjekt der Politik rangieren, dann sind zum Beispiel die Kindergärten eine Alternative: Im Portfolio würden für sie unter Marktattraktivität und Marktwachstum hohe Koordinaten erscheinen, in der dritten Achse (politisch-admistrative Vorgabe) allerdings niedrigere. Für die Stadtwerbung und die Bürgerakzeptanz wäre die Investition Stadthalle damit von nachrangiger Bedeutung.

Natürlich sind Investitions- bzw. Desinvestitionsstrategien oder auch selektive Strategien, auch im Rahmen städtischer Geschäfteinheiten, nicht allein mit den Portfolio-Konzepten der privaten Betriebswirtschaftlehre zu entwickeln, gleich, ob sie sich nun aus den Komponenten Marktwachstum/Marktanteil, Critical Mass, Branchenattraktivität/Geschäftsfeld, Wettbewerbsposition/Produktlebenszyklus, Directional Policy oder Marktattraktivität/Wettwerbsvorteil etc. zusammensetzen (vgl. z. B. Vollmer 1983: 68) und unter Einbeziehung der kommunalen Marketing-Situation verwendet werden sollen. Aber: Portfolios haben bei all ihren immanenten Schwächen (hochaggregierte Nutzwerte, subjektive Positionierungen, Operationalisierungsprobleme) die zumindest didaktische und psychologische Kraft, auch in den Verwaltungen durch Marktorientierung strategische Dispositionen zu beleben.

Man kann vermarktungsfähige öffentliche Dienstleistungen auch in strategischen Geschäftseinheiten (SGE) bündeln und anhand der Entscheidungskriterien bzw. Dimensionen

- Nachfrageintensität durch den Bürger bzw. potentiellen Kunden,
- Grad der Implementationsmöglichkeit bzw. -schwierigkeit bedingt durch mögliche – gesetzliche und andere – Handlungsrestriktionen,
- objektiver Handlungsbedarf, beispielweise innerhalb einer Kommune bzgl. Kulturstätten, Ansiedlungsflächen etc.

positionieren (siehe Abb. 25).

Neben dieser strategischen Planungstechnik werden auch für ausgesuchte Bereiche der öffentlichen Verwaltung weitere Techniken empfohlen, die im Marketing-Bereich »Klassiker« geworden sind (z. B. Ziellücken [gap]-Analyse; vgl. dazu Becker 1992: 349), hier aber nicht im Detail auf ihre Nützlichkeit überprüft werden können.

Im Austauschprozeß von wahrgenommenen Kosten und Nutzen (vgl. dazu Lovelock/Weinberg 1984: 49) können im öffentlichen Sektor viele sensorisch, psychisch, örtlich, zeitlich, monetär oder nicht-monetär wahrgenommene Kosten- und Nutzenformen von der Leistungsprogramm- bis zu Gegenleistungspolitik in ein Gleichgewicht gebracht werden. Örtlicher und zeitlicher Nutzen entsteht z. B. durch die Möglichkeit, Formulare oder punktuelle Informationen telefonisch bei der Verwaltung abzurufen und Anreisewege zu Ämtern zu vermeiden. Psychische Kosten können durch die unfreundliche Behandlung von Verwaltungsbeamten entstehen, soziale Kosten durch die Ausgestaltung einer Antragsprozedur zur berechtigten Erlangung von z. B. Wohngeld als Canossa-Gang (Angst, Schande).

Metcalfe/Richards (1990: 53) verweisen auf acht Rahmenbedingungen für den öffentlichen Sektor als Marktteilnehmer, die allgemeine Voraussetzungen sind, um Strategien des Marketing und CI-Mix zu realisieren:

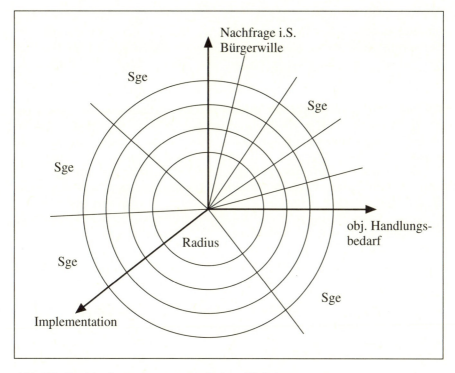

Abb. 25: Positionierung von strategischen Einheiten

- Managing Ambiguity and Paradox
- A Bias for Action
- Encouraging Autonomy and Entrepreneurship
- Closeness to the Customer
- Productivity through People
- Hands-on Commitment to Product or Service
- Simple Form, Lean Staff
- Know Your Business

Der Weg von einer weisungsgebundenen zur erfolgsabhängigen Verwaltungsführung, zu Bürgerakzeptanz und Kundenorientierung hängt danach nicht nur von Umständen ab, wie z. B. im Rahmen verfassungsrechtlicher Vorgaben, das Beamten- und Haushaltsrecht zu flexibilisieren, Portefeuilles statt Titelbewirtschaftung zu ermöglichen, die Kameralistik über Bord zu werfen oder Qualitätskennzahlen statt Titelbewirtschaftung zu etablie-

197

ren (vgl. z. B. Kronberger Kreis 1991), sondern wesentlich von den Aus-bildungstandards des Personals. »Know your business« im Bereich von Verwaltungsmarketing heißt z. B., daß Forschung und Lehre im Rahmen des Public Management den zukünftigen Beamten und Angestellten im öffentlichen Dienst mit den Instrumenten und den Perspektiven vertraut machen.

Abschließend zum Marketing im Bereich der öffentlichen Verwaltungen soll noch auf das *Beschaffungsmarketing* öffentlicher Nachfrager bzw. das *Angebotsmarketing* von Anbietern bei öffentlichen Vergaben und ein kon-kretes Beispiel aus dem sog. Schulmarketing eingegangen werden.

Bereits in der Vorbereitungsphase eines öffentlichen Vergabeverfahrens müssen häufig elementare Marketing-Entscheidungen getroffen werden, die auch im Rahmen neuer Steuerungskonzepte Fragen von Outsourcing, Make or Buy, Entre-/Intrapreneurship berühren. Zu diesen Entschei-dungskomplexen in der Vorphase eines Vergabeverfahrens zählen (Berndt 1988: 6):

- Feststellung eines öffentlichen Bedarfs,
- Eigenfertigung versus Fremdbezug,
- Zentralisierungsgrad der Beschaffung,
- mengenmäßige und zeitliche Komponenten der Beschaffung,
- Art des heranzuziehenden Vergabeverfahrens,
- Lieferantenselektion.

Bei der Vergabe durch eine öffentliche Verwaltung können gegenüber pri-vaten Unternehmen andere, auch marketing-relevante Überlegungen Ge-wicht besitzen, z. B. besondere Berücksichtigung kommunaler oder mittel-ständischer Anbieter.

Das Angebotsmarketing dagegen stellt die öffentlichen Verwaltungen nicht vor die Aufgabe, eigene, Konzept-, Definitions-, Entwicklungs- und Ver-waltungsproduktionsphasen zu entwickeln, um einen Absatzkanal zu öff-nen, sondern die Kenntnis der Marketing-Konzepte eines externen Anbieters soll es der Verwaltung erleichtern, Vergaben bei öffentlichen, beschränkt öffentlichen und freihändigen Ausschreibungen zu optimieren. Das setzt Kenntnisse über die Konkurrenz der Anbieter, ggf. über Sub-missions-Kartelle und Bieter-Kooperationen, mögliche Vertragstypen (Cost Plus-, Fixed Price, Incentive-Verträge etc.) voraus und soll nicht nur das Marketing-Verhalten des Anbieters prognostizieren, sondern auch determinieren. Dazu zählen auch Verfahren der Auswahl der Vertrags-partner (z. B. Sole-Source-Procurement, Management-Wettbewerb, Total-Package-Procurement-Wettbewerb, Second Sourcing; vgl. Bernd 1988: 199 ff.) und Kenntnis darüber, wie sich z. B. ein sog. In-Supplier gegenüber einem Out-Supplier bei seiner Angebotspolitik gegenüber der Verwaltung verhält. Der erste wird auf Lieferantentreue und mengenmäßige Auswei-tung seiner Produkte und Sortimente setzen, der zweite wird über preis-

oder kommunikationspolitische Angebote versuchen, bei einer öffentlichen Verwaltung »gelistet« zu werden. Marketing-Erfahrung im öffentlichen Sektor ist hier also gefragt, um über komplexe Kaufentscheidungen oder den Entschluß, Outsourcing zu bevorzugen, auch ressourcenorientiert urteilen zu können, um die Wertäquivalenz eines Angebots zu ermitteln. Schließlich das Beispiel zum *Schulmarketing*: Die Städtische Wirtschaftsschule Ansbach führt ein »an den Bedürfnissen orientiertes Konzept (Qualität im Inneren, Vermarktung der Leistung nach außen)« durch (Lang 1993: 63), wobei den klassischen Komponenten jeweils ein eigenes Gewicht zukommt:

- *Markterschließung*: Kundenorientiertes Angebot an Eltern und Schüler über attraktive Lehrinhalte und Schulabschlüsse;
- *Marktsicherung*: strategische Analyse der Vorgaben von Kultusministerium und Stadtverwaltung unter Einbeziehung von Nachfrage und potentieller Konkurrenz;
- *Marktausweitung*: kontinuierliche Öffentlichkeitsarbeit bei Wirtschaft, Presse, Stadtrat, Bezirksregierung und vor allem Arbeitsämtern, abgebenden Schulen und Zubringerschulen.

Zusammenfassend zeigen diese Beispiele:
Bei der Einstellung von Schulen, Krankenhäusern und auch Teilsegmenten der Kernverwaltungen auf Serviceorientierung, Bürgerakzeptanz, Wettbewerbsbedingungen (Marktgegebenheiten, externe Umweltdaten) muß keineswegs eine Zieldifferenz zu den rechtlichen Rahmenbedingungen des öffentlichen Sektors entstehen.
Bei systemtheoretischen Vergleichen der Marktstrategien und Operationalisierungen zwischen öffentlichen Verwaltungen und privaten Wirtschaftsakteuren reduzieren sich Gegenüberstellungen im Kern darauf, völlig unterschiedliche marktnahe oder marktferne (bzw. marktabsente) externe Umwelten (environmental inputs) zu beschreiben. Traditionell werden in der öffentlichen Verwaltung weder Chancen noch Risiken als Datum des Dienstleistungsmarktes vorausgesetzt und auch die Möglichkeit eines zukünftigen Wettbewerbs wird ausgeblendet. Ein Arbeitsamt, das die Möglichkeit privater Arbeitsvermittlungen nicht hinter dem Horizont des Denkbaren vergräbt, sondern allein die politische Idee als potentielle Konkurrenz empfindet, wird vielleicht schon eine Kunden- und Klientenorientierung gewinnen, die auch beim Monopol für eine Dienstleistung möglichen Wettbewerb als Datum in der strategischen Umfeld-Analyse bewertet.
Seit Beginn der achtziger Jahre wird auch in Deutschland über Marketing-Konzepte für Teilbereiche der öffentlichen Verwaltungen nachgedacht (vgl. Eichhorn/Buchholz a.a.O.). Auch im angelsächsischen Bereich ist der Markt erst relativ spät in theoretische Überlegungen zu öffentlichen Steuerungskonzepten einbezogen worden. Die Väter der ersten umfassenden

sog. *General Theory of Administration* (Taylor, Fayol, Gulick, Urwick; s. o.) haben z.T. unter ellenlangen Akronymen die Führungsfunktionen auch des öffentlichen Sektors beschrieben (Bsp. PODSCORB), aber bei Präponderanz der Organisationsforschung nur selten Marktgegebenheiten und Marktzwänge berücksichtigt. In den späten sechziger Jahren wird der Markt in der sog. *Theory of Inside Bureaucracy* für öffentliche Verwaltungen noch ignoriert (Downs 1967: 25 ff.). Auch in späteren Diskussionen um die Zieldominanz wird eine statisch-homogene Nachfrage mit einer gedanklichen Klammer der »idealistischen Gemeinwohlorientierung« (Braun 1988: 51) vorausgesetzt, und in diesem schmalen Lichtkegel blendet sich Marktorientierung, Absatzstrategie und Kundennähe automatisch aus. Die Dualisierung wurde auf vielen Ebenen weiter festgeschrieben, z. B. nach Dienst- und Erwerbsprinzip. Diese, auch axiomatischen Aufteilungen zwischen öffentlichem und privatem Handeln, werden auch im Bereich des Marketings unter dem Eindruck internationaler Entwicklungen und neuer Anforderungen an die öffentlichen Verwaltungen zusehends unschärfer.

7.2.2 Marketing für öffentliche Betriebe und Para-Government-Organizations (PGOs)

Während sich Marketing-Konzepte in öffentlichen Verwaltungen (verkürzt: Bruttobetriebe) eher um Fragen der Image-Werbung für Institute oder z. B. die Selbstdarstellung von Dienstleistungen ranken, beschränken sich Nettobetriebe und öffentliche Unternehmen immer weniger auf die viel diskutierten Handlungsrestriktionen, zu welchen man auch gern die sog. *Instrumentalfunktion* öffentlicher Unternehmen rechnet, »d. h. die These, daß öffentliche Unternehmen ein Instrument der staatlichen bzw. kommunalen Wirtschaftpolitik sind« (Thiemeyer 1991: 127). Diese Instrumentalfunktion soll über die Notwendigkeit einer konjunkturellen Moderation und eines Korrektivs zu unerwünschten Marktentwicklungen (z. B. Monopolstellungen oder regionale Dominanz eines privaten Unternehmens) die öffentliche Unternehmertätigkeit erklären und legitimieren. Sie kann auch als öffentliche Steuerung durch Wettbewerbsanreize und Wettbewerbshemmnisse interpretiert werden.
Öffentliche Regiebetriebe, Eigengesellschaften und andere ausgegliederte Sonderformen können als öffentliche Organisationen für das Marketing besonders geeignet sein, da sie aus Gründen der Transparenz, der autonomen Mobilität und im Hinblick auf die dezentrale Verantwortung aus den Großverwaltungen ausgegliedert werden und als »Instrument eines kooperativen Verwaltungsstils« (Hood/Schuppert 1988: 213) verstanden werden. Gleich, ob es sich um Organisationen handelt, die dem Status nach zu

öffentlichen Verwaltungen gezählt werden können oder z. B. als Körperschaften des öffentlichen Rechts bzw. als Gesellschaften des Privatrechts auftauchen, können diese als *Para-Government-Organizations (PGOs)* verstanden werden, wenn sie nicht Bestandteil der unmittelbaren Staatsverwaltung sind (vgl. Hood/Schuppert a.a.O: 26). 1967 wurde dieser Terminus im Jahresbericht der American Carnegie Corporation erläutert und hat sich zwischenzeitlich durchgesetzt. Bei den internationalen Organisationstypen dieses Bereichs werden weitere Untergliederungen gewählt (Quasi-Government-Organizations, Quasi-Non-Government-Organizations, Non-Government-Organizations). Als Argumente für die PGOs gelten (zit. nach Damkowski; vgl. Damkowski et al. 1994: 219):

- größere Flexibilität (insbesondere bezüglich des Haushalts-, Personal- und Besoldungsrechts);
- Vermeidung von Zentralisation und stärkere Delegation von Aufgaben;
- mehr Möglichkeiten der Selbst- und Mitverantwortung;
- Gewinnung sachverständiger Beratung zur Vorbereitung politischer Entscheidungen;
- Koordinierung staatlicher und gesellschaftlicher Aktivitäten;
- stärkere Einbeziehung von Laien, Konsumenten und Vertretern von Interessengruppen.

PGOs agieren sowohl in *Käufermärkten* als auch in *Verkäufermärkten* und ihre Produkte können dann nach dem Marketing-Ansatz vertrieben werden, also durch Positionierung und Segmentierung, durch Kommunikationspolitik (Mediawerbung, Verkaufsförderung, Öffentlichkeitsarbeit etc.). PGOs können zweckgebundene Regionalverbände sein, Wirtschaftsförderungsgesellschaften, Wissenschaftszentren oder Fremdenverkehrsverbände.

Für PGOs eignet sich häufig eine abnehmerorientierte Kombination des Marketing-Mix verbunden mit Elementen der Corporate Identity (CI-Mix, vgl. 7.1.4), z. B. in den Bereichen Ver- und Entsorgung, Verkehr, Kultur oder Gewerbeansiedelung. Das CI-Mix besteht üblicherweise aus (vgl. auch 7.1.4)

- Corporate Communications (vernetzter Einsatz von interner Kommunikation, Public Relations, Werbung, Verkausförderung),
- Corporate Design (visuelle Identitätsdarstellung durch z. B. Architektur, Sprache, Logos, Farben),
- Corporate Behavior (das über Hierarchien greifende Selbstverständnis einer Institution).

Bei PGOs findet sich im Gegensatz zur Kernverwaltung sehr häufig eine Triade aus *Image-Zielen, Selbstverständnis und Autonomie* gegenüber der Mutterkörperschaft, die Voraussetzung für eine marktorientierte Leistungsprogramm-, Kommunikations-, Distributions- und Gegenleistungspolitik ist. Neben der Entwicklung einer institutionellen und produktbezogenen Identifikation, neben Kundenorientierung, Bürgernähe und optimierter Plazierung der Dienstleistung wird insbesondere durch die Gegenleistungspolitik als Marketing-Element auch der Wert der eigenen Dienstleistung in Beziehung zu der Gegenleistung des Kunden, Klienten oder Bürgers gesetzt. Die Positionierung der eigenen Dienstleistung gegenüber den Konsumenten hängt also eng mit dem definierten Abnehmerprofil zusammen. Diese interdependenten Elemente des Marketing-Mix führen bei ihrer Anwendung im öffentlichen Sektor also auch zwangsläufig zu einer Art der Kundenorientierung, die auch eine »unmodische« Inputorientierung erfordert: Nicht nur die Frage, was will der Kunde, sondern auch die Frage, welchen Kunden wollen wir, ist durchaus legitim.

Damit zeigen sich aber auch schon enge Marketing-Grenzen für bestimmte Sparten der Leistungsverwaltung. Soweit Angebotspolitik jedoch fakultative Dienstleistungen des öffentlichen Sektors beinhaltet, können verbreitete Phänomene des *moral hazards* und der *free-rider-Mentalität* mit den Mitteln des Marketings bekämpft werden.

Über die Gegenleistungspolitik wird z. B. definiert, was ein Jugendlicher »bieten« muß, welche Kriterien er zu erfüllen hat, um an einem kommunalen Austauschprogramm der Kulturbehörde teilzunehmen. Die Abschätzung des Gegenwertes (wertäquivalente Outputmessung nach dem Prinzip value-for-money) spielt im Verwaltungsmarketing auch international eine zunehmende Rolle (vgl. Bagehr 1993: 39). Value-for-Money ist aber keine kundenergebene Einbahnstraße, die nur die Anstrengungen der öffentlichen Verwaltungen um den zufriedenen Bürger betrifft.

Öffentliche Unternehmen stehen vielfach in hartem und direktem Produkt- oder Preiswettbewerb zu privaten Konkurrenten. Sie müssen deshalb nolens volens im Distributions- und Kommunikationssubmix nachfrage- und außenorientiert segmentieren. Produktmodifikationen (line extensions) gehören heute genauso zum Marketing-Einmaleins der öffentlichen Unternehmen wie Sponsoring, Product Placement etc. Die privaten Wettbewerbsstrategien – Kostenführerschaft, Differenzierung oder Konzentration durch Fokussierung, Segmentbildung und Nischenanalyse – sind für die öffentlichen Unternehmen heute auch Überlebensstrategien geworden (Porter: a.a.O.).

Sicherstellungsaufträge und andere politische Daten und Determinanten ihres Handelns allein lassen sie zu immobilen und handlungsunfähigen Monolithen werden, die sich selbst aus den Märkten verdrängen. Die rein kostenorientierte Preisbildung wohlfahrtstheoretischer Prägung (Grenzkosten, Peak Load Pricing etc.) weicht bei der Preisbildung öffentlicher

Betriebe unter Markt- und Marketing-Bedingungen immer intensiver den Erfordernissen eines kalkulatorischen und preispolitischen Ausgleichs (durch z. B. interne Subventionierung, Preisnachlaßpolitik und Rabattpolitik).

Die sog. »Bahncard« der Deutschen Bundesbahn, »Miles & More« der Lufthansa oder die Auseinandersetzungen der Telekom mit privaten Anbietern bei Fax und mobilem Telefon liefern anschauliche Beispiele. Auf ihrem Weg in die Privatisierung steckt die Bundespost auch in den Bereichen Paketzustellung oder Zustellung von Massendrucksachen in Grabenkämpfen mit der privaten Konkurrenzen um die Gunst des Kunden (vgl. auch Raffeé et al., 1994: 225). Unabhängig von gesetzlichen und politisch-administrativen Vorgaben können öffentliche Unternehmen in vielen Branchen ohne Marketing keine Position verteidigen und ggf. auch ausbauen.

7.2.3 Marketing für Nonprofit-Organisationen (NPOs) und Social-Marketing

Unter Begriffen wie Non Business Marketing, Nonprofit Marketing, Macro Marketing und Social Marketing (vgl. Stauss 1987: 89 ff. und Bruhn/Tilmes 1994) werden Vorstellungen zusammengewürfelt, die besser auseinandergehalten werden sollten. Die Organisationen im eigentlichen Nonprofit-Sektor (auch dritter Sektor, intermediate bzw. grey sector; Kotler 1989: 713; vgl. auch oben 1.) erfüllen wünschenswerte soziale Funktionen und sind normalerweise weder vom Gewinnmotiv noch von bestimmten bürokratischen Organisationsformen abhängig (vgl. dazu Hesse 1982; Rieger 1983: 370 ff.).

NPOs arbeiten häufig mit Entgelten wie Gebühren und Beiträgen, können auch Angebotsdominanz und Abnahmeverpflichtungen enthalten und sind in ihren Aufträgen und Zielen öffentlichen Verwaltungen z.T. sehr ähnlich, ohne aber öffentliche Verwaltungen zu sein.

Ihre Bürger- und Gruppenorientierung und ein zunehmender Konkurrenzdruck bestimmen die Marketingstrategien. Im Kommunikations-Submix finden sich zunehmend auch Instrumente wie das sog. *Soziosponsoring* (z. B. AIDS-Hilfe) und Formen des *Direct Marketing* (vgl. Bruhn/Tilmes 1994: 167 ff.).

Die Anwendung der Marketing-Prinzipien ist im Gegensatz zum privaten Sektor dadurch gekennzeichnet, daß in NPOs häufig pluralistischere Interessengruppen und Ziele vorhanden sind und in der Regel Dienstleistungen im Spannungsfeld von öffentlichem Interesse und politischem Druck zu erbringen sind.

Kotler (a.a.O.) unterteilt den Nonprofit-Bereich in acht Untergruppen (religiöse, soziale, kulturelle, akademische, politische Organisationen, Schutz-, und Wohltätigkeits- und Weltverbesserungsorganisationen. Bei dieser Aufzählung geht er allerdings von US-amerikanischen Verhältnissen aus.

Speziell die letzte Untergruppe ist Gegenstand von Sozial-Marketing, wobei das Marketing-Mix nicht durch Produkt, Preis oder geographische Verteilung bestimmt wird, sondern von Elementen wie Antriebs- und Identifikationskraft, gesellschaftlichen Trends, Zugänglichkeit, räumliche Nähe, Gruppenhomogenität. Es ist jedoch von »Gehirnwäsche« und Propaganda instrumentell in der Regel zu unterscheiden, weil eine soziale Aufgabe positiv mit Marketingprinzipien wie Marktsegmentierung, Konzeptentwicklung, Konsumentenforschung, Reaktionserleichterung, Maximierung der Zielgruppenreaktion erreicht werden soll.

Ob NPOs zum öffentlichen Sektor zu rechnen sind, ist trotz der o.a. Kriterien umstritten. In der Abb. 5 (Kap. 1) wird dieser tertiäre Sektor hierunter – mit Einschränkungen – subsumiert. Es gibt jedoch im Bereich der karitativen und religiösen NPOs unzählige international gut organisierte Gruppen, Sekten und Konzerne, die unter dem Siegel der Nächstenliebe oder der religiösen Erkenntnis ihren Schäfchen lediglich das Geld aus der Tasche ziehen. Der erwerbswirtschaftliche Zweck ist unübersehbar. Diese Unternehmen haben keinerlei Affinität zum öffentlichen Sektor, weil sie aber das Sachziel (Profit) hinter angeblichen Formalzielen verstecken, entsteht für die Kunden ein vollkommen anderer Eindruck.

Viele dieser Organisationen verfügen über ein exzellentes Marketing. Wer sich z. B. einmal bei einer sog. Scientology Church umsieht, wird sich wundern mit welchem Instrumenten-Set diese Pseudo-NPO arbeitet: Der interessierte oder überredete Besucher findet bereits im Eingangsbereich Cafeteria-Systeme zur »Kundenberatung« und in vielen Shop-in-Shop-Auslagen kann er esoterische oder parapsychologische Lebenshilfen zu horrenden Preisen im Hochglanzformat erwerben. Zumindest eine Lektion in Sachen Kundennähe.

Das Marketing in den herkömmlichen NPOs wie z. B. Verbänden, Sozialwerken, karitativen Vereinen, Kirchen oder Parteien ist als eine zentrale Aufgabe des Management eher an das konventionelle Anreiz-Beitrags- Prinzip und an das Marketing-Mix gebunden. Auch die von einer Mission überlagerte Dienstleistung wird immer stärker mit einer Adressatenorientierung (Output) vertrieben, wobei der Wettbewerb eben nicht oder kaum dem Sachziel Profit dient, sondern Konsumenten sollen sich in einem Spektrum von gleichartigen Konkurrenten für die optimal dargebotene Mission entscheiden: Ein Blick auf die Wahlkämpfe der politischen Parteien, auf das Kulturmanagement von Theatern, der kommunalen Messe- und Kongreßförderung, auf das Gerangel um Resonanz der Naturschutzverbände untereinander zeigt, daß hier mit den harten professionellen Bandagen des Marketings der Wettbewerb befördert wird (vgl. dazu auch Schwarz 1992: 34 ff.).

8. Motivations- und strategie-orientierte Ansätze: Organisationsentwicklung (OE) und Personalentwicklung (PE)

Wenn auch von Maßnahmen der Organisations- und Personalentwicklung mindestens indirekt positive Effekte auch hinsichtlich der Dienstleistungsqualität und Kundenorientierung erwartet werden, so erscheint es dennoch gerechtfertigt, diese Ansätze systematisch eher einem nach »innen« gerichteten motivationalen und strategischen Bedeutungsschwerpunkt im Bereich von Personalführung und organisatorischer Innovation zuzuweisen. Dabei stellt sich einerseits OE stärker als ein projektbezogenes, auf konkrete Organisationsänderungen orientiertes und PE als ein kontinuierliches, ständig zu praktizierendes Managementinstrument dar; und andererseits sollte diese Unterscheidung von OE und PE auch nicht zu strikt durchgeführt werden, da beide Instrumente untereinander verzahnt sind und auch erst von ihrer integrierten Betrachtung und Anwendung eine Nutzenoptimierung zu erwarten ist. Daher werden beide Konzepte zwar im folgenden zunächst getrennt behandelt, aber jeweils werden dann auch notwendige Verzahnungen deutlich gemacht.

8.1 Organisationsentwicklung (OE)

OE als Konzept geht auf US-amerikanische theoretische Grundlagen und Erfahrungen zum Problem organisatorischen Wandels (organizational change) und damit zur Frage der Entwicklung und Umsetzung organisatorischer Innovationen zurück. Das Konzept verarbeitet zugleich eher ungünstige Erfahrungen mit traditionellen Formen externer Unternehmens- und Organisationsberatung, aus deren Defiziten OE konstruktive Konsequenzen zu ziehen sucht.
Merkmale traditioneller Unternehmens- und Organisationsberatung, die auch die für das Scheitern solcher Beratungsansätze verantwortlichen Schwachstellen markieren dürften, sind insbesondere die folgenden (vgl. ähnlich auch French/Bell 1977: 35):

- Starke Betonung des externen Experten (Beratungsfirma);
- Zentrierung auf die Organisationsspitze und die Legitimation durch diese;
- Auftreten mit dem Anspruch wissenschaftlich-praktischer Objektivität;
- Nährung der Illusion, eine allumfassende und fertige Problemlösung bieten zu können;
- externe Entwicklung dieser Problemlösung (in der und durch die Beratungsfirma);
- übermäßige Betonung des Aspekts der kurzfristigen Kostensenkung;
- Bevorzugung der punktuellen Intervention;
- geringe Beachtung systemischer Interdependenzen und
- Vernachlässigung des Um- und Durchsetzungsproblems.

Aus diesen – zugegeben überspitzt und im negativen Sinne idealtypisch formulierten – Defiziten klassischer Organisationsberatung hat der OE-Ansatz versucht, konstruktiv zu lernen. In diesem Sinne wird OE von French/Bell, die mit zu den »Vätern« dieses Ansatzes zählen, definiert als »eine langfristige Bemühung, die Problemlösungs- und Erneuerungsprozesse in einer Organisation zu verbessern, vor allem durch eine wirksamere und auf Zusammenarbeit gegründete Steuerung der Organisationskultur – unter besonderer Berücksichtigung der Kultur formaler Arbeitsteams – durch die Hilfe des OE-Beraters oder Katalysators und durch Anwendung der Theorie und Technologie der angewandten Sozialwissenschaften unter Einbeziehung von Aktionsforschung« (French/Bell 1977: 31).

OE geht – anders als der »heroische« und damit weitgehend wirklichkeitsfremde Ansatz traditioneller Organisationsberatung von bestimmten aufgrund von Organisationserfahrung gebildeten Prämissen aus. Dazu gehört, daß für Organisationsänderungen vor allem folgende Aspekte von zentraler Bedeutung sind:

- Beachtung der jeweiligen konkreten Organisationssituation (situativer Ansatz);
- Einbeziehung der gesamten Organisation;
- Förderung der Motivation der Mitarbeiter durch hohe Kommunikationsintensität, Entwicklung von Vertrauen und Befriedigung durch die Arbeit und Arbeitsinhalte; bei der Schaffung primärer motivationaler Anreize liegt u. a. hier die notwendig enge Verzahnung mit Anreizsystemen im Rahmen der PE;
- hohes Niveau an Kooperation und Partizipation;
- stetige Berücksichtigung des Implementationsgesichtspunkts bei Organisationsänderungen.

Interessanterweise, aber nicht zufälligerweise, weist dieser Vergleich von traditioneller Organisationsberatung und OE gewisse Ähnlichkeiten und Parallelen zu der von Bennis – dem noch immer schöpferischen *Erfinder* des

OE-Ansatzes (vgl. Bennis 1963) – entwickelten Gegenüberstellung der Rollen des *Managers* und *leaders* (Führers) bzw. der Charakteristik von Bildung und Schulung auf (vgl. die nachstehenden Texte aus: Bennis 1990: 48/49 Abb. 26).

	Bildung	Schulung
• Manager verwalten; Führungskräfte sorgen für Innovationen.	induktiv versuchsweise dynamisch	deduktiv endgültig statisch
• Manager sind Kopien; Führungskräfte sind Originale.		
• Manager bewahren; Führungskräfte entwickeln weiter.	Verstehen Ideen weit tief	Auswendiglernen Fakten beschränkt oberflächlich
• Manager konzentrieren sich auf Systeme und Strukturen; Führungskräfte auf Menschen.	erfahrungsoffen aktiv Fragen Prozeß Strategie	routinemäßig passiv Antworten Ergebnis Taktik
• Manager denken kurzfristig; Führungskräfte haben langfristige Perspektiven.		
• Manager fragen wie und wann; Führungskräfte fragen was und warum.	Alternativen Erkundung Entdeckung aktiv	Ziel Vorhersage Dogma reaktiv
• Manager haben nur den Gewinn vor Augen; Führungskräfte beobachten den Horizont.	Initiative ganzheitlich	Leitung einseitig rational
• Manager ahmen nach; Führungskräfte sind schöpferisch.	Leben langfristig Wandel Inhalt	Arbeit kurzfristig Stabilität Form
• Manager akzeptieren den Status quo; Führungskräfte stellen ihn in Frage.		
• Manager sind brave Soldaten; Führungskräfte sind ihre eigenen Herren.	flexibel Risiko Synthese offen Phantasie	starr Regeln These geschlossen gesunder Menschenverstand
• Manager packen die Sache richtig an; Führungskräfte packen die richtige Sache an.		
Die Summe:	Führungskraft	Manager

Abb. 26: Leader und Manager

Als allgemeine Ziele von OE lassen sich benennen:
- In erster Linie: Entwicklung und Durchsetzung konkreter Organisationsinnovationen sowie in zweiter Linie
- längerfristige Entwicklung einer Organisationsidentität (Corporate Identity) und eines Organisationsklimas, die auf Lernen und Innovationsfähigkeit gerichtet sind und hierfür günstige Organisationsbedingungen bieten.

8.1.1 Grundelemente der OE

Um diese Ziele erreichen zu können, ist das OE-Konzept durch folgende Elemente gekennzeichnet:

(1) OE versteht die Organisationsinnovation als einen *längerfristigen* im Regelkreis *rückgekoppelten Prozeß*. Als Prozeßphasen können dabei allgemein unterschieden werden:
  – Problemdefinition und Problemanalyse sowie diagnostische Erhebungsaktivitäten zur Erfassung des Problemumfeldes;
  – Konzeptentwicklung als Ansatz der Problemlösung;
  – Konzeptumsetzung;
  – Konzeptevaluation und feedback.

  Zum Teil werden mehr unter interventions- und gruppendynamischen Aspekten – die Phasen
  – des *unfreezings*, des Auftauens der Organisation,
  – der Entwicklung und Durchführung der Innovation und
  – des *refreezings* nach eingeführter Innovation
  herausgestellt (vgl. auch Reichard 1987: 220).
  Wichtig an der Prozeßbetrachtung des OE-Ansatzes ist, zu erkennen, daß hier nicht schnelle und kurzfristige Erfolge möglich sind; hier liegt einerseits das Aufwendige und andererseits – bezogen auf die längere Periode – auch das Erfolgversprechende dieses Konzepts.

(2) OE begreift die *Organisationsänderung als Lernen* der Organisation und als Lernen durch Verhaltensänderung bei allen Mitgliedern der Organisation; das sind alle Mitarbeiter einschließlich der Vorgesetzten und der Leitung der Organisation. Diese Lernprozesse sollen durch jeweils situations-, personen- und problemadäquate Interventionen unterstützt werden (politisch-soziale, individualpsychologische und gruppendynamische Formen; vgl. hierzu auch näher unten).

(3) Wichtiges strukturelles Element des OE – Prozesses ist die Installierung von *Partizipations-, Kooperations- und Gruppenstrukturen*, d. h. OE setzt auf die intensive Beteiligung insbesondere der jeweils betroffenen Mitarbeiter und Mitarbeitergruppen am Prozeß der Defizitanalyse, Konzeptentwicklung und -durchführung sowie der Erfolgskontrolle und des feedback.

(4) Der in Gang gesetzte OE-Prozeß bezieht systematisch vorhandene Fähigkeiten und Fertigkeiten der Mitarbeiter im erfahrungs- und kognitiven Bereich mit ein. So versteht er die systematische *Qualifikationsentwicklung* im Sinne von *Fort- und Weiterbildung* als zentrales und längerfristig wirksamstes »Erfolgsrezept«; d. h. OE setzt in starkem Maße auf die Nutzung und Entwicklung der »*human resources*«, wobei vor dem Hintergrund des Menschenbildes von OE dies nicht

nur instrumentell im Interesse der Organisation, sondern auch als mitarbeiterbezogenes Ziel zu deren persönlicher Weiterentwicklung und Selbstverwirklichung erfolgen soll (vgl. auch hierzu Bennis 1991: a.a.O.). Hier liegt dann auch das wesentliche Verzahnungsscharnier hin zum Ansatz der PE. Der Forderung nach Qualifikationsentwicklung liegt ein sehr breiter Qualifikationsbegriff zugrunde, der sämtliche denkbaren Formen der Qualifizierung umfaßt (ähnlich Bennis 1991), u. a.:

– erfahrungsbezogenes Lernen
– exemplarisches und situatives Lernen
– themen- oder problembezogenes Lernen
– Fort- und Weiterbildung *on the job, off the job* und durch *job rotation.*

(5) Eine besondere Rolle kommt dem *externen Berater (change agent)* im OE-Prozeß zu. Er ist nicht jemand, der offensiv mit einem Patentrezept an die Organisation herantritt, sondern er integriert in sich unterschiedliche z. T. widersprüchliche Rollen. So ist er

– teils Prozeßhelfer und Änderungsmakler,
– teils ist er Ideen- und Impulsgeber,
– teils Konfliktschlichter, Mediator und Krisenbewältiger sowie nicht zuletzt
– distanzierter Beobachter und Evaluator.

Diese Rollen nimmt er nicht »abgehoben« als Außenstehender, sondern integriert in den Organisationsstrukturen und in neuen organisatorischen Innovationsstrukturen, die zusammen mit den Mitarbeitern aufzubauen sind (z. B. Steuerungsgruppe, Qualitätszirkel etc.), wahr.

8.1.2 Interventionsmaßnahmen

8.1.2.1 Anforderungen an Interventionsmaßnahmen

Die im OE-Prozeß vorzunehmenden Interventionsmaßnahmen sollten nach French/Bell (1977: 127 ff.) vor allem den folgenden Anforderungen entsprechen:

• Die Maßnahmen sollten so angelegt sein, daß an Ihnen die entscheidenden, d. h. die von der Maßnahme betroffenen Mitarbeiter beteiligt sind;
• es sollten zu allererst die von den Betroffenen selbst geäußerten und definierten Probleme angegangen werden;
• es ist notwendig, frühzeitig die zu verfolgenden Ziele und anzuwendenden Strategien klarzulegen; denn nichts entmutigt mehr als Zielintransparenz und Handlungsunklarheit;
• es sollten solche Maßnahmen geplant werden, die mit großer Wahr-

scheinlichkeit erfolgreich realisiert werden können, d. h. es sollten realistische Maßnahmen geplant werden;

- Maßnahmen sollten Elemente sowohl erfahrungsorientierten als auch kognitiv-theoretischen Lernens umfassen;
- Maßnahmen sollten so angelegt sein, daß die Mitarbeiter eher angeregt und motiviert als verängstigt werden und daß sie erlauben, gemeinsam zu lernen und mit der gegenwärtigen Praxis zu experimentieren;
- Maßnahmen sollten den Mitarbeitern sowohl das Erlernen einer konkreten Problemlösung als auch das Lernen an sich ermöglichen;
- Maßnahmen sollten den Mitarbeitern erlauben, sowohl Inhalte als auch Prozesse, d. h. insbesondere Gruppenprozesse, individuelle Interaktionsprozesse und Verhaltensstile, zu erlernen;
- der OE-Prozeß sollte die Mitarbeiter in ihrer gesamten Persönlichkeit und nicht nur als organisatorische Segmente einbeziehen.

8.1.2.2 Formen von Interventionen

Die OE-Theorie versucht, je nach Situation, Prozeßphase und Problemkonstellation, unterschiedliche Formen von Interventionen herauszuarbeiten. So unterscheidet Bennis (1969: 37 ff.) folgende, im einzelnen von ihm skizzierte Gruppen von Interventionen:
- Diskrepanz-Interventionen
- Theorie-Interventionen
- Verfahrensinterventionen
- Beziehungsinterventionen
- experimentelle Interventionen
- Krisen-Interventionen
- Perspektiven-Interventionen
- Struktur-Interventionen
- Wertorientierungsinterventionen

Ähnlich, aber Bennis modifizierend, werden von French/Bell die folgenden Gruppeninterventionen unterschieden (French/Bell 1977: 131 ff.):
- diagnostische Aktivitäten: insbesondere Methoden und Techniken der empirischen Sozialforschung zur Erhebung des Ist-Zustands der Organisation;
- Teamentwicklungsaktivitäten: Interventionen zur Erfassung von bestehenden Gruppen und zum Aufbau neuer Teamstrukturen;
- Inter-Gruppenaktivitäten: durch sie soll die Leistungsfähigkeit der Beziehung zwischen mehreren Gruppen gesteigert werden;
- Survey-feed-back-Aktivitäten: sie knüpfen an den diagnostischen Aktivitäten an und benutzen die Erhebung und Bewertung von Daten zur Entwicklung eines Handlungsplanes;
- edukative und Trainingsaktivitäten: durch diese sollen die Fähigkeiten

210

und Fertigkeiten der Mitarbeiter weiter entwickelt werden; sie können sich auf inhaltliche, technisch-methodische und interaktive Fragen beziehen;

- strukturell-technologische Aktivitäten: mit ihnen sollen neue Strukturen für die gesamte Organisation und ihre Unterstützung durch technische Mittel erprobt werden;
- Prozeßberatungsaktivitäten: mit ihnen soll dem Mitarbeiter/der Gruppe Einsicht in und das Verstehen von Beziehungsproblemen, Gruppenprozessen, Führungs- und Organisationskonflikten etc. vermittelt werden;
- Grid-OE-Aktivitäten: Dieser von Blake/Mouton (1969) entwickelte Ansatz versucht, in verschiedenen Phasen (in drei bis fünf Jahren) von der Verbesserung der individuellen Führungsfähigkeiten über die Gestaltung der Gruppenprozesse bis hin zur Optimierung der Gesamtorganisation den OE-Prozeß umfassend und langfristig anzulegen;
- »neutraler-Dritter«-Aktivitäten (heute u. U. als Mediatoren-Tätigkeit bezeichnet): hierbei versucht ein Schlichter dabei zu helfen, daß zwischen zwei Mitarbeitern bestehende Probleme und Konflikte analysiert und bewältigt werden;
- individuenzentrierte Aktivitäten: Bei diesen geht es darum, daß ein Berater oder andere Mitarbeiter einen Mitarbeiter dabei unterstützen, eigene Lernziele zu definieren, zu lernen, wie andere sein Verhalten sehen und neue Verhaltensweisen zu erlernen, um Ziele wirksamer zu erreichen;
- Lebensgestaltungs- und Karriereplanungsaktivitäten: diese – eng verzahnt mit Elementen der PE – sind darauf gerichtet, für einzelne Mitarbeiter bisherige Karrieren und Karrierehindernisse zu analysieren, neue Karriereziele und Wege hin zu diesen Zielen vor dem Hintergrund von Fähigkeiten und Fertigkeiten, Stärken und Schwächen zu beschreiben;
- Planungs- und Zielsetzungsaktivitäten: hierbei geht es um die Vermittlung von Theorie und Erfahrung auf dem Gebiet von Planungsmodellen und -techniken sowie von Kenntnissen und Fertigkeiten bezüglich Zielentwicklungsprozessen.

Die folgende, aus French/Bell (1977: 135–137) entnommene Abb. 27 versucht, die so skizzierten Interventionsmaßnahmen nach den Kriterien *Individuum/Gruppe, Zielgruppe und Veränderungsmechanismen* weiter zu systematisieren.

| | | Dimension: Individuum/Gruppe | |
		Fokus auf dem Individuum	Fokus auf der Gruppe
Dimensionen – **Inhalt** **/** **Prozeß**	A U F G A B E N	Rollenanalyse Ausbildung: technische Fähigkeiten Entscheiden, Problemlösen, Zielsetzen und Planen Karriereplanung Grid-OE-Phase 1 (siehe auch unten) Möglicherweise Arbeits- bereicherung und Managment by Objectives (MBO)	Strukturell-technologische Veränderung Survey-Feedback (siehe auch unten) Konfrontationstreffen Teamentwicklungs- sitzungen Intergruppen-Aktivitäten Grid-OE-Phasen 2, 3 (siehe auch unten)
	P R O Z E S S	Lebensgestaltung Prozeßberatung und individuen- zentrierter Aktivitäten Ausbildung: Gruppendynamik geplanter sozialer Wandel T-Gruppen (Stranger) »Neutraler Dritter« Grid-OE-Phase 1	Survey-Feedback Teamentwicklungs- sitzungen Intergruppen-Aktivitäten Prozeßberatung T-Gruppen (Family) Grid-OE-Phasen 2, 3

Abb. 27: System der Interventionsmaßnahmen

Typologie der OE-Interventionen nach Zielgruppen

Zielgruppe	Interventionsarten
Interventionen zur Steigerung *individueller* Effektivitäten	Lebensgestaltungs- und Karriereplanungs-Aktivitäten Rollenanalyse individuenzentrierte Aktivitäten T-Gruppen (Sensitivity Training) Ausbildung und Training zur Verbesserung von Fähigkeiten, von technischem Wissen, zwischenmenschliche Entscheidungs-, Planungs- und Zielsetzungsfähigkeiten Grid-OE-Phase 1
Interventionen zur Steigerung der Effektivität von *Dyaden* und *Triaden*	Prozeßberatung »Neutraler Dritter« Grid-OE-Phasen 1, 2
Interventionen zur Steigerung von *Team-* und *Gruppeneffektivität*	Teamentwicklung T-Gruppen (Family) Survey-Feedback Prozeßberatung Rollenanalyse Teamaufbau-Aktivitäten Ausbildung im Hinblick auf: Entscheiden, Problemlösen, Planen und Zielsetzen in Gruppen
Interventionen zur Steigerung von *Intergruppenbeziehungen*	Intergruppenaktivitäten Feedback durch Widerspiegelung Strukturell-technologische Aktivitäten Prozeßberatung »Neutraler Dritter« Grid-OE-Phase 3 Survey-Feedback
Interventionen zur Steigerung der Effektivität *ganzer Organisationen*	Strukturell-technologische Aktivitäten Konfrontationstreffen Strategisches Planen Grid-OE-Phasen 4, 5, 6 Survey-Feedback

Zuordnung von Interventionen zu Veränderungsmechanismen

Veränderungs-Mechanismen	Aus diesen Veränderungsmechanismen abgeleitete Interventionen
Feedback	Survey-Feedback T-Gruppen Prozeßberatung Feedback durch Widerspiegelung Einzelne Instrumente der Grid-OE
Verändern des Normen- und Wertesystems	Teamentwicklung T-Gruppen Intergruppentreffen Grid-OE-Phase 1–3
Steigerung der Interaktion und Kommunikation	Survey-Feedback Intergruppentreffen »Neutraler Dritter« Feedback durch Widerspiegelung Management by Objectives Teamentwicklung Strukturell-technologische Veränderungen
Konfrontation mit Schlichtung und Aushandeln	»Neutraler Dritter« Intergruppentreffen Individuenzentrierte Aktivitäten Konfrontationstreffen Feedback durch Widerspiegelung
Ausbildung durch: 1. Neues Wissen 2. Erwerb neuer Fähigkeiten	Lebensgestaltung und Karriereplanung Teamentwicklung Zielsetzungs-, Entscheidungs-, Problemlöse- und Planungsaktivitäten T-Gruppen Prozeßberatung

Ergänzend zu dieser Systematik von OE-Interventionsformen könnten aus heutiger Sicht – bezogen auf die Prozeßphasen der Datenerhebung, Konzeptentwicklung, Implementation und Evaluation – noch die folgenden Interventionstechniken hinzugefügt werden:

- Für Phasen der Erhebung des Ist-Zustands sowie von Ist-Soll-Vergleichen die **empirischen Erhebungstechniken** wie
  - Interview,
  - Fragebogen,
  - Gruppendiskussion,
  - Dokumenten- und Aktenanalyse sowie
  - teilnehmende Beobachtung.

214

- Für Phasen der Konzeptentwicklung und Ergebnisbewertung: Eher **strukturierende, kreativitätsfördernde und gruppendynamische Techniken** wie
  - Brainstorming,
  - Synektik,
  - Delphiverfahren,
  - Qualitätszirkel und ähnliche
  - gruppendynamische und interaktive Verfahren.
- Für Prozeßphasen der Um- und Durchsetzung von Konzepten und Arbeitsansätzen
  - stärker organisationsintern ausgerichtete Motivationskonzepte und Anreizsysteme (Verzahnung mit PE) wie MbO und CI sowie
  - stärker organisationsextern auf das Umfeld bezogene Implementationsstrategien wie z. B. Verfahren der experimentellen Erprobung, der Koalitions- und Bündnisbildung, der Mobilisierung von Betroffenen und Mediationsverfahren (vgl. 10.1.1)

8.1.3 Teams und Teamstrukturen

OE arbeitet als zentralem Element in starkem Maße mit dem *Team und Teamstrukturen*. Dabei sind Teamstrukturen sowohl Arbeitsinstrument als auch Entwicklungsziel innerhalb der jeweiligen Organisation. Insofern läßt sich auch im Rahmen des OE-Prozesses zwischen befristeten Projektgruppen und permamenten Teams unterscheiden (vgl. auch French/Bell 1977: 85 ff., 142 ff.). Der instrumentelle Charakter herrscht bei den Projektgruppen vor: Sie werden als Strukturelemente des OE-Prozesses in vielfältiger Hinsicht und mit unterschiedlichen Funktionen – so z. B. als Steuerungsgruppe, als Konzeptgruppe, als Evaluationsgruppe oder als Qualitätszirkel und Sensitivity-Trainingsgruppe – gebildet. Werden solche befristeten Projektgruppen untereinander verbunden und koordiniert, so entsteht eine regelrechte Projektgruppenorganisation innerhalb des OE-Prozesses.
Entwicklungsziele des OE-Prozesses sind Teamstrukturen insofern, als der OE-Ansatz davon ausgeht und dafür auch überzeugende empirische Belege hat, daß das Team und Teamstrukturen im Vergleich zur hierarchischen Arbeitsbeziehung sowohl leistungsfähiger als auch für die Mitarbeiter befriedigender sind (vgl. hierfür mit weiteren insbesondere angelsächsischen Nachweisen Bennis 1990: 76 f.; Damkowski 1975: 157 f.; Damkowski 1981: 281 f.). Im Rahmen der teamentwicklungs- und strukturellen Interventionen des OE-Prozesses wird unter Beachtung der jeweiligen besonderen situativen Gegebenheiten der Organisation sich eine Entwicklung aus der Orientierung an dem Ziel *Aufbau von Teamstrukturen* ergeben. OE geht bei

der Ist-Analyse dabei von einem weiten Teambegriff aus, in dem hierzu auch an sich zunächst hierarchisch strukturierte Arbeitsbereiche wie etwa eine Referatsgruppe mit Vorgesetztem und Untergebenen gerechnet werden. Ansatz ist es dann, solche hierarchischen Arbeitsbeziehungen zu echten Teams zu entwickeln und so entstehende Teams im Sinne eines neuen Strukturkonzepts (Teamorganisation) miteinander zu vernetzen. Solche Strukturvorstellungen gehen dann letztlich zurück auf das Konzept vernetzter (vermaschter) Teams von Likert, Mc Gregor u. a., bei dem insbesondere das sog. *linking pin* als Kooperationsscharnier zwischen jeweils zwei verschiedenen Teams eine zentrale Rolle spielt. Dieses Konzept ist dann weiterentwickelt worden (vgl. Damkowski 1975: 157–159; Damkowski 1981: 414f.) und ergibt dann etwa das folgende Strukturbild einer Teamorganisation (vgl. die nachstehende Abb. 28 aus Damkowski 1975: 158):

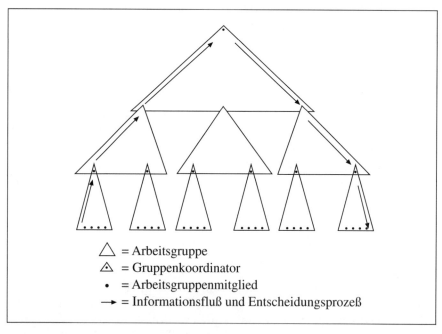

Abb. 28: Strukturbild einer Teamorganisation

8.1.4 Erfolgsbedingungen und Aufwand von OE

Inzwischen lassen sich aufgrund zunehmender OE-Praxis eine Reihe von allgemeinen Bedingungskonstellationen für das erfolgreiche Arbeiten mit OE-Prozessen angeben (vgl. u. a. Bennis 1969; French/Bell 1977: 183 ff., 208 ff.; Damkowski 1993a: 741 ff.; Damkowski 1993b: 99 ff.; Damkowski/Luckey 1993: 178 ff.; Damkowski/Luckey 1994). Liegen solche Bedingungen vor, so spricht manches dafür, daß OE ein sehr wirksamer Ansatz des Innovationsmanagement sein kann (zweifelnd offenbar: Luhmann 1993: 301). Zu solchen Erfolgsfaktoren gehören insbesondere:

● Es muß in der Organisation ein Klima von *Vertrauen* zwischen den Mitarbeitern, zwischen der Organisationsleitung und den Mitarbeitern sowie zwischen Organisationsmitarbeitern und dem externen Berater geschaffen werden. Angstbesetztes Denken und Verhalten sind selten ein guter Berater von Organisationsänderungen.

● Günstig ist, wenn bei der Organisationsleitung und den Mitarbeitern ein gewisses *Problembewußtsein* bzw. Defizitempfinden besteht, d. h. die Vorstellung vorherrscht, die Organisation habe einige Probleme und Mängel und manches könne »besser laufen«. Diese Ausgangsbasis ist zwar nicht zwingend notwendig, aber insofern günstig, als dann an konkreten Problemen angeknüpft und an ihrer Lösung gearbeitet werden kann. Allerdings kann ein solches günstiges Problembewußtsein sich auch zuspitzen und negativ umschlagen in einen »pathologischen Leidensdruck« der Organisation, der eher zu Resignation und Frustration führt und daher eher eine schwierige Ausgangssituation darstellt.

● Unabdingbar ist die *Legitimation der OE-Aktivitäten durch die Führungsspitze* oder jedenfalls durch die für den betroffenen Bereich zuständige Leitungsinstanz. Ist diese nicht von Anfang an über Konzept und Strategien informiert und besteht hier keine hinreichende Akzeptanz, so sind Barrieren, Implementationshindernisse und Widerstand von vornherein programmiert; deshalb ist es auch erforderlich, die jeweilige Leitung kontinuierlich über den Verlauf des OE-Prozesses zu informieren, Zwischenergebnisse zu präsentieren und dazu gemeinsame Diskussionen zu führen.

● Der *externe Berater* sollte unbedingt die *Rolle des »Experten« meiden*, und zwar dies aus zwei Gründen: Erstens neigt der Experte dazu, mit fertigen Konzepten und Vorschlägen und dem Anspruch der Autorität eines Sachverständigen in die Organisation hineinzugehen; diese Rolle macht es ihm aber fast unmöglich, eine kooperative Beziehung zu den Mitarbeitern aufzubauen und lediglich Prozeßhelfer zu sein, der die Mitarbeiter befähigt, selbst Innovationen zu entwickeln und umzusetzen; zweitens neigt der Experte dazu, »seine« Konzepte zu verteidigen und der Organisation zu »verkaufen«, was meist instinktive Skepsis, Mißtrauen und verhaltenen Widerstand erzeugt. Das schließt allerdings nicht aus, daß der change agent für konkrete Situationen und Probleme auch konkrete Vorschläge und Ideenskizzen, die dann zur Diskussion gestellt werden, einbringt.

● Wichtig in diesem Zusammenhang erscheint auch, daß zu Anfang einer OE in einer Art *Kontrakt* Rolle, Ziele und Vorgehensweise sowie die Legitimation der Intervention durch die Organisationsleitung geregelt werden; dies bringt für alle Beteiligten Transparenz und Verhaltenssicherheit.

● Günstig ist, wenn der OE-Prozeß an bereits begonnene Veränderungsprozesse oder -projekte anknüpfen kann. Einmal ergeben sich hieraus Hinweise darauf, daß eine gewisse Innovationsbereitschaft in der Organisation schon vorhanden ist, und es wird einschätzbar, wie stark die Innovationspotentiale wohl sein könnten. Zum zweiten erlaubt die Einbeziehung bereits begonnener Innovationen eine höhere Innovationsgeschwindigkeit im Rahmen des OE-Prozesses, und es ist zu erwarten, daß anfängliche Widerstände, Skepsis und Mißtrauen in solchen Fällen eher gering sind. Und drittens: Die Berücksichtigung von bereits angelaufenen Änderungsprozessen zeigt den Mitarbeitern und der Organisationsleitung von Anfang an, daß sie und ihre Vorschläge »ernst« genommen werden. Dies ist eine gute Ausganssituation für die Schaffung einer Vertrauensbeziehung zwischen Organisation und externem Berater.

● Eine wesentliche Erfolgsbedingung für den OE-Prozeß ist schließlich seine *enge Verzahnung mit der Personalpolitik und Personalentwicklung* (PE; vgl. hierzu unten 8.2). Dies ist deshalb so wichtig, weil zentrale Elemente von PE wie insbesondere Qualifikationsentwicklung durch Fort- und Weiterbildung sowie bestimmte Anreiz- und Karriereplanungssysteme zugleich bedeutsame Instrumente für den OE-Prozeß sind.

Die vorstehende Darstellung von Konzept und Erfolgsbedingungen von OE zeigt: Diese Innovationsmethode ist keine kurzfristige Veranstaltung, sondern auf kurz- bis mittelfristige Sicht meist außerordentlich aufwendig, mühsam und nicht von schnellem Erfolg gekrönt. Ganz anders die klassische Unternehmensberatung: Sie fliegt nach kurzer Bestandsaufnahme mit einem in Grundzügen vorgefertigten Standardkonzept ein, versucht es über die Spitze zu installieren und verläßt recht bald dann wieder die Szene mit elegantem *take off* (»Bombenwurf-Strategie«; so Reichard 1987: 215; ähnlich Strehl 1993). Dies erscheint zumindest für das beratende Unternehmen kurzfristig effizient. Längerfristig erweist sich dann oft für das beratene Unternehmen: Die vorgesehene Lösung war nicht genügend konkretisiert, nicht genügend situationsadäquat und auch nicht genügend akzeptiert. Der Lösungsversuch versickert folgenlos, ist letztlich gescheitert, und der Ruf des Beratungsunternehmens dürfte auch Schritt für Schritt ruiniert werden. Anders der Ansatz der OE: Es werden kleine Lösungen Schritt für Schritt implementiert, sie sind akzeptiert, werden auf ihre Praktikabilität geprüft und fügen sich in längerer Perspektive zu einer geglückten, größeren Lösung zusammen.

8.2   Personalentwicklung (PE)

In enger Verzahnung mit OE ist der Ansatz der PE zu sehen, z. T. wird er auch als Teilelement von Organisationsentwicklung verstanden (vgl. hierzu u. a. Koch 1987: 509 ff.; Leis 1987: 551 ff.; Koch 1994). Insgesamt kann man auch heute noch feststellen, daß in Wissenschaft und Praxis z. T. noch recht diffuse Begriffe von PE bestehen. So werden in Definitionen immer noch bestimmte, sicherlich bedeutsame Aspekte von PE in den Mittelpunkt gestellt, die allerdings meist nicht geeignet sind, den neuen, umfassenden Ansatz von PE, insbesondere in seiner engen Verbindung mit OE auch nur annähernd zu beschreiben. So wird PE z. B. in zu verengter Weise definiert als
- kontinuierliche berufliche Bildung,
- Aufstiegs- und Karriereplanung für einzelne Mitarbeiter,
- Verhaltens- und Interaktionstraining,
- herkömmliche Personalplanung (hierzu u. a. Thieme 1984: 431 ff.) mit den Bereichen:
  - Personalbedarfsplanung
  - Personalbeschaffung
  - Personalbereitstellung und Personaleinsatz
  - Personalbeurteilung
  - Personalfortbildung sowie
  - Versetzungs- und Beförderungsplanung

Auch letzteres Verständnis von PE, wenn auch weiterreichend, greift dennoch zu kurz, weil es systematisch den dazu *quer* liegenden Variablen-Komplex »human resource-Management« (integrierter Einsatz eines sets von Anreizfaktoren bzw. -systemen) in den Hintergrund treten läßt (vgl. hierzu unten).
Ganz und gar abzugrenzen von PE ist die herkömmliche Personalverwaltung, die insbesondere die folgenden administrativen Routineaufgaben erfüllt (vgl. z. B. Reichard 1981: 281):
- Stellenwirtschaft,
- Personalaktenführung und Personalaufzeichnung,
- Entgeltberechnung und -abrechnung,
- Personalfürsorge,

- Personalstatistik und
- Personalkostenrechnung.

Das Handwerkszeug der Personalverwaltung, das vielfach gründlich beschrieben ist, soll in diesem Rahmen, der Grundlagen für ein innovatives Public Management legen soll, nicht weiter erörtert werden.

8.2.1 Von Personalverwaltung und Personalplanung zum Human Resource-Management

Der Ansatz PE bzw. human resource-Management geht davon aus, daß der Faktor »Humankapital« das z. Z. für Arbeitsorganisationen sowohl des privaten als auch des öffentlichen Sektors wichtigste Leistungspotential und die lohnendste Leistungsreserve darstellt, andererseits seine Vernachlässigung oder fehlerhafte Nutzung zu grundlegenden Fehlsteuerungen sowie Effizienz- und Effektivitätsbarrieren führen kann. Deshalb gilt es, für routinemäßige Personalplanung und Personalverwaltung stärker als technokratisch-planerische und administrative Aspekte den Faktor »Mensch«, die Mitarbeiter in den Mittelpunkt zu stellen und beide Routineaufgaben hin zu einer innovativen PE zu erweitern, die durch Schaffung direkter wirkender, auf die Mitarbeitermotivation gerichteter Anreizsysteme gekennzeichnet ist (vgl. auch Naschold 1993: 92 ff.).

(1) Rahmenbedingungen

Allerdings stehen der Realisierung einer solchen Zielsetzung in der öffentlichen Verwaltung der Bundesrepublik beträchtliche tatsächliche und dienstrechtliche Restriktionen entgegen (das folgende ist angelehnt an Naschold ebd.):
- bei – im Vergleich zum internationalen Standard – beachtlicher Eingangsqualifikation des Personals in den verschiedenen Laufbahngruppen verflacht diese relativ hohe Qualifikation im Zeitverlauf durch evidente Mängel bezüglich der verschiedenen Formen von Fort- und Weiterbildung (*on the job, off the job, job rotation*); dies gilt in besonderem Maße für administrative Führungskräfte, die wohl die einzige Berufsgruppe sind, für die weitgehend kein systematisches Fort- und Weiterbildungssystem und -angebot besteht.
- PE hängt unmittelbar mit Lernmöglichkeiten der Mitarbeiter und Lernfähigkeit der Organisation zusammen. In dieser Hinsicht sind die organisationsstrukturellen Variablen – übrigens auch im Bereich privatwirtschaftlicher Konzerne – in der öffentlichen Verwaltung durchaus nicht

solche, die lernfördernde Arbeitsstrukturen schaffen: Hierarchisch – bürokratische Formen der Arbeitsorganisation behindern – längst belegt durch die klassische Bürokratiekritik – ganzheitliches, problembezogenes, zukunftsorientiertes, insgesamt innovatives Denken, Lernen und Handeln. Als Querschnittdiagnose – bei durchaus partiell innovativen Entwicklungen – läßt sich für den öffentlichen Sektor – und nicht nur für diesen – immer noch das Vorherrschen des hierarchisch-bürokratischen Strukturmusters konstatieren. An dieser Stelle wird also der Bedarf an enger Verzahnung von OE und PE wiederum deutlich.

● Das *klassische Bürokratiemodell des Öffentlichen Dienstes* ist hinsichtlich seines Lern- und Planungsverhaltens, aber auch hinsichtlich seines Anreizsystems eher vergangenheits- und segment- bzw. ressortbezogen: Es ist daher nur unzulänglich in der Lage, längerfristig-vorausschauend, ressortübergreifende Perspektiven zu entwickeln, in lernenden Rückkopplungskreisläufen zu arbeiten sowie zukunfts- und ergebnisorientierte Leistungsanreize an seine Mitarbeiter zu vermitteln. Erfolgreiche Ergebnisse und Leistungen finden im Bezahlungssystem des Öffentlichen Dienstes weitgehend keine »Belohnung«. Hier sind – wie schon vor mehr als 20 Jahren von der Studienkommission zur Reform des Öffentlichen Dienstes treffend analysiert – nicht nur das öffentliche Besoldungs- und Vergütungssystem, sondern auch das überholte statusdifferenzierende Laufbahnrecht des Öffentlichen Dienstes harte Handlungs- und Leistungsbarrieren. Notwendig sind hier eine die Differenzierung in Beamte, Angestellte und Arbeiter sowie die Gliederung in Laufbahngruppen und Laufbahnen weitgehend überwindende Generalrevision des Öffentlichen Dienstes in Richtung auf ein einheitliches öffentliches Dienstrecht. Möglicherweise gelingt es der jüngst wieder hierzu begonnenen öffentlich-politischen Diskussion, einen Durchbruch auf diesem Gebiet zu schaffen.

(2) Chancen

Noch immer sind für die Überwindung der geschilderten tatsächlichen und dienstrechtlichen Barrieren die damaligen Vorschläge der Studienkommission zur Reform des Öffentlichen Dienstes von aktueller Bedeutung. Vor dem Hintergrund dieser eher mittel- bis längerfristig orientierten Überlegungen hat Naschold jüngst (ebd.) gezeigt, daß es auch kurz- bis mittelfristige Ansätze zur Flexibilisierung des Öffentlichen Dienstes in Richtung auf ein wirksames »human resources-Management« gibt. Hierzu macht er insbesondere die folgenden Vorschläge:

● Einstieg über die Verbesserung von Fort- und Weiterbildungsmöglichkeiten im Öffentlichen Dienst, insbesondere
  – Ausweitung des Anteils an Personalausgaben hierfür auf 1 bis 1,5% (Privatwirtschaft z. Z. ca. 2%);
  – Ausdehnung der Weiterqualifizierungsmöglichkeiten auf alle Lauf-

bahngruppen und Aufhebung der aktuellen Begrenzung auf den Höheren Dienst;
- aufgabenbezogene, auf neue Führungsinstrumente und Gruppenstrukturen orientierte Ausrichtung der Weiterqualifizierung;
- Verknüpfung von externer Weiterqualifizierung mit *on the job trainings* und Formen der *job rotation*;
- Flexibilisierung der wöchentlichen, monatlichen und Jahresarbeitszeitregelungen entsprechend den Weiterqualifizierungsbedürfnissen.
- Entwicklung und Durchführung eines aufgabenbezogenen und sequentiellen Trainingsprogramms für Führungskräfte.
- Einführung von qualifizierender Gruppenarbeit mit ganzheitlicher Aufgabenwahrnehmung (»Komplettbearbeitung«).
- Schaffung von Führungsfunktionen auf Zeit mit dem Ziel, die klassisch-hierarchischen Barrieren zu überwinden und zusätzliche Leistungsanreize zu geben.
- Entwicklung eines Systems von Ergebnisverantwortung, transparenter Personalführung und Personalbewertung unter Einschluß von anforderungsbezogenen Entgeltkomponenten: »Ein erster Einstieg . . . könnte in der Anhebung der Obergrenzen für ›Beförderungsämter‹ (nach § 26 BBesG) liegen, die Höhergruppierungen bei Höherqualifizierung eingrenzen (Naschold 1993: 85). Dabei dürften diese erweiterten Obergrenzen nicht im Sinne des bisherigen »Bewährungsaufstiegs« umfunktioniert werden, sondern müßten mit Ergebnisverantwortung und anforderungsgerechter Bezahlung verbunden werden (Naschold ebd.).

Im Perspektivbericht der Bundesregierung zum öffentlichen Dienstrecht (Bundesregierung 1994) werden Flexibilisierungen erkennbar, die einen Schritt in die PE ermöglichen können: Erprobungszeiten für Führungspositionen, Leistungsorientierung und dezentrale Entscheidungsbefugnisse bei Beförderungsfragen deuten in diese Richtung.
Auf internationaler Ebene ist die PE für öffentliche Dienste zum Teil erheblich weiter fortgeschritten, zum Teil auch durch fehlende Regularien, Restriktionen und Traditionen unbefangener zu verwirklichen (vgl. 4 und OECD 1994).

8.2.2 Ziele, Merkmale und einzelne Elemente von PE

(1) Ziele und Merkmale

In enger Verzahnung mit dem Ansatz der OE verfolgt PE insbesondere die Ziele (vgl. auch Frackmann/Lehmkuhl 1993: 61 ff.),

- die »Humanressourcen« der Mitarbeiter mehr als bisher für die jeweilige Organisation zur Geltung zu bringen,
- die primären und sekundären Leistungsanreize zur vollen Entwicklung der Mitarbeiterleistung zu systematisieren und zu stärken,
- auf diese Weise zugleich – unterstützt durch situationsadäquate Managementkonzepte, Führungsinstrumente und Arbeitsstrukturen (Management-by-Konzepte, Dezentralisation, CI, Teamorganisation) – die Autonomie- und Selbstentfaltungsräume sowie die Arbeitszufriedenheit der Mitarbeiter zu fördern,
- die Mitarbeiter für notwendige Organisationsinnovationen zu sensibilisieren,
- sie mit ihrer Qualifikationsentwicklung in organisatorische Innovationsprozesse einzubeziehen und so
- ein Netz von Innovatoren und Änderungspromotoren in der Organisation aufzubauen, d. h. die Mitarbeiter selbst an zentralen bzw. sensiblen Punkten der Organisation gewissermaßen als *change agents* zu installieren.

Diese Ziele und auch die folgenden Teilelemente lassen sich nur mit voller Wirksamkeit realisieren, wenn – wie schon angedeutet – die PE in adäquate organisationsstrukturelle, führungsinstrumentelle, arbeitsorganisatorische und motivationale Bedingungen eingebettet wird; oder anders ausgedrückt: Die integrierte Betrachtung von OE und PE ist stets und ständig zu beachten.

(2) Einzelne Elemente von PE

PE besteht im wesentlichen aus den Teilelementen (vgl. Klages 1991: 1158/59; Reichard 1987: 266 ff.):

- Personalbeurteilung,
- Fort- und Weiterbildungsplanung einschließlich eines Systems der Förderung von Mitarbeitermobilität und Arbeitsplatzrotation,
- Karriere- und Verwendungsplanung einschließlich des Beförderungssystems.

Dabei gewinnt PE ihre volle Wirksamkeit nur durch die integrierte Anwendung dieser Teilelemente, d. h., wenn z. B. die Personalbeurteilung so mit der Fort- und Weiterbildung oder der Karriere- und Verwendungsplanung verbunden wird, daß aus ihr jeweils mitarbeiterbezogene Konsequenzen für die beiden anderen Teilelemente gezogen werden (vgl. auch Klages 1991: 1158). Im einzelnen bestehen für die Teilelemente der PE die folgenden Vorstellungen und Vorschläge:

• *Personalbeurteilung*: Es ist unumstritten, daß das gegenwärtige im Öffentlichen Dienst praktizierte Beurteilungswesen angesichts seiner Uneinheitlichkeit, schwachen Systematik und geringen Spezifikation als Personalsteuerungs- und Anreizsystem völlig unbrauchbar ist (vgl. u. a. Reichard 1987: 270 f.). Ein reformiertes System der Personalbeurteilung sollte vor allem drei bzw. vier Funktionen erfüllen:

– die Selektionsfunktion im Hinblick auf Karriere- und Verwendungsplanung;
– die Informationsfunktion im Hinblick auf die Einschätzung von Weiterqualifizierungsbedarfen;
– die Kommunikationsfunktion als Rückmeldung über die Einschätzung der Arbeitsleistung des Mitarbeiters;
– die vierte Funktion – von Reichard (1987: 269) mißverständlich als für den Öffentlichen Dienst nicht relevant bezeichnet – könnte die Entgeltfindungsfunktion sein: Zwar paßt sie nicht in das geltende System des öffentlichen Dienstrechts, aber bei entsprechenden rechtlichen Veränderungen könnte sie durchaus, z. B. bei der Gewährung oder Zurücknahme von Leistungszulagen, eine Rolle spielen.

Um diese Funktionen erfüllen zu können, wird vorgeschlagen, neben einer rationaleren Ausgestaltung nach bestimmten einheitlichen Kriteriensystemen die Personalbeurteilung in eine *vergangenheitsorientierte Leistungsbeurteilung und eine zukunftsbezogene Befähigungs- bzw. Verwendungsbeurteilung* zu gliedern (sog. BMI-Modell; vgl. hierzu Gaugler u. a. 1981; Reichard 1987: 271). Anknüpfend an diese Reformbestrebungen ließe sich das Beurteilungswesen noch um beispielsweise folgende Akzente ergänzen:

– Stärkere Entindividualisierung der Personalbeurteilung, indem diese sich auf die Beurteilung von Teamleistungen richtet; damit könnte das leistungsbezogene Sachinteresse in den Vordergrund und das individuelle, sanktionierende Element in den Hintergrund treten;
– Verbindung von Leistungsbeurteilung und vorangehenden Ziel- und Ergebnisvereinbarungen zwischen vorgeordneten Instanzen und Arbeitsteams;
– Enthierarchisierung der Personalbeurteilung, z. B. durch wechselseitige Vorgesetzten- und Untergebenenbeurteilungen oder Übertragung der Beurteilungskompetenz auf gemischt (aus Vertretern der vorgeordneten Instanz und der zu beurteilenden Arbeitseinheit) zusammengesetzte Gruppen.

• *Fort- und Weiterbildungsplanung*: Das System der Fort- und Weiterbildung ist zentrales Element von PE, und es muß vor allem sensibel reagieren auf die im Rahmen der Leistungs- und Befähigungsbeurteilung sichtbar werdenden Qualifizierungsbedarfe. Es darf von den Mitarbeitern und Arbeitgebern nicht als Sanktionsinstrument mißverstanden werden, sondern muß die Reputation eines **Leistungsbelohnungs- und Karriereförderungssystems** gewinnen. Hierfür ist das im Öffentlichen Dienst bestehende Fortbildungsangebot in folgende Richtungen zu revidieren:

– Stärkere Adressierung nicht an einzelne Mitarbeiter, sondern an ganze Leistungs- und Arbeitseinheiten, Arbeitsgruppen bzw. Aufgabengruppen,
– stärkere gegenständliche Ausdifferenzierung in thematische, problem- und verhaltensbezogene Inhalte,
– gezielte Angebote für bestimmte Mitarbeitergruppen, z. B. Führungskräfte-Trainings,
– neben den Angeboten »off the job« auch Systematisierung solcher Formen, die exemplarisches, arbeitsplatz- oder praxisbezogenes Lernen und die Mobilität der Mitarbeiter fördern (*on the job, job rotation*).

• *Karriere- und Verwendungsplanung*: Diese befaßt sich mit der zukünftigen Karriereentwicklung von Mitarbeitern und Mitarbeitergruppen sowie mit deren Einsatz in bestimmten Tätigkeitsfeldern auf konkreten Arbeitsplätzen. Dabei läßt sich unterscheiden zwischen

– der Entwicklung typischer Karriereverläufe für bestimmte Mitarbeitergruppen – z. B. für den Führungskräftenachwuchs – unter Berücksichtigung von deren Qualifikations- und Leistungsentwicklung sowie
– der Karriereplanung als persönliche Perspektivplanung für konkrete Mitarbeiter und Mitarbeitergruppen.

• Insbesondere die persönliche Perspektivplanung (ähnlich Sattelberger 1991b: 287 ff.) soll den Mitarbeitern längerfristige Anreize zum Verbleib und zur weiteren Arbeit, aber auch zur Orientierung über ihre Leistungsfähigkeit, Entwicklungsmöglichkeiten und ihren künftigen Berufsweg in der jeweiligen Organisation vermitteln. Entscheidend für diese Art von persönlicher Karriereplanung ist die Frage, wie die ihr zugrunde liegende Leistungs-, Qualifikations- und Eignungsbeurteilung für den einzelnen Mitarbeiter oder das einzelne Arbeitsteam zustande kommt. Traditionell würde diese Frage durch die zuständigen hierarchischen Instanzen beantwortet, was aber mit Sicherheit zu kontraproduktiven Effekten im Hinblick auf die beabsichtigten motivationalen Wirkungen dieses Systems führen würde. Deshalb werden z. B. sog. *assessment centres* zur Beurteilung dieser Leistungs-, Qualifikations- und Eignungsfrage vorgeschlagen und praktiziert (vgl. u. a. French/Bell 1977: 202). Denkbar wären auch analog zu den problembezogenen Qualitätszirkeln personalpolitische Qualitätszirkel (ähnlich French/Bell 1977: 200 ff.; Sattelberger 1991b: 301; Curtius 1993: 74 ff.), die

– sich aus Vertretern der dem jeweiligen Mitarbeiter vorgeordneten Instanzen und solchen aus seinem eigenen Arbeitsumfeld zusammensetzen könnten und

– eine perspektivische Karriereplanung für die Mitarbeiter ausarbeiten bzw. ergänzend mit ihm auch Beratungsgespräche bezüglich Leistungs- und Qualifikationsschwächen sowie Weiterqualifizierungsbedarfen führen könnten.

9. Exemplarische Anwendung von Public Management auf zwei Verwaltungsbereiche

In diesem Abschnitt soll versucht werden, wichtige Ansätze des PM auf zwei administrative Bereiche – die Kommunalverwaltung und die Umweltverwaltung in Deutschland – exemplarisch anzuwenden. Die Auswahl dieser beiden Bereiche scheint angemessen, weil

(1) die **Kommunalverwaltung** als eine der drei Verwaltungsebenen in der Bundesrepublik einen wichtigen administrativen Querschnittsbereich darstellt, mit ihren Aufgaben einen besonders unmittelbaren Bürger- und Kundenbezug aufweist, u.U. durch die Kommunalverfassungen in den neuen Bundesländern eine verstärkte Entwicklungsdynamik erfahren könnte (vgl. z. B. Schwanegel 1992; Bernet 1992: 40 ff.) und nicht zuletzt die in ausländischen Staaten entwickelten Reformmodelle überwiegend gerade auch in der Kommunalverwaltung praktiziert werden;

(2) die **Umweltverwaltung** ein sowohl kommunaler als auch länder- und bundes- sowie supranationale Aufgaben integrierender Verwaltungstyp ist, der zudem für die Zukunft weiterer Expansion und Dynamik unterliegen und damit besonders aufgeschlossen für innovative Veränderungen sein könnte.

9.1 PM in der Kommunalverwaltung

Es dürfte unbestritten sein, daß die deutsche Kommunalverwaltung lange Zeit bis in die jüngste Vergangenheit – im Vergleich zu anderen ausländischen Kommunalverwaltungen – einen hohen Standard aufweist; dieser könnte sich allerdings deshalb stark relativieren, weil seit den 70er Jahren kaum noch wesentliche Kommunalreformen durchgeführt wurden und andererseits in der Zwischenzeit gerade in den ausländischen Staaten, die in diesem Band betrachtet werden, bedeutsame Reformschritte unternommen worden sind, die in der Bundesrepublik bis auf den Fall Tilburg

(Niederlande) weitgehend nicht zur Kenntnis genommen, geschweige denn fruchtbar gemacht worden sind. Immerhin werden in einigen deutschen Kommunen (z. B. Köln, Münster, Nürnberg, Offenburg und Offenbach) mit Blick auf das sogeannte Tilburger Modell beachtliche Reformanstrengungen unternommen oder – wie in Schleswig-Holstein durch die Landesebene initiiert – exemplarische Reformen vorbereitet (vgl. Offenbach 1992, 1993a, 1993b; Offenburg 1994; Schleswig-Holsteinischer Landtag 1993; Schleswig-Holstein 1994). Insgesamt erscheint allerdings in der deutschen Kommunalverwaltung noch ein beträchtlicher Reform-lag (lack), z.T. auch eine gewisse Reform-Reserve zu bestehen. Letztere mag auch damit zusammenhängen – und insoweit wäre sie verständlich –, daß der Kommunalverwaltung vor allem von Unternehmensberatungsfirmen Rezepte mit z.T. »aufgeblasenen« Versprechungen und Schlagworten mit dem Ziel angepriesen werden, einen Verkaufseinstieg in einen neu entdeckten Markt zu finden. Hohe Erwartungen werden dann oft schnell enttäuscht.

Auch die ausländischen Beispiele – einschließlich des Tilburger Modells – erheben nicht den Anspruch, Patentrezepte oder ausschließlich Neues zu bieten; im Gegenteil – auch sie versuchen lediglich, teils bestimmte in den Verwaltungswissenschaften längst bekannte oder in ausländischer Verwaltungspraxis auch umgesetzte Prinzipien (wie z. B. MbO), teils in Unternehmenstheorie und -praxis angewandte Konzepte für die Kommunalverwaltung fruchtbar und anwendbar zu machen. Die ausländischen Beispiele zeigen, daß dies in Verwaltungen neue Impulse und Perspektiven bringen kann; deshalb kann es für die deutsche Kommunalverwaltung lohnend sein, von diesen ersten Erfahrungen zu »lernen«.

9.1.1 Herkunft von Modellansätzen und ihr exemplarischer Anwendungsbereich

Für die Anwendung von PM-Ansätzen auf die deutsche Kommunalverwaltung werden im folgenden vor allem solche aus der neuseeländischen, australischen, schwedischen und niederländischen Verwaltungsreformpraxis nutzbar gemacht. Diese sind – mit Differenzierungen und unterschiedlichen Akzenten im einzelnen – im wesentlichen durch sehr ähnliche Konzepte und Strukturprinzipien geprägt. Sie dürften sich für die Übertragung auf die deutsche Kommunalverwaltung deshalb besonders eignen, weil diese Staaten vergleichbare politische und Verwaltungskulturen (anders z. B. als Japan) haben und zudem bei ihrer Reformpraxis nicht (wie z. B. England) zu extremen »Pendelausschlägen« neigen. Eine Besonderheit gilt für Australien, da dort die Ebene der Lokalverwaltung eher unterentwickelt ist und die – allerdings beachtlichen Reformansätze – weitgehend auf der Ebene des Commenwealth – der Bundesebene – und in den Bundesstaaten praktiziert werden. Für Neuseeland, insbesondere die Großstadt Christchurch (ca. 300.000 Einwohner), und für Schweden sind darüber hinaus zwei Besonderheiten beachtenswert:

- Für Christchurch sind es die partizipativen Ansätze stärkerer Bürger- und Kundenorientierung des kommunalen Management; insoweit ließe sich – ähnlich dem *Tilburger Modell* – mit eher noch größerer Berechtigung von einem *Christchurch-Modell* sprechen,
- für Schweden sind es die experimentellen Formen der *Free Communes*, mit denen Gemeinden mit dem Ziel der Erprobung neuer Managementansätze von allgemeinen Vorschriften der Kommunalrechts befreit werden können.

Die folgenden Überlegungen zur Übertragung von Managementansätzen auf die deutsche Kommunalverwaltung haben im Schwerpunkt eine mittlere deutsche Großstadt (ca. 250.000 bis 300.000 Einwohner) im Auge, die unter den kommunalverfassungsrechtlichen Bedingungen der Magistratsverfassung arbeitet (z. B. in Schleswig-Holstein). Dies schließt keineswegs aus, daß ein Großteil der Überlegungen auch für andere Größenordnungen, kommunale Gebietskörperschaften und kommunalverfassungsrechtliche Rahmenbedingungen gelten kann; die Frage der Vergleichbarkeit und Anwendbarkeit ist im Einzelfall aber jeweils zu prüfen.

9.1.2 Grundprinzipien eines Managementmodells für die deutsche Kommunalverwaltung

Wenn auch Fragen der Übertragbarkeit auf die deutsche Kommunalverwaltung noch zu erörtern sein werden, ergeben sich aus dem Vergleich von Ansätzen und Erfahrungen in den erwähnten ausländischen Staaten – mit einigen Vereinfachungen – einige durchaus sehr ähnliche prinzipielle Anforderungen an das Management einer mittleren Großstadt. Dazu gehören:
- klare Trennung zwischen politischer und operativer Verantwortung;
- Dezentralisation von Ressourcen- und Personalhoheit auf die operativen *City Manager und Portfolio-Bildung*;
- größere Rechenschaftslegung und Verantwortlichkeit der leitenden Manager;
- mehr externe Wettbewerbsfähigkeit gegenüber dem privaten Sektor;
- vermehrte Leistungsberechnung und -verrechnung intern zwischen Verwaltungseinheiten (cross charging; interne Preise) und interner Wettbewerb;

- mehr Bewertung und Messung von Dienstleistungsqualität und Performance;
- größere Kostentransparenz und umfassendes Controlling;
- stärkere Outputorientierung mit entsprechendem Controlling und Lokkerung der Input-Kontrollen in der Haushaltswirtschaft;
- vermehrte Outcome-, Bürger- und Kundenorientierung;
- stärkere räumlich-örtliche Dezentralisierung von Dienstleistungen;
- weitere horizontale Dezentralisierung durch Ausgliederung betrieblicher Serviceeinheiten (Eigenbetriebe und Eigengesellschaften);
- Forcierung der Mitarbeitermotivation durch Personalentwicklung.

9.1.3 Generelle Reformbarrieren und Veränderungspotentiale

Allgemein läßt sich zweifellos feststellen, daß der Umsetzung obiger Prinzipien in die kommunale Praxis verschiedene Regelungen und Strukturen, vor allem im Bereich
- des allgemeinen und Gemeindehaushaltsrechts,
- des Öffentlichen Dienst-, insbesondere Besoldungsrechts und
- des Kommunalverfassungsrechts

im Wege stehen.
Trotzdem darf diese allgemeine Feststellung nicht den Blick dafür verstellen, daß eine schritt- bzw. bereichsweise Umsetzung auch bereits
- durch eine Änderung der Rechtsanwendungspraxis bzw.
- durch weniger grundlegende Rechtsänderungen gefördert werden könnte.

9.1.3.1 Haushaltsrecht und Haushaltswirtschaft

Die Feststellung ist weder neu noch originell, daß das öffentliche Haushaltsrecht in Deutschland relativ starr ist und wenig Flexibilität bei der Bewirtschaftung aufweist, insbesondere
- die Kontrolle der Bewirtschaftung von Haushaltstiteln und Titelgruppen stark inputorientiert, auf die Einhaltung von Ordnungs- und Rechtmäßigkeit gerichtet ist (»Haushaltsüberwachungslisten«),
- daher der Output von eingesetzten Haushaltsmitteln nicht im Mittelpunkt steht,
- aufgrund des kameralistischen Bruttoprinzips sowie des Jährlichkeitsprinzips (»Dezemberfieber«) bzw. der Behandlung von Möglichkeiten der Übertragbarkeit von Haushaltsmitteln auf das Folgejahr und

230

- der Regelung gegenseitiger Deckungsfähigkeit zwischen Haushaltstiteln und Titelgruppen als Ausnahmefälle

nur geringe positive Anreize für die wirtschaftliche Verwendung von Haushaltsmitteln bestehen.

Die Bezeichnung dieser Defizite weist zugleich allerdings auf Zweierlei: Einen Bedarf an Flexibilisierung und Anpassung unseres geltenden förmlichen Haushaltsrechts auf bundes-, landes- und kommunaler Ebene mit dem Ziel, diese Mängel zu überwinden; darüber hinaus wird aber auch deutlich, daß zusätzliche Spielräume bereits durch Änderung nicht-förmlicher Rechtsvorschriften (insbesondere Verwaltungsvorschriften) oder einfach durch Veränderung der gängigen Haushaltspraxis (insbesondere seitens der Finanzministerien) geschaffen werden können (vgl. auch 9.1.4).

9.1.3.2 Öffentliches Dienst- und Besoldungsrecht

Ebensowenig neu, aber trotzdem eher noch dringlicher geworden ist die Forderung nach Reform unseres öffentlichen Dienst- und Besoldungsrecht; auch dieses steht z.T. – wenn sich auch hier im Rahmen des geltenden Rechts gewisse »Handlungsnischen« auftun – einer grundlegenden Managementorientierung unserer kommunalen Praxis im Sinne obiger Grundsätze entgegen. Dies gilt vor allem für folgende Punkte:

- Die Uneinheitlichkeit und Zersplitterung unseres Dienstrechts in ein Recht für Beamte und öffentliche Angestellte und Arbeiter sowie in unzählige Laufbahngruppen (in Abhängigkeit von starren und formalen Bildungsabschlüssen) und Laufbahnen verhindern für die Beschäftigten im Öffentlichen Dienst Transparenz, Durchlässigkeit, individuelle Planbarkeit und leistungsbezogene Anreize in Richtung auf durchgängige, persönliche Karrieren.
- Die Vergabe von Positionen im Top- und Middle-Management der Kommunalverwaltung auf Zeit (aufgrund befristeter Verträge mit hoher, flexibler Einkommensdotierung; vgl. hierzu im internationalen Vergleich OECD 1993d; 1994) ist nur sehr begrenzt möglich.
- Unser Besoldungs- und Vergütungsrecht sieht weitgehend keine Möglichkeiten für leistungsbezogene, positive Entgeltanreize für qualitativ oder quantitativ höher bewertete Leistungsergebnisse für Mitarbeiter oder Mitarbeitergruppen vor (Stichwort: Leistungszulagen; hierzu Bundesregierung 1994; Offenbach 1993b); allerdings bestehen auch heute schon gewisse auf Motivations- und Leistungsförderung gerichtete materielle und immaterielle – teils geldwerte, teils statusbezogene – Anreizmöglichkeiten.
- Ein Problem im Hinblick auf die Dezentralisierung von Personalhoheit und Arbeitgeberfunktionen liegt schließlich in der starken Zentralisierung der Dienstherreneigenschaft sowohl im Kommunalrecht als auch im Dienstrecht des Bundes und der Länder (z. B. die Stadt X insgesamt als

231

Dienstherr der bei ihr Beschäftigten); hier müßte sich allerdings durch Regelungen der Delegation der Dienstherreneigenschaft auf dezentrale Verwaltungseinheiten (z. B. Dezernate) zusätzliche Flexibilität schaffen lassen.

9.1.3.3 Kommunalverfassungsrecht

Generell läßt sich konstatieren, daß unser geltendes Kommunalverfassungsrecht wenig offen und experimentierfreudig – insbesondere im Hinblick auf die Erprobung neuer kommunaler Managementmodelle – angelegt ist. Hier sollte zumindest einmal durch kommunalrechtliche Änderungen in der Weise Abhilfe geschaffen werden, daß in den Kommunalverfassungen allgemeine Experimentierklauseln vorgesehen werden. Diese könnten – z. B. analog dem schwedischen und norwegischen *frikomun*-Modell (vgl. Häggroth 1993: 39 ff.; Wise/Amnå 1993: 4 ff.; Krage 1990: 225 ff.; Schleswig-Holsteinischer Landtag 1993: 188; Damkowski/Precht 1994: 15) – den jeweiligen Innenminister ermächtigen, bestimmten Kommunen Befreiungen von einzelnen kommunalrechtlichen Regelungen zu erteilen. Konkret dürften vor dem Hintergrund obiger Managementgrundsätze vor allem in der kommunalen Magistratsverfassung folgende Elemente dysfunktional sein:

- die Mischung von Politik und Verwaltung sowie von professioneller Position und Ehrenamt im Leitungsorgan des Magistrats;
- die Doppelmitgliedschaft in verwaltungsleitendem Organ und Vertretung (dem quasi-parlamentarischen Gremium);
- die rigide Beschränkung bezüglich der Gründung von ausgeliederten Eigenbetrieben und Eigengesellschaften (etwa in § 101 GO Schleswig-Holstein).

9.1.3.4 Veränderungschancen in den ostdeutschen Bundesländern

Unter Aspekten der Um- und Durchsetzung von managementorientierten Reformen der Kommunalverwaltung könnten die ostdeutschen gegenüber den westdeutschen Bundesländern leicht günstigere Voraussetzungen bieten (vgl. auch Hill 1994: 1 ff.; Hanisch 1933: 170 ff.; Deutscher Städtetag 1992; Dübel/Pfeiffer 1993). Zwar gelten das Dienst- und Besoldungsrecht bundeseinheitlich, die Grundsätze des Haushaltsrechts sind gleichfalls für die ostdeutschen Länder bindend, und außerdem haben diese die westdeutschen Kommunalverfassungen weitgehend übernommen, auch könnte argumentiert werden, die ostdeutschen Verwaltungen und deren Mitarbeiter hätten aufgrund ihrer »DDR-Tradition und -Sozialisation« überwiegend noch geringere Erfahrungen und Affinitäten bezüglich der hier vorgeschlagenen Managementprinzipien; auf der anderen Seite sprechen aber drei Gesichtspunkte für günstigere Implementationsbedingungen:

- Zum einen dürfte es aufgrund des umfassenden System- und Struktur-
wandels in den ostdeutschen Ländern unter den Beschäftigten eine größere
Bereitschaft geben, auch grundsätzliche Positionen und Strukturen viel
grundlegender in Frage zu stellen und völlig neue Lösungen zu bedenken
und zu akzeptieren als dies in Westdeutschland der Fall ist.
- Aufgrund kurzer Zugehörigkeit zur Marktwirtschaft konnte sich in den
ostdeutschen Länder außerdem noch nicht so sehr persönliches, status-
gruppenbezogenes Besitzstandsdenken, das hartes Widerstandspotential
gegenüber Reformen in Westdeutschland ausmacht, entwickeln und verfestigen.
- Das Muster zum Aufbau der neuen Kommunalverwaltung ist zwar aus
dem Westen entlehnt; aber es wird noch beträchtliche Zeit erfordern, um
nach diesem Muster eine tatsächlich voll funktionsfähige Kommunalverwaltung aufzubauen. In der Zwischenzeit wird es noch zahlreiche Unsi-
cherheiten und Unvollkommenheiten in der Kommunalverwaltung geben
(vgl. auch Glaeßner 1993), die gerade im positiven Sinne zahlreiche Expe-
rimentier- und Handlungsspielräume für die Erprobung neuer Managementstrukturen eröffnen könnten.

9.1.4 Die Veränderungsschritte im einzelnen

Im folgenden wird eine Reihe von denkbaren Innovationsschritten skizziert und konkretisiert, mit denen bereits wichtige Grundlagen für eine
managementorientierte Kommunalverwaltung gelegt werden könnten.

9.1.4.1 Änderungen in der Führungsstruktur der Magistratsverfassung

Wesentliches Gestaltungs- und Strukturprinzip, das zugleich Elemente des
MbO bzw. des Kontraktmanagements realisieren würde, sollte die *klare
Trennung zwischen Politik und Dienstleistungserbringung/Produkterstellung
(Policy Making und Service Delivery)* sein.

Dazu gehörten folgende Teilelemente:

- Vertretung und verwaltungsleitendes Organ beschränken sich auf die
Politik in der Weise, daß sie in gegenseitiger Abstimmung und mit Assistenz
der entsprechenden beratenden Verwaltungseinheiten klare Zielvorgaben
für die Verwaltung formulieren, daraus Qualitätsziele, Qualitätsstandards
wie meßbare Qualitätsindikatoren und weitere Vorgaben zu erwarteten
Ergebnissen formulieren.

- Der Magistrat als verwaltungsleitendes Organ ist ein kleines und handlungsfähiges Exekutivgremium, das aus einer kleinen Zahl von professionellen, auf Zeit von der Vertretung gewählten *Portfolio-Managern* (vgl. unten) besteht.
- Der Magistrat macht die erwähnten Ziel- und Qualitätsvorgaben und erwarteten Ergebnisse zum Vereinbarungsgegenstand beim Aushandeln von *Ziel- und Ergebniskontrakten (agreements)* zwischen ihm und den jeweiligen City Managern (zuständig für ein Dezernat im Portfolio des jeweiligen Portfolio-Managers/Magistratsmitglieds). Falls notwendig, wird die Vertretung an erforderlichen Veränderungen von Vorgaben, Zielen und Standards im Rahmen der agreements beteiligt.
- Die politische Vertretung nimmt im weiteren Verlauf zusammen mit dem Magistrat ihre politische Verantwortung durch Controlling – unterstützt durch Assistenzeinheiten – bezüglich der Performance, der Outputs der Service-Outcomes der City Manager (Dezernenten) wahr.

9.1.4.2 Rechenschaftslegung (accountability), Verantwortlichkeit (responsibility) und Ergebnissteuerung

Nicht nur die Portfolio-Manager als Magistratsmitglieder, sondern – soweit dienst- und besoldungsrechtlich möglich – auch die City Manager werden mit relativ gut dotierten, befristeten Sonderverträgen (z. B. 6 Jahre) auf Zeit bestellt und werden hinsichtlich der Leistung und des Erfolgs ihres Dezernats anhand der mit ihnen z. B. für ein Jahr abgeschlossenen Ziel- und Ergebnisvereinbarungen (agreements) gemessen. Hierfür enthalten die agreements teils meßbare Outputs (Ergebnisgrößen), teils Outcome-orientierte Qualitätsstandard oder auch nur qualitativ beurteilbare Qualitätskriterien. Die Überprüfung der Performance der City Manager wird durch die Controlling-Einheit z. T. durch interne Prüfungen, z. T. auch durch Kunden- und Bürgerbefragungen über ihre Zufriedenheit mit der Leistungsqualität vorgenommen.

9.1.4.3 Kompetenzen für die deutschen City Manager!

Für die strikte Durchführung von *accountability und responsibility* bezüglich der City Manager/Dezernatsleiter ist das positiv-korrelierende Element der kommunalen Führungsstruktur die konsequente Delegation, Dekonzentration bzw. Dezentralisation von fachlich-inhaltlichen, bürger- und kundenorientierten Aufgaben sowie ressourcenbezogener Kompetenzen (hierzu bereits Damkowski 1981b: 297 ff.). Dabei werden die Begriffe Delegation, Dekonzentration und Dezentralisation selbst in Organisations- und Verwaltungswissenschaften nicht immer klar voneinander unterschieden. Versteht man unter

- **Delegation** die rücknehmbare, u. U. auch befristete Übertragung von Aufgaben und Kompetenzen zur selbständigen Erledigung innerhalb desselben organisatorisch-räumlichen Zusammenhangs und ohne prinzipielle Unterbrechung des hierarchischen Anweisungsstrangs,
- **Dekonzentration** die Übertragung von Aufgaben und Kompetenzen auf organisatorisch, u. U. auch räumlich verselbständigte Organisationseinheiten zur selbständigen Erledigung unter Vorbehalt des hierarchischen Anweisungsstrangs im Ausnahmefall und
- **Dezentralisation** die völlige Übertragung von Aufgaben und Kompetenzen auf organisatorisch-räumlich, u. U. auch rechtlich verselbständigte Organisationen zur unabhängigen Erledigung unter Aufhebung eines vorher bestehenden hierarchischen Über- und Unterordnungsverhältnisses, so würde dem Konzept des MbO sowie den Prinzipien der Trennung von Politik und Dienstleistungserbringung sowie accountability und responsibility am ehesten die weitgehende Form der Dezentralisation von Aufgaben und Kompetenzen auf die City Manager/Dezernate entsprechen. Dies würde erfordern, daß die Dezernate – in deutschen Organisations- und Rechtsbegriffen formuliert – in Richtung auf ausgegliederte Eigenbetriebe oder verselbständigte öffentlich-rechtliche Anstalten umgeformt werden, dabei aber auch de facto die Grundstruktur der deutschen Kommunalverwaltung gesprengt würde. Dies wäre vermutlich ein kommunalrechtlich und hinsichtlich der tatsächlichen Durchsetzbarkeit zu schwieriger und zu weitgehender Schritt, wenn auch in Australien und Neuseeland – z. B. sogar in der Zentralregierung – solche Verselbständigungsformen erprobt werden. Für die deutsche Kommunalverfassung dürfte es – im Sinne einer schrittweisen Strategie – zunächst einmal ausreichend sein, mit Formen der Dekonzentration von Aufgaben und Kompetenzen auf die City Manager und ihre Fach- und Querschnittdezernate (vgl. unten 9.1.4.4) Erfahrungen zu sammeln. Dabei käme es – als Perspektive – darauf an, daß die City Manager – mit Bezug auf die mit ihnen abgeschlossenen Ziel- und Ergebnisvereinbarungen und deren Kontrolle – Eigenständigkeit und volle Handlungskompetenz erhielten hinsichtlich

- ihres fachlich-inhaltlichen Aufgabenzuschnitts,
- der Form der Dienstleistungserbringung bzw. Produkterstellung gegenüber Bürgern bzw. Kunden,
- der Bewirtschaftung der ihnen im Rahmen der »agreements« zugewiesenen Sach-, Geld- und Personalmittel sowie des bei ihnen ressortierenden Vermögens,
- der Personalbewirtschaftung, d. h. ihnen wäre die Personalhoheit im Sinne von Dienstherreneigenschaft bzw. Arbeitgeberfunktion mit den Möglichkeiten der Personaleinstellung sowie der individuellen Bemessung von Löhnen, Gehältern und Leistungszulagen zu übertragen (hierzu auch OECD 1993c).

Es liegt auf der Hand, daß ein Teil dieser Veränderungen die Änderung geltenden Rechts, insbesondere von Haushalts-, Dienst- und Kommunalrecht erfordert und daher wohl auch nur mittel- bis längerfristig umsetzbar ist. Änderungen wären nötig, insbesondere

- haushaltsrechtlich, um die globale Zuweisung von Haushaltsmitteln und sonstigen Ressourcen an City Manager zur selbständigen Bewirtschaftung zu ermöglichen,
- dienst- und kommunalrechtlich, um die derzeit regelmäßig noch stark zentralisierten Dienstherren- bzw. Arbeitgeberfunktionen dezentralisieren zu können.

Allerdings: Auch hier wären kurz- bis mittelfristige Zwischenschritte in der Weise denkbar, daß die selbständige Haushaltsbewirtschaftung durch Zuweisung von globalisierten Haushaltsmitteln (Globaltitel, Titelgruppen, gegenseitige Deckungsfähigkeiten, Übertragbarkeitsvermerke) und die personalwirtschaftliche Eigenständigkeit durch Delegation oder Dekonzentration der Personalhoheit auf die City Manager erleichtert werden.

Zu beachten ist auch, daß diese neue Führungsstruktur nur ihre volle Wirksamkeit wird entfalten können, wenn weitere teils weitreichende landes- und kommunalrechtliche Änderungen, teils kleinere Rechtsänderungen – veranschaulicht am Beispiel der schleswig-holsteinischen Magistratsverfassung – vorgenommen würden.

Dazu gehören insbesondere folgende Punkte:

- Damit eine kommunale Gebietskörperschaft (z. B. eine mittlere Großstadt mit Magistratsverfassung) durch Vertretung und Magistrat selbständig möglichst viele Kompetenzen auf ihre City Manager/Dezernate dekonzentrieren und dezentralisieren kann, müßte sie auch selbst soweit wie möglich selbständig in der Wahrnehmung ihrer Aufgaben und Kompetenzen sein. Das ist aber in der kommunalen Praxis, etwa angesichts der Mischung von Pflichtaufgaben nach Weisung des Landes und pflichtigen kommunalen Selbstverwaltungsaufgaben, durchaus nicht der Fall. Hier sollte – soweit wie möglich – eine Entmischung von staatlichen Aufgaben nach Weisung und echten Selbstverwaltungsaufgaben angestrebt werden, insbesondere sollten Pflichtaufgaben nach Weisung möglichst in pflichtige Selbstverwaltungsaufgaben umgewandelt werden (vgl. auch Schleswig-Holsteinischer Landtag 1993a).
- Zur stärkeren Managementorientierung und Professionalisierung der Magistratsverfassung sollte die etwa in § 71 GO Schleswig-Holstein vorgesehene Form der Leitung von Dezernaten durch ehrenamtliche Magistratsmitglieder ausgeschlossen werden, wie überhaupt das ehrenamtliche Selbstverwaltungselement im Sinne der *Trennung von policy making und service delivery* auf die politische Funktion in der Vertretung begrenzt wer-

den und (z. B. entgegen § 65 IV GO Schleswig-Holstein) eine Doppelmitgliedschaft in Vertretung und Magistrat nicht möglich sein sollte.

9.1.4.4 Neue Aufbauorganisation auf der kommunalen Leitungsebene durch Portfolio-Strukturen

Mit den Zielen, erstens aus dem Magistrat ein relativ kleines, entscheidungsfähiges exekutives Managementorgan zu machen, zweitens größere, sachlich zusammenhängende, sich selbst koordinierende Arbeitsbereiche aufzubauen und drittens die Selbstregulierung von Konflikten, insbesondere von Budgetkonflikten, in diese Arbeitsbereiche hinein zu verlagern (Konfliktdezentralisation), sollte eine neue Portfolio-Struktur in der Kommunalverwaltung – zuerst für größere Städte – in folgender Weise erprobt werden (angelehnt an australische Praxis auf der Bundesebene und an neuseeländische Überlegungen für die lokale Ebene; vgl. oben 4.1.4 und 4.1.5):

● Schaffung von drei Typen von Dezernatsbereichen durch die Bündelung von bestehenden Dezernaten und die Neuschaffung von Dezernaten und Portfolios in folgender Weise (Anlehnung an das *Christchurch-Modell*; vgl. auch Damkowski 1981a, 1981b; Damkowski/Precht 1994):

– Ein Controlling-Querschnittsbereich (Politikberatung, Planung und Erfolgskontrolle: Zielformulierung, Entwicklung von Qualitätsstandards und Qualitätsindikatoren, Performance-, Output- und Outcome-Kontrolle);

– ein Assistenz- und Querschnittbereich (Zuständigkeiten für Organisation und Reorganisation, Rechtsfragen, Personal und Kämmerei, soweit nicht auf Dezernate dekonzentriert, sämtliche sonstige Ressourcen sowie interne Assistenz- und Serviceleistungen);

– mehrere (z. B. drei, vgl. nachstehende Abb. 29) Fachportfolios, die fachlich interdependente Fachdezernate und die dazugehörigen Eigenbetriebe sowie Eigengesellschaften zusammenfassen und innerhalb derer die verschiedenen Dezernenten als City Manager weitgehend eigenverantwortlich in ihren Dezernatsbereichen und die Manager der kommunalen Betriebe noch unabhängiger, aber ebenfalls unter Zielvorgabe und Ergebniskontrolle agieren (z. B. Portfolio I für Bau, Umwelt, Gesundheit und Soziales und z. B. eine Krankenhausbetriebs GmbH, ein Eigenbetrieb Abfallwirtschaft, ein Eigenbetrieb Behindertenwerkstatt und eine Städtebau-Sanierungs GmbH; z. B. Portfolio II für Wirtschaft, Arbeit sowie ordnungsrechtliche Fragen und z. B. eine Wirtschaftsförderungs GmbH, eine Beschäftigungs GmbH sowie eine öffentlich-rechtliche Anstalt für Straßenbau und Verkehrslenkung; z. B. ein Portfolio III für Jugend, Schule, Bildung und Kultur mit einer Jugendzentrums GmbH, einem Eigenbetrieb für Schulbau und Schulverwaltung sowie einer Theaterbetriebs GmbH).

- Die City Manager/Dezernenten in den Portfolios bzw. Querschnittsbereichen werden vom Magistrat auf Zeit bestellt, die Portfolios und Querschnittsbereiche werden von den Magistratsmitgliedern, die professionell arbeiten und auf Zeit von der Vertretung gewählt werden, geleitet.

Bei z. B. fünf Portfolios und Querschnittsbereichen würde der Magistrat einschließlich eines für Koordination unter den Portfolios und für Außenrepräsentation (z. B. Corporate Identity für die Stadt) zuständigen »City-Bürgermeisters« aus sechs Mitgliedern bestehen.

- Neben den Fach- und Querschnittaufgaben wäre der Magistrat als Kollegium in Abstimmung mit der Vertretung für Politikvorbereitung, -umsetzung und Outcome-Kontrolle zuständig. In die politische Kompetenz der Vertretung fielen Wahl und ggf. Abberufung der Magistratsmitglieder, Politikformulierung und Zielvorgaben, Qualitätsstandards und Indikatoren, Performance-, Output- und Outcome-Kontrolle (mit Assistenz des Controlling-Bereichs).

Managementstruktur einer mittleren Großstadt	
Stadtvertretung	**Verwaltungsleitendes Organ:** • Politikvorbereitung • Politikumsetzung • Output- und Outcome-Kontrollen
Politikformulierung	
Zielvorgaben: • Qualitätsstandards • Qualitätskategorien	1 auf Zeit gewählter *City-Bürgermeister* und z. B. 5 auf Zeit gewählte *Bereichs- bzw. Portfolio-Manager*
Output- und Outcome-Kontrolle	

Querschnittsbereich I: Politikberatung und strategisches Controlling	Fachliches Portfolio I
	1 Portfoliomanager
1 Bereichsmanager	z. B. Dezernate 1. Wirtschaft 2. Arbeit 3. Ordnungsrechtliche Fragen
Dezernat 1 (Planung/Zielentwicklung) **Dezernat 2** (Strategisches Controlling, Standards, Indikatoren)	
Querschnittsbereich II: Ressourcen- und sonstige Assistenz	Fachliches Portfolio II
	1 Portfoliomanager
1 Bereichsmanager	z. B. Dezernate 1. Bau 2. Umwelt 3. Gesundheit 4. Soziales
Dezernat 1 (Finanzmittel, Vermögen, Kämmerei) **Dezernat 2** (Sonstige fach- und assistenzübergreifende Ressourcenfragen wie Organisation, Personal, Flächen, Grundstücke, Rechtsfragen)	Fachliches Portfolio III
	1 Portfoliomanager
	z. B. Dezernate 1. Jugend 2. Schule 3. Bildung/Kultur

Fachliche Portfolios I–III:
Führung – der dem jeweiligen Portfolio zugeordneten verselbständigten juristischen Personen des öffentlichen Rechts und Privatrechts wie Anstalten, Körperschaften, Stiftungen, Regie- und Eigenbetriebe sowie Eigengesellschaften
Beispiele:
Portfolio II: Städtisches Krankenhaus
Portfolio III: Museum, Theater, Jugendstätten

Abb. 29: Konzern »Stadt«

9.1.4.5 Änderungen in Haushaltswirtschaft und Ressourcen-Management

Abgesehen davon, daß für die Portfolios und Dezernate ein hohes Maß an haushaltswirtschaftlicher Flexibilität und Eigenständigkeit geschaffen werden sollte, sollten vor allem folgende Merkmale für die kommunale Haushaltswirtschaft prägend sein:

- Abkehr von der gegenwärtigen input-orientierten, rigiden und auf Ordnungs- und Rechtmäßigkeitskontrollen gerichteten Mittelbewirtschaftung, Lockerung und Flexibilisierung dieser input-orientierten Bewirtschaftungs- und Kontrollprozesse;
- statt dessen Globalisierung der Mittelzuweisung sowie Output- und Outcome-Orientierung der Kontrollen bezüglich Mitteleinsatz und Mitteleffekten durch Koppelung der Mittelzuweisungen im Rahmen der *agreements* mit Ziel- und Ergebnisvorgaben sowie durch Controlling von Outputs und Outcomes; bei Bedarf – d. h. je nach Größe der Kommune und des Portfolios – verfügt auch ein Portfolio über eine eigene operative Controlling-Einheit;
- Verstärkung von Wirtschaftlichkeitsanreizen durch Zuweisung *flexibler Globalbudgets* (z. B. analog Krankenhausfinanzierungsgesetz und Bundespflegegesatz-VO; freie Verfügbarkeit zusätzlich erwirtschafteter Einnahmen, Globalisierung von Titelgruppen, großzügige gegenseitige Deckungsfähigkeiten und Regelungen der Übertragbarkeit auf Folgejahre, möglichst auch gegenseitige Deckungsfähigkeit zwischen Personal- und sonstigen Haushaltsmitteln), Leistungszulagen (vgl. hierzu Bundesregierung 1993 und Banner 1994: 11), individuelle Karriereplanung und sonstige immaterielle »Belohnungen« – nicht nur bezogen auf sparsame Mittelverwendung, sondern auch auf Output und Outcome der eingesetzten Mittel;
- Portfolio-Budgetierung in der Weise, daß wesentliche Haushaltskonflikte bereits unter den Dezernaten und durch den Portfolio-Manager abgeklärt werden und so der Haushaltsprozeß in Magistrat und Vertretung nur mit den grundlegenden politischen Konflikten zwischen den großen Portfolio-Blöcken befaßt ist.

9.1.4.6 Interne Märkte, interner Wettbewerb und »cross charging«

Innerhalb der und zwischen den Portfolios sollte im Sinne des MbC ein System internen Wettbewerbs und interner Quasi-Märkte installiert werden.

Dies könnte durch folgende Instrumente geschehen:
- Systematische Kosten- und Leistungsvergleiche in den Portfolios (zwischen den Dezernaten) und zwischen den Portfolios im Hinblick auf Wirtschaftlichkeit des Mitteleinsatzes und – bei ähnlichen oder vergleich-

240

baren Dienstleistungen bzw. Produkten – Leistungsqualitätsvergleiche aufgrund internen Controllings und externer Bürger- und Kundenbeurteilungen; Kosten- und Leistungsqualitätsvergleiche auch zwischen Verwaltungseinheiten mit derselben Dienstleistungspalette, aber unterschiedlichen räumlichen Einzugsbereichen (z. B. zwischen dezentralen Stadtteil- und Bürgerbüros) oder auch zwischen Verwaltungseinheiten und externen vergleichbaren Unternehmen; positive Anreize und »Belohnungen« für besonders erfolgreiche Einheiten.

• Einführung von internen Verrechnungspreisen (*cross charging*) für die Inanspruchnahme von Dienstleistungen bzw. Produkten einer Verwaltungseinheit durch eine andere (z. B. Berechnung von Politikberatungsleistungen, der Bereitstellung von Dienstwagen oder der Erstellung von rechtlichen Expertisen) mit der Möglichkeit, diese Dienstleistungen, wenn sie extern z. B. durch ein Beratungsinstitut, eine Mietwagenfirma oder ein Rechtsanwaltsbüro zu günstigeren Preisen und/oder besserer Qualität erstellt werden auch extern »einzukaufen«.

• In Ausnahmefällen auch Bildung paralleler, konkurrierender Verwaltungseinheiten oder öffentlicher Unternehmen mit derselben Dienstleistungs- bzw. Produktpalette; hier könnte u. U. der Nachteil höheren Aufwands ausgeglichen werden durch marktähnliche Flexibilisierung und die Möglichkeit von Bürgern und Kunden, durch ihre Auswahlentscheidung zwischen den parallelen Angeboten Leistungsqualitätsurteile abzugeben (vgl. Damkowski/Precht 1994).

9.1.4.7 Kommunale öffentliche Unternehmen unter Wettbewerbsbedingungen

Zur weiteren Flexibilisierung und kundenorientierten Qualitätssteigerung der öffentlichen Dienstleistungs- und Produktpalette sollte systematisch der Sektor öffentlich beherrschter Unternehmen (befreite Regiebetriebe, Eigenbetriebe und Eigengesellschaften) durch Ausgliederung und Verselbständigung vorher in unmittelbarer Regie der Kommunalverwaltung geführter Aufgabenbereiche ausgebaut werden (horizontale Dezentralisation; für Beispiele vgl. oben 9.1.4.4).

Auf diese Weise kann die Grundlage für die Entwicklung unterschiedlicher Formen internen und externen Wettbewerbs geschaffen werden:
• interner Wettbewerb zwischen mehreren kommunalen Unternehmen mit gleicher oder ähnlicher Dienstleistungs- bzw. Produktpalette um dieselben Bevölkerungsgruppen bzw. Kundenkreise (vgl. auch oben 9.1.4.5, letzter Punkt).
• Interner Wettbewerb zwischen öffentlichen Unternehmen mit derselben Leistungspalette, aber mit Zuständigkeiten für unterschiedliche räumliche Einzugsbereiche (z. B. Unternehmen A und B für die Stadtbezirke X und

Y); auch hier besteht für die Bevölkerung eine begrenzte Auswahlmöglichkeit zwischen den regional-räumlich u. U. differierenden Leistungsqualitäten, und die interne Controlling-Einheit kann Kosten- und Leistungsvergleiche zwischen den regional unterschiedlichen Angeboten vornehmen (z. B. bezüglich mehrerer Krankenhäuser oder Schulen mit überlappenden Einzugsbereichen, Schüler- bzw. Patientengruppen).

• Öffnung des öffentlichen Sektors, insbesondere des Bereichs kommunaler Unternehmen für den privaten Sektor und private Unternehmen für geeignete Leistungen und Produkte (z. B. Fuhrpark, Dienstwagen, Beratungs- und Gutachtenleistungen, technische und Bauleistungen, insbesondere Leistungen, die auch dem internen *cross charging* unterliegen, durch *compulsory tendering* (verbindliche Ausschreibung).

• Ermächtigung von kommunalen Unternehmen und auch von unmittelbaren im Portfolio geführten Dezernaten, sich mit ihren Leistungen und Angeboten in den Wettbewerb mit privaten Unternehmen zu begeben, ggf. sich mit ihrer Leistungspalette an die Nachfrage-, Markt- und Privatwirtschaftliche Angebotssituation anzupassen, entsprechend zu diversifizieren und zu expandieren.

Für die Realisierung der beiden zuletzt genannten Punkte ist erforderlich, daß Dezernate und kommunale Unternehmen, die sich in den Wettbewerb mit Unternehmen des privaten Sektors begeben, unter denselben Kosten- und Leistungsbedingungen arbeiten können, d. h. z. B., daß sie insoweit, als sie mit bestimmten Leistungen und Produkten in Konkurrenz zu privaten Anbietern stehen, auch mit denselben Personalkosten, Lohnnebenkosten und ohne politische Auflagen etc. wirtschaften können müßten.

9.1.4.8 Prozeß- und strukturorientierte Formen der Bevölkerungspartizipation

Die bürger- und kundennahe Beteiligung der Bevölkerung am Prozeß der Dienstleistungsproduktion und an der Bewertung der Leistungsqualität sollte in unterschiedlichen Formen und Verfahren gesichert werden:

• Eine mehr marktorientierte Partizipationsform wäre in der Möglichkeit zu sehen, unter marktähnlichen Bedingungen zwischen den Angeboten untereinander begrenzt konkurrierender, kommunaler Unternehmen auswählen zu können.

• Zum eher klassischen Partizipationsrepertoire, das allerdings in der kommunalen Praxis selten effektiv ausgestaltet ist, gehört die frühzeitige und intensive Beteiligung betroffener Bevölkerungsgruppen an der jährlich fortzuschreibenden kommunalen Entwicklungsplanung und an Projektplanungen. Diese Form der Prozeßbeteiligung ist wirksam zu unterstützen durch intensive und regelmäßige Bevölkerungsbefragungen sowie Informations- und Diskussionsprozesse (vgl. hierfür das beachtliche Beispiel Christchurch, oben 4.1.5).

• Schließlich wären derartige Partizipationsprozesse durch grundlegende, auf bürgernahe, vertikale Dezentralisation gerichtete Strukturveränderungen zu unterstützen, etwa durch die Schaffung von stadtteilbezogenen Dienstleistungszentren (Service Centres), die, von Professionellen betrieben, Arbeitsvorgaben erhalten bzw. in ihren Arbeitsergebnissen kontrolliert werden von Bürgerbeiräten (Community Boards), die von der Stadtteilbevölkerung gewählt werden und einen Fonds für Projektfinanzierungen zugewiesen bekommen (vgl. auch hierfür das Beispiel Christchurch, oben 4.1.5 sowie vergleichbare Ansätze in der Bundesrepublik: Bürgerladen Hagen, Niedersächsische Bürgerbüros – hierzu Kißler/Bogumil/Wiechmann 1993 –; Sozial- und Gesundheitszentren Hamburg-Barmbeck – hierzu Damkowski/Luckey 1994 – und Chemnitz; hierzu Dahlgaard/v.d. Bussche/Pump 1992).

9.1.4.9 Systematische Personalentwicklung für die Beschäftigten

Für die Einführung und Umsetzung sämtlicher, managementorientierter und auf Bürger- bzw. Kundenpartizipation gerichteter Reformen der Kommunalverwaltung bedarf es auch der Partizipation, Vorbereitung und Qualifizierung der kommunalen Beschäftigten. Hierfür sind partizipative Formen der Personalentwicklung am geeignetsten (vgl. im einzelnen oben 8.2.).

Beispielhaft gehören hierzu vor allem:

• Gemischt aus Beschäftigten, Bevölkerungsvertretern und Verwaltungsmanagern zusammengesetzte Qualitätszirkel, die schrittweise – ausgehend von Defizitanalysen – bestimmte Innovationen vorbereiten und in ihrer Umsetzung begleiten;
• problembezogene, auf Innovationsvorhaben gerichtete Fort- und Weiterbildungsangebote für Beschäftigte;
• Schaffung von Leistungsanreizen und »Belohnungen« materieller und immaterieller Art für die Beteiligung an Innovationsvorhaben sowie darauf bezogener Fort- und Weiterbildungen und für besondere »Performance« und Arbeitserfolge aufgrund der Beurteilung von Kunden, Bürgern und Controlling-Einheiten;
• gruppenbezogene Erörterung von Ursachen für diagnostizierte Arbeits- und Leistungsmängel bezüglich bestimmter Arbeitsbereiche (partizipative assessment-centres);
• partizipative – d. h. zwischen Beschäftigten und Managern gemeinsam entwickelte – individuelle Karriere- und Fortbildungsplanung.

9.2 Umweltpolitik und öffentliches Umweltmanagement unter Berücksichtigung kommunaler Aufgaben- und Handlungsfelder

Viele aktuelle Diskussionspunkte aus dem Bereich der Ökologie, von einer Änderung der *Volkswirtschaftlichen Gesamtrechnung* (VGR) bis hin zu einer nachhaltigen und an zukünftigen Generationen orientierten Entwicklung (*sustainable development*), belegen bereits auf den ersten Blick die wichtige Rolle des öffentlichen Sektors bei fast allen umweltpolitischen Fragen und bei der Ausgestaltung eines umfassenden Umweltmanagements.

Einleitend sei aus dem Umweltgutachten 1994 des Rates von Sachverständigen für Umweltfragen zitiert (RSU: 9):

»Der Umweltrat spricht sich nachdrücklich dafür aus, daß alsbald eine Verfassungsbestimmung verabschiedet wird, die den fundamentalen Stellenwert des Umweltschutzes im Katalog der Staatsaufgaben anerkennt; er begrüßt die Initiative der Verfassungskommission. Diese Staatszielbestimmung muß für alle Staatsgewalten gelten. Sie darf nicht am nachsorgenden Umweltschutz orientiert sein; sie muß vielmehr die Leitlinien eines vorsorgenden, auf dauerhaft-umweltgerechte Entwicklung abzielenden Umweltschutzes einschließlich der Verantwortung für künftige Generationen aufnehmen.«

Wer sich allerdings die nun vorliegende Staatszielbestimmung der Verfassungskommission ansieht (Dt. Bundestag 1994), wird im vorgesehenen Art. 20a GG lediglich finden, daß die (sog.) natürlichen Lebensgrundlagen im Rahmen der verfassungsmäßigen Ordnung »nach Maßgabe von Recht und Gesetz zu schützen sind«. Damit enthielte die zukünftige Verfassung zwar mehr Buchstaben als zuvor, allerdings läßt sich aus Art. 2 Abs. 2 GG als Garantie für das *ökologische Existenzminimum* des Menschen (vgl. z. B. Kloepfer 1989: 221; Schmidt-Aßmann 1981: 205 ff.) bereits seit langem auch ein marginaler Schutz der natürlichen Lebensgrundlagen herleiten. Eine Wende vom anthropozentrischen zum ökozentrischen Umweltschutz leitet der geplante Art 20a GG keineswegs ein. Für den kommunalen Aufgabenbereich ergibt sich keine Stärkung und keine neue Verpflichtung.

9.2.1 Neue markt- und wettbewerbsorientierte Steuerungs- modelle in Umweltpolitik und Verwaltung

Im Sinne der ökonomischen Theorie ist die Entstehung ökologischer Probleme aus einer unvollständigen Definition der privaten Verfügungsrechte zu erklären. Die Knappheit von Umweltgütern führt nicht zu adäquaten Preisen. Daraus läßt sich sowohl ein Markt- als auch ein Staatsversagen ableiten. Inzwischen sucht die Umweltökonomie – kontrovers und nicht abschließend diskutierte – Modelle unter Einbeziehung interdisziplinärer Ansätze, weil wirtschaftwissenschaftliche Kosten-Nutzen-Analysen weder das Risiko irreversibler Umweltbeeinträchtigungen noch den Schadensverlauf von Umweltrisiken zuverlässig bewerten können. Dennoch bleibt das Marktversagen einer der Gründe dafür, ein höheres Maß an marktorientierten umweltpolitischen Vorgaben zu entwickeln. Gleichzeitig kann eine kritische Durchsicht der Regelungswerke den monetären und nicht-monetären administrativen Aufwand reduzieren und einen Betrag zur Entbürokratisierung der Umweltpolitik- und Umweltverwaltung liefern (vgl. z. B. Wicke 1991: 395 ff.). Die Friktionen und Ineffizienzen der Genehmigungs- und Überwachungsbehörden können durch den intensiven administrativen Aufwand nach dem Transaktionskostenansatz derartig ungünstig sein, daß die Kosten für die Markteinrichtung und Marktüberwachung bestimmter Lenkungsbereiche deutlich darunter liegen können.

Während die – weitgehend unabdinglichen – Gebote und Verbote des Umweltrechts keine Marktkonformität aufweisen, haben folgende Instrumente direkte oder indirekte Marktwirkungen:

- Umweltlizenzen
- Umweltabgaben
- Verhandlungslösungen
- Kooperationslösungen
- Fiskalische Instrumente
- Informationspolitik
- Öffentliches Beschaffungswesen

Die ersten finanziellen Freiräume durch die Einführung von Zertifikaten, Lizenzen und Kompensationen (*bubble- bzw. offset-policy*) in den USA wurden u. a. dazu genutzt, das Personal in den unteren und mittleren Verwaltungsebenen soweit zu schulen, keine Umweltstraftatbestände per Duldung oder Unterlassung zu begehen (amerikanische Fragen der Verwaltungsakzessorietät und der Amts-/Staatshaftung unberücksichtigt; vgl.

O'Leary 1993: 542 ff.).Umweltnutzungsrechte (z. B. Lizenz, Kompensation) begründen einen Markt zur Erreichung des Lenkungsziels, während sich die Abgabenlösungen weitgehend aus mengensteuernden Allokationsverfahren ableiten, die ein Umweltsegment in ein über Knappheitspreise definiertes und begrenztes Angebot aufteilen (vgl. Bonus 1990: 343 ff.). Bei marktorientierten Nutzungsrechten geht man von folgenden idealtypischen Voraussetzungen aus (Gawel/van Mark 1993: 26 f.):

- Zurechenbarkeit von Emissionsbeiträgen,
- Identifizierbarkeit der Marktakteure,
- Homogenität der Tauschobjekte,
- Kostengünstiger Transaktions- und Koordinationsmechanismus.

Marktkonforme Lösungen können auch in Deutschland dazu beitragen, den öffentlichen Verwaltungen angesichts knapper Haushalte finanzielle Spielräume für die Schulung und Ausbildung des Personals und zur Erhöhung der Sensibilität für komplexe ökologische Zusammenhänge bzw. zur Sicherung eines internen Expertentums zu schaffen. Dieser intensivere Umgang mit eigenen Ressourcen und Potentialen führt zu einer effizienten Operationalisierung öffentlicher Umweltschutzziele.

Speziell marktkonforme Lösungen finden jedoch ihre Grenzen im fast systemimmanenten Ressourcenmißbrauch:

Wenn z. B. an der New Yorker Börse ein Stromunternehmen A an der Ostküste mit ablandigem Wind einen sog. *air title*, z. B. das Recht, eine Tonne Stickoxide zu emittieren, zum Preis von 300 $ an ein Tochterunternehmen B, ebenfalls an der Ostküste mit auflandigem Wind, verkauft, so nutzt A nur einen glücklichen Umstand der Natur aus.

Eine deutsche Variante der sog. Offset-Policy ist gem. §§ 7 Abs. 3 iV mit 48 Nr.4 BImSchG möglich: Danach kann ein Betreiber Emisssionsgrenzwerte aus dem Bereich der Umweltvorsorge dann überschreiten, wenn die gesamten Emissionen des Betreibers an identischen oder analogen Substanzen durch andere Maßnahmen bzw. Anlagen reduziert werden. Wenn allerdings als Erweiterung vorgeschlagen wird, Kompensationregeln, z. B. zur Erhöhung der Investitionsneigung in Ostdeutschland, zu schaffen, sprich für den Neubau einer Chemiefabrik in Bitterfeld eine ebenfalls dem Investor gehörende ältere Fabrik in den alten Bundesländern nicht umrüsten zu müssen, so wird auch hier klar, daß die Umweltsteuerung nur über markt- und wettbewerbsähnliche Anreize Grenzen hat.

Sowohl das amerikanische als auch das deutsche Beispiel führen zu einer fehlerhaften Ressourcenallokation.

Ressourcen werden nicht nur durch diverse Möglichkeiten des Kapazitätsgewinns – marktkonforme Lösungen sind nur eine davon –, sondern auch durch Kompetenzzuwachs gewonnen. Dabei geht es vor allem um die Zusammenfassung der aktuell völlig zersplitterten Zuständigkeiten durch z. B. den durchgehenden Aufbau von kommunalen Umweltschutzämtern. Für diese wiederum sind relative und absolute Vetorechte zu diskutieren wie auch erhebliche Mitsprache bei Konzentrationsentscheidungen anderer Ämter (§ 75 Verwaltungsverfahrensgesetz) und bei der weiteren Ausgestaltung der Umweltverträglichkeitsprüfung. Auch durch die zukünftigen Zertifizierungsstellen entsprechend der EG-Verordnung zum Umwelt-Audit kann die ökologische Kompetenz der Kommunen vor neuen Anforderungen stehen (vgl. dazu Lübbe-Wolff 1994).

9.2.2 Handlungsfelder und Organisation des kommunalen Umweltschutzes

Zum kommunalen Aufgabenbereich können nach der Erkenntnis, daß Umweltschutz einen Ausgangspunkt hat (*think global – act local*), wesentliche und sehr spezielle materielle Regelungsinhalte gezählt werden. Diese werden in der folgenden wertenden Auflistung (Abb. 30; aus kasuistischen und statistischen Daten überschneidend und meta-analytisch zusammengestellt) zur Veranschaulichung des kommunalen Aufgabenspektrums dargestellt, und zwar – ausgehend von den (Soll-) Zielen und Notwendigkeiten, nicht von der (Ist-) Realität – in alleiniger $(+++)$ bzw. geteilter Kompetenz $(+, +/0$ bzw. $0)$ z. B.:

Strukturelle und prozeßorientierte Handlungsfelder und -defizite: Kommunales Umweltmanagement		
	Ist	**Soll**
● Abfallwirtschaft	+/++	++/+++
● Akzeptanzmanagement	0/+	++/+++
● Altlastenerfassung	+/++	+++
● Altlastensanierung	+	+++
● Bauplanung	+	++
● Beschaffungswesen	0/+	++
● Bodenschutz	+	++/+++
● Cross-Media	+	+++
● Emmissionsschutz	+/++	++/+++
● Gesundheitsschutz	0/+	++/+++
● Gewässerschutz	+/++	+++
● Grünflächen	++	++/+++
● Immissionsschutz	+	+++
● Industrieansiedlung	0/+	++
● Jugend	0/+	+/++
● Kindergärten	0/+	++/+++
● Kommunale Biotope	+/++	+++
● Kommunaler Klimaschutz	+	+++
● Kultur	0/+	+
● Lärmschutz	+/++	++
● Landschaftspflege	+/++	++
● Landschaftsplanung	+	++/+++
● Naturschutz	+/++	+++
● Nachweltschutz	0	++
● Ökobilanz	0/+	+/+++
● Raumordnung	+	++
● Regionalplanung	0/+	++
● Schulwesen	0/+	+/++
● Stadtentwicklung	0/++	++
● Stadtreinigung	+	+++
● Straßenbau	0/++	+++
● Umwelt-Auditing	0/++	+++
● Umweltqualitätsziele	+/+++	+++
● Umweltverträglichkeit	+/++	+++
● Veterinärkomplex	0/+	+/++

Abb. 30: Handlungsbedarf im kommunalen Umweltschutz

Auch mit dem Fortschritt bei der Entwicklung von Umweltfachplanungen, bei der Erarbeitung von Umweltqualitätszielen und bei der horizontalen Aufgabenkonzentration können die öffentlichen Verwaltungen der Länder und der Kommunen als kardinale Vollzugsinstanzen der Umweltpolitik strategische Antworten auf komplexe (regionale und lokale) ökologische

Probleme nur selten selbst entwerfen und durchsetzen: Fragen nach langfristigen gesundheitlichen Gefährdungen, nach der Einbindung einzelner Umweltqualitätsziele in einen Generalkatalog übergeordneter Ziele oder nach alternativem Vorgehen zur Verbesserung einer pfadunabhängigen Ökobilanz werden als Gegenstand der politischen Diskussion empfunden und als Belastung für das Tagesgeschäft. Ökobilanzen z. B. tauchen in aller Regel weder in der vollziehenden Verwaltung im Rahmen von Genehmigungs- und Planfeststellungsverfahren noch in der – ohnehin unterentwikkelten – vorsorgenden bzw. planenden Verwaltung auf.

In welcher horizontalen oder vertikalen Ebene die Führungsaufgabe Umweltschutz organisatorisch und kompetenziell verankert werden kann, wird im nachstehenden diskutiert.

Eine markt- und unternehmensorientierte Definition (Meffert/Kirchgeorg 1993: 20): »Das Umweltmanagement berücksichtigt bei der Planung, Durchsetzung und Kontrolle der Unternehmensaktivitäten in allen Bereichen Umweltschutzziele zur Verminderung und Vermeidung der Umweltbelastungen und zur langfristigen Sicherung der Unternehmensziele.«

Nun ist das sog. offensive Umweltmanagement, das sich durch eine »proaktive« Begegnung mit potentiellen Umweltproblemen auszeichnet, nicht mehr als eine frühzeitige *Reaktion* auf bereits eingetretene, eintretende oder – auch langfristig – drohende Veränderungen externer Unternehmensdaten.

Im Bereich des öffentlichen Umweltmanagements stellt die intensive Auseinandersetzung mit ökologischen Risiken ein originäres Element der Vorsorge, Sicherstellung, Nachsorge und zunehmend auch des Nachweltschutzes dar. Auch im kooperativen Umweltstaat (Kloepfer 1992: 60) bleibt der Versuch, komplexe Organisationen von natürlichen Systemen zu sichern und zu erhalten (Norton 1990: 126), eine von mehreren konkurrierenden Politiken bzw. ein systemadaptives Staatsziel. Dennoch ist der Umweltschutz eine allgegenwärtige Aufgabe des öffentlichen Sektors und es ist um so mehr erstaunlich, daß die Transmissionsfunktion öffentlicher Verwaltungen bei politisch-administrativen Umweltvorgaben von den Bundes-, Länder- und Kommunalbehörden nicht ihrer Bedeutung gemäß wahrgenommen wird (vgl. z. B. Stitzel 1992: 784). Das vielbeklagte Vollzugsdefizit existierenden Umweltrechts in den öffentlichen Verwaltungen (vgl. z. B. Mayntz 1978b; v. Thaden 1989: 29 ff.; Peine 1990: 823 ff.) hat nicht nur Ursachen in einer »vollzugsprohibitiven« Personalausstattung (so Lübbe-Wolff 1990: 243) und in der »Ressortstruktur organisierten Wissens und abgegrenzter Zuständigkeit« (Hobbensiefken 1989: 212).

Ein Verantwortungsgefühl und die erforderliche hohe Problemidentifikation für diesen vitalen und auch originären Bereich öffentlicher Verwaltungen kann in einem Wust verteilter, ja zersplitterter Kompetenzen überhaupt nicht entstehen.

»Wir sorgen für die Umwelt unserer Bürger?« Auf welcher Ebene, bei welchen der unzähligen am Entscheidungsprozeß beteiligten Fachämter und Dezernate soll ein solches Gefühl im Sinne von Corporate Identity entstehen? Hinzu kommt, daß die administrative Operationalisierung von Umweltpolitik an den Grenzen der einzelnen Bundesländer genauso wie an den Pforten der einzelnen Ämter ihr Ende findet. Eine der zentralen Forderungen, die in diesem Zusammenhang immer wieder erhoben wird, heißt »Vermittlung von Umweltbewußtsein und Umwelt-Know-how bei den Mitarbeitern in der Verwaltung« (Stitzel 1992: 795). Das klingt so, als sei das Problem in einem zweiwöchigen Intensivkurs zu bewältigen.

Die Modernisierungs- und Leistungslücken in den öffentlichen Verwaltungen korrespondieren mit dem sprunghaften Anstieg des Aufgabenvolumens beim Versuch, den sog. ökologischen Umbau der derzeitigen Industriegesellschaft voranzutreiben (vgl. Budäus 1993: 165 ff.). Die wechselseitige Blockierung von Fach- und Querschnittsämtern, die fehlenden Nahtstellen zwischen der Umweltverwaltung in ihrer Vollzugsfunktion (Überprüfung der Umsetzung und Einhaltung von Umweltrecht bei den Normadressaten, z. B. Industrie- und Gewerbebetrieben) und der öffentlichen Eigenaktivität der Ämter im ökologischen Bereich (Raum-, Regional- und Stadtplanung, Verkehrs- und Entsorgungssysteme, Sanierungskomplexe, Ernergieversorgung, medialer Umweltschutz von Boden, Wasser und Luft etc.) sind nicht durch fixe Rezepte zu beseitigen.

Umweltpolitische Lösungen sind auch auf dieser Ebene bereits in der Planungsphase auf einen hohen Informations- und Koordinationsbedarf angewiesen. Ihre Umsetzung im öffentlichen Bereich verlangt eine integrierende Verwaltungsarbeit. Heute führt die Fragmentierung und Segmentierung eines definierten ökologischen Handlungsbedarfs – die vertikale und horizontale Zuweisung in Einzelkompetenzen – noch zum Konturverlust des eigentlichen, erkannten und umrissenen Problems. Es versandet auf verschiedenen Ebenen der Verwaltungshierarchie und versinkt ohne die Schaffung von Querschnittsfunktionen, Koordinationsstellen und Rückkoppelungssystemen entweder in einem Berg mangelnder Konsensbildung oder im Labyrinth des ungezielten Konfliktlösungswillens.

Soweit Kommunen Umweltqualitätsziele operationalisieren, können diese zwar einem federführenden Amt zugeordnet werden, allerdings wegen der Multikausalität und -variabilität denkbarer Umwelteinwirkungen und durch konkurrierende Ziele anderer Dezernate bzw. Ämter selten zieladäquat durchgesetzt werden.

Auch bei einer Fokussierung der Zuständigkeit für ökologische Fragen innerhalb der vorhandenen Organisationsformen und durch eine erhöhte Konzentration in der horizontalen Ebene bleibt einer derart »aufgerüsteten Einheit« gegenüber anderen Einheiten oft nur der Weg der Beratung und Information ohne materielle Durchsetzungschancen bezüglich der eigenen Position.

Die Organisationspläne für Umweltdezernate und -ämter beinhalten von Abwasser, Altlasten, Bodenschutz, Grünanlagen und Friedhöfen bis hin zur Funktion »Untere Wasser- und Naturschutzbehörde« viele ökologisch sensible Arbeitsfelder, doch werden meistens gerade Bereiche wie z.B. Bauplanung, Raumordnung und z.T. auch die Anlagengenehmigung des Immissionsrechts dabei ausgeklammert. Für besondere Fälle neigt man zu zeitlich limitiertem Projektmanagement der zu beteiligenden Behörden. Ein Blick auf die Organisation des kommunalen Umweltschutzes im – als fortschrittlich beurteilten – Frankfurt (Abb. 31) verdeutlicht einige Probleme.

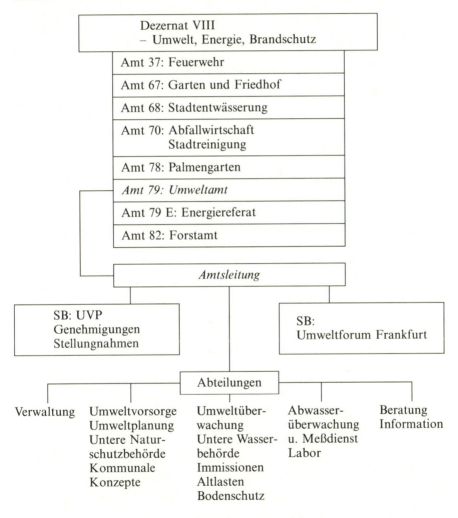

Abb. 31: Organisation des Umweltschutzes in Frankfurt

251

Auch dieses medienorientierte und deshalb fortschrittliche Dezernat organisiert die gesamte Umwelt – aber ausgenommen sind die Abfallwirtschaft, Stadtentwässerung und Energie – als Fachamt neben Palmengärten, Feuerwehr und Forsten. Auch dieses – noch keineswegs als kommunaler Standard zu bezeichnende – Dezernat ist nicht zuständig für Raumordnung und Stadtentwicklung, Gesundheitsschutz oder Baufragen, es sei denn, über die in Frankfurt übliche – faktisch nur informale – sog. *Baurunde* (vgl. Jaedicke et al., 1993: 110). Das Frankfurter Umweltamt als Teil dieses Dezernats erfüllt die Funktionen Umweltüberwachung, -vorsorge und -information, soweit es innerhalb der Aufbauorganisation überhaupt zuständig ist. Landschaftsplanung und Raumordnung sind nicht einmal in Teilen Aufgabe des Dezernats; Abfallwirtschaft, Stadtentwässerung oder Energiefragen wiederum können nicht vom Umweltamt mitentschieden werden.

In Hannover beispielsweise (vgl. Klaffke 1991: 270) gehört das Grünflächenamt – im Ggs. zu anderen Städten wie Bielefeld etc. – zum Baudezernat, und das Umweltdezernat ist damit auch aus allen ökologischen Fragen der Landschaftsplanung ausgekoppelt, soweit nicht die Naturschutzbehörde im Umweltdezernat vage Bedenken gegen kritisch bewertete Projekte als Aufgabe im übertragenen Wirkungskreis (einschl. Landschaftsrahmenplan) äußern kann. Die Frage, ob hier größere Aufgabenübernahmen durch Umweltdezernate möglich und nötig sind oder ob man über Runde Tische der Dezernatsleiter zu ökologisch verträglichen Ergebnissen kommt, kann eventuell entschärft werden durch einen Verwaltungsaufbau nach dem Konzernprinzip, wie er inzwischen auch für deutsche Kommunen vorgeschlagen wird (vgl. z. B. Richter 1994) oder durch die in Kap. 9.1 vorgeschlagene *Managementstruktur einer mittleren Großstadt*. Ein Fachportfolio bestehend aus den Bereichen Umwelt, Bau, Gesundheit hat dabei auch die direkte oder indirekte Ressourcenverantwortung für die ökologisch relevanten kommunalen verselbständigten Einheiten wahrzunehmen. Dazu können z. B. im Bereich der Abfallwirtschaft gem. § 3 Abs. 2 AbfG gehören:

- ein privates Unternehmen, das im Rahmen von Outsourcing mitgesteuert wird;
- eine Eigengesellschaft z. B. als kommunale GmbH oder AG, die als Intrapreneur arbeitet;
- ein Eigenbetrieb, der bestimmte Fragen der Stadtreinigung organisatorisch getrennt und mit Sondervermögen wahrnimmt;
- ein Regiebetrieb, der aufgrund seiner Dienstleistungen einen direkteren Zugriff des fachlichen Portfolios erlaubt.

Das fachliche Portfolio erhält aus der Controlling-Abteilung des Querschnittsbereichs pro Periode Kontraktvorschläge, Kennzahlen oder Umweltqualitätsziele. Kompetenzbarrieren und Reibungsverluste durch Doppelzuständigkeiten werden minimiert.

Für das kommunale Abfallmanagement verfügt das fachliche Portfolio über Kommunikationssysteme, eigene Logistikkonzepte oder Zugriffsmöglichkeiten auf technische Systeme. Durch flexible Budgets kann das fachliche Portfolio auch den im Umweltmanagement erforderlichen Aktionen unter hoher Prognoseunsicherheit Rechnung tragen.

Selbst ein – nicht derart weitreichendes – kontinuierliches extern/aufgabenbezogenes und internes *Umwelt-Auditing*, zu welchem z. B. die Umweltbehörde an einen Runden Tisch lädt, ist bisher die Ausnahme. Die KGSt weist für größere Kommunen bereits über 30 Dezernate, Ämter, Abteilungen und Aufgabengruppen aus, die umweltrelevante Entscheidungen zu treffen haben. Es kann also bei einem derartigen Runden Tisch nicht darum gehen, eine gewaltige Schattenbehörde auf der zweiten Ebene zu installieren, sondern die Querschnittsaufgabe Umweltverwaltung durch Verkürzung der Informationswege und durch Vorplanungen und Vorverhandlungen informal zu gestalten (vgl. auch KGSt 1992) und formal in einer Portfolio-Einheit zusammenzuführen.

Besonders multikausale kommunale Phänomene können in einem solchen fachlichen Portfolio besser erkannt und bekämpft werden: Dazu ein Beispiel, das weder dem Planungsbereich noch den Anlagengenehmigungen zuzuordnen ist, sondern zum präventiven Element im Sinne eines Risikomanagements zu zählen ist:

Vollkommen ohne administrativ-politische Vorgaben stellen empathische, vom Routinebetrieb der Behörde noch nicht erschöpfte Mitarbeiter eines Gesundheitsamtes in ihren lokalen, statistisch und epidemiologisch nicht validen Privataufzeichnung fest, daß Erkrankungen (oder einer aktuellen Diskussion folgend: eine bestimmte Art der Polyphänie bei Kindern, in diesem Fall von Fehlbildungen des Armes bzw. der Hand) in einem Amtsbereich ungewöhnlich häufig auftreten.
Ein Rückgriff auf Krebs- oder Fehlbildungsregister ist nicht möglich, weil die zuständigen Bundes- und Landesministerien trotz langjähriger Forderungen aus der Wissenschaft derartige Dateien nicht zur Verfügung stellen können.
Die Feststellung der Mitarbeiter bleibt also situativ und eventuell subjektiv.
Gleichzeitig ist bekannt, daß z. B. die lokale Baubehörde die Innenraumluft von Kindergärten auf PCP-Konzentrationen mißt, weil hier zwischenzeitlich verbotene Holzschutzmittel verwendet wurden. Die untere Wasserwirtschaftsbehörde der Kommune befaßt sich wiederum seit Jahren, ohne auf immissionsspezifische Expositions- oder Trendkataster zurückgreifen zu können, mit einem Artensterben von Wasservögeln, und schließlich weiß man vom Verkehrsamt der Kommune, daß der sorgsam in Dezibel gemessene Lärm durch andauernde Tiefflugübungen viel zu hoch ist und weit über dem Bundesschnitt liegt. Zwischen den hier beschriebenen Phänomenen könnte ein Verweisungszusammenhang bestehen oder aber auch nicht.

In diesem Beispiel zeichnen sich dabei alle erwähnten Behörden durch eine hohe, proaktive Umweltorientierung aus und dennoch beschränken sich die Feststellungen des Gesundheitsamtes in ihrem Aussagewert auf einen eher narrativen Charakter.

Im Regelfall beherrscht der Kooperationsmangel die mit der Umweltvorsorge befaßten Verwaltungen. Die eine Hand weiß nicht, was die andere treibt.

Wenn also in bestimmten Bereichen Koordinationsfortschritte in der Umweltpolitik und -verwaltung des öffentlichen Sektors zu erkennen sind, wie z. B. – mit Einschränkungen – durch die Umwelterheblichkeits- und Umweltverträglichkeitsprüfungen für gewisse Großprojekte (vgl. unten), so bleibt doch der öffentliche Umgang mit Umweltproblemen von organisatorischen und kompetenziellen Defiziten in den Umweltverwaltungen geprägt.

Vernetzte ökologische Probleme können nur durch holistische Strategien beantwortet werden. Auch neue Instrumente wie z. B. die verwaltungsinterne Umweltverträglichkeitsprüfung verhindern nicht, daß die Triade der Umweltmedien (Wasser, Boden, Luft) im Verwaltungsalltag weiter zerschnitten und scheibchenweise verarbeitet wird. Die öffentlichen Verwaltungen stehen vor einer Vielzahl von Steuerungsdefiziten und können ökologischen Belastungen aus den Sektoren Raumordnung, Ver- und Entsorgung etc. weder durch – die symptomatisch auf Schadensbegrenzung ausgerichtete – Nachsorge im Bereich eines einzelnen Umweltmediums noch durch Prävention und Planung angemessen begegnen.

Der Mangel an Interdisziplinarität, der Mangel an ökologischen Verantwortungszentren (responsibility pools), der Überfluß an kollidierenden internen Kompetenzen auf Bundes-, Landes- und kommunaler Ebene, die strikte Enumeration und Separation medialer Umweltprobleme, die Überrepräsentation von Juristen, Ökonomen und Verwaltungsfachleuten bei den sehr spezifischen und naturwissenschaftlichen Entscheidungslagen etc. verlangen vor allem eines: Konzentration und Erhöhung der ökologischen Kompetenz.

Das Management von Interessenkollisionen im ökologischen Bereich ist auf der gesamtgesellschaftlichen pluralistischen Ebene im einzelnen eine Sisyphusarbeit und als Gesamtaufgabe ein Fernziel.

Der Aufbau von effizienten und ergebnisorientierten Umweltverwaltungen ist in einem Chor kollidierender Interessen und Kompetenzen ebenfalls kein Nahziel, aber es bleibt immerhin auf die interne Reform des öffentlichen Sektors beschränkt. Erst wenn dieser sich seiner Pilot-Funktion bewußt wird, werden auch auf anderen gesellschaftlichen Ebenen ökologische Dynamiken frei, die keine Bürgerbewegung und keine Partei entfesseln kann.

Effizientes Umwelthandeln im Verwaltungsmanagement ist von Faktoren abhängig, die mit dem Zugewinn an öffentlichen Handlungs- und Gestaltungsspielräumen eng verbunden sind:

- Veränderungen externer Rahmenbedingungen des Verwaltungshandelns: die Förderung der indirekten Verhaltensteuerung durch marktorientierte umweltpolitische Instrumente reduziert den Entscheidungs- und Kontrollaufwand.

Als Ergebnis steht ein *Kapazitätsgewinn*.

- Umgestaltung des proaktiven öffentlichen Umweltmanagements durch den Aufbau kompetenter Strukturen. Dazu zählen
  - autonomisierte kommunale Umweltämter in der divisionalen Ebene zur Durchsetzung ökologischer Eckwerte und politisch-administrativer Vorgaben innerhalb der Verwaltung und gegenüber Normadressaten;
  - Schaffung von fachlichen Portfolios zur holistischen Umweltverwaltung inklusive Steuerung ausgegliederter Einheiten.

Als Ergebnis steht ein *Kompetenzgewinn* und die Möglichkeit zum sogenannten *cross-media-management*.

9.2.3 Spezielle Strategien im kommunalen Umweltmanagement

9.2.3.1 Die Umweltverträglichkeitsprüfung (UVP)

§ 1 des Gesetzes über die Umweltverträglichkeitsprüfung (UVPG) lautet: »Zweck dieses Gesetzes ist es sicherzustellen, daß bei den in der Anlage zu § 3 aufgeführten Vorhaben zur wirksamen Umweltvorsorge nach einheitlichen Grundsätzen
1. die Auswirkungen auf die Umwelt frühzeitig und umfassend ermittelt, beschrieben und bewertet werden,
2. das Ergebnis der Umweltverträglichkeitsprüfung so früh wie möglich bei allen behördlichen Entscheidungen über die Zulässigkeit berücksichtigt wird.«

Nach ersten Ansätzen bereits im Jahre 1973, das EG-Recht hinsichtlich einer zukünftigen Umweltverträglichkeitsprüfung zu harmonisieren, nach einer Unzahl von parlamentarischen Beratungen und Streitereien vor dem EG-Gerichtshof wegen der Umsetzung der EG-Richtlinie zur UVP, gilt dieses *Artikelgesetz* seit 1990. Einzelne materielle Vorgaben werden durch Verwaltungsvorschriften geregelt. »Daneben bleibt ein *Umsetzungsbedarf* im Recht der Länder bestehen, dessen (rechts-) normative Realisierung bislang wenig untersucht und nur partiell angegangen worden ist« (Erbguth/Schink 1992: Einl. Rdn. 23).

An dem UVPG als medienübergreifendem Instrument zum Umweltmanagement gibt es viel berechtigte Kritik, die aber nicht in Bausch und Bogen einen ersten integrativen Versuch mit sichtbaren Geburtsfehlern verwerfen sollte. Immerhin hat es Jahre gedauert, überhaupt ein UVPG durchzusetzen. Die Kritik richtet sich vor allem gegen die magere Enumeration UVP-pflichtiger Projekte (Anhang II des Gesetzes), gegen die Subsidiaritätsklausel des § 4 UVPG, wonach das Stammgesetz hinter der fachspezifischen Vorschrift mit größerer Sachnähe zurücktritt und gegen den Umstand, daß planerische Elemente wie Ausbau-, Wasserwirtschafts-, Luftreinhalte-, Landschaftsrahmen- und Raumordnungsplanung weitgehend ausgespart bleiben. Es besteht »ein erheblicher nationaler Harmonisierungsbedarf im Verhältnis der Planungsmittel, insbesondere des Umweltrechts, zueinander« (Erbguth/Schink 1992: Einl., Rdn 59).

Gerade diese defizitäre Ausgestaltung der Funktion Planung läßt die UVP – als ohnehin nicht entscheidungsersetzendes und nicht entscheidungspräjudizierendes verwaltungsinternes Mittel mit bloßer Innenbindung – für die Ausgestaltung eines öffentlichen Umweltmanagements als stumpf erscheinen.

Doch trotz der offensichtlichen kompetenziellen Engpässe und trotz des weitgehend deklamatorischen Charakters des Gesetzes wird es mit den ins Auge gefaßten Nachbesserungen und durch ergänzende Verwaltungsvorschriften ein Eigenleben entwickeln, daß das Denken der Umweltverwaltungen auf allen Ebenen positiv für ökologische Fragestellungen öffnen kann. Zur Zeit ist der didaktische Wert höher einzuschätzen als der praktische.

Für den kommunalen Bereich hat die KGSt wichtige Vorgaben entwickelt (1986: 11 f.):

- Die Verwaltungsführung muß die UVP wollen;
- UVP-Ergebnisse sind auch bei gegenteiliger Intention der Verwaltung ernsthaft zu diskutieren;
- UVP-Mitarbeiter der Fachämter müssen sich mit der UVP identifizieren können. Reine Aufgabendelegation ist Gift;
- fachspezifische Eigenverantwortlichkeit darf nicht zur Profilneurose eines Amtes oder Dezernates werden;
- Umweltverträglichkeit muß für Planung und Bewilligung gleichberechtigt neben Rechtmäßigkeit und Wirtschaftlichkeit treten.

Die UVP ist nach Bosselmann (1992: 236) mit den neuen Leitgedanken des Raumordnungs- und Planungsrechts eine wichtige Stufe vom Wechsel der Vorsorge als Planungsziel zur Vorsorge als Rechtsgebot und bei tendenzieller Verschärfung des Konfliktes zwischen Wirtschafts- und Umwelt-schutzinteressen ein wesentlicher Schritt in den von ihm prospektierten ökologischen Rechtsstaat.

Gleichzeitig mit der sukzessiven »Gewöhnung« an die UVP werden immer mehr kommunale Umweltbeauftragte und Ausschüsse entstehen. In gro-ßen Kommunen wird zur Zeit regelmäßig die Amts- bzw. Dezernatslösung für die Konzentration der Umweltverwaltung favorisiert, weil sie angeblich und oft nicht näher begründet »die weitestgehenden organisatorischen Än-derungen nach sich zieht« (Küppers/Däbert 1991: A 5.1 S. 2); ob diese tatsächlich die angemessene strukturelle Antwort darstellt, muß angesichts der Möglichkeiten, Managementstrukturen durch die sog. Konzernführ-rung bzw. durch Portfolios wirkungsvoll zu etablieren, zumindest zweifel-haft bleiben.

Neben Weiterentwicklungen der UVP im speziellen und allgemein des Vor-sorge- und Nachweltschutzgebots im medialen Umweltrecht, neben der Schaffung bzw. dem Umbau von Umweltdezernaten und -ämtern zu zen-tralen Schaltstellen des Vollzugs steht schließlich der konsequente Ausbau von (kommunalen) Umweltinformationssystemen (KUIS; vgl. Föcker 1991: 320 ff.).

Mit diesem materiellen, organisatorischen und instrumentellen Set wird die Basis für das Management der planerischen und administrativen Umwelt-aufgaben im öffentlichen Sektor gelegt. KUIS müssen auf kommunaler Ebene operative Umweltdatenbanken (z. B. Altlasten, Einleiter, Anlagen, Sonderabfall, Biotope, Gesundheits- und Hygienedaten, Abwasser, Lärm) mit zentralen Fachdatenbanken (z. B. Naturschutz, Wasser, Boden, Luft, Klima, raumbezogene Dateien) verbinden und externe Umweltdatenban-ken für schnelle, auf lokale Ereignisse operationaliserte Analysen (siehe Fallbeispiel) integrieren. Zu den bekannten externen Umweltdatenbanken zählen z. B. UFORDAT, ULI-DAT, UMPLIS, DAWABAS, LINFOS, EN-VIROLINE, DETEQ und POLL (vgl. Föcker, E., 1991: 345).

9.2.3.2 Zur Gewinnung extrafunktionaler Kompetenz: Beispiele »Sanierung« und »Raumordnung«

Heute möchte kein Mensch mehr in baumlosen Steinwüsten leben, an de-ren Horizont keine naturnahen Areale beginnen, sondern sich der Schrott einer ressourcenintensiven Gesellschaft zu Abfallbergen türmt. Die Nord-amerikaner haben für diese kurzsichtige Politik der *metropolitan areas* zwischen »Prunk und Stunk« eine prägnante Abkürzung: LULU (»locally unwanted land uses«; vgl. Holznagel 1990: 31 ff.). Eher in der Literatur als in der praktischen Regionalpolitik ist der daraus resultierende Paradig-menwechsel vollzogen:

1. Die auschließlich versorgungs- und wachstumsorientierte, auf Agglome-ration und Urbanisierung ausgerichtete Regionalpolitik ist an ihre Grenze

gestoßen, ist ursächlich für wachsende Umweltzerstörungen. »Auch dies erfordert ein grundsätzliches Umdenken in der Raumordnung im Hinblick auf eine ökologische Orientierung« (Barth 1982: 328).
2. Eine inkrementale, nur auf lokale Ver- und Entsorgungsprobleme zugeschnittene Regionalplanung ist aus ökologischen Gründen eingleisig geworden. Zwischen Raumplanung und Umweltschutz besteht eine zunehmende Zielkomplementariät und auch Zielkongruenz. In den Novellen zum Raumplanungsgesetz sind sukzessive Umweltschutzaspekte einbezogen worden, die für die Raumordnung nicht nur ein höheres Maß an behördlicher Interdisziplinarität erfordern sollten, sondern unter dem Aspekt des Akzeptanzgewinns und der Planrealisierung auch Organisationsformen unter Beteiligung der regional betroffenen Bevölkerung weiter entwickeln sollten (vgl. Jädicke/Kern/Wollmann 1989: 159 ff.). In diesem Zusammenhang bleibt unverständlich, daß

– die Neukonzeption des Bundesnaturschutzgesetzes noch nicht verwirklicht worden ist (Neufassung der Eingriffsregelung gemäß § 8, medienübergreifendes Monitoring, ökologische Mindeststandards bei der Flächennutzung, bundesweite Verbandsklage);
– der Entwurf der Allgemeinen Verwaltungsvorschrift zur Ausführung des Gesetzes zur Umweltverträglichkeitsprüfung (UVP) keine medienübergreifenden Bewertungen berücksichtigt, nicht obligatorisch für das Raumordnungsverfahren ist und bei Flächennutzungsplänen und nicht vorhabenbezogenen Bebauungsplänen keine integrative UVP-Pflicht sicherstellt (vgl. RSU 1994: 48).

§ 1 Abs. 5 BBauGB fixiert die »allgemeinen Anforderungen an gesunde Wohn- und Arbeitsverhältnisse«. Der Flächenverbrauch der Städte als eines der »bedeutsamsten Umweltprobleme« (Görtz 1991: 119) zwingt im Rahmen der Stadtentwicklung zum kostenintensiven Flächenrecycling sanierungsbedürftiger Areale. Die ARGEBAU – Projektgruppe »Altlasten im Städtebau« hilft den Kommunen beim Aufbau von Altablagerungs- und Altlastenstandortkatastern, die immer notwendiger werden, um z. B. Boden/Luft-Kontaminationen zu reduzieren, Grundwasser und biologische Ökosysteme zu schützen. Während also auf der einen Seite z. B. alte Deponien entschärft und »renaturiert« werden, existiert ein vollkommener Mangel an neuen Deponiestandorten.
Eines der ökologischen Hauptprobleme, das Metropolen von ihrem Umland abhängig werden läßt, sind chronisch gewordene Entsorgungsengpässe. Niemand weiß, wohin mit den vielfältigen Relikten des urbanen Lebens. Stadtstaaten sind kaum mehr in der Lage, Deponieflächen und gesundheitsunschädliche Orte für das ganze Aufgabenspektrum der Entsorgung von Abfall und Problemmüll zu eruieren. Insbesondere Sonderabfälle aus sog. starren Kuppelproduktionen der chemischen Industrie, die nicht durch eine verfahrenstechnische Änderung vermieden werden können (vgl.

Damkowski/Elsholz 1990: 173), stellen große Kommunen als Standort chemischer Produktionen vor bizarre Alternativen:

- soweit rechtlich durchsetzbar, Erlaß partieller oder totaler Produktionsverbote mit Standort-, Arbeitsplatz- und Einnahmeverlusten;
- stillschweigende Duldung oder großzügige Interpretation von Sonderabfall als Wirtschaftsgut;
- Kooperation zur Deponierung bzw. Wiederverwertung mit dem Umland, z. B. durch bestimmte Organisationsformen (Zweckverbände, Zwei-Ebenen Verwaltungen) unter erheblichen Zugeständnissen an das Umland (z. B. einen Flächenstaat) hinsichtlich anderer Konkurrenzbeziehungen (vgl. Wagener 1985: 31 ff.);
- Geographische Verlagerung und Verkauf des Entsorgungsproblems: Viele europäische Metropolen »kaufen« über »halbseidene Müllmafiosi« ungeeignete Deponieflächen für Sonderabfall in strukturschwachen Bundesländern (z. B. Schönberg in Mecklenburg-Vorpommern) oder im Ausland (z. B. baltische Staaten oder auch Kapverdische Inseln).

Von allen Alternativen ist nur die Entsorgungsvermeidung kombiniert mit der Zusammenarbeit mit dem Umland bei diesen ökologischen Problemen auf Dauer gangbar. Bei einer Planungsimplementierung auf lockerer Organisationsbasis besteht die Gefahr, daß es statt zu einer planadäquaten Kooperation schnell zu planwidrigen Konfrontationen kommt, weil die Interessen des Umlandes keineswegs gleichsinnig sind (vgl. Damkowski 1972: 263 ff.). Außer in sog. Gemeinsamen Landesplanungen (Berlin/ Brandenburg, Hamburg/Schleswig-Holstein/Niedersachsen) steckt die politisch-administrative Bewältigung der großen ökologischen Probleme in und um die Metropolen noch in den Kinderschuhen. Oft fehlt es an rechtlichen Voraussetzungen – wie z. B. der Legitimation von länderübergreifenden Zwei-Ebenen-Verwaltungen. Es fehlt aber auch an Handlungsinstrumenten für ein öffentliches Umweltmanagement der Regionen (vgl. hierzu Damkowski/Precht/Spilker 1994).

9.2.3.3 Komplexes Umweltmanagement als regionale Gestaltungsaufgabe

Die Forderung nach einer ökologischen Raumplanung, funktioneller Vernetzung von Umweltvorsorge und Raumplanungszielen steht im krassen Gegensatz zu funktionaler Binnendifferenzierung und umweltmedialer Arbeitsteilung im öffentlichen Sektor. Neben Dysfunktionen zwischen Organisationsstruktur und Aufgabenspektrum (z. B. der weitgehende Mangel eines Örtlichkeitsbezuges in diesem Bereich unter dem Aspekt kommunaler Selbstverwaltungsgarantie) sind auch auf personellem Gebiet Defizite bezüglich der Anforderungen an ein komplexes Umweltmanagement als regionale Gestaltungsaufgabe zu erkennen:

- Mangel an Ambiguitätstoleranz: Die Fähigkeit »ohne Scheinsicherheit bzw. blinden Aktionismus« (Leidig 1992: 299) unter ungewissen, widersprüchlichen und auch unklaren Ausgangslagen und Zielvorgaben zu arbeiten, ohne den Boden der Gerichtsfestigkeit unter sich zu spüren, ist eine Voraussetzung für die Operationalisierung von ökologischen Zielen. Ambiguität und Ergebnisorientierung wird in den öffentlichen Verwaltungen als paradox empfunden. Daran sind letztlich nicht die mit z. T. ungerechtfertigter Häme überzogenen bürokratischen Prinzipen und die sog. Grundsätze des Berufsbeamtentums schuld, sondern vor allem auch der Mangel an multidisziplinär ausgerichteten ökologischen Ausbildungs- und auch Einstellungsmöglichkeiten.

• Kognitive Komplexität, Konflikt- und Frustrationstoleranz sowie Empathiefähigkeit sind weitere Stichworte aus der Personalpsychologie, die im Bereich des öffentlichen Umweltmanagements unter dem Aspekt der gegebenen Humanressourcen eine Rolle spielen und eher unterentwickelt erscheinen.

Ständige Versuche, die Ressortautonomie auszubauen, erweisen sich zudem im Bereich einer ökologisch orientierten Raumplanung als fatal. Auch abgekoppelte Maximierungsstrategien für ein einzelnes Umweltmedium sind in diesem komplexen Bereich eher abträglich und keinesfalls ein Beispiel für die bei den neueren Steuerungsmodellen des öffentlichen Sektors geforderte Ergebnisverantwortung.

Öffentliches Umweltmanagement ist zudem nicht ohne eine pragmatische Definition neuer Staatsfunktionen möglich. Häufig fehlt es in der Systemlogik und hinsichtlich der materiellen Rechtsbasis von Raum- und Regionalplanung an Modellen, ökologische Ziele, die nicht in den Grenzen von Kommunen, Bundesländern oder auch Staaten zu realisieren sind, strategisch zu formulieren und durchzusetzen. Die EG-Kommission ist von der Realisierung von »Europa 2000-Perspektiven für die künftige Raumordnung der Gemeinschaft« (dies. 1991) noch ein gutes Stück entfernt. Im Bereich der eingeforderten ökologischen Raumplanung (z. B. Stich 1991; Krautzberger 1992; Baumheier 1993; Fürst 1993) lassen sich für komplexe, großräumige Probleme einige Tendenzen erkennen, die das öffentliche Umweltmanagement vorantreiben können, z. B.:

• Kooperative Problembearbeitung und Entscheidungskonzentrierung, pragmatische Steuerungsformen, die u. a. auch die Kosten der Akzeptanzgewinnung reduzieren (vgl. Fürst 1993: 555). Die allgemeine Handlungsanweisung dazu lieferte Brodkin: »If we can't govern, can we manage?« (ders. 1987).

• Neue kooperative Formen der Zusammenarbeit zwischen einzelnen Bundesländern durch die Gründung von Planungsverbänden in Verflechtungsräumen, durch länderübergreifende Raumordnungsverbände, Kooperation durch Staatsverträge, durch Gründung von Zweckverbänden als Durchsetzungs- und Koordinierungsinstrumente. Diese Ansätze zu flexiblen Steuerungsformen werden auch für die Verdich-

260

tungsräume in den neuen Bundesländern (z. B. Land Brandenburg und Berlin) zunehmend diskutiert und umgesetzt (vgl. dazu Damkowski 1988a; Damkowski/Precht/Spilker 1994 und Schmidt-Eichstaedt 1993).

Der sog. *kooperative Förderalismus*, der sich verfassungsrechtlich in Art. 91 und 104 a Abs. 4 GG manifestiert, hat in seinem horizontalen und vertikalen Verflechtungsgrad im Rahmen der Raumordnung zu einer Tendenz geführt, die sich auch unter ökologischen Anforderungen an die großflächige Raumplanung für einen Vorrang der Bundesraumordnung ausspricht.

Für diese unitaristisch-zentralistischen Überlegungen werden als Argumente das demokratische Prinzip, die Aushöhlung der Bundeskompetenz und die Notwendigkeit einer Entflechtung von Zuständigkeiten angeführt (vgl. z. B. Bielenberg/Erbguth/Söfker 1994: J 610 Rdn. 73 ff.). Die Diskussion um Bund-Länderkonkurrenz und -kompetenzen ist den konkreten Planungsebenen (Raumordnung und Landesplanung, Regionalplanung, kommunale Bauleitplanung und räumliche Fachplanungen) vorgelagert und wird häufig ganz unabhängig von Fragen ländergrenzenüberschreitender Umweltprobleme und Betroffenenpartizipation geführt.

Der Raumordnung und Landesplanung kommt im Zusammenspiel mit regionalen ökologischen Fachplanungen (Luft, Landschaft, Naturschutz, Abfall, Wasser) eine wichtige Integrationsfunktion zu, die als »Affinität bzw. Konvergenz zwischen Raumordnung und dem Desiderat einer integrierten Umweltplanung« (Kloepfer 1989: 515) im Hinblick auf die Novellierung des Raumordnungsgesetzes mit Betonung der natürlichen Lebensgrundlagen als Schutzgut (§ 1 Abs. 1 Nr. 2 ROG) bewertet wurde. Zwischenzeitlich ist die Neufassung des ROG durch das Investitions- und Wohnbaulandgesetz, durch das Verkehrswegeplanungsbeschleunigungsgesetz und bes. durch die Aufhebung der Verpflichtung der Länder, im Rahmen von Raumordnungsverfahren eine UVP durchzuführen (§ 6a ROG a.F.), in seinen zarten ökozentrischen Ansätzen eher kassiert als modifiziert worden.

Ökologische Planung als Instrument für die Belastbarkeit von Raumpotentialen mit Umweltqualitätszielen und operationalisierten Umweltqualitätstandards kann in konkreten Situationen im Rahmen eines öffentlichen Umweltmanagements kaum entwickelt werden (dazu UBA 1992: 8 ff.). Die natürlichen Lebensgrundlagen werden weiter von vielen öffentlichen Ämtern und Institutionen mitverwaltet, wobei trotz aller integrierender Ansätze des Umweltrechts die parallel-singuläre Betreuung einzelner Umweltmedien nach wie vor das Bild bestimmt.

Unter diesen Rahmenbedingungen hat der Versuch, ein wirksames regionales Umweltmanagement zu betreiben, meist seine eng gesteckten Grenzen. Gerade im Bereich von ländergrenzenüberschreitenden Umweltproblemen (z. B. Schutz der Elbtalauen durch die Bundesländer Brandenburg,

Mecklenburg-Vorpommern, Niedersachsen, Sachsen-Anhalt) bleiben Erfolge oft auf der Ebene Gemeinsamer Landesplanungen ohne z. B. Staatsverträge oder Zwei-Ebenen-Verwaltungen zur Umsetzung begrenzter und definierter ökologischer Ziele dem Charakter nach inkremental und abhängig von der Einhaltung loser Absprachen. Die Schaffung von gemeinsamen Organisationseinheiten zur Lösung eines länderübergreifenden ökologischen Managements in Form von Runden Tischen, Qualitätszirkeln oder Projektmanagement (wie z. B. die Einrichtung der »Arbeitsgruppe der Obersten Naturschutzbehörden der Elbanlieger-Länder« oder des »Gemeinsamen Landesplanungsrats Hamburg/Niedersachsen/Schleswig-Holstein«) bedarf einer rechtlichen Flankierung (z. B. durch Staatsverträge). Andernfalls können diese Bausteine zu einem komplexeren öffentlichen Umweltmanagement unter dem Druck konkurrierender Politiken auf vertikaler und horizontaler Ebene schnell zerfallen.

9.2.3.4 Akzeptanzmanagement als neue Aufgabe der Umweltverwaltungen

Seit Jahren steigt die ökologische Sensibilität in der Bevölkerung, damit z. B. organisierte Aktivitäten von Bürgerinitiativen und die Einwendungsbereitschaft der durch Rechts- und Verwaltungsakte direkt Betroffenen. Die öffentliche Verwaltung steht dadurch vor dem Phänomen, bereits im Planungsstadium ökologisch kontrovers beurteilter Projekte einen breiten Akzeptanzbedarf in der Bevölkerung für die Durchsetzung und Umsetzung der Planung mit ins Kalkül ziehen zu müssen (z. B. auch durch Mediationsverfahren, vgl. im weiteren 10.1).

10. Public Management: Akzeptanz, Bürgernähe und Partizipation

10.1 Akzeptanzmanagement und Konsensstrategien

Wie bei allen Formeln, die psychische, sozioökonomische oder kulturelle Imponderabilien in einer scheinbar unumstößlichen Gleichung verbergen, enthält auch die folgende Formel (vgl. Strehl 1993: 125) eine Mischung aus Allerweltsweisheit und unbewiesener Vermutung:

E = f (Q x A)

Der Erfolg ist danach eine Funktion, die aus der Multiplikation von Qualität und Akzeptanz zu definieren ist. Eine ausgezeichnete Dienstleistungs- oder Produktqualität ohne die entsprechende Nachfrageintensität ist also unter Marktbedingungen völlig uninteressant. Wie aber sieht es im öffentlichen Sektor aus, wenn eine Kommune

- die prachtvollste Einkaufspassage geschaffen hat, aber niemand dort einkauft ?
- die sicherste Müllverbrennungsanlage geplant hat, aber keiner mehr in der Gegend leben möchte ?
- den niedrigsten Gewerbesteuersatz verlangt, aber niemand sich ansiedelt?

Qualität ist also kein singuläres Datum, sondern ohne Außen- bzw. Kundenorientierung auch in der öffentlichen Verwaltung, z. T. auch im hoheitlichen Bereich von Eingriffsverwaltungen, nicht zu erreichen.

Akzeptanz ist zumindest im Rahmen der Gestaltungsfreiheit von Verwaltungen ein Kriterium von erheblichem Gewicht, das nicht regelmäßig, aber häufig in einer engen Korrelation zum Ausmaß der Mitgestaltung (Partizipation) einer Leistung steht.

Die Entscheidungskompetenz der Politik wandert bei ökologisch und sozioökonomisch komplexen Gestaltungsfragen der Zukunft immer mehr ins Expertentum von bestellten Weisen, Hell- und Schwarzsehern ab. Das Gutachten begründet nicht nur die politische Absicht, sondern ersetzt sie auch in einem subpolitischen »System wissenschaftlich-technisch ökonomischer Modernisierung« (Beck 1986: 305). Damit verliert der demokratisch gewählte Souverän sukzessive eine Rahmenbedingung für akzeptanzfähige Entscheidungen. Das gleiche Phänomen läßt sich auf der Verwaltungsebene beobachten: In z. B. abfall- oder atomrechtlichen Planfeststellungsverfahren beherrschen Experten die Anhörungen, die häufig im Wege des *informalen Verwaltungshandelns* von Antragstellern und der Verwaltungsführung ausgewählt werden, in besonders enger Abstimmung, wenn der Antragsteller ein öffentlicher Regiebetrieb oder ein öffentliches Unternehmen ist. Der Bürger bleibt faktisch aus ihn vital betreffenden Entscheidungsprozessen bis zu dem Punkt ausgeblendet, an dem sein organisierter Unmut von langer Hand vorbereitete Strategien öffentlicher Entscheidungsträger makuliert.

Deshalb zählt das frühzeitige *Akzeptanzmanagement* zu den wichtigsten Führungsfunktionen öffentlicher Leistungserstellung.

Damit verbindet sich eine Frage, von deren Antwort die Verwaltungsspitzen ähnlich weit entfernt sind wie von der Lösung zur Quadratur des Kreises: »Wie verhält sich das politische System zu den Forderungen nach verwaltungsmäßiger Effizienz einerseits und nach demokratischer Offenheit andererseits, ohne daß die Erfüllung der einen Forderung zu Lasten der anderen geht?« Zilleßen (1993: 11) stellt diese Frage zum Akzeptanzmanagement in einem Vergleich internationaler Ansätze von Konsensstrategien. Diese aus den USA kommenden Vorschläge zur Konfliktminimierung (ADR = Alternative Dispute Resolution) bei divergierenden Interessenlagen sind in jüngster Zeit auch in Deutschland praktiziert worden, allerdings mit größerem Erfolg bei der außergerichtlichen Einigung Scheidungswilliger als bei öffentlichen Planungen mit großer Reichweite. Diese sog. Mediationsverfahren sind an einige Grundsätze gebunden, andernfalls führen sie zu Eklats, Patt-Situationen oder werden schlicht von den öffentlichen Verwaltungen storniert. Dieser Fall ist kürzlich beim Versuch der Gemeinsamen Landesplanung von Hamburg, Niedersachsen und Schleswig-Holstein eingetreten, einen Standort zur Deponierung des in großen Mengen anfallenden Elbschlicks zu finden.

Mediation als Akzeptanzmanagement ist in Deutschland noch weitgehend »ein Modethema der sozial-, verwaltungs- und rechtswissenschaftlichen Literatur« (Würtenberger 1993: 72), womit diese demokratische Streitkultur als stabiler Ersatz fragiler Verwaltungsplanung und -entscheidung noch nicht automatisch disqualifiziert ist.

Aus Sicht der öffentlichen Verwaltungen (A), von den Effekten auf die politischen Planungs- und Entscheidungsprozesse (B) und aus Sicht der Bürger selbst (C) können verschiedene Partizipationsfunktionen genannt werden (vgl. Abb. und Hendler 1977: 64 f.).

Die Betroffenenpartizipation im Vorverfahren verhindert gerade bei Großprojekten (Nuklearanlagen, Verkehrsprojekte, Industrieansiedlungen) z. T. jahrelange verwaltungs- und verfassungsgerichtliche Auseinandersetzungen, zudem wird politische Herrschaft dadurch legitimiert und unter entscheidungstheoretischem Aspekt die letztendliche Entscheidung stabilisiert (vgl. auch Damkowski 1977):

A
- *Legitimationsfunktion*
- *Rationalisierungsfunktion*
- *Effektuierungsfunktion*
- *Planungssicherheit*

B
- *Integrationsfunktion*
- *Akzeptanzfunktion*

C
- *Emanzipationsfunktion*
- *Rechtsschutzfunktion*
- *Kontrollfunktion*

10.1.1 Mediationsverfahren als kommunales und regionales Projektmanagement

Genehmigungs- und Planfeststellungsverfahren zu kontrovers diskutierten Projekten des öffentlichen oder privaten Sektors sehen Partizipationsmöglichkeiten betroffener und sich betroffen fühlender Bürger in nur geringem Maße vor. Die vorgeschalteten Erörterungstermine mit geballtem Sachverstand, teuren Gutachtern und einem häufig vorhandenen, aber nicht ausgesprochenen Genehmigungsdruck von seiten der politischen Führung, werden von den Behörden oft unter Aufgabe der Kommunikationsfähigkeit mit den Bürgern und unter Defiziten in der Konfliktverarbeitung und Informationsaufbereitung geführt, so daß hier von Theateraufführungen und der *Farce des Erörtertungstermins* auch unter Juristen die Rede ist (vgl. Gaßner/Holznagel/Lahl 1992: 14). Häufig werden schlecht und unter großem Imageverlust der öffentlichen Verwaltung vorbereitete Genehmigungs- und Planfeststellungsverfahren von Betroffenen, finanziell unterstützt von Bürgerinitiativen oder Umweltverbänden, *nach* erteilter Genehmigung auf dem Verwaltungsgerichtsweg dann doch angefochten, und die Projektrealisierung für Autobahnen, Entsorgungsanlagen etc. rückt in weite Ferne: Die Vergeudung von Ressourcen auf vielen Ebenen, häufig auch noch die schwindende Ansiedlungsneigung eines privaten Investors, stellen Fragen nach der Ergebnisorientierung einer derartigen

Arbeit in den öffentlichen Verwaltungen. Unter partizipativen, entscheidungstheoretischen und ökonomischen Aspekten ist seit Ende der siebziger Jahre in den USA die Effizienz derartiger Vorgehensweisen untersucht und kritisiert worden (vgl. dazu Susskind/Cruikshank 1987).

1989/1990 wurde vom US-Kongreß der *Administrative Dispute Resolution Act* und der *Negotiated Rulemaking Act* verabschiedet (vgl. Hoffmann-Riem/Schmidt-Aßmann 1990: 319), die für die bereits üblich gewordene ADR (Alternative Dispute Resolution) bzw. Mediationsverfahren das Recht von Bundesbehörden festschreiben, beim Einverständnis aller von öffentlichen Verwaltungsakten Betroffenen, sog. Konfliktmittler zu berufen. Dieser wiederum wird eine erfolgreiche *win-win-situation* (alle Betroffenen können von der Entscheidung profitieren) bzw. eine von den Behörden im Regelfall akzeptierte *batna-strategy* (best alternative to a negotiated agreement) nur unter strikter Einhaltung bestimmter Erfahrungsregeln erreichen können, die aufzeigen, daß Mediation den Mitentscheidungswillen des Bürgers bezüglich konkreter Projekte nicht auf den Blankoscheck des Urnengangs reduzieren kann und darf:

- Vor Verhandlungsbeginn muß die Situation einen Kompromiß zulassen. Keine Konflikte, ohne Lösungalternativen, die nur Kosten verursachen.
- Jede Verhandlungspartei muß ausreichend Macht besitzen, um an Tausch- und Gegenwertverhandlungen teilzunehmen: Häufig handelt es sich hierbei um den Verzicht auf Klagerecht.
  Zu dieser Voraussetzung gehört auch Informationsmacht (umfassende Akteneinsicht in Planungsunterlagen etc.).
- Insbesondere Verhandlungteilnehmer aus den öffentlichen Verwaltungen müssen dem Konfliktmittler garantieren können, daß mitgetragene Ergebnisse nicht an politisch-administrativen oder rechtlichen Handlungsreserven scheitern können.
- Vor Beginn der Mediation müssen alle Schlichtungsversuche bezüglich des definierten Streitgegenstands fruchtlos verlaufen sein (*impasse criterion*) und die Dringlichkeit der Konfliktlösung muß in gleicher Stärke bestehen (*sense of urgency*).

Bis zu diesem Zeitpunkt sind allerdings nur Voraussetzungen bzw. Bedingungen erörtert worden, die es dem Konfliktmittler ermöglichen, als passiver Moderator am Aushandlungsprozeß teilzunehmen (ähnlich einem Schlichter in Tarifauseinandersetzungen), was ihm oft lediglich die Rolle überläßt, zwischen zwei oder mehreren konträren Standpunkten den kleinsten gemeinsamen Nenner zu ermitteln. Ein *aktiver Mediator* dagegen kann eigene Konsensstrategien entwickeln und – aufgrund von übertragener Kompetenz – bei unstreitiger Neutralität eine sog. *win-win*-Situation herstellen. Zu den Einzelheiten der Prozesse in der Mediation (Initiierung, Vorbereitung, Konfliktlösungssuche, Umsetzungsphase vgl. z. B. Holznagel 1990: 177 ff.; Hoffmann-Riem/Schmidt-Aßmann 1990; Gaßner/Holznagel/Lahl 1992: 33 ff.; Zilleßen/Barbian 1992; Würtenberger 1993; Hansson 1993).

Folgende Möglichkeiten bestehen derzeit im deutschen Recht: Als informelle Vorbereitung sind Aushandlungsprozesse auch vor förmlichen Verwaltungsverfahren möglich, haben dann aber keinen entscheidungsdeterminierenden oder entscheidungsersetzenden Charakter. Aushandlungsprozesse vor der Eröffnung von Planfeststellungsverfahren mit faktischer Bindungswirkung der öffentlichen Verwaltung sind z. B. i.S.v. § 9 VwVfG (»nach außen wirkende Tätigkeit«; vgl. Holznagel 1990: 199) möglich; für den Status des Konfliktmittlers bieten sich auch Zwischenformen im Sinne des Beauftragten der öffentlichen Verwaltung an: der Funktion nach ein »durch Willensübereinkunft der Beteiligten *verliehenes Amt*, das durch eine einvernehmlich festgelegte Geschäftsordnung weiter ausgestaltet werden kann« (Schmidt-Aßmann 1990: 27). Der hohe Bedarf an Mediationsverfahren zum Akzeptanz-, Konsens- bzw. Konfliktmanagement bei Wahrung des Partizipationsaspektes ist bereits in der Diskussion um die Kodifizierung des neuen Umweltgesetzbuches klar geworden.

10.1.2 Andere Formen, darunter regionalverbandliche Beteiligungsmodelle

Ob in der Enquete-Kommission zur Verfassungsreform (BTDr 12/6000) oder in den Verfassungen der neuen Bundesländer (für z. B. Brandenburg: GVBl. 1991: 96 ff.) dokumentiert: die Diskussion um plebiszitäre Elemente mit einer verfassungspolitischen Verschiebung zu Mitgestaltungsrechten von aktiven Minderheiten und Interessengruppen ist neu belebt. Dabei geht es nicht um eine Wiederholung von Debatten wie z. B. derjenigen, ob die Interpretation des Art. 20 Abs. 2 S. 2 GG als Kompetenznorm Volksentscheide über die in Art. 29, 118 GG genannten Möglichkeiten hinaus ermöglicht, also »nicht schlechthin um die Optimierung des demokratischen Prinzips unter den Verfassungsgrundsätzen des Art. 20 GG, sondern um die demokratische Teilhabe des Aktivbürgers durch unmittelbare Volksentscheidung« (von Danwitz 1992: 601; Damkowski/Precht/Spilker 1994). Es geht also mehr um den Bürgerwillen zur Teilhabe als um die ständige Rückversicherung beim Volk. Die verdrossenen, aber grundsätzlich mitgestaltungsfreudigen Menschen sollen ihr Aktivpotential für bessere und als besser verstandene öffentliche Entscheidungen freisetzen.

Diskutiert werden Partizipationsmodelle, die nicht zeitlich begrenztes Projektmanagement in Formen der Konsensstrategien und nicht Plebiszite zu vitalen Fragen darstellen, sondern die politische Apathie überwinden und

die gerade deshalb keineswegs paradoxen Wünsche der Bürger nach Teilhabe am Entscheidungsprozeß auf regionaler Ebene ernst nehmen.
Bei diesen regionalen Beteiligungsmodellen mit kompetenzieller und organisatorischer Dezentralisierung sind
- machtorientierte, strategisch-implementative,
- koordinationsorientierte,
- legitimationsorientierte

Kriterien sorgsam in Einklang zu bringen.
Dazu zählen z. B. (vgl. Damkowski/Precht/Spilker 1994: 154f.):
- Beiratsmodelle im Bereich von Stadtentwicklung und -sanierung;
- Anwaltsplanung, bei der Sachverständige von betroffenen Bürgern zu einer anstehenden Entscheidung zu Rate gezogen werden können und die entscheidende öffentliche Institution eine Übernahme der Beratungskosten garantiert;
- sog. Planungszellen (vgl. Dienel 1978), bei denen nach dem Zufallsprinzip ausgewählte Bürger bei Fragen wie z. B. der Verkehrsplanung oder der Einrichtung sozialer Dienste an der Zielformulierung und Umsetzung einer öffentlichen Leistung mitarbeiten und für die Zeit der Mitarbeit aus öffentlichen Mitteln bezahlt werden;
- Kommunikationsschnittstellen für kontroversen Entscheidungsbedarf, besetzt mit Bürgern und Delegierten aus dem öffentlichen Sektor.
Der Abbau von Informationsdefiziten und Kommunikationsbarrieren auf beiden Seiten kann im Bereich ökologischer Fragen auch durch Runde Tische aus Externen und Internen nach Art der in Privatwirtschaft vorkommenden *Corporate Environmental Advisory Councils* (vgl. z. B. Schmidheiny 1992: 343) ausgestaltet werden. Dabei jedoch geht es um gemeinsame Entscheidungsvorbereitung (bzw. manchmal auch nur um die öffentlichkeitswirksame Darstellung eines Unternehmensziels), nicht um Mitentscheidung.

Weitergehende regionalverbandliche Managementmodelle mit eigenem Wahlrecht und Beteiligung der Verbandsbevölkerung, z. B. einer Elberegion, sind verfassungsrechtlich zulässig und können den Entscheidungs- und Managementprozeß öffentlicher Verwaltungen für vitale Komplexe auf ein Fundament stellen, das auch bei intensiven Kontroversen trägt (vgl. dazu Damkowski 1988a; Damkowski/Hajen/Strauf/Wand 1989; Damkowski/Precht/Spilker 1994). Das Entscheidungsmodell *Regionale Verbandsbevölkerung* unter Einbeziehung aller betroffenen Bürger und besonderer Berücksichtigung des – in neueren Diskussionen besonders beachteten – sog. Aktivbürgers ist vor allem nicht mit dem Ruch behaftet, eine reine Spielwiese zu sein: Partizipationsmodelle sind von durchsichtigen und ineffektiven Akklamationsmodellen durch Kompetenzabgabe unterschieden.

10.2 Bürgernähe versus Verwaltungsferne

Der Weg vom Normadressaten zum Kunden wird in verschiedenen Ländern inzwischen durch empirische Bedürfnis- und Zufriedenheitsbefragungen bei den Bürgern beschritten. Das ist ein Schritt zur Qualitätskontrolle von Dienstleistungen, bei denen interne Indikatoren wenig aussagen.
In den angelsächsischen Ländern ist diese Art der Erhebung seit über 20 Jahren weit verbreitet, um frühe oder noch schwache Signale aus der Umwelt des öffentlichen Sektors zu gewinnen und um insbesondere das Kundenvertrauen in öffentliche Einrichtungen, verbunden z. B. mit Phänomenen wie Schwellenangst, zu erkennen, zu bewerten und zu mildern. Der von allen Ängsten befreite Gang zur Behörde wird deutlich als ein Stück Lebensqualität betrachtet. In deutschen Amtsstuben dagegen stellt man sich immer noch die – eher unbehagliche – Frage: »Was müssen wir für die Bürger leisten?« und nicht umgekehrt die Frage: »Was wollen die Bürger von uns?« Bezogen auf autonome Agencies der USA, die die zweite Frage durch eine darauf ausgerichtete finale Steuerung innerhalb weitgesteckter Handlungsspielräume beantworten dürfen, kommt es dort zu einer intensiven Beziehung zu den Kunden als Zweikanal-Kommunikation, die besonders beim Umgang mit homogenen Klientengruppen auch zur sog. *agency capture* führt. Das heißt, im Rahmen der definierten Ziele wird die öffentliche Institution so geführt und gestaltet, wie die Kunden es wünschen (vgl. Schuppert 1980: 308 ff.). Mit der bürgernahen Verwaltung beschäftigen sich die Theoretiker auch in Deutschland schon seit Jahren (vgl. z. B. Dienel 1978; Mayntz 1978a; Reichard/Nikusch/Bosetzky/Heinrich 1977; Hoffmann-Riem 1980), doch erst in jüngster Zeit kommt es zu konkreten Umsetzungen. Dabei sind eher formal-organisatorische Veränderungen im Sinne von Bürgernähe gemeint, keine materiell-rechtlichen Bürgerbeteiligungen wie z. B. im kanadischen Quebec, wo Bürger entweder in Beteiligungsgremien (den *comités consultatif*) Beteiligungsrechte oder sogar über direkt gewählte Bürgergremien, unmittelbare Vorschlags- und Initiierungsrechte besitzen (vgl. Bertelsmann-Stiftung 1993: 78).
Die Termini und Schlagwörter Bürgeramt, Bürgerbefragung, Bürgerbüro, Bürgerferne, Bürgerforum, Bürgerfreundlichkeit, Bürgernähe, Bürgertelefon sind – in enger Erinnerung an den maßlos überinterpretierten Begriff des *citoyens* – zunächst einmal lediglich als einige akklamative Absichtserklärungen zu verstehen, den Antragsteller nicht als Bittsteller und den Gang zur Behörde nicht als Gang nach Canossa auszugestalten.
Den für diese Termini zutreffenden Impetus kann man – mit Mühe – aus den diversen Kommissionsberichten der alten Bundesländer zur *Verwaltungsvereinfachung* herauslesen (vgl. dazu z.B. Ellwein/Hesse 1985): Keine Formulare von der Wiege bis zur Bahre, Verkürzung der Durchlauf- und

Wartezeiten oder Verlängerung der Öffnungszeiten und ähnliche Erleichterungen stehen dabei regelmäßig auf dem Prüfstand der Dienstleistungsqualitäten. Im Gegensatz zu den partizipativ besetzten Begriffen wie Bürgerbeteiligung, Bürgerentscheid, Bürgerwille etc. geht es hier nur um ein einziges Problem, das deutschen oder österreichischen (s. o.) Staatsdienern durch interne Sozialisationsmechanismen weitgehend fremd ist: Um die *praktische Anwendung von Marketing* (vgl. dazu z. B. Lenk 1985: 91 ff.).

Die Flut der Literatur zum Thema – von der Bürgerberatungsstelle in Wedding (FHSVR 1978), von Bürgernähe und Behördensprache (Lavies 1982), von Bürgerumfragen in Duisburg, Essen oder Stuttgart (Duisburg 1988; Essen 1989; Stuttgart 1990) bis hin zur sozialverträglichen Gestaltung des Bürgeramtes in Unna (1990) oder zum Bürgerladen in Hagen (vgl. Kißler 1994) – ist häufig nur als statistische Selbstbestätigung zu bewerten, die in den empfohlenen Konsequenzen, unter dem Aspekt von Service-Kultur, Output-, Kunden- und Klientenorientierung, Verwaltungsdienstleistungsqualität und Verwaltungsproduktdesign, manchem Marketing- oder Produktmanager der privaten Wirtschaft unverständlich bliebe.

Bürgerberatungsstellen wurden mit detaillierten Vorstellungen bereits vor zwanzig Jahren empfohlen (KGSt 1974), doch von den damaligen Empfehlungen haben z. B. noch längst nicht alle Kommunen Beschwerdeanlaufstellen oder auch nur eine freundlich formulierte automatische Telefonauskunft durchgesetzt. Erste Bürgerbüros wie z. B. in Niedersachsen oder weitgehende Vorstellungen zur Wegeverkürzung mit dezentralen Einheiten in einzelnen Wohnsiedlungen, vollmundige Ideen wie die sog. Nachbarschaftläden 2000 oder Teleservice-Center (vgl. HLT 1990) sind praktisch unbefriedigend realisiert oder Zukunftsvisionen, die jedoch signalisieren, daß sich der öffentliche Sektor aus vielen Leistungsbereichen ungewollt und ohne Not selbst hinaus katapultiert. Multimediale Kommunikation nach dem Konzept BÜNTAV (Bürgernahe Technikanwendung in der Verwaltung; vgl. z. B. Beyer/Brinckmann 1990: 109 f.) sind seit den ersten, bereits sehr konkreten Ideen zu dieser modernen Form der Kundenorientierung (vgl. dazu Pippke 1993) immer noch nicht weit gediehen. Auch die Idee, die Dienstleistungsqualität besonders im ländlichen Raum – analog etwa zu norwegischen *one-stop-shops* (vgl. Kap. 4) – durch Bürgerbüros zu garantieren, die von der Melderegisterauskunft über Fahrkartenverkauf, Gebühreneinzug und Lottoscheinannahme alle einfachen und häufig verlangten Dienstleistungen des gesamten öffentlichen Sektors erstellen, sind reizvoll, in Teilen wie z. B. im Bürgeramt Unna erprobt (vgl. u. a. Beyer/ Brinckmann 1990: 106 f.), aber aus vielen Gründen in Deutschland noch utopisch (optimistischer z. B. Lenk/Irps 1993).

11. Zusammenfassung: Kernelemente von PM, Gefährdungen, Perspektiven und Strategien

11.1 Kernelemente von PM

Nach den bisherigen Ausführungen in diesem Band zeichnen sich – bei dem gegenwärtigen Stand von Wissenschaft und Praxis – bestimmte Kernelemente von PM ab, die im folgenden zusammenfassend benannt werden sollen und die gewissermaßen den vorläufigen Fundus der im Entstehen begriffenen Disziplin PM bilden können.

11.1.1 Entflechtung, Verselbständigung, Dezentralisierung

Die hohe Zentralisierung des traditionell bürokratischen Struktur- und Handlungstyps im öffentlichen Sektor ist mit dem Ziel der Verselbständigung und Dezentralisierung von administrativen Betriebs- und Serviceeinheiten aufzulösen, zu entflechten. Entflechtung von überkomplexen und deshalb immer schwerer steuerbaren behördlichen Einheiten (Ministerien, Sonderbehörden) durch Ausgliederung aus der unmittelbaren Staats- und Kommunalverwaltung ist logische und praktische Voraussetzung für die Schaffung von verselbständigten, dezentralen Betriebs- und Serviceeinheiten. Dezentralisierung soll hier nicht allein im – bezüglich des Autonomiegrades – weitreichenden öffentlich-rechtlichen Sinne, sondern auch im Sinne des öffentlich-rechtlichen Begriffs der Dekonzentration – eine Form der schwächeren Verselbständigung – verstanden werden. Damit steht dann für Entflechtungs-, Verselbständigungs- und Dezentralisierungsstrategien das gesamte theoretische und praktische Spektrum verselbständigter Organisations- und Rechtsformen zur Verfügung.
Insbesondere bestehen im angelsächsischen Bereich zwischen öffentlicher Aufgabenwahrnehmung und echter Privatisierung durchaus interessante Zwischen- und Mischformen, die

- teils unter Begriffen wie Para-Governmental-Organizations (PGOs) bzw. Quasi-Governmental-Organizations (Quagos) zusamengefaßt,
- teils als Public-Private-Partnerships bzw. Public-Private-Mix bezeichnet werden (vgl. für ein interessantes US-amerikanisches Beispiel die Community Development Corporations-CDCs –; hierzu Damkowski 1988b: 61 ff.; vgl. auch Heinz 1993).

11.1.2 Bildung von Verantwortungs- und Ergebniszentren

Der Kern dieses Steuerungsansatzes, der verselbständigte Aufgabenträger im Sinne von 11.1.1 zur Voraussetzung hat und niederländische, schwedische sowie angelsächsische PM-Praxis für die Bundesrepublik rezipiert, besteht in einer Dezentralisierung der Ressourcenverantwortung: Dies geschieht im Verhältnis einer Aufgaben-, Kompetenzen-, Ressourcen- und Budgetverantwortung abgebenden Mutterbehörde und einer verselbständigten, diese Kompetenzen und Verantwortung übernehmenden Organisationseinheit (Principal-Agency-Verhältnis; vgl. u. a. Friedrich 1992: 178 ff.). Die Steuerung dieses Principal-Agency-Verhältnisses erfolgt seitens der Mutterbehörde im wesentlichen über Ziel- und Ergebnisvorgaben bzw. -vereinbarungen sowie durch Ergebnis- bzw. Servicequalitätskontrollen.

11.1.3 Trennung von Politik und öffentlicher Dienstleistung

Diese Modernisierungsstrategie (insbesondere verbreitet in Neuseeland, aber auch in Großbritannien und z. T. unter anderen Vorzeichen in Schweden) steht in engem Zusammenhang mit dem Ansatz der Bildung von Verantwortungs- und Ergebniszentren. Der Grundsatz ist einfach: Es muß nicht Sache von Politik und auch nicht immer von unmittelbarer Verwaltung sein, öffentliche Dienstleistungen zu produzieren und zu erbringen, wenn jedenfalls die Dienstleistung selbst und ihre hinreichende Qualität gesichert sind. Deshalb wird eine strikte Trennung zwischen *policy making* und *service delivery* vorgeschlagen, und es werden hiervon größere Kundenorientierung, Leistungsqualität sowie stärkeres Kostenbewußtsein erwartet.

11.1.4 Zielsteuerung sowie interne und externe Wettbewerbsorientierung

Hierbei geht es um teils organisationsinterne, teils inter-organisatorische Führungskonzepte und marktähnliche Wettbewerbsmodelle. Zu den Führungskonzepten, die auf mehr Mitarbeitermotivation, Dezentralisation und Autonomie sowie Kundennähe gerichtet sind, zählen das Management by Objectives, d. h. die Steuerung von organisationsinternen Einheiten durch Ziel- und Ergebnisvereinbarung, und das Kontrakt-Management (ähnlich dem Management by Objectives).

Den Wettbewerbsmodellen (*Management by Competition/MbC*) liegt der Gedanke zugrunde teils *innerorganisatorisch/innerbehördlich*, teils *interorganisatorisch* zwischen mehreren verselbständigten Dienstleistungseinheiten eine marktähnliche Konkurrenzsituation herzustellen, durch die positive Effekte bezüglich Kostenbewußtsein, Dienstleistungsqualität, Kundenorientierung sowie Mitarbeitermotivation erreicht werden sollen.

11.1.5 Innovationsstrategien: OE und PE

Organisations- und Personalentwicklung (OE, PE) als Strategien der Entwicklung und Umsetzung von Innovationen sind zwar aufwendig, aber auch längerfristig wirksamer und erfolgreicher als andere traditionelle, kurzgreifende Änderungsansätze.

Zu den Grundelementen von OE gehören:

- das Verständnis der Innovation als längerfristiger, rückgekoppelter Prozeß;
- die Sicht der Organisationsänderung als lernende Organisation und als Lernen aller Organisationsmitarbeiter durch Änderung von Verhaltens- und Kommunikationsformen;
- als Strukturelement die Einführung von Partizipations-, Kooperations- und Gruppenelementen;
- die systematische Einbeziehung der Qualifikation von Mitarbeitern durch Fort- und Weiterbildung;
- die besondere Rolle des externen Beraters (change agent) im OE-Prozeß, der teils Prozeßhelfer, Moderator und Mediator, teils auch Ideen- und Impulsgeber ist.

Das Konzept der OE kann auch in öffentlichen Verwaltungen durch IuK-gestützte Techniken (vgl. Grimmer 1994) erweitert werden und ist eng verzahnt mit dem der PE (vgl. hierzu 8.2).

11.1.6 Personalmanagement (Human Resources Management) durch PE und kooperative Führungsstrukturen

Personalmanagement geht davon aus, daß die Ressource »Personal« die für Organisationen

- teuerste Ressource,
- die am wenigsten genutzte Ressource und
- die für die Innovationsfähigkeit, kurz: für das Überleben von Organisationen wichtigste Ressource ist.

Deshalb besteht der Anspruch, die herkömmliche Personalverwaltung und Personalplanung zu tranformieren in eine Personalentwicklung (PE), die – in enger Verzahnung mit Formen der Organisationsentwicklung (OE) – über kooperative Führungsstrukturen sowie ein ganzes *Set* von Anreiz- und Motivationssystemen

- die Partizipations- und Selbstorganisationschancen der Mitarbeiter erhöht und damit
- den Output der personalen Leistung verbessert.

11.1.7 Kundenorientierung und Bürgernähe durch CI und Verwaltungsmarketing

Ansätze des CI und Verwaltungsmarketing versuchen vor allem, die allseits geforderte kunden- bzw. bürgernahe Dienstleistungserbringung und Herstellung von Verwaltungsprodukten zu sichern.
Während das CI-Konzept in starkem Maße eine *Doppelfunktion*-Motivation nach innen und Profilierung nach außen – erfüllen will, ist Verwaltungsmarketing in erster Linie nach »außen«, auf den »Markt«, den »Absatz« und den »Kunden« orientiert.

11.1.8 Qualitätssicherung und Total Quality Management (TQM)

Qualitätssicherung bzw. TQM sind Managementansätze, mit denen vor allem zwei Ziele verfolgt werden sollen:

- Die Erhaltung und laufende Verbesserung der Qualität von Verwaltungsprodukten und öffentlichen Dienstleistungen und zum anderen

274

- die Ermöglichung von Leistungsvergleichen zwischen mehreren parallelen bzw. vergleichbaren Leistungseinheiten bezüglich deren Leistungserstellungsprozeß und deren Outputs.

Hierfür werden – gegliedert nach Bereichen der Struktur-, Prozeß- und Ergebnisqualität – in mehreren Arbeitsphasen zunächst Qualitätsziele und auf dieser Grundlage Qualitätsstandards definiert, die dann nach Möglichkeit und mit dem Ziel der Qualitätskontrolle in operationale, quantitativ meßbare Qualitätsindikatoren gefaßt werden sollen.

11.1.9 Kostenorientierung und Verwaltungscontrolling

Zur Stärkung von Kostenbewußtsein und Kostenorientierung im öffentlichen Sektor werden empfohlen:
- unter strukturellen Aspekten eine Dezentralisierung der Ressourcenverantwortung in Form etwa von Verantwortungs- und Ergebniszentren (responsibility- bzw. profit-centers) bzw. Geschäftsbereichseinheiten (in Anlehnung an das australische Public Management: *portfolios* als Führungsinstrument mehrerer synerger Einheiten und nicht zu verwechseln mit der Portfolio-Analyse im Marketing), auch zur Förderung des internen Unternehmertums (»intrapreneurship«) sowie
- konkret auf Haushaltsrecht und Haushaltspraxis in der Bundesrepublik bezogen die Herstellung weitgehender Deckungsfähigkeit für Sach- und Personalmittel, größere Deckungskreise, die Gewährung von vermehrten Freiräumen bezüglich der Übertragung von Haushaltsmitteln auf das nächste Haushaltsjahr, die freie Verfügbarkeit zusätzlich erwirtschafteter Einnahmen (flexible Budgets) sowie die gemeinsame Budgetierung verwandter Aufgabenbereiche (z. B. mehrerer Dezernate) etwa in Form von Global-, Produkt- oder Projektbudgets.

Wesentliches Instrument stärkerer Kosten- und Outputorientierung im Rahmen einer dezentralisierten Ressourcenverantwortung kann das Verwaltungscontrolling sein (hierzu u. a. Lüder 1993: 265 ff. und oben 6.3).

11.1.10 Demokratische Verwaltung:
Bürger- und Mitarbeiterpartizipation

Demokratisierung der Verwaltung nach *innen* und nach *außen* – dies sind Forderungen und Arbeitsansätze, die weniger den privatwirtschaftlichen Managementkonzepten als vielmehr – vor dem Hintergrund viel zitierter Politikverdrossenheit – aus dem politischen und politikwissenschaftlichen Diskussionsspektrum entlehnt sind.

Dabei zielt die Forderung nach einer demokratischen Verwaltung zunächst einmal darauf, »den« Bürger, die von politischen und Verwaltungsentscheidungen Betroffenen unmittelbarer als über den parlamentarisch-repräsentativen Wahlmechanismus in der Verwaltung und gegenüber der Verwaltung an Entscheidungsprozessen verbindlich zu beteiligen (z. B. durch mitbestimmende Hineinnahme von Bevölkerungs- bzw. Bürgervertretern in Entscheidungsgremien von Kommunalpolitik und Verwaltung oder – wie in zahlreichen deutschen Kommunal- und Landesverfassungen inzwischen verankert – durch unmittelbare Beteiligungsrechte gegenüber politischen und Verwaltungsentscheidungen in Form etwa von Bürgerbegehren und Bürgerentscheiden).

Demokratische Verwaltung »nach innen« – dies zielt – vor dem Hintergrund von Forderungen nach Humanisierung von Arbeitsbedingungen, mehr Organisationsidentität und Arbeitsmotivation – darauf, daß die im öffentlichen Sektor Beschäftigten unmittelbarer als über Personalvertretungs- und Betriebsverfassungsrechte über ihre Arbeitsplatzbedingungen, aber auch über die Arbeits- und Organisationsziele sowie die von ihnen erwarteten Arbeitsergebnisse mitentscheiden können.

11.2 Grenzen und Gefährdungen für PM

Wie mehrfach belegt wurde (vgl. oben 4.) geht der internationale Trend im öffentlichen Sektor eindeutig in Richtung auf Realisierung und Erprobung der geschilderten Kernelemente von PM. Zwar kann erneut betont werden, daß die Bundesrepublik noch immer aufgrund ihrer großen, historischen Tradition von öffentlicher Verwaltung einen relativ guten Standard administrativer Leistungserbringung aufweist, aber dieser leichte, nur noch historisch bedingte Vorsprung droht angesichts der vielfältigen und kreativen Experimente in vergleichbaren ausländischen Staaten mit einer Modernisierung der Staatsorganisation und Flexibilisierung des öffentlichen Sektors schnell verloren zu gehen.

Seit Mitte der 70er Jahre hat die Bundesrepublik keine wesentlichen Versuche zur Staats- und Verwaltungsreform mehr unternommen. Zwar gehören Verwaltungsreform und kunden- bzw. bürgerfreundliche Verwaltung zum festen Programmbestand aller demokratischen Parteien in der Bundesrepublik, aber der differenzierte status quo von divergenten politischen Gruppen- und Verbandsinteressen scheint immer noch auf eine gegenseitige Reformblockade hinauszulaufen. Trotzdem darf man hoffen: Angesichts der beträchtlichen Transformationen und Umstrukturierungen in den ostdeutschen Ländern vor dem Hintergrund des deutschen Vereinigungsprozesses und angesichts des Umstands, daß ein modernisiertes, leistungsfähiges und flexibles politisch-administratives System unbestreitbar auch ein ökonomischer Standortfaktor ist, könnte im Zusammenhang mit der öffentlichen Diskussion um den *Standort Deutschland* ernsthafter Veränderungswille und neuer Schwung in die Reformbestrebungen kommen. Dieser Schwung könnte dann allerdings schnell wieder auf bekannte Grenzen stoßen und auch bestimmte Gefahren auslösen.

Neben den unter 5.1 skizzierten und im übrigen in der einen oder anderen Art auch in anderen ausländischen Staaten bestehenden verfassungsrechtlichen Rahmenbedingungen sind hier bereits als gravierende Reformbarriere das öffentliche Dienst- und Haushaltsrecht angesprochen worden. Während allerdings bereits jetzt das Haushaltsrecht eine Reihe nicht hinreichend ausgeschöpfter interner Flexibilitäten aufweist und hier einige rechtliche Änderungen das Haushaltsrecht für Reformprozesse dynamisieren könnten (vgl. u. a. Damkowski/Precht 1994), sind im öffentlichen Dienstrecht mit Sicherheit grundlegendere Einschnitte erforderlich (vgl. hierzu Naschold 1993: 89 ff. und unten 9.1.3.2).

Erste Bestrebungen der Bundesregierung (vgl. Bundesministerium des Inneren 1994) kommen den Forderungen nach Flexibilisierung und Leistungsorientierung im öffentlichen Dienstrecht entgegen.

Allerdings könnte auch zu überschwenglicher und unbedachter *Veränderungseifer* gewisse Gefahren im öffentlichen Sektor der Bundesrepublik auslösen. In Anlehnung an Stewart/Walsh (1992: 499 ff.) und Böhret (1993) weist Naschold (ebd.) auf die folgenden problematischen Konsequenzen insbesondere von privatwirtschatlichen Modernisierungsansätzen hin:

• Die Regulierung öffentlicher Aufgaben durch contracting out gerät immer wieder in ein nicht auflösbares Dilemma zwischen einerseits der Starrheit und mangelnden Anpassung einmal abgeschlossener Kontrakte sowie andererseits der permanenten vertraglichen Anpassung, was mit hohen Transaktionskosten verbunden ist. Das extensive contracting out kann zudem zu nicht eindeutigen Verantwortlichkeiten führen: Die die öffentliche Aufgaben vertraglich auslagernde Verwaltungsinstanz bleibt zwar für diese zuständig, kann aber die Qualität der Aufgabenerfüllung nicht mehr verantwortlich beeinflussen;

- die Steuerung über Ziele und Ergebnisse stößt dort auf Schwierigkeiten, wo – wie bei Verwaltungsleistungen häufig – das Leistungsergebnis nicht eindeutig meßbar ist. Soweit dann nicht – wie hier vorgeschlagen – qualitativ-partizipative Formen der Ergebnisbeurteilung angewandt werden, besteht die Gefahr, daß positive und negative Ergebnisse beliebig und willkürlich zugerechnet und bewertet werden;
- die allein »konsumeristische« Betrachtung des Bürgers als Kunden von Dienstleistungen steht immer in der Gefahr, daß bestimmte Kundengruppen mit schwacher marktlicher Position in der Kunden-Anbieter-Beziehung benachteiligt oder gar nicht »bedient«, versorgt werden – mit allen bekannten persönlichen, sozialen und gesellschaftlichen Folgen. Die Kunden-Anbieter-Beziehung und der Marktmechanismus sind offenbar nicht hinreichend in der Lage, politische und verfassungsrechtliche Kategorien wie Gemeinwohlorientierung und Sozialstaatlichkeit angemessen zu erfassen; es besteht zudem die Gefahr, daß diese Kategorien und weitere öffentlich-kulturelle Werte einer rein kommerziellen Betrachtung der Dienstleistungserbringung geopfert werden;
- das Management über die Installierung interner oder inter-organistorischer Quasi-Märkte kann nicht als allumfassendes Rezept zur Steuerung des öffentlichen Sektors gelten, es erscheint allerdings als ein Ansatz im Rahmen eines notwendigen Mix von Managementkonzepten interessant und erprobungswürdig. Es kann deshalb nicht als generelle Heilungsrezeptur für den öffentlichen Sektor verschrieben werden, weil es sich eben nur um die Konstruktion von Quasi-Märkten, bei denen nicht die *unsichtbare Hand* die optimale Wohlfahrtslösung findet, handelt. Solche Quasi-Märkte im öffentlichen Sektor bilden ein breites Spektrum, das von Konstellationen ohne Wettbewerb mit privatem Monopol bis hin zu solchen mit staatlich gestütztem Wettbewerb reicht (Naschold 1993: 58).

11.3 Perspektiven und Strategien

Als allgemeine Perspektive der Modernisierung des öffentlichen Sektors geht es nach Naschold (1993: 85) für die Bundesrepublik darum, »den notwendigen Zusammenhang zwischen Ergebnisverantwortung in dezentralisierten Arbeitszusammenhängen, systematisierter wie transparenter Personalführung und Personalbewertung und anforderungs- bzw. leistungsgerechterer Komponenten in der Besoldung aufzubauen«. Als wesentliche politisch-rechtliche Voraussetzungen zur Umsetzung dieses Zielkonzepts werden von Naschold (1993: 85/86, 89/90, 91) zu Recht angesehen:

● Die Aufhebung der leistungs- und anreizhemmenden, extremen Status-
differenzierungen (Funktions- und Laufbahngruppen) zugunsten eines
reformierten, einheitlichen Dienstrechts, einschließlich des Abbaus und der
verfassungsrechtlichen Änderung der Doktrin von den hergebrachten
Grundsätzen des Berufsbeamtentums und der staatlich-feudalistischen
Souveränität der Arbeitgeberfunktion. Dazu gehören zu allererst (vgl. Naschold 1993: 90):
- eine Reduzierung des Problems der Aufspaltung in die Funktionsgrup-
  pen von Beamten, Angestellten und Arbeitern durch eine strikte Beschränkung des Einsatzes von Beamten nur in den hoheitlichen Kern-
  bereichen des Öffentlichen Dienstes;
- die Modifizierung des Art. 33 Abs. V GG, ohne daß damit sogleich das
  Berufsbeamtentum insgesamt abgeschafft werden müßte;
- Umbau des Laufbahngruppenprinzips in anforderungsorientierte Funk-
  tionsgruppen mit entsprechenden Änderungen im Besoldungs-, Versor-
  gungs- und Laufbahnrecht, insbesondere um leistungsbezogene Besol-
  dungsanreize und *Führungspositionen auf Zeit* schaffen zu können.
● Die Normalisierung der Arbeitsbeziehungen im gesamten öffentlichen
Sektor – entsprechend dem schwedischen Beispiel – und das bedeutet: weg
von der Vorstellung des hoheitlich-fürsorglichen Staates als Arbeitgeber
und hin zu normalen arbeits- und tarifrechtlichen Arbeitsbeziehungen.
Damit entfiele auch das Verbot der Mitbestimmung, die Verweigerung von
Verhandlungsrechten und der Zwang zur Streikbrecherarbeit für Beamte.
Diese mittel- bis längerfristige Perspektive könnte pragmatisch und ohne
Verfassungsänderungen unterstützt werden durch eine schrittweise Anglei-
chung von Tarif- und Dienstrecht sowie eine Beseitigung von tarif- und
dienstrechtlichen Regelungen, die bürokratisch-hierarchische Formen der
Arbeitsorganisation begünstigen oder verfestigen.
● Zur machtorientierten Durchsetzung der hier skizzierten Änderungsper-
spektiven könnten sich vor allem zwei, auch auf die neuen Management-
konzepte bezogene Strategieansätze eignen (ähnlich Naschold 1993: 87 ff.,
92 ff.):
- Der eine läßt sich als eher externer Ansatz kennzeichnen, der sich aus der
  Kombination der Kunden- und Bürgerposition machtpolitische Verstär-
  kereffekte erhofft; d. h. es soll insbesondere auf Nachfragemärkten
  Kundenmacht mit der Artikulierung demokratischer Bürgerrechte und
  Bürgeraktion verbunden werden. Von Naschold wird hierzu das schwedische Beispiel angeführt (1993: 88/89). Entsprechend der prozessualen
  Absicherung der bürgerrechtlichen Position durch Widerspruchsverfah-
  ren und Verwaltungsgerichte könnte zusätzlich die Kundenposition in
  ähnlicher Weise – etwa vergleichbar dem schwedischen Ombudsman-
  System – gestärkt werden (so Naschold 1993: 88).
- Als eher interne Strategie zur Durchsetzung von Innovationen innerhalb
  von Institutionen des öffentlichen Sektors hebt Naschold (1993: 89,

91 ff.) eine prozessuale und eine struktur-orientierte Vorgehensweise hervor: Wie auch in diesem Band unterstreicht er die Eignung von OE und PE für die *Selbstbefähigung* der Verwaltungsmitarbeiter und – wäre zu ergänzen – für die Sensibilisierung für Bürgerbedürfnisse sowie Interessenübereinstimmungen zwischen Mitarbeitern und Bürgern. Als strukturorientierte Vorgehensweise erscheint der Aufbau von parallelen Innovationsorganisationen, etwa in Form von Projektorganisation, am erfolgreichsten. Unter Verweis auf günstige schwedische Reformerfahrungen stellt Naschold (ebd.) aber heraus, daß solche Parallelorganisationen in enger Kommunikation mit der herkömmlichen, eher hierarchischen Routineorganisation stehen müssen, wie überhaupt hiernach über breite demokratische Dialogformen gesteuerte Innovationsprozesse erfolgreicher sein dürften als die traditionellen, wenig innovationsfreundlichen hierarchisch-autoritären (top down) oder inkrementalistischen Verfahren.

Der öffentliche Sektor als wesentlicher Garant der verschiedensten Dienstleistungen muß sich also als innovationsfähig im Hinblick auf Effizienz und Effektivität seiner inneren Arbeitsstrukturen und bürgerorientierten Dienstleistungsformen erweisen. Hierzu will **Public Management** als neue interdisziplinäre Fachrichtung einen Beitrag leisten:

- PM will dabei in den *Papierwelten* der Lehre und Forschung kein neues *Orchideenfach* begründen, sondern einen innovativen Ansatz liefern, der die verschiedenen wissenschaftlichen Intentionen in einem sachlogischen Rahmen bündelt und fokussiert auf die in diesem Band dargestellte Dominanz der Ergebnisverantwortung und Outputorientierung;
- PM will des weiteren den vielfältigen Praxisanforderungen in umsetzbarer und konkreterer Weise als die traditionellen Ausbildungen zum Management des öffentlichen Sektors sowie des *grey sectors* gerecht werden, nicht zuletzt auch die Personalanforderungen solcher privater Unternehmen berücksichtigen, die ihren Absatzschwerpunkt eben in diesen Sektoren positionieren. PM wird dadurch zum problem- und lösungsorientierten Studiengang.

In Anlehnung an das einleitende Zitat des OECD-Referenten kann also bestätigt werden: PUMA – diese Katze muß endlich auch in Deutschland aus dem Käfig.
Der oben erwähnte Perspektivbericht der Bundesregierung zur Fortentwicklung des öffentlichen Dienstrechts belegt in der Tendenz die Bereitschaft, die Prinzipien des Public Managements auch auf Bundesebene in die Praxis umzusetzen.

Verfassernachweis der Kapitel

Prof. Dr. Wulf Damkowski: 1, 4.1.4, 4.1.5, 4.3, 5, 7.1, 8, 9.1, 11;

Claus Precht: 2, 3, übrige 4, 6, 7.2, 9.2, 10.

Literatur

Achterberg, N./Püttner, G. (Hrsg.), 1990: Besonderes Verwaltungsrecht, München

Allison, G.T., 1983: Public and private management: are they fundamentally alike in all unimportant respects? – in: Perry/Kraemer (Hrsg.), California (Mayfield)

Andreae, M., 1982: Portfolio-Management in der Führungspraxis: Information, Motivation, Organisation, Kontrolle – in: Agplan, Gesellschaft für Planung (Hrsg.), agplan-Handbuch zur Unternehmensplanung, Nr. 4837 (26. Erg.), Berlin

Ansoff, H.I., 1967: The Evolution of Corporate Planning – Carnegie – Mellon – University (Reprint Nr. 342)

Ansoff, H.I./McDonnel, E., 1990: Implanting Strategic Management, New York

Anthony, R.N./Young, D.W., 1988: Management Control in Non-profit Organizations, 4. Aufl., New York

Arbeitskreis für Kooperation und Partizipation e.V., 1990: Kooperatives Management, Baden-Baden

Arnim, von, H., 1993: Staat ohne Diener, München

Arrow, K.J., 1963: Social Choice and Individual Values, 2. Aufl., New York

Asanger, R./Wenninger, G., 1992: Handwörterbuch der Psychologie, 4. Aufl., Weinheim

Aucoin, P., 1988: Contraction, Managerialism and Decentralization in Canadian Government – in: Governance (Vol. 1, Nr. 2), S. 144-161

– *ders., 1990*: Administrative Reform in Public Management: Paradigms, Principles, Paradoxes and Pendulums – in: Governance (Nr. 3), S. 155 ff.

Bagehr, B., 1993: Verwaltungsmarketing – in: Strehl, F. (Hrsg.), S. 11-44

Baldersheim, H., 1993: Die »Free Commune Experiments in Skandinavien: Ein vergleichender Überblick« – in: Banner/Reichard (Hrsg.), S. 27-52

Ball, J., 1992: Accrual Accounting in the Public Sector: A Case Study, Wellington/ Massey

– *ders., 1993a*: New Zealand Public Sector Management, Wellington

– *ders., 1993b*: Making Ministries More Accountable: The New Zealand Experience, Arlington/Virginia

Banner, G., 1991: Von der Behörde zum Dienstleistungsunternehmen – in: VOP, Heft 1, S. 6-11

– *ders., 1992*: Von der Behörde zum Dienstleistungsunternehmen – Brauchen wir ein neues Steuerungsmodell? – in: Ebell, P./Fischer, D./Frey, R. (Hrsg.), S. 19-44

– *ders., 1993a*: Die Stadt – von der Behörde zum Dienstleistungsunternehmen –

unterwegs zu einem neuen Steuerungsmodell – in: Denkfabrik Schleswig-Holstein (Hrsg.), Die Stadt – von der Behörde zum Dienstleistungsunternehmen (Workshop), Kiel, 1993a

– *ders., 1993b*: Die internationale Entwicklung im kommunalen Management und ihre Rezeption in Deutschland – in: Banner, G./Reichard, C. (Hrsg.), S. 185-196

– *ders., 1994*: Neue Trends im kommunalen Management – in: VOP, Heft 1, S. 5-12

Banner, G./Reichard, C. (Hrsg.), 1993: Kommunale Managementkonzepte in Europa, Köln

Baumheier, R., 1993: Raumordnungspolitik im Wandel – Neue Handlungsansätze der Bundesraumordnung – in: Staatswissenschaften und Staatspraxis, Heft 2, S.270-292

Barth, H. – G., 1982: Ökologische Orientierung in der Umweltökonomie und Regionalpolitik – in: Beiträge zur räumlichen Planung, Heft 3, S. 328 ff.

Batley, R./Stoker, G. (Hrsg.), 1991: Local Government in Europe, New York

Beck, U., 1986: Risikogesellschaft, Frankfurt a.M.

– *ders.,, 1988*: Gegengifte, Frankfurt a.M.

Becker, B., 1989: Öffentliche Verwaltung, Percha

Becker, J., 1992: Marketing – Konzeption, 4. Aufl., München

Becker, B./Bull, H.P./Seewald, O. (Hrsg.), 1993: Festschrift für Werner Thieme, Köln u. a.

Beckerath, von, P.G./Sauermann, P./Wiswede, G. (Hrsg.), 1981: Handwörterbuch der Betriebspsychologie und Betriebssoziologie, Stuttgart

Bekke, H., 1987: Public Management in transition – in: Kooiman/ Eliassen (Hrsg.), S. 17-33

Bendixen, P. et al., 1992: Handbuch Kultur-Management, Stuttgart

Benkenstein, M., 1993: Dienstleistungsqualität – Ansätze zur Messung und Implikationen für die Steuerung – in: ZfB, Heft 11, S. 1095-1115

Bennis, W., 1963: A New Role for the Behavioural Sciences: Effecting Organizational Change – Administrative Science Quarterly, S. 130

– *ders., 1969*: Organizational Development , Its Nature, Origins and Prospects, Reading/Mass.

– *ders., 1990*: Führen lernen, Frankfurt/N.Y.

Berlin (Der Regierende Bürgermeister – Senatskanzlei), 1994: Einführung eines neuen Führungsund Steuerungssystems einschließlich einer betriebswirtschaftlichen Kosten – und Leistungsrechnung (G Sen 1 – 1240 – 4741/94), Berlin (unv.)

Bernet, W., 1992: Die Verwaltungs – und Gebietsreform in den Gemeinden und Landkreisen der neuen Länder – KSPW, Nr. 801, Halle

Berndt, R., 1988: Marketing für öffentliche Aufträge – München

Bertelsmann Stiftung (Hrsg.), 1993: Carl Bertelsmann Preis 1993 – Demokratie und Effizienz der Kommunalverwaltung, Bd.1, Dokumentationsband zur internationalen Recher- che, Gütersloh

Beyer, L./Brinckmann, H., 1990: Kommunalverwaltung im Umbruch, Köln

Beyer, L./Freudenstein, S./Rößner C., 1993: Informationspool: Allgemeine Kommunalverwaltung, Düsseldorf

BfAI (Bundesstelle für Außenhandelsinformation, Hrsg.), 1991: Guide to Public Procurement – Belgien/Luxemburg, Köln

Biehal, F. (Hrsg.), 1994: Lean Service – Dienstleistungsmanagement der Zukunft für Unternehmen und Non-Profit-Organisationen, 2. Aufl., Bern etc.

Bickeböller, H./Förster, A., *1993*: Die Kommunalverwaltung als modernes, kundenorientiertes Dienstleistungsunternehmen – in: Stadt und Gemeinde, S. 136-143

Bielenberg, W./Erbguth, W./Söfker, W. (Hrsg.), *1994*: Raumordnungs- und Landesplanungsrecht des Bundes und der Länder – Kommentar – 2 Bde., Berlin, 28. Lfg.

Birkigt, K./Stadler, M.M., Funck, H., *1993*: Corporate Identity – Grundlagen, Funktionen, Fallbeispiele –, 6.Aufl., Landsberg/Lech

Bladh, A., *1987*: Decentraliserad förvervaltning, Lund

Blake, R.R./Mouton J.S., *1969*: Building a Dynamic Corporation through Organization Development, Reading/Mass.

Bleicher, K., *1991*: Unternehmenskultur in unternehmenspolitischen Seminaren – in: Sattelberger, Th. (Hrsg.), S. 259 ff.

Blume, M., *1993a*: Zur Diskussion um ein neues Steuerungsmodell für Kommunalverwaltungen – Argumente und Einwände – in: der gemeindetag, Heft 1, S. 3-9

– *ders.*, *1993b*: Tilburg: Modernes, betriebswirtschaftlich orientiertes Verwaltungsmanagement – in: Banner/Reichard (Hrsg.), S. 143-160

Böhret, C., *1993*: Funktionaler Staat: ein Konzept für die Jahrhundertwende?, Frankfurt, Berlin etc.

Böhret, C./Junkers, M.T., *1976*: Führungskonzepte für die öffentliche Verwaltung, Stuttgart, Berlin, Köln, Mainz

Böhret, C./Klages, H./Reinermann, H./Siedentopf, H.(Hrsg.), *1987*: Herausforderungen an die Innovationskraft der Verwaltung, Opladen

Bölke, L., *1993:* Marktgesetzlichkeiten auch im Öffentlichen Dienst – in: VOP, Heft 1, S. 31-36

Bollard, A./Buckle, R. (Hrsg.), *1993*: Economic Liberalisation in New Zealand (Verl. Allen & Unwin)

Bonus, H., *1990*: Preis – und Mengenlösungen in der Umweltpolitik – in: Jahrbuch f. Sozialwissenschaft (41), S. 343-358

Borins, S., *1994*: »Turnarounds« im öffentlichen Sektor – in: VOP (H.1), S. 35 ff.

Bös, D., *1993*: Gedanken zur Theorie öffentlicher Unternehmen – in: ZögU, Heft 2, S. 133-150

Bosetzky, H./Heinrich, P., *1980*: Mensch und Organisation, Köln, Stuttgart u. a.

– *dies.*, *1981*: Verwaltung – in: Beckerath/Sauermann/Wiswede (Hrsg.), S. 379-382

Bosselmann, K., *1992*: Im Namen der Natur – Der Weg zum ökologischen Rechtsstaat, Darmstadt

Boston, J./Martin, J./Pallot, J./Walsh, P., (Hrsg.) 1991: Reshaping the State – New Zealand's Bureaucratic Revolution, Auckland

Braak, ter, H., *1993*: Delft: Organisation nach menschlichem Maß – in: Banner/Reichard (Hrsg.), S. 131-141

Braun, G.E., *1988*: Ziele in öffentlicher Verwaltung und privatem Betrieb, Baden-Baden

Braun, G.E./Töpfer, A. (Hrsg.), *1989*: Marketing im kommunalen Bereich, Stuttgart

Brede, H., *1991*: Möglichkeiten und Grenzen finanzieller Leistungsanreize im öffentlichen Dienst – in: Schanz (Hrsg.), S. 1129-1146

Brede, H./Buschor E. (Hrsg.), 1993: Das neue Öffentliche Rechnungswesen. Betriebswirtschaftliche Beiträge zur Haushaltsreform in Deutschland, Österreich und der Schweiz, Baden – Baden

Brinckmann, H., 1994: Strategien für eine effektivere und effizientere Verwaltung – in: Naschold/Pröhl (Hrsg.), S. 167-242

Brodkin, E.Z., 1987: Policy politics: If we can't govern, can we manage? – in: Political Science Quarterly, H. 102, S. 571-587

Brohm, W., 1994: Wirtschaftstätigkeit der öffentlichen Hand und Wettbewerb – in: NJW, S. 281 ff.

Brown, D., 1993: Canada – comprehensive approaches in a reformed and decentralized public sector – in: International Review of Administrative Siences (Vol. 59), S. 609-616

Brüggemeier, M., 1991: Controlling in der öffentlichen Verwaltung: Ansätze, Probleme und Entwicklungstendenzen, München

Brüggemeier, M./Küpper, W., 1992: Controlling als Steuerungskonzept für die öffentliche Verwaltung? – in: ZfB, Heft 5, S. 567-577

Bruder, W., 1981: Empirische Verwaltungsforschung in der Bundesrepublik Deutschland, Opladen

Bruer, J., 1992: The Effects of the Abolition of the Public Service Board and Other Reforms on the Australian Public Service: a View From the Coalface – in: Halligan/ Wettenhall (Hrsg.), S. 282 ff.

Bruhn, M./Tilmes, J., 1994: Social Marketing. Einsatz des Marketing für nichtkommerzielle Organisationen, 2. Aufl., Stuttgart/Berlin/Köln

Brumby/Mc Culloch, 1994: Interview mit Brumby und Mc Culloch, The Treasury, Wellington/New Zealand am 15.3.1994 (b. Verf.)

Buchholz, W., 1989: Verwaltungskosten – in: Chmielewicz/Eichhorn (Hrsg.), Sp. 1664 ff.

Budäus, D., 1982: Betriebswirtschaftliche Instrumente zur Entlastung kommunaler Haushalte, Baden – Baden

– *ders., 1987a:* Controlling in der Kommunalverwaltung – Grundlagen und praktische Entwicklungstendenzen – in: Eichhorn, P. (Hrsg.), S. 231-244

– *ders., 1987b:* Öffentliche Betriebswirtschaftslehre – Stand und Entwicklungsperspektiven – in: Thieme, W. (Hrsg.), S. 93-106

– *ders., 1989:* Controlling (Vorlesungskript SS 1989, unv., o.O.)

– *ders., 1991:* Öffentliche Betriebswirtschaftslehre (Public Management) – Status und Perspektiven – in: Faller, P./Witt, D., S. 144-157

– *ders., 1992a:* Controlling in der öffentlichen Verwaltung – Voraussetzungen eines effizienten Verwaltungsmanagements auf kommunaler Ebene – in: Public Management, Heft 5, Hamburg

– *ders., 1992b:* Controlling als Element der Verwaltungsreform – in: Sozialökonomische Beiträge, Heft 5, S. 27-58

– *ders., 1993:* Kommunale Verwaltung in der Bundesrepublik Deutschland zwischen Leistungsdefizit und Modernisierungsdruck – in: Banner, G./Reichard, C. (Hrsg.), S. 163-176

– *ders., 1994:* Public Management. Konzepte und Verfahren zur Modernisierung öffentlicher Verwaltungen, Berlin

Budäus, D./Gerum, E./Zimmermann, G. (Hrsg.), 1988: Betriebswirtschaftslehre und Theorie der Verfügungsrechte, Wiesbaden

Bueble, B., 1993. Brauchen wir »lean management« in der öffentlichen Verwaltung – in: VOP, S. 221 ff.

Bühner, R., 1993: Die schlanke Management – Holding – in: ZfO, S. 6 ff.

Bürgerschaft der Freien und Hansestadt Hamburg (Hrsg.), 1988: 1. Beteiligungs-bericht, Drs. 13/967, Hamburg

Bull. H.P., 1977: Die Staatsaufgaben nach dem Grundgesetz, 2. Aufl., Kronberg – *ders., 1986:* Allgemeines Verwaltungsrecht, 2. Aufl., Heidelberg

Bullinger, M., 1993: Wirtschaftliche Zwecke und rechtliche Neuerungen des bevor-stehenden japanischen Verwaltungsverfahrensgesetzes – in: Verwaltungsarchiv (84), S. 65 ff.

Bundesministerium des Inneren (Hrsg.), 1994: Bericht der Bundesregierung über die Fortentwicklung des öffentlichen Dienstrechts – Perspektivbericht – (Kabinett-vorlage vom 19.7.1994), Bonn

Burkhardt, K./Sager, O., 1993: Lean Production auch in Dienstleistungsbetrieben – in: Management Zeitschrift, S. 69 ff.

Buschor, E., 1991: Erfahrungen aus Gestaltungs- und Einführungsprojekten in Österreich und der Schweiz – in: Weber/Tilkowski (Hrsg.), S. 215-248

Caiden, G.E., 1991: Administrative Reform Comes of Age – Berlin/N.Y.

Canadian Centre for Management Development (CCMO), 1991: Our Story: Orga-nizational Renewal in Federal Corrections, Ottawa

Carlsson, S., 1951: Executive Behaviour: A Study of the Work Load and the Wor-king Methods of Managing Directors, Stockholm

Carter, N./Greer, P., 1993: Evaluating Agencies: Next Steps and Performance In-dicators – in: Public Administration (Vol.71/Autumn), S. 407-416

Cassidy, R,G./Mintz, J.M., 1989: Policy Forum on Public Sector Management – Kingston/Ontario

Chevallier, J., 1988: Le discours de la qualité administrative – in: Revue francaise d'administration publique, S. 128 ff.

Chmielewicz, K./Eichhorn, P., 1989: Handwörterbuch der Öffentlichen Betriebs-wirtschaft – Stuttgart

Christchurch, 1992: City Council – Handbook, Christchurch

– *dies., 1993:* City Council Annual Survey of Residents 1993, Christchurch

– *dies., 1993a:* City Council, Annual Report 1993, Christchurch

– *dies., 1993b:* City Council, Annual Plan and Budget for the Year Ending 30 June 1994, Christchurch

– *dies., o.J.:* City Council, Office of the City Manager, Christchurch

Clemens – Ziegler, B., 1994: Public Managememt: Eine innovative Variante des BWL – Studiums und der Verwaltungsausbildung, Berlin (unv.)

Cogno, R., 1992: Esperienze innovative di management nella publica amministra-zione negli Stati Uniti – in: Economica Publica, Heft 9/10, S. 463-470

Cohen, M./March, J./Olsen, J., 1972: A garbage can model of organizational choice – in: Administrative Science Quarterly, Nr.1, S. 1-25

Commonwealth Government, 1994: Second Keating Ministry, Canberra

Cooper, T.L. (Hrsg.), 1993: Handbook of Administrative Effects, New York u. a. *Corbett, D.C./Selby Smith, C./Smith, R.F.J., 1989:* Public Sector Personel Policies for the 1990's, Melbourne

Crozier, M., 1987: Etat Modeste, Etat Modern: Strategie pour un Autre Change-ment, Paris

– *ders. 1991*: L'entreprise à l'écoute – 2. Aufl., Paris

Csoka, S./Promberger, K., 1993: Das Rechnungswesen der Bundesverwaltung als Managementinformationssystem – in: Strehl (Hrsg.), S. 45-88

Curtius, B., 1993: Probleme bei der Einführung eines Qualitätsmanagements – in: Sozialökonomische Beiträge, H.1, S. 74 ff.

Dahlgaard, K., v.d. Bussche, H., Pump, G., 1992: Perspektiven für die Umgestaltung einer Poliklinik zu einem Sozial – und Gesundheitszentrum, Hamburg

Damkowski, W., 1969: Die Entstehung des Verwaltungsbegriffs, Köln, Berlin, Bonn, München

– *ders., 1972:* Raumplanung über Ländergrenzen – Chance oder Illusion – in: Raumplanung und Raumordnung, Heft 6, S. 263-268

– *ders., 1975*: Managementkonzepte und Managementtechniken – ihre Anwendung und Eignung in der öffentlichen Verwaltung – in: ZfO, Heft 3, S, 153 – 159 und Heft 4, S. 211 ff.

– *ders., 1977*: Zur Effizienz von Partizipation an öffentlichen Planungsprozessen – in: Recht im Amt, S. 188 ff.

– *ders. 1981a*: Die blinde Bürokratie – in: Die Verwaltung, S. 219 ff.

– *ders., 1981b*: Für eine Verwaltungsreform mittlerer Reichweite: ein 11 – Punkte – Programm – in: Verw. Arch., S. 289 ff.

– *ders., 1981c:* Hochschulverwaltung unter dem Hochschulrahmengesetz – Eine Untersuchung zur Organisation, Planung und Entscheidung unter besonderer Berücksichtigung der Probleme von Partizipation und Innovation, Baden – Baden

– *ders., 1981c:* Verwaltungsinnovation zwischen Reform und Rationalisierung – in: ZfO, Heft 8, S. 453-460

– *ders., 1984*: Evaluierung kommunalen Handelns – strategische Bedeutung und institutionelle Ansätze – in: Hellstern, G.-M./Wollmann, H., (Hrsg.), S. 100-115

– *ders., 1987:* Die Verwaltung von Regionen im Schnittpunkt von Ländergrenzen – in: Die Verwaltung, Heft 4, S. 489-507

– *ders., 1988a:* Ländergrenzen überschreitende Regionalverbände – – in: Neue Zeitschrift für Verwaltungsrecht, Heft 4, S. 297-303

– *ders., 1988b:* Flexible Organisation sozialer Dienste in den USA auf lokaler Ebene – in: Arch. Komm. Wiss., H. 1, S. 61 ff.

– *ders., 1993a:* Innovative Entwicklungen in Sozial- und Gesundheitsdiensten – in: Bull, H.P./Becker, B./Seewald, O. (Hrsg.), S. 733 ff.

– *ders., 1993b:* Innovation von Sozial- und Gesundheitsdiensten – Innovationstrends und Durchsetzungsbedingungen – in: Sozialökonomische Beiträge, H. 1, S. 92 ff.

Damkowski, W./Elsholz, G., 1990: Abfallwirtschaft – Opladen

Damkowski, W./Görres, S./Israel, B./Luckey, K./Preuß, W., 1993: Stationshilfen in der Altenpflege – Integration von Langzeitarbeitslosen in ein gesellschaftliches Bedarfsfeld, Hamburg

Damkowski, W./Luckey, K., 1990: Neue Formen lokaler Sozial- und Gesundheitsdienste, Köln

Damkowski, W./Luckey, K., 1993: Informationspool: Lokale Sozial- und Gesundheitsdienste, Düsseldorf

Damkowski, W./Luckey, K., 1994: Durchsetzung und Scheitern von Innovationen, Düsseldorf

Damkowski, W./Precht, C., 1994: Neuere Steuerungsmodelle für die Kommunal-verwaltung – in: VOP, Heft 6

Damkowski, W./Precht, C./Spilker, H., 1994: Rettung eines Flusses – Zur Politik der Elbesanierung, Leverkusen

Danwitz, von, T., 1992: Plebiszitäre Elemente in der staatlichen Willensbildung – in: DÖV, S. 601-608

Dearing, E., 1992: Das Projekt »Verwaltungsmanagement« – Chancen einer Ver-waltungsreform in Österreich – in: DÖV, Heft 7, S. 297-305

Denkfabrik Schleswig-Holstein (Hrsg.), 1993a: Die Stadt – Von der Behörde zum Dienstleistungsunternehmen (Workshop), Kiel

diess., 1993b: Der öffentliche Sektor der Zukunft, Kiel

Dente, B./Kjellberg, K. (Hrsg.), The Dynamics of Institutional Change, London

Deutsch, C./Kessler, M./Student, D., 1993: Schlanke Verwaltung: Kann wegfallen – in: Wirtschaftswoche, H. 10, S. 46-50

Deutscher Bundestag (Hrsg.), 1994: Empfehlungen der Gemeinsamen Verfassungs-kommission – BT Drs. 12/6000, Bonn

Deutscher Städtetag, 1992: Personalwirtschaft der Städte in den neuen Bundeslän-dern (bearb. von Löhr/Scheytt/Fuchs/ Lentner), Köln

Dienel, P.C., Die Planungszelle, 1978, Opladen

Dierkes, M./von Rosenstiel, L., Steger, U. (Hrsg.), 1993: Unternehmenskultur in Theorie und Praxis, FaM, N.Y.

Dietl, H., 1991: Institutionen und Zeit, München (Diss.)

Downs, A., 1967: An Economic Theory of Democracy, New York

Dorrington, J., 1992: The Nature and Measures of Industrial – Based Reform to Personel Management in the Australian Public Service – in: Halligan/Wettenhall (Hrsg.), S. 167 ff.

Dübel, A./Pfeiffer, U., 1993: Eine gesamtwirtschaftliche Entwicklungsstrategie für die neuen Bundesländer (Gutachten der Friedrich-Ebert-Stiftung), Bonn

Duisburg (Stadt Duisburg, Amt für Statistik und Stadtforschung), 1988: Duisburger Handbuch gesellschaftlicher Daten 1987. Städtische Bürgerbefragungen 1981 – 1987, Duisburg

Dunsire, A./Hood, C., 1989: Cutback Management in Public Bureaucracies, Lon-don

Ebell/P., Fischer, D./Frey, R. (Hrsg.), 1992: Brauchen die Kommunen neue Steu-erungsmodelle? – Zur Handlungsfähigkeit der kommunalen Selbstverwaltung am Ende des 20. Jahrhunderts, Beckum

EG – Kommission (Hrsg.), 1991: Europa 2000 – Perspektiven für die künftige Raumordnung der Gemeinschaft, Brüssel

Eichhorn/P., 1973: Fortschritte des Verwaltungsrechts – Festschrift für Hans J. Wolff, München, S. 39 ff.

– ders., 1984: Managementverhalten in öffentlichen Unternehmen – in: ZöGU, Beiheft 6, S. 1-8

– ders. (Hrsg.), 1987: Doppik und Kameralistik – Baden-Baden

Eichhorn, P./Buchholz, W., 1983: Marketing in öffentlichen Verwaltungen – in: BFuP, Nr. 3, S. 209 ff.

Eichhorn, P./Friedrich, P., 1976: Verwaltungsökonomie I, Baden-Baden

Ellwein, T., 1981: Geschichte der öffentlichen Verwaltung – in: König/v.Oertzen/ Wagener (Hrsg.), S. 37 ff.

– *ders., 1989:* Verwaltung und Verwaltungsvorschriften, Opladen

Ellwein, T./Hesse, J. (Hrsg.), 1985: Verwaltungsvereinfachung und Verwaltungspolitik, Baden-Baden

Erbguth, W./Schink, A., 1992: Gesetz über die Umweltverträglichkeitsprüfung – Kommentar –, München

Erbsland, M., 1986: X-Ineffizienz in privaten und öffentlichen Produktionsprozessen – in: Wille, E. (Hrsg.), S. 67-98

Essen (Stadt Essen, Amt für Entwicklungsplanung, Amt für Statistik), 1989: Essener Bürgerumfrage 1988, Essen (Stadtarchiv)

Fairbanks, F.A./Dumont du Voitel, 1994: Phoenix, Arizona (USA) – Unternehmenskonzept des kommunalen Managements, (Zuendel & Partner), Nettetal

Faller, P./Witt, D. (Hrsg.), 1991: Dienstprinzip und Erwerbsprinzip: Fragen zur Grundorientierung in Verkehr und öffentlicher Wirtschaft – Festschrift für Karl Oettle, Baden-Baden

Fayol, H., 1916, 1970: Administration industrielle et géneral, Paris (Nachdruck 1970)

Feigenbaum, A., 1954: Total Quality Control, New York

FHSVR (Fachhochschule für Verwaltung und Rechtspflege Berlin), 1978: Einrichtung einer Bürgerberatungsstelle im Bezirksamt Wedding. Projektbericht, Berlin

FHTW/FHVR, 1994, Gemeinsame Kommission des Fachbereichs 5 der Fachhochschule für Technik und Wirtschaft Berlin (FHTW) und des Fachbereichs 1 der Fachhochschule für Verwaltung und Rechtspflege (FHVR): Studienordnung für den Modellstudiengang Öffentliches Dienstleistungs-Management (Public Management), Berlin

Fiedler, K.P. (Hrsg.), 1991: Kommunales Umweltmanagement, Stuttgart

Financial Statements, 1993: Financial Statements of the Government of New Zealand, Wellington

Fisch, R., 1988: The Entrepreneurial Senior Official – in: Schaefer, F./McInemey, E. (Hrsg.), S. 87-99

Fischer, H.-L., 1987: Praktisches Lehrbuch Wirtschaft und Staat, Landsberg a.L.

Fitzgerald, J., 1993: Reform des Öffentlichen Dienstes in Großbritannien: Initiative »Die Nächsten Schritte« – in: Denkfabrik S.-H., 1993b (Hrsg.), S. 63 ff.

Föcker, E., 1991: Kommunale Umweltinformationssysteme (KUIS) in: Fiedler, K.P. (Hrsg.), S. 320-363

Fox, K.-P., 1992: Der öffentliche Haushalt als Planungs-, Verwaltungs- und Kontrollinstrument für die öffentliche Finanzwirtschaft – in: Goller/Maack/Müller – Hedrich (Hrsg.), F.1.1

Frackmann, M./Lehmkuhl, K., 1993: Weiterbildung für Lean – Production – in: WSI – Mitteilungen, S. 61 ff. *French, W.L./Bell, C.H., 1977:* Organisationsentwicklung, Bern, Stuttgart

Friedrich, P., 1992: Der vertikale Wettbewerb im Prinzipal – Agent – Verhältnis: Ein Ansatz zur Weiterentwicklung der Theorie der öffentlichen Unternehmen – in: ZögU, Beiheft 14, S. 178 ff.

Friedrich-Ebert-Stiftung (Hrsg.), 1993a: Zur zukünftigen Struktur von Bundesregierung und Bundesverwaltung – Gutachten v. Eichhorn, P./Hegelau, H.J., Bonn

– *dies., 1993b*: Eine gesamtwirtschaftliche Entwicklungsstrategie für die neuen Bundesländer – Gutachten (Kurzf.) v. Dübel, A./Pfeiffer, U., Bonn

Frings, C., 1993: Was leisten Unternehmensberater? – in: Denkfabrik Schleswig-Holstein (Hrsg.), Der öffentliche Sektor der Zukunft 1993b, Kiel, S. 38-43

Fürst, D., 1993: Von der Regionalplanung zum Regionalmanagement – in: DÖV, Heft 13, S. 552-559

Gaentzsch, G., 1992: Aufgaben der öffentlichen Verwaltung – Bestandsaufnahme und Kritik – , Speyerer Forschungs- berichte Nr. 113

Garson, D./Overman, S. 1993: Public Management Research in the United States, New York

Gaßner, H./Holznagel, B./Lahl, U., 1992: Mediation, Bonn

Gaugler, E., u.a., 1981: Erprobung neuer Beurteilungsformen, Baden-Baden

Gawel, E./van Mark, M., 1993: Marktorientiertes Gewässergütemanagement – Umweltbundesamt/Bericht Nr.2/93, Berlin

Gidlund, J., 1986: Fria ämbetsverk eller självständiga kommuner, Uppsala

Glaeßner, G. – J. (Hrsg.), 1993: Der lange Weg zur Einheit, Berlin

Görres, S., 1992: Qualitätssicherung in der Geriatrie – in: Archiv für Wissenschaft und Praxis der sozialen Arbeit, S. 90 ff.

Goller, J./Maack, H./Müller-Hedrich, B.W. (Hrsg.), 1993: Verwaltungsmanagement, Handbuch für öffentliche Ver- waltungen und öffentliche Betriebe – 3 Bände, Loseblattsammlung, 15. Erg.Lfg., Juni 1994, Stuttgart

Goller, J./Müller – Hedrich, B.W./Schad, T. (Hrsg.), 1994: Verwaltungsmanagement, Handbuch für öffentliche Verwaltungen und öffentliche Betriebe, Band, 4, 15. Erg. Lfg., Juni 1994, Stuttgart

Gore, A., 1993: From Red Tape to Results-Creating a Government that Works Better & Costs Less; Report of the National Performance Review, Washington

Gornas, J./Beyer, W. 1991: Betriebswirtschaft in der öffentlichen Verwaltung, Köln, 1991

Görtz, W., 1991: Altlastensanierung und Flächenrecycling – in: Fiedler, K.P. (Hrsg.), S. 117-160

Grant, R./Shani, R./Krishnan, R., 1994: TQM's Challenge to Management Theory and Practice – in: Sloan Management Review – Winter, S. 25-35

Grimmer, K., 1994: IuK – technikgestützte Organisationsentwicklung – in: VOP 1994 (H.1), S. 46 ff.

Grunow, D., 1988: Bürgernahe Verwaltung, Frankfurt/M.Y.

Gulick, L./Urwick, L.F., 1937 (Hrsg.): Papers on the Science of Public Administration, Fairfield (Kelly)

Gunn, L., 1987: Perspectives on public management – in: Kooiman/Eliassen (Hrsg.), S. 33-46

– *ders., 1988*: Public management: a third approach?« – in: Public Money and Management, H.8/2, S. 21-25

Gutenberg, E., 1962: Unternehmensführung, Organisation und Entscheidungen, Wiesbaden, 1962

Hager, G., 1991: Neue Ansätze zur Fortbildung und Entwicklung von Führungskräften in der öffentlichen Verwaltung – in: Goller/Maack/Müller-Hedrich, C.1.1.

Häggroth, S., 1993: From Corporation to Political Enterprise, Trends in Swedish Local Government, Stockholm

Halligan, J./Beckett, J./Earnshaw, P., 1992: The Australian Public Service Reform Program – in: Halligan/ Wettenhall (Hrsg.), S. 7 ff.

Halligan, J./Wettenhall, R. (Hrsg.), 1992: Hawke's Third Government: Australian Commonwealth Administration 1987 – 1990, Canberra

Hampton/Reid, 1994: Interview mit Hampton und Reid, Christchurch City Council am 17.3.1994 (b. Verf.)

Hanisch, C., 1993: Probleme beim Aufbau der ostdeutschen Kommunalverwaltung – in: VOP (H.3), S. 170 ff.

Hanke, S.H., 1987: The Economics of Canadian Municipal Water Supply: Applying the User-Pay-Principle – in: Kent, C.A., S. 177-194

Hansson, S.O., 1993: Entscheidungsfindung bei Uneinigkeit der Experten – in: Zilleßen/Dienel/Strubelt (Hrsg.), S. 87-96

Hardy, V./Towhill, A./Wolf, A., 1990: La Responsabilisation Comme Strategie de Modernisation – in: Politiques et Management Publique, S. 87-128

Harrow, J./Willcocks, L., 1990: Public Services Management: Activities, Initiatives and Limits to learning – in: Journal of Management Studies, May, S. 281-304

Hasegawa, J., 1994: Entwicklung des Management Accounting Systems und der Management-Organisation in japanischen Unternehmungen – in: Controlling (H.1), S. 4 ff.

Hausmann, V., 1993: Wirkungsvolles Kulturmanagement. Eine Koordinationsaufgabe der Querschnitts – und Fachämter – in: Siebenhaar/Pröhl/Pawlowsky-Flodell (Hrsg.), S. 155-166

Heinz, W. (Hrsg.), 1993: Public Private Partnership – ein neuer Weg zur Stadtentwicklung?, Stuttgart

Hellstern, G.-M./Wollmann, H. (Hrsg.), 1984: Evaluierung und Erfolgskontrolle in Kommunalpolitik und – verwaltung, Basel etc.

Hendler, R., 1977: Die bürgerschaftliche Mitwirkung an der städtebaulichen Planung, Göttingen

Herbold, R./Obladen, H. – P., 1993: Bürger besser beteiligen – in: der städtetag, Heft 7, S. 508-515

Hesse, J., 1982: Marketing für öffentliche Unternehmen, Berlin

Hickson, D.J. (Hrsg.), 1993: Management in Western Europe, Berlin/New York

Hill, H., 1993: Strategische Erfolgsfaktoren in der öffentlichen Verwaltung – in: Die Verwaltung (26/H.2), S. 167 ff.

– *ders., 1994*: Konzentration und Beweglichkeit als Leitprinzipien für den weiteren Aufbau der Verwaltung in den neuen Ländern – in: Verwaltungsarchiv (H.1), S. 1 ff.

Hill, H./Klages, H., 1993a: Selbstbewertung – ein zeitgemäßer Weg zur Verwaltungsqualifikation – in: VOP Nr. 4, S. 218-220

Hill, H./Klages, H., 1993b: Qualitäts- und erfolgsorientiertes Verwaltungsmanagement – Berlin

Hinterhuber, H.H., 1992: Strategische Unternehmensführung, Bd. I, Strategisches Denken – Bd. II, Strategisches Handeln, 5. Aufl., Berlin, New York

Hirshhorn, R., 1989: Contracting Out: Tradeoffs Between Goals – in: Cassidy/Mintz (Hrsg.), S. 33-41

HLT Gesellschaft für Forschung Planung Entwicklung GmbH, 1990: Nachbarschaftsläden 2000 und Tele-Servicecenter für den ländlichen Raum – Grundlagenstudie, Bonn-Bad Godesberg (Bundesminister f. Raumordnung, Bauwesen und Städtebau)

HMSO (Her Majesty_s Stationery Office), 1988: Improving Management in Government: The Next Steps, London
– *dass., 1991a*: The Next Steps Agencies: Review 1991, London
– *dass., 1991b*: Competing for Quality: Buying Better Public Services, London
– *dass., 1992*: The Citizens Charter: First Report, London
Hobbensiefken, G., 1989: Ökologieorientierte Volkswirtschaft, München
Hochschule für Verwaltungswissenschaft Speyer, 1993: fortlaufend ab dok. Nr.5 (VIII/93), Speyer
Hoffmann – Riem, W. (Hrsg.), 1980: Bürgernahe Verwaltung?, Neuwied
Hoffmann-Riem, W./Schmidt-Aßmann, E. (Hrsg.), 1990: Konfliktbewältigung durch Verhandlungen, 2 Bände, Baden-Baden
Hofmann, M./Al – Ani, A. (Hrsg.), 1994: Neue Entwicklungen im Management, Berlin
Hofmann, M./Zapotoczky, K./Strunz, H. (Hrsg.), 1993: Gestaltung öffentlicher Verwaltungen, Heidelberg
Hoggett, P., 1991: A new management in the public sector? – in: Policy and Politics (19), H.4, S. 243-246
Hogrefe, H., 1992: Organisation unternehmensweiter Bürokommunikation – in: online, Heft 3, S. 80-85
– *ders., 1994*: Lean Management in der öffentlichen Verwaltung – in: ZfO, S. 116 ff.
Holznagel, B., 1990: Konfliktlösungen durch Verhandlungen, Baden-Baden
Homann, K., 1989: Verwaltungsmarketing – in: Chmielewicz/ Eichhorn, Sp. 1689 – 1696
Homburg, C., 1994: Kundenorientiertes Qualitätsmanagement in den USA – in: Management Zeitschrift, Nr.6, S. 24 ff.
Hood, C., 1991: A Public Management for all seasons? – in: Public Administration, 69/91, S. 3-19
Hood, C./Schuppert, G.F., 1988: Verselbständigte Verwaltungseinheiten in Westeuropa, Baden-Baden
Hopfenbeck, W., 1989: Allgemeine Betriebswirtschafts- und Managementlehre, Landsberg a.L.
Horváth, P., 1991: Controlling, 4. Aufl., München
Horváth, P./Reichmann, T., 1993: Vahlens Großes Controlling Lexikon, München
Horváth, P./Seidenschwarz, W./Sommerfeldt, H., 1993: Von Genza Kikaku bis Kaizen – in: Controlling (H.1), S. 10 ff.
HRDC (Human Resources Development Council), 1991: Strategies for People: An Integrated Approach to Changing Public Service Culture over Time, Ottawa
Hunter, J.E./Rodgers, R., 1992: A Foundation of Good Management Practice in Government: Management by Objectives – in: Public Administration Review, Vol.52, Nr.1, S. 27 ff.
IGUS (Institut für Gesundheits-, Umwelt- und Sozialplanung) 1994: Symposium Innovative Arbeitsmarktpolitik – Ref. Schimanke, D., Arbeits – und Sozialordnung, Hamburg
Ives, D., 1993: Setting the Pace for the 90's – Government Reforms und Restructuring, Melbourne
Jaedicke, W./Kern, K./Wollmann, H., 1989: »Kommunale Aktionsverwaltung« in Stadterneuerung und Umweltschutz – in: ÖTV (Hrsg.), Zukunft durch öffentliche Dienste, S. 159 ff.

Jaedicke, W./Schneider, E.R./Ungerer, J./Wollmann, H., 1993: Informationspool Teil 1 – Kommunaler Umweltschutz in: Hans-Böckler-Stiftung (Hrsg.), Graue Reihe, Neue Folge 57, Düsseldorf

Jann, W., 1993: Neue Wege in der öffentlichen Verwaltung – in: Hill, H./Klages, H. (Hrsg.), Qualitäts und erfolgsorientiertes Verwaltungsmanagement: Aktuelle Tendenzen und Entwürfe, Berlin, S. 77-90

Janning, H. et al., 1994: Das Modell Soest – Der Umbau der Kommunalverwaltung auf Kreisebene – in: Goller/Maack/ Müller-Hedrich (Hrsg.), B 1.3

Japanese Administrative Agency, 1981: Tokushu Hojus Soran (Übersichtsbericht zu den Sonderkörperschaften); Chibo Kosha Soran (Übersichtsbericht zu den kommunalen öffentlichen Unternehmen), Tokio

Jourdan, R., 1993: Ein Corporate-Identity-Konzept für die Kommunalverwaltung – in: Goller/Maack/Müller-Hedrich (Hrsg.)

Kamp, K./Schenk, J., 1991: Regionales und kommunales Marketing-Tendenzen und Konsequenzen für die neuen Bundesländer – in: Wiss. Zeitschrift d. HHS Leipzig (Heft 4), S. 265-283

Kampe, D.M./Kracht, P.J., 1989: Management im Krankenhaus, Berlin/N.Y.

Keating, M./Holmes, M., 1990: Australia's Budgetary and Financial Management Reforms – in: Governance (Vol.3, Nr. 2), S. 168 ff.

Keeling, D., 1972: Management in government, London

Kent, C.A., 1987: Entrepreneurship and the Privatizing of Government, New York u.a

KGSt (Kommunale Gemeinschaftsstelle für Verwaltungsvereinfachung), 1974: Bürgerberatungsstelle, Bericht 10/74, Köln

– *dies., 1985:* Kommunale Beteiligungen I: Steuerung und Kontrolle von Beteiligungen, Bericht 8/85, Köln

– *dies., 1986:* Umweltverträglichkeitsprüfungen (UVP) – Bericht 11/1986

– *dies., 1992:* Organisation des Umweltschutzes – Bericht 18/1992

– *dies. 1993a:* Wege zum Dienstleistungsunternehmen Kommunalverwaltung – Fallstudie Tilburg – Bericht 19/1992, Köln

– *dies., 1993 b:* KGSt Mitteilungen Nr. 21

– *dies., 1993 c:* Das neue Steuerungsmodell – Bericht Nr.5

– *dies., 1993 d:* Budgetierung: Ein neues Verfahren der Steuerung kommunaler Haushalte – Bericht Nr.6

– *dies., 1993e:* Ausbildung und Entwicklung von Personal mit betriebswirtschaftlichem Aufgabenschwerpunkt – Bericht Nr. 10 *Klaffke, K., 1991:* Naturschutz und Landschaftsplanung in der Stadt – in: Fiedler, K.P. (Hrsg.), S. 264-284

Kieser, A./Kubicek, H., 1992: Organisation, 3. Aufl., Berlin

Kißler, L., 1994: Der Bürgerladen Hagen (Symposiumbeitrag: Produktivität öffentlicher Dienstleistungen der Bertelsmann-Stiftung), Gütersloh

Kißler, L./Bogumil, J./Wiechmann, E. (Hrsg.), 1993: Anders verwalten, Marburg

Kloepfer, M., 1989: Umweltrecht – München

– *ders., 1992:* Vom Umweltrecht zum Umweltstaat? – in: Steger, U. (Hrsg.), S. 43-66

Klages, H., 1991: Personalentwicklung in der öffentlichen Verwaltung – in: Schanz, G. (Hrsg.), S. 1147-1166

– *ders. 1992:* Vom Umweltrecht zum Umweltstaat – in: Steger, U., (Hrsg.), S. 43-66

Koch, R., 1982: Management von Organisationsänderungen in der öffentlichen Verwaltung, Berlin

– *ders., 1987*: Personalführung auf dem Weg zum Management – in: Böhret/Klages/Reinermann/Siedentopf (Hrsg.), S. 509 ff.

– *ders., 1990*: Public Management and Leadership: Towards the Design of Leadership in the Context of Public Management Systems – in: Australian Journal of Public Administration (49), Nr.4, S. 474-482

– *ders., 1991*: Leistungsorientierte Mitarbeiterführung in der öffentlichen Verwaltung – in: Schanz, G. (Hrsg.), S. 1167-1185

– *ders., 1994*: Senior Civil Servants as Entrepreneurs, Beiträge zur Verwaltungswissenschaft, Universität der Bundeswehr Hamburg, Nr. 26, Hamburg

Kodak, 1984: Annual Report, Minneapolis

König, K., 1970: Erkenntnisinteressen der Verwaltungswissenschaft, Schriftenreihe der Hochschule Speyer, Nr.46, Berlin

– *ders., 1989*: Kritik öffentlicher Aufgaben – Baden-Baden

– *ders., 1991*: Personalisierte Führung und Informationstechnik in Regierung und Verwaltung – in: Reinermann, H. (Hrsg.), Führung und Information. Chancen der Informationstechnik für die Führung in Politik und Verwaltung, Heidelberg, S. 67-74

– *ders., 1993*: Die Transformation der öffentlichen Verwaltung: Ein neues Kapitel der Verwaltungswissenschaft – in: Verw.Archiv, 3/93, S. 311-327

König, K./von Oertzen, H.J./Wagener, F. (Hrsg.), 1981: Öffentliche Verwaltung in der Bundesrepublik Deutschland, Baden – Baden

Koetz, A., 1993: Auf dem Weg zum »Als-Ob-Wettbewerb« – in: Denkfabrik Schleswig-Holstein, 1993b, S. 44-52

Kommunalentwicklung Baden-Württemberg GmbH (Hrsg.), 1994: Handbuch für Software-Lösungen. Öffentliche Verwaltungen – Öffentliche Unternehmen, 6. A., Stuttgart

Kooiman, J./Eliassen, K.A. (Ed.), 1987: Managing Public Organizations – London etc.

Koontz, H./O'Donnell, C., 1968: Principles of Management – An Analysis of Managerial Functions, 4. Aufl., New York u. a.

Koontz, H./O'Donell, C./Weihrich, H., 1984: Management, 8. Aufl., New York u. a.

Kosiol, E., 1972: Die Unternehmung als wirtschaftliches Aktionszentrum, Reinbeck

Kotler, P., 1989: Marketing – Management, 4. Aufl., Stuttgart

Kouzmin, A., 1993: The Dimensions of Quality in Public Management – in: Hill/Klages (Hrsg.), 1993b, S. 211 ff.

Koyama, A., 1991: Eigenarten des japanischen Managements – in: zfbf (43/3), S. 275 ff. *Krähmer, R., 1992*: Das Tilburger Modell der Verwaltungsorganisation und Verwaltungsführung – SGK – Argumente, Nr.8, Düsseldorf

Krage, C., 1990: Einführung in das schwedische Kommunalrecht, Stuttgart/Berlin/Köln

Krautzberger, M., 1992: Orientierungsrahmen für die Raumordnungspolitik in der BRD – in: DÖV, Heft 21, S. 911-916

Kronberger Kreis, 1991: Reform der öffentlichen Verwaltung – Mehr Wirtschaftlichkeit beim Management staatlicher Einrichtungen – in: Schriftenreihe des Frankfurter Instituts für wirtschaftspolitischer Forschung e.V., Band 23

Krüger, H., 1991: Unternehmenskultur – ein strategischer Erfolgsfaktor? – in: Sattelberger (Hrsg.), S. 29 ff.

Kühnlein, G./Wohlfahrt, N., 1994: Lean Administration/Lean Government – ein neues Leitbild für öffentliche Verwaltungen? – in: Arbeit, Nr.1

Küppers, F./Däbert, A., 1991: Kommunaler Umweltschutz im Spannungsfeld zwischen Verwaltung und Handwerksbetrieben – in: Goller, J./Maack, H.,/Müller-Hedrich, B.W. (Hrsg.), A 5.1

Ladeur, K.-H., 1993: Von der Verwaltungshierarchie zum administrativen Netzwerk – in: Die Verwaltung, 2/93, S. 137-165

Lang, H., 1992: Zukunftsorientiertes Schulkonzept der Städtischen Wirtschaftsschule Ansbach – in: Hill/Klages, (Hrsg.), S. 61-71

Langner, P., 1983: Zero-Base Budgeting und Sunset Legislation: Instrumente zur Rückgewinnung öffentlicher Handlungsspielräume?, Baden – Baden

Laux, E., 1984: Führungsfragen der öffentlichen Verwaltung – in: von Mutius, A.(Hrsg.), S. 759-793

– *ders., 1989*: Verwaltungsmanagement – in: Chmielewicz, K./Eichhorn, P. (Hrsg.), Handwörterbuch der öffentlichen Betriebswirtschaft, Stuttgart, S. 1678-1690

– *ders., 1993*: Vom Verwalten: Beiträge zur Staatsorganisation und zum Kommunalwesen, Baden-Baden

Lavies, R. – R., 1982: Bürgernähe und Behördensprache, Baden-Baden

Lawler, E./Mohrman, S./Ledford, G., 1992: Employee Involvement and Total Quality Management, San Francisco

Lazer, W./Murata, S./Kosaka, H., 1985: »Japanese Marketing«: Towards a Better Understanding – in: Journal of Marketing (H.49), S. 69-81

Leibenstein, H., 1966: Allocative Efficiency vs X – efficiency – in: American Economic Review, 56, S. 392-415

Leidig, G., 1992: Ökologische Raumplanung als Multidisziplinforschung – in: UPR, H.8, S. 294-300

Leipert, C., 1978: Gesellschaftliche Berichterstattung. Eine Einführung in die Theorie und Praxis sozialer Indikatoren, Berlin

Leis, G., 1987: Elemente der Personalentwicklung – in: Böhret/Klages/Reinermann/Siedentopf (Hrsg.), S. 551 ff.

Lenk, K., 1985: Ansatz und Reichweite der vorliegenden Vereinfachungsvorschläge: eine verwaltungswissenschaftliche Perspektive, S. 91-106 – in: Ellwein, T./Hesse, J.

Lenk, K./Irps, R., 1993: Mehr Dienstleistungsqualität im ländlichen Raum durch BürgerBüros – in: VOP, Heft 3, S. 164-169

Lien, S., 1993: Modernisierung des öffentlichen Sektors in Norwegen – in: Denkfabrik S.H., 1993b, S. 66-70

Liesenfeld, J./Loss, K., 1993: Die Modernisierung von Stadt- und Gemeindeverwaltungen in den achtziger Jahren – in: WSI – Mitteilungen, S. 448 ff.

Littmann, K., 1994: Radikale Fiktion – in: Die Zeit v.7.1.1994, S. 22 ff.

Locher, K., 1993: Zur Förderung von Forschung und Entwicklung an Fachhochschulen für öffentliche Verwaltung – in: Verwaltungs-Archiv, Heft 4, S. 467-483

Lodden, P., 1991: The ›Free Local Government‹ Experiment in Norway – in: Batley/Stoker (Hrsg.), S. 198-210

Lovelock, C.H./Weinberg, C.B., 1984: Marketing for public and nonprofit managers – New York

Lübbe-Wolff, G., 1990: Neuordnung der Abwasserverwaltungsvorschriften nach § 7a WassHG – in: Neue Zeitschrift für Verwaltungsrecht, Heft 3, S. 240-243

– *dies., 1994*: Die EG – Verordnung zum Umwelt – Audit – in: DVBl., Heft 7, S. 361-374

Lück, W./Böhmer, A., 1994: Entrepreneurship als wissenschaftliche Disziplin in den USA – in: zfbf (46), Nr. 5, S. 403-421

Lüder, K., 1987: Ein kaufmännisches Rechnungswesen für die öffentliche Verwaltung – in: Eichhorn, P. (Hrsg.), S. 251-260

– *ders., 1991 (Hrsg.)*: Staatliches Rechnungswesen in der Bundesrepublik Deutschland vor dem Hintergrund neuerer internationaler Entwicklungen, Berlin

– *ders., 1993*: Verwaltungscontrolling – in: DÖV, Heft 7, S. 265-272

Lüder, K./Hinzmann, C./Kampmann, B./Otte, R., 1991: Vergleichende Analyse öffentlicher Rechnungssysteme – Konzeptionelle Grundlagen für das staatliche Rechnungswesen, Speyer

Luhmann, N., 1966: Theorie der Verwaltungswissenschaft, Berlin

– *ders., 1973*: Zweckbegriff und Systemrationalität, Frankfurt

– *ders., 1976*: Funktionen und Folgen formaler Organisation, 3. Aufl., Berlin

– *ders., 1978*: Legitimation durch Verfahren, Berlin/Neuwied

– *ders., 1993*: Die Paradoxie des Entscheidens – in: Verwaltungsarchiv, Heft 3, S. 287 ff.

Mackay, K., 1992: The Use of Evaluation in the Budget Process – in: Australian Journal of Public Administration (Vol. 51, Nr.4), S. 436 ff.

Malik, F., 1989: Strategie des Managements komplexer Systeme, 3. Aufl., Bern/ Stuttgart

Management Advisory Board (Hrsg.), 1993: Building a Better Public Service, Canberra

Marsh, I. (Hrsg.), 1993: Governing in the 1990s: An agenda for the decade, Melbourne

Marutschke, H.P., 1987: Verwaltungsreform in Japan. Die Privatisierung der japanischen Eisenbahnen – in: Verwaltungsarchiv, S. 309 ff.

Mascarenhas, R.C., 1990: Reform of the Public Service in Australia and New Zealand – in: Governance (Vol.3. Nr.1), S. 75 ff.

– *ders., 1993a*: Building an Enterprise Culture in the Public Sector. Reform of the Public Sector in Australia, Britain und New Zealand – in: PAR, S. 319 ff.

– *ders., 1993b*: Privatisation: A New Zealand Case Study, Wellington

– *ders., 1994*: Interview mit Mascarenhas, Victoria University Wellington am 15.3.1994 (b. Verf.)

Masing, W. (Hrsg.), 1994: Handbuch Qualitätsmanagement, 3. Aufl., Frankfurt u. a.

Mayer, E./Weber, J. (Hrsg.), 1990: Handbuch Controlling, Stuttgart

Mayntz, R. (Hrsg.), 1968: Bürokratische Organisation, Köln u. a.

– *dies., 1978 a:* Soziologie der öffentlichen Verwaltung – Karlsruhe

– *dies., 1978 b:* Vollzugsprobleme in der Umweltpolitik – Wiesbaden

Mazère, J.-A., Regourd, S., 1990: Collectivités Locales: Du Modèle Communautaire et Terretorial au Modèle Fonctionnel de l'Entreprise – in: Revue française d'administration publique, S. 119-129

Mc Culloch, B.W., 1992: Accounting and Management Reform in New Zealand Government, Wellington
– *ders., 1993*: New Zealand Leads in Government Management Reform – in: Government Accountants Journal (spring), S. 27 ff.
Mc Culloch, B.W./Ball, I., 1992: Accounting in the Context of Public Sector Accounting Management Reform – in: Financial Accountability and Management (8/1, spring), S. 7 ff.
Meffert, H., 1989: Städtemarketing – Pflicht oder Kür? – Beitrag zum Symposium Stadtvisionen v. 2./3.3.89, Münster
– *ders., 1991*: Corporate Identity – in: DBW (51), H.6, S. 817 ff.
Meffert, H./Kirchgeorg, M., 1993: Marktorientiertes Umweltmanagement, 2. Aufl., Stuttgart
Meister, H., 1993: Organisation des Lean Management – in: ZfO, S. 6 ff.
Mensch, G., 1993: Budgetierung – in: DBW 53 (1993) 6, S. 819-827
Mény, Y., 1988: Radical Reform and Marginal Change: The French Socialist Experience – in: Dente, B./Kjellberg, K., (Hrsg.), S. 66 ff.
Merton, R.K., 1968: Bürokratische Struktur und Persönlichkeit – in: Mayntz, R. (Hrsg.), Bürokratische Organisation, Köln, Berlin, S. 265-276
Metcalfe, L./Richards, S., 1987a: Improving Public Management, 1.Aufl., London
– *dies., 1987b*: Envolving public managent cultures – in: Kooiman/Eliassen (Hrsg.), S. 65-86
– *dies., 1990*: Improving Public Management, 2. Aufl., London
Metzen, H., 1994: Schlankheitskur für den Staat. Lean Management in der öffentlichen Verwaltung, Frankfurt/New York
Milakovich, M.E., 1991: Total Quality Management in the Public Sector – in: National Productivity Review, Spring, S. 195-213
Mintzberg, H., 1973: The Nature of Managerial Work, N.Y. u. a.
MISS (Minister of Supply and Services Canada), 1990: Public Service 2000: The Renewal of Public Service of Canada, Ottawa
– *ders., 1991*: Public Service 2000: Task Force on Staff Training and Development, Second Report, Ottawa
– *ders., 1992a*: Public Service 2000 – A Report on Progress – bearb. v. Tellier, P., Ottawa
– *ders., 1992b*: Public Service 2000 – Background Paper 263E – bearb. v. Wileman, T., Ottawa
Mitschke, J., 1990: Wirtschaftliches Staatsmanagement – Baden-Baden
Möhl, U., 1989: Qualitätszirkel und öffentliche Verwaltung – VOP (1), S. 46-50
MÖV (Ministerium für öffentliche Verwaltung), 1992: Aktuelle Fragen – Civildepartmentet, Stockholm
Mohn, R., 1993: Effizienz und Evolutionsfähigkeit im öffentlichen Dienst, Gütersloh
Morstein Marx, F., 1965: Das Dilemma des Verwaltungsmannes – in: Schriftenreihe der Hochschule Speyer, Bd.26, Berlin
Müller, A., 1992: Konzeptbezogenes Verwaltungshandeln, Baden-Baden
Müller, W.-H., 1978: Materielle Hilfen der Kommunen für die gewerbliche Wirtschaft – in: DÖV, S. 713 ff.
Müller, R./Töpfer, A., 1988: Marketing im kommunalen Bereich – Sinn oder Unsinn? – in: Der Städtetag, S. 741-746

Mundhenke, E., 1993: Zukunftsaspekte der Verwaltungsausbildung – in: VOP, S. 82 ff.

Mutius von, A. (Hrsg.), 1984: Handbuch für die öffentliche Verwaltung (HÖV), 3 Bände, Neuwied

Naschold, F., 1993: Modernisierung des Staates – in: Modernisierung des öffentlichen Sektors, Berlin, Band 1

– *ders. 1994*: Produktivität öffentlicher Dienstleistungen – in: Naschold/Pröhl (Hrsg.), S. 363-413

Naschold, F./Pröhl, M. (Hrsg.), 1994: Produktivität öffentlicher Dienstleistungen, Bd.1, Dokumentation eines wissenschaftlichen Diskurses zum Produktivitätsbegriff, Gütersloh

Neubauer, G., 1993: Auswirkungen des Gesundheitsstrukturgesetzes auf das Krankenhaussystem – in: Intensivmedizin (Sonderheft)

Neuberger, O., 1990: Führen und geführt werden, 3. Aufl., Stuttgart

Neus, W., 1989: Ökonomische Agency – Theorie und Kapitalmarktgleichgewicht, Wiesbaden

Nieschlag, R./Dichtl, E./Hörschgen, H., 1988: Marketing, 15. Auflage, Berlin

Noguchi, T./Suzuki, S., 1989: Öffentliche Betriebswirtschaft in Japan – in: Chmielewicz, K./Eichhorn, P. (Hrsg.), Sp. 1037 ff.

Norton, B.G., 1990: Context and hierarchy in Aldo Leopold's theory of environmental management – in: Ecological Economics, Heft 2, S. 119-127

Nustede, H.-P., 1989: Wirtschaftförderung als spezielles Marketing für den Kreis Unna – in: Braun/Töpfer (Hrsg.), S. 302-314

OECD, (Hrsg.), 1980: Strategies for Change and Reform in Public Management, Public Management Series, 1, Paris

– *dies., 1990*: Public Management Developments, Survey, 1990, Paris

– *dies. 1991*: Public Management Developments, Survey, 1991, Paris

– *dies., 1992a*: Draft Policy Conclusions on the Use of Market- Type Mechanism, Ms. Paris

– *dies., 1992b*: Public Management Developments, Update 1992, (Country Profiles) Paris

– *dies., 1993a*: Public Management Developments, Survey, 1993, Paris – *dies., 1993b:* Public Management: OECD Country Profiles, Paris

– *dies., 1993c:* Private Pay for Public Work. Performance – Related Pay for Public Sector Managers, Paris

– *dies., 1993d*: Managing with Market – Type Mechanism, Paris

– *dies., 1993e*: Pay Flexibility in the Public Sector, Paris

– *dies., 1994*: Public Service Pay Determination and Pay Systems in OECD Countries – in: Public Management Occasional Paper, Nr.2, Paris

Oechsler, W.A., 1984: BWL der öffentlichen Verwaltung – in: von Mutius, A. (Hrsg.), S. 871-944

– *ders., 1992*: Human Resource Management im öffentlichen Dienst der USA – Bestandsaufnahme der Civil Service Reform, (DBW-Depot), Bamberg

Oehlke, P., 1993: Zur gesellschaftspolitischen Ambivalenz der schlanken Produktionsstrategien – in: WSI – Mitteilungen, S. 97 ff.

Oettle, K., 1990: Effizienz in der Bürokratie?- in: WISU (7), S. 415-420

ÖTV (Hrsg./Pressestelle), *1994*: Statement der ÖTV – Vorsitzenden Monika Wulf-Mathies anläßlich des Symposiums »Produktivität öffentlicher Dienstleistungen« am 13. April in Gütersloh, Stuttgart

Offe, C., 1977: Strukturprobleme des kapitalistischen Staates, 4. Aufl., Frankfurt

Offenbach, 1992: Haushaltssanierungskonzept der Stadt Offenbach/M., Offenbach/M.

– *dies., 1993a*: Haushaltssanierungskonzept, Offenbach/M.

– *dies., 1993b*: Leistungszulage – Richtlinie zur Gewährung einer persönlichen Leistungszulage bei der Stadtverwaltung Offenbach, Offenbach/M.

Offenburg, 1994: Leitlinien für eine neue Haushaltsstruktur, Stadt Offenburg

Ogger, G., 1992: Nieten in Nadelstreifen – Deutschlands Manager im Zwielicht, München

O'Leary, R., 1993: Five Trends in Government Liability unter Environmental Laws: Implications for Public Administration – in: Public Administration Review, Heft 6 (Vol. 53), S.542-549

Olins, W., 1990: Corporate Identity – Strategie und Gestaltung, Frankfurt/New York

Oppen, M., 1994: Produktivität und Wandel technisch-organisatorischer »Produktions«konzepte öffentlicher Leistungen: auf der Suche nach Dienstleistungsqualität – in: Naschold/Pröhl (Hrsg.), S. 121-166

Ossadnik, W., 1993: Entwicklung eines Controlling für öffentliche Verwaltungen – in: Die Verwaltung, Heft 1, S. 57-68

Ostrom, V., 1974: The intellectual Crisis in American Public Administration, Alabama

Otter, von, C., 1990: Implementing public competition in Swedish county councils – in: International Journal of Health Planning and Management, Heft 5, S. 105-116

– *ders., 1994*: Reform Strategies in the Swedish Public Sector – in: Naschold/Pröhl (Hrsg.), S. 255-288

Painter, M., 1988: Edititorial: Public Management – Fad or Fallacy? – in: Australian Journal of Public Administration (47), Heft 1, S. 1-3 *Pallot, J., 1992*: Accounting and Financial Management Reforms in the New Zealand Central Government – Context and Critique, Wellington

Parsons, T., 1937: The Structure of Social Action, London/N.Y.

Pasutti, M., 1994: Das Berliner Steuerungsmodell, Berlin (unv.)

Peine, F. – J., 1990: Wasserhaushaltsrecht – in: Achterberg/ Püttner (Hrsg.), S. 823 ff.

Perry, J.L./Kraemer, K. (Hrsg.), 1983: Public management: public and private perspectives, California (Mayfield)

Pfeiffer, W./Weiß, F., 1992: Lean Management, Berlin

Picot, A., 1991a: Subsidiaritätsprinzip und ökonomische Theorie der Organisation – in: Faller/Witt (Hrsg.), S. 102 ff.

– *ders., 1991b*: Ein neuer Ansatz zur Gestaltung der Leistungstiefe – in: zfbf 4/91, S. 336-357

Picot, A./Schneider, D., 1988: Unternehmerisches Innovationsverhalten, Verfügungsrechte und Transaktionskosten – in: Budäus/Gerum/Zimmermann (Hrsg.), S. 92 ff.

Picot, A./Wolff, B., 1994: Zur ökonomischen Organisation öffentlicher Leistungen: »Lean Management« im öffentlichen Sektor? – in: Naschold/Pröhl (Hrsg.), S. 51-120

Pieske, R., 1994: Benchmarking: das Lernen von anderen und seine Begrenzungen – in: Management Zeitschrift, Heft 6, S. 19-23

Pinchot, G., 1988: Intrapreneuring, Wiesbaden

Pippke, W., 1993: Umgang mit dem Publikum – Kommunikation der Kommunal-verwaltung mit dem Bürger, Vieselbach/Erfurt

Pliatzky, L., 1992: Quangos and Agencies – in: Public Administration, Vol. 70 (Winter 92), S. 556-563

Poister, J./Larson, T., 1987: »The Revitalization of PennDOT: Strategies for Effective Public Management – Paper presented to 48th National A.S.P.A. – Conference, Boston (MA)

Pollitt, C., 1993: Managerialism and the Public Services, 2nd ed., Oxford

Porter, M.E., 1988: Wettbewerbsstrategie, 5. Aufl., Frankfurt a.M., New York

Posner, R., 1971: Theories of Economic Regulation – in: Bell Journal of Economics and Management Science, 2, S. 335-358

Prager, J., 1994: Contracting Out Government Services: Lessons From The Private Sector – in: Public Administration Review, Heft 2, S. 176-184

Preiss, B., 1993: From Centralised To Decentralised Pay Bargaining In The Public Sector: Lessons From The Australian Experience – in: OECD (Hrsg.), 1993e, S. 125-146

Pröhl, M., 1994: Handlungsansätze der Bertelsmann – Stiftung hinsichtlich einer Reform der öffentlichen Verwaltung – in: Naschold/Pröhl (Hrsg.), S. 363 ff.

PSC (Public Service Commission), 1992: A Framework for Human Resource Management in the Australian Public Service, Canberra

– dies., 1992a: Submission by the Public Service Commission to the Joint Committee of Public Accounts – Inquiry into efficiency and effectiveness of the management of Human Resources in the Australian Public Service, Canberra

– dies., 1993a: Submission by the Public Service Commission to the Senate Standing Committee on Finance and Public Administration – Inquiry into Implementation of Performance Based Pay in the Australian Public Service, Canberra

– dies., 1993b: Developing People in the Australian Public Service. Report on the Public Service Commission's Human Resource Development, Survey 1991/92, Canberra

Püttner, G., 1982: Verwaltungslehre, München

– ders., 1983: Öffentliche Unternehmen als Instrument staatlicher Politik – in: DÖV, Heft 17, S. 697-704

– ders., 1985: Die öffentlichen Unternehmen – 2. Aufl., Stuttgart

PUMA, 1989: Measuring Performance and Allocating Resources – in: Public Management Studies, Nr. 5, Ottawa

Raffeé, H., 1979: Marketing und Umwelt – Stuttgart

Raffée, H./Fritz, W./Wiedmann, K.P., 1994: Marketing für öffentliche Betriebe, Stuttgart etc.

Rago, W.V., 1994: Adapting Total Quality Management (TQM) to Government: Another Point of View – in: PAR, S. 61 ff.

Reding, K., 1989: Effizienz – in: Chmielewicz/Eichhorn (Hrsg.), Sp. 277 – 282

Reding, K./Dogs, E., 1986: Die Theorie der X – Effizienz – ein neues Paradigma der Wirtschaftswissenscahften – in: Jb. f. Sozialwiss. (37), S. 19-39

Reichard, C., 1987: Betriebswirtschaftslehre der öffentlichen Verwaltung, 2. Aufl., Berlin, N.Y.

– ders., 1992: Kommunales Management im internationalen Vergleich – in: der städtetag, Heft 12, S. 843-848

– *ders., 1993a*: Vorschläge zur Überarbeitung und Anreicherung des Konzeptionspapiers (»Systematischer Ansatz«) für die Enquetekommission »Entbürokratisierung der Verwaltung« des Schleswig-Holsteinischen Landtags, Berlin (unv.)

– *ders., 1993b*: Analytik eines abgestuften Staatsaufgabenkonzeptes, Berlin (Manuskript, zit.n.Naschold 1993)

– *ders., 1993c*: Internationale Trends im kommunalen Management – in: Banner/ Reichard (Hrsg.), S. 3-26

– *ders. 1994a:* «Public Management – ein neues Ausbildungskonzept für die deutsche Verwaltung, Berlin (unv., erscheint in VOP) –

– *ders., 1994b:* Aus- und Fortbildung in der Kommunalverwaltung – in: Wollmann, H./Roth, R. (Hrsg.), S. 456-476

– *ders., 1994c:* Umdenken im Rathaus – Neue Steuerungsmodelle in der deutschen Kommunalverwaltung, Berlin

– *ders., 1994d:* Internationale Ansätze eines »New Public Management« – in: Hofmann, M./Al – Ani, A. (Hrsg.), S. 135-164

Reichard, C./Nickusch, K.-O./Bosetzky, H./Heinrich, P., 1977: Bürgernahe Verwaltung durch Ausbildungsreform – in: Staats- und Kommunalverwaltung, S. 130-137

Reichmann, T., 1993: Controlling mit Kennzahlen und Managementberichten, 3. Aufl., München

Reinermann, H./Reichmann, G., 1978: Verwaltung und Führungskonzepte – Management by Objectives und seine Anwendungsvoraussetzungen, Berlin

Reinermann, H., 1975: Programmbudgets in Regierung und Verwaltung – Möglichkeiten und Grenzen von Planungs- und Entscheidungssystemen, Baden-Baden

– *ders., (Hrsg.), 1991:* Führung und Information – Chancen der Informationstechnik für die Führung in Politik und Verwaltung, Heidelberg

– *ders., 1992:* Marktwirtschaftliches Verhalten in der öffentlichen Verwaltung – Ein Beitrag aus Sicht der Verwaltungsinformatik, Speyerer Vorträge, Heft 19 (auch verk. DÖV 1992, S. 133 ff.)

– *ders., 1993:* Ein neues Paradigma für die öffentliche Verwaltung? (SPA 97), Speyer

Renumeration 1993 (o.A.): Renumeration of Chief Executives and Other Senior State Sector Personnel (in New Zealand), Wellington

Review, 1991: Review of Functions of Community Boards, Department of Internal Affairs, Wellington

Riebel, J., 1989: Image-Untersuchung der Stadt Frankenthal in: Braun/Töpfer (Hrsg.), S. 30-56

Rieger, F.H., 1983: Unternehmen und öffentliche Verwaltungsbetriebe, Berlin

Riberdahl, C., 1992: The New Swedish Local Government and its Impact on Swedish Local Authorities, Stockholm

Richthofen, von, D., 1993: Auf dem Weg zum öffentlichen Mananager? Neuere Entwicklungen in der Ausbildung für das mittlere Management der Kommunalverwaltung – in: Der Städtetag, S. 589-592

Richter, R., 1994: Kommunalverwaltung im Umbruch? – in: Goller/Müller-Hedrich/Schad, A 6.3

Ridley, F., 1993: Verwaltungsmodernisierung in Großbritannien – in: Hill/Klages (Hrsg.), S. 251-257

Riordan, M.H., 1989: Contracting Out: Assessing Government Experience – in: Cassidy/Mintz (Hrsg.), S. 42-56 Roberts, C.C., 1980: Verteilungstheorie und Verteilungspolitik, Köln

Roberts, J., 1987: Politicians, Public Servants and Public Enterprise, Wellington

Rodgers, R./Hunter, J.E., 1992: A Foundation of Good Management Practice in Government: Management by Objectives – in: PAR, S. 27 ff.

Röber, M., 1991: Auf der Suche nach betriebswirtschaftlich orientierten Anreizsystem in neueren Konzepten zur Verwaltungsreform – in: Schanz, G. (Hrsg.), S. 1103-1128

Rosenstiel, von, L./Neumann, P., 1992: Organisationspsychologie – in: Asanger/Wenninger, S. 507-511

Rosenstiel von, L./Regnet, E./Domsch, E. (Hrsg.), 1993: Führung von Mitarbeitern, 2. Aufl., Stuttgart

RSU (Hrsg., Rat von Sachverständigen für Umweltfragen), 1994: Kurzfassung des Umweltgutachtens 1994, Wiesbaden

Sattelberger, Th. (Hrsg.), 1991a: Innovative Personalentwicklung – Grundlagen, Konzepte, Erfahrungen, 2. Aufl., Wiesbaden

– ders., 1991b: Kulturarbeit und Personalentwicklung: Ansätze einer integrativen Verknüpfung – in: Sattelberger 1991a (Hrsg.), S. 239 ff.

Schaefer, G.F./McInemey, E., 1988 (Hrsg.): Strengthenning Innovativeness in Public Sector Management, Maastricht Schanz, G. (Hrsg.), 1991: Handbuch Anreizsysteme – Stuttgart

Schauer, R., 1989: Controlling in Non-Profit-Organisationen – in: Jahrbuch für Controlling und Rechnungswesen, Wien

– ders. 1992: Kameralistik und/oder Doppik? Anmerkungen zur Reform des öffentlichen Rechnungswesens im Lichte der Erfahrungen in Österreich und in der Schweiz – in: VOP, S. 5-11

Scherrer, C./Greven, T., 1993: Für zu schlank befunden – gewerkschaftliche Erfahrungen mit japanischen Produktionsmethoden in Nordamerika – in: WSI – Mitteilungen, S. 87 ff.

Schierenbeck, H., 1987: Zur Integration von kaufmännischer und kameralistischer Buchführung – in: Eichhorn, P. (Hrsg.), S. 120-126

Schiller – Dickhut, R., 1993: Konzern Stadt Tilburg – in: APK, Heft 2, S. 53-58

Schimanke, D., 1987: Verwaltungswissenschaft an der Universität der Bundeswehr – in: Thieme, W. (Hrsg.), S.37-48

Schlegel, T., 1993: Stadtmarketing – Strategien und Instrumente – in: Goller/Maack/Müller-Hedrich (Hrsg.), G.1.2

Schleswig-Holstein, 1994: Modernisierung des öffentlichen Sektors in Schleswig-Holstein (hrsg. von: Ministerpräsidentin des Landes Schleswig-Holstein), Kiel

Schleswig-Holsteinischer-Landtag, 1993: Enquéte-Kommission »Kommunalverfassungsreform«, Schlußbericht, Kiel

– ders., 1993a: Enquéte-Kommission »Kommunalverfassungsreform« Drucksache 16/8, Kiel

Schmalenbach-Gesellschaft – Deutsche Gesellschaft für Betriebswirtschaft e.V./Arbeitskreis »Controlling in der Kommunalverwaltung«, 1987: Controlling in der Kommunalverwaltung – in: Der Controlling-Berater, 5. Erg.lfg., Gruppe 10, S. 219-258

302

Schmidberger, J., 1993: Controlling für öffentliche Verwaltungen – Funktionen – Aufgabenfelder – Instrumente, Wiesbaden

Schmidt, N., 1992: ISDN-Anlagen als Informationsnetz in einer Flächenstadt – in: online, Heft 3, S. 88-90

Schmidt, R., 1990: Öffentliches Wirtschaftsrecht – Berlin u. a.

Schmidt – Aßmann, E., 1981: Anwendungsprobleme des Artikel 2 Absatz 2 GG im Immissionsschutzrecht – in: AÖR, Nr. 106, S. 205 ff.

– *ders., 1990*: Konfliktmittlung in der Dogmatik des deutschen Verwaltungsrechts – in: Hoffmann – Riem/ Schmidt – Aßmann (Hrsg.), II, S. 9-28

Schmidt – Eichstaedt, G., 1993: Brandenburg – Berlin: Modelle künftiger Zusammenarbeit – in: Raumforschung und Raumordnung, H.2/3, S. 111-116

Schmidheiny, S./Business Council for Sustainable Development, 1992: Kurswechsel, München

Schnappauf, W., 1993: Von der öffentlichen Verwaltung zum öffentlichen Dienstleistungsunternehmen – in: Bay. Verw.Bl., 19/93, S. 578-582

Scholz, H.-G., 1994: Controlling für die Kommunalverwaltung – Verwaltungsrundschau 5/6, S. 160-170

Schreyögg, G., 1989: Zu den problematischen Konsequenzen starker Unternehmenskulturen – in: zfbf (41), S. 94 ff.

Schrijvers, A., 1992: Die Entwicklung und Anwendung eines neuen kommunalen Steuerungsmodells in den Niederlanden – in: Ebell/Fischer/Frey (Hrsg.), S. 45-56

Schuppert, G.F., 1980: Einflußnahme auf die Verwaltung durch Bürgerbeteiligung und kollektive Interessenwahrnehmung – in: Hoffmann-Riem, G. (Hrsg.), S. 279-312

Schwanegel, W., 1992: Schwierigkeiten und Chancen beim Aufbau der Verwaltung in Thüringen (Magisterarbeit – Speyerer Arbeitshefte Nr. 95), Speyer

Schwarz, P., 1992: Management in Nonprofit Organisationen, Stuttgart/Wien

Scott, G./Bushnell, P./Sallee, N., 1990: Reform of the Core Public Sector: New Zealand Experience – in: Governance (Vol.3, Nr.2), S. 138 ff.

Seidenschwarz, B., 1993: Hochschulcontrolling – in: Goller, J./Maack, H./Müller-Hedrich, B.W. (Hrsg.), B 2.6

– *dies., 1993a*: Controlling für Universitäten – in: Controlling (4), S. 190-198

Seidel – Kwem, B., 1983: Strategische Planung in öffentlichen Verwaltungen – Berlin

Shaw, A., 1994: When the Immovable Object Meets the Irresistible Force Reconciling Democracy and Efficiency in Public Sector Reform in Australia – in: Naschold/Pröhl (Hrsg.), S. 289 ff.

Shiono, H., 1993: Anmerkungen zum Entwurf eines Verwaltungsverfahrensgesetz in Japan – in: Verwaltungsarchiv (84), S. 45 ff.

Siebenhaar, K./Pröhl, M./Pawlowsky-Flodell, C. (Hrsg.), 1993: Kulturmanagement – Wirkungsvolle Strukturen im kommunalen Bereich, Gütersloh

Simeon, R., 1986: Considerations on Centralization and Decentralization – in: Canadian Public Administration (29), S. 445-461

Simon, H.A., 1945: Administrative Behavior, N.Y./London (3. Aufl. 1976)

Smith, J., 1987: Privatization of Crown Corporations – Konferenzband des Instituts of Public Administration of Canada, Saint John/New Brunswick

Söderlind, D./Petersson, O., 1988: Svensk förvaltningspolitik, 2. Aufl., Uppsala

Spelthahn, S./Steger, U., 1992: Privatisierung der Abwasserbeseitigung, Wiesbaden

Staehle, W.H., 1991: Management, 6. Aufl., München

Stahl, G./Foster, G., 1979: Improving Public Services: A Report on The International Conference on Improving Public Management and Performance, U.S. Agency for International Development, Washington

Stargardt, H.-J., 1993: Controlling für die Personalwirtschaft – in: DVP, Heft 2, S. 52-56

Stauss, B., 1987: Grundlagen des Marketing öffentlicher Unternehmen, Baden-Baden

Stava, P., 1993: Neue Ansätze zu situationsbezogenen Organisationsstrukturen norwegischer Kommunen – in: Banner/Reichard (Hrsg.), S. 43-52

Steger, U. (Hrsg.), 1992: Handbuch des Umweltmanagements, München

Steinmann, H./Schreyögg, 1987: Grundlagen der betriebswirtschaftlichen Führungslehre – Die Führungsfunktionen im Managementprozeß, 4. Aufl., Nürnberg

Steinebach, N., 1983: Verwaltungsbetriebslehre, 2. Aufl., Regensburg

Stewart, J.D./Walsh, K., 1992: Change in the Management of Public Services – in: Public Administration (Vol. 70), S. 499 ff.

Stewart, R., 1967: Managers and their Jobs, London

Stich, R., 1991: Ausgestaltung und Anwendung des Planungs-, Bau- und Umweltrechts in den neuen Bundesländern in: UPR, H. 10, S. 361-366

Stitzel, M., 1992: Das Umweltmanagement der öffentlichen Verwaltung – in: Steger, U. (Hrsg.), S. 783-796

Stone, B., 1993: Accountability Reform in Australia – in: Australian Quarterly (Heft 2, winter)

Strehl, F., 1989: Reformarbeit in bürokratischen Organisationen, Baden – Baden
– *ders.(Hrsg.) 1993*: Managementkonzepte für die öffentliche Verwaltung. Betriebswirtschaftliche Ansätze zur Leistungssteigerung – Wien

Streitferdt, L., 1987: Verwaltungsbetriebslehre als Zweig der Verwaltungswissenschaften in Hamburg – in: Thieme, W. (Hrsg.), S. 79-92

Strunz, H., 1993: Verwaltung – Einführung in das Management von Organisationen, München, Wien

Studienkommission für die Reform des öffentlichen Dienstrechts, 1973: Bericht der Kommission, Baden-Baden

Stuttgart (Stadt Stuttgart, Statistisches Amt), 1990: Ergebnisse der Bürger-Umfrage 1990, Stuttgart

Susskind, L./Cruikshank, J., 1987: Breaking the Impasse. Consensual Approaches to Resolving Public Disputes, New York

Swann, D., 1988: The Retreat of the State – Deregulation and Privatisation in the UK and US, New York u. a.

Swiss, J.E., 1992: Adapting Total Quality Management to Government – in: Public Administration Review, S. 352

von Thaden, H.W., 1989: Umweltschutz – Umweltpolitik, Heidelberg

Taguchi, G./Clausing, D., 1990: »Robust Quality« – in: Havard Business Review, Jan/Feb, S. 65-75

Task Force on Management Improvement, 1992: The Australian Public Service Reformed – An Evaluation of a Decade of Management Reform, Canberra

Taylor, F.W., 1919: The Principles of Scientific Management-Übersetzung: Die Grundsätze wissenschaftlicher Betriebsführung, Berlin/München

Terry, G.R./Franklin, S.G., 1982: Principles of Management, 8. Aufl., Homewood

Thieme, W., 1984: Verwaltungslehre, 4. Aufl., Köln, Berlin u. a.

– *ders., (Hrsg.), 1987*: 25 Jahre Verwaltungswissenschaft in Hamburg, Hamburg
Thiemeyer, T., 1991: Irrtümer bei der Interpretation der Instrumentalthese öffentlicher Betriebe – in: Faller/ Witt (Hrsg.), S. 127-143

Troje, H., 1987: Kommunale Wirtschaftsförderung im ländlichen Raum – Schwieriger und nötiger denn je – in: Der Landkreis, S. 364 ff.

UBA (Umweltbundesamt, Hrsg.), 1992: Umweltqualitätsziele für die ökologische Planung – Forschungsbericht 91 – 152, Berlin

Uhr, J., 1990: Ethics and the Australian Public Service – Making Managerialism Work – in: Current Affairs Bulletin, S. 22 ff.

– *ders., 1991a*: The Ethics Debate: Five Framework Propositions – in: Australian Journal of Public Administration, (Vol. 50, Nr. 3), S. 285 ff.

– *ders., 1991b*: Focus on Senior Executives Services: Guest Editor's Introduction – in: Australian Journal of Public Administration (Vol. 50, Nr.4), S. 477

– *ders., 1993a*: Redesigning accountability from muddles to maps – in: Australian Quarterly (Heft 2, winter)

– *ders., 1993b*: Public Service Ethics in Australia – in: Cooper, T.L., (Hrsg.), S. 564 ff.

– *ders., 1993c*: Parliamentary Measures: Evaluating Parliamen's Policy Role – in: Marsh, I. (Hrsg.), S. 346 ff.

Uhr, J./Mackay, K., 1992: Trends in Program Evaluation: Guest Editors' Introduction – in: Australian Journal of Public Administration (Vol. 51, Nr. 4), S. 433 ff.

Uhr, J./Weller, P., 1993: The Report of the Australian Commonwealth Task Force on Management Improvement: Two Perspectives – in: Australian Journal of Public Administration (Vol. 52, Nr. 4) S. 483 ff.

Ukeles, J., 1982: Doing more with less: Turning Public Management Around, New York

Uniewski, H., 1993: Die Übermacht der Demokraten – in: stern, 28/93, S. 69-72

Universität Konstanz, 1991a: Studiengang der Verwaltungswissenschaft an der Universität Konstanz, Konstanz

– *dies., 1991b*: Übersicht und die Lerninhalte für das Hauptstudium Verwaltungswissenschaft, Konstanz

UVF (Umlandverband Frankfurt), 1990: Schrittmacher in Europa, Frankfurt

Vermeulen, A., 1988: Contract management in the Netherlands – in: International Review of Administrative Sciences (54), S. 201-217

Victoria University of Wellington (Faculty of Commerce & Administration – Public Policy Group – Hrsg.), 1994: Publ 202/Pols 235: Concepts and Practice of Public Administration, Vol. I und II, Wellington

Vierheller, R., 1983: Demokratie und Management, Göttingen

Vogelsang, I., 1989: Öffentliche Betriebswirtschaft in den USA – in: Chmielewicz/ Eichhorn, Sp. 1054 – 1062

Vollmer, T., 1983: Kritische Analyse und Weiterentwicklung ausgewählter Portfolio – Konzepte im Rahmen der strategischen Planung, Frankfurt etc.

Volz, J. (Hrsg.), 1991: Verwaltung 2000 – Herausforderungen an die Fachhochschulen für den öffentlichen Dienst, Bad Soden

Wagener, F., 1985: Großraum – Verwaltungen. Schriften der Deutschen Sektion des Internationalen Instituts für Verwaltungswissenschaften, Bd. 10, Baden-Baden

Wagner, G.R., 1984: Kommunales Marketing – in: Verwaltungsrundschau, 30, S. 225-232

Warren, K., 1993: Accrual Accounting in the Public Sector: The New Zealand Experience, Wellington

Weber, J., 1990: Ursprünge, Begriff und Ausprägungen des Controlling – in: Mayer, E./Weber, J. (Hrsg.), Handbuch Controlling – Stuttgart

Weber, M., 1964: Wirtschaft und Gesellschaft (hrsg. v. J. Winkelmann), Köln/Berlin

Weber, J./Tilkowski, O. (Hrsg.), 1991: Perspektiven der Controlling – Entwicklung in öffentlichen Institutionen, Stuttgart

Wever, U., 1993: Change – Management in der Administration – Vortrag b. Zentrum für Unternehmensführung am 29.11.1993 (Zürich/Seminar: Kostenführerschaft in der Administration)

White House (Hrsg./The White House), 1993: The Health Security Plan Executive Summary, Washington

Wicke, L., 1991: Umweltökonomie, 3. Aufl., München

Wiedmann, K.P., 1989: Corporate Idetity – Strategie als Orientierungsrahmen einer effizienten Auseinandersetzung mit der Öffentlichkeit – in: PR – Magazin, Heft 3, S. 31 ff.

Wille, E., 1980: Soziale Indikatoren als Ansatzpunkte wirtschaftspolitischer Zielbildung und Kontrolle – in: Ordo (31), S. 127-311

– *ders., (Hrsg.), 1986*: Konkrete Probleme öffentlicher Planung: grundlegende Aspekte der Zielbildung, Effizienz und Kontrolle, Frankfurt a.M. u. a.

Wilson, W., 1887: The Study of Public Administration – in: Political Science Quarterly, S. 197 ff.

Wirtz, J., 1992: Corporate Identity ist Organisationsentwicklung – in: Management Zeitschrift, 61, Heft 1/92, S. 56 ff.

Wise, C./Amnå, E., 1993: Reform der kommunalen Selbstverwaltung in Schweden – in: Aktuelles über Schweden, Nr. 393, Schwedisches Institut, Stockholm

WK (Wissenschaftliche Kommission »Öffentliche Unternehmen und Verwaltungen« im Verband der Hochschullehrer für Betriebswirtschaft e.V., Hrsg.) 1987: Ziele und Ausbildungskonzepte der Öffentlichen Betriebswirtschaftslehre (Betriebswirtschaftslehre öffentlicher Unternehmen und Verwaltungen) – in: zfbf, Heft 39, S.3-9

Wistrich, E., 1992: Restructuring Government – Government New Zealand Style – in: Public Administration, S. 119 ff.

Witt, F. – J., 1994: Kunden – und Bürgercontrolling – in: Goller/Müller-Hedrich/Schad (Hrsg.), I 2.1

Wolff, H.J./Bachof, O./Stober, R., 1987: Verwaltungsrecht, Band II, 5. Aufl., München

Wolters, J., 1993: Verwaltungsreform in den Niederlanden. Erfahrungsbericht aus Tilburg – in: Denkfabrik S.H., 1993a, S. 18-24

Womack, J.P./Jones, D.T./Roos, D., 1990: The Machine that Changed the World, New York (deutsche Übersetzung, 1992: Die zweite Revolution in der Automobilindustrie, Frankfurt)

WR (Wissenschaftsrat, Hrsg.), 1991: Empfehlungen zur Entwicklung der Fachhochschulen in den 90er Jahren, Köln

– *ders., 1993*: Zehn Thesen zur Hochschulpolitik v. 22.1.93, Köln

Würtenberger, T., 1993: Konfliktlösung durch Akzeptanz – Management – in: Zilleßen/Dienel/Strubelt (Hrsg.), S. 72-86

Wulf-Matthies, M. (Hrsg.), 1991: Im Wettstreit der Ideen: Reform des Sozialstaats, Köln

– *dies., 1994*: Einige Anmerkungen zur Debatte über Produktivität im öffentlichen Sektor aus gewerkschaftlicher Sicht – in: Naschold/Pröhl (Hrsg.), S. 339 ff.

Wunderer, R./Grunwald, W., 1980: Führungslehre, Bd. I., Grundlagen, Berlin

Yeatman, A./Bryson, L., 1987: The Concept of Public Management and the Australian State in the 1980s – in: Australian Journal of Public Administration (46), Heft 4, S. 339-353

Zilleßen, H., 1993: Die Modernisierung der Demokratie im Zeichen der Umweltproblematik – in: Zilleßen/Dienel/Strubelt (Hrsg.), S. 17-39

Zilleßen, H./Barbian, T., 1992: Neue Formen der Konfliktregelung in der Umweltpolitik – In: Aus Politik und Zeitgeschichte, Nr. 9 (Beilage), S. 14-23 *Zilleßen, H./Dienel, P.C./Strubelt (Hrsg.), 1993*: Die Modernisierung der Demokratie, Opladen

Sachregister

312

315

VERLAG FÜR GEISTES-, SOZIAL- UND WIRTSCHAFTSWISSENSCHAFTEN

Hans Raffée/Wolfgang Fritz/Peter Wiedmann

Marketing für öffentliche Betriebe

1994. 284 Seiten
Kart. DM 44,-
ISBN 3-17-008279-5
Kohlhammer Edition Marketing

Öffentliche Betriebe sehen sich heute vielfältigen Herausforderungen gegenüber, die eine konsequente Hinwendung zu einem effizienten Marketing-Management dringend erforderlich erscheinen lassen. Mehr „Kundennähe" im Denken und Handeln sowie die systematische Nutzung der modernen Marketingtechnologie bieten sowohl öffentlichen Verwaltungen als auch öffentlichen Unternehmen die Chance, der teils massiven öffentlichen Kritik über eine Leitungsverbeserung entgegenzuwirken.

Im vorliegenden Band werden unter Einbeziehung zahlreicher Beispiele die konkreten Anwendungsmögichkeiten eines Marketing-Management im Sektor öffentlicher Betriebe verdeutlicht. Das Spektrum der aufgegriffenen Gestaltungsprobleme erstreckt sich dabei von der Entwicklung einer marketingorientierten Corporate Identity bis hin zum zielorientierten Einsatz eines Marketing-Mix im Feld operativer Maßnahmen.

W. Kohlhammer GmbH · 70549 Stuttgart · Tel. 0711/78 63 - 280

6-195 005 MFG 4

VERLAG FÜR GEISTES-, SOZIAL- UND WIRTSCHAFTSWISSENSCHAFTEN

Almuth Schauber/Jens Stappenbeck (Hrsg.)

Innovative Arbeitsmarktpolitik

Alternativen zur Arbeitslosigkeit
192 Seiten
Kart. DM 49,80
ISBN 3-17-013703-4

Neue Lösungsansätze und Experimente in der Arbeitsmarktpolitik sind heute angesichts der zunehmenden strukturellen Arbeitslosigkeit dringlicher denn je. Dieser Tagungsband stellt verschiedene innovative Projekte zur Belebung des Arbeitsmarktes vor.

Schwerpunkte bilden dabei die Arbeitsmarktpolitik im Bereich sozialer Dienstleistungen, das Tätigkeitsfeld Wohnen und Arbeiten, die gesundheitlichen Folgen und die Analyse der volkswirtschaftlichen Kosten von Arbeitslosigkeit sowie Alternativen zum bestehenden Sozialversicherungssystem. Abschließend wird die Umsetzung von innovativen arbeitsmarktpolitischen Ansätzen von Arbeitnehmervertretern, Arbeitgebern und Politikern beleuchtet.

W. Kohlhammer GmbH · 70549 Stuttgart · Tel. 0711/78 63 - 280

5-195 005 MFG 4